산스크리트어 문법

संस्कृतम्

산스크리트어 문법

Classical Sanskrit

츠지 나오시로 지음
법장 옮김

담앤북스

들어가며

본 책은 고대 인도에서 문법의 세 성인으로 추앙받던 대문법가 파니니(Pāṇini, 기원전 5세기)와 그 보수자(補修者) 카티아야나(Kātyāyana) 및 대주석인 마하바스야(Mahābhāṣya)의 저자 파탄잘리(Patañjali, 기원전 2세기 중엽)에 의해 규정되어지고, 그 계통을 이은 파니니학파의 사람들에게 계승된 고전 산스크리트(고전범어, Classical Sanskrit)의 개요를 기술한 문법서이다.[*]

본 책은 고대 베다(Veda)의 언어(베다어, Vedic)와 관련하여 설명하지 않았고, 2대 서사시인 『마하바라타(Mahābhārata)』와 『라마야나(Rāmāyaṇa)』에 의해 대표되는 이른바 서사시 산스크리트(Epic Skt.)의 특징에도 구애받지 않았으며, 문법적으로 엄격하지 않은 작품의 언어나 일반적으로 불교 산스크리트(Buddhist Skt.) 혹은 자이나교 산스크리트(Jaina-Skt.)라고 불리는 것들도 고려하지 않았다. 다시 말해 본 책은 파니니언 스쿨(Pāṇinian school)에 속하는 입문서이다.

---

* 고대 인도·아리아어로서 Skt.의 인도에서의 지위에 대해서는 졸저 『인도 문명의 여명(インド文明の曙)』의 194쪽 참조.

인도의 문법가들은 Skt.의 세세한 부분까지 문법을 규정하고 있으나, 실제 사용되는 예로서 언제나 정확하게 맞는 것은 아니다.* 오히려 우수한 작가의 문장 속 내용이 때에 따라 문법가들이 정한 문법과 일치하지 않은 경우도 있다. 본 책에서는 실제 사용 빈도가 낮은 세부적 문법은 생략하고 간단명료한 설명을 취지로 하기에, 반드시 전통적 설명에만 따르지 않지만, 일반적으로 고전 작가들에게 용인된 어법은 충분히 존중하였다.

간략한 초급 문법서는 영국, 독일, 프랑스, 일본에서 나온 것만 해도 셀 수 없이 많다. 본 책과 비슷한 수준의 문법서로는 다음과 같은 책들이 있다.

F. Kielhorn: A grammar of the Sanskrit language. 5th ed. Bombay 1912. repr.

Varanasi 1970(über. von W. Solf: Grammatik der Skt.-Sprache. Berlin 1888)

A. A. Macdonell: A Sanskrit grammar for students. 3rd ed. London 1927, repr. 1950

岩本裕: サンスクリット文法. 東京 1956

베다어 관계의 문법・연구서에 있어서는 그 양이 너무나 많아 다룰 수가 없다. 역사문법으로는 W. D. Whitney의 『A Sanskrit grammar』(1923)를 시작으로 J. Wackernagel-A. Debrunner의 『Altindische Grammatik』(1896~1957)을 정점으로 하는 여러 저작이 출판되어 있다.

T. Burrow: The Sanskrit language. London 1954

A. Thumb-R. Hauschild: Handbuch des Sanskrit. Heidelberg 1953~1959

* 이러한 종류의 경우에 대해서는 gr.이라는 약자로 구별함.

그러나 당연한 말이지만 비교문법과 역사문법의 연구자들은 베다어를 보다 집중해서 다루고, 고전 Skt.만으로 한정한 상세한 문법은 비교적 적은 편이다. 신뢰할 수 있는 것으로는, 파니니언 스쿨의 규정을 충실히 따라 서술한 상기의 Kielhorn의 문법[KSG.]과 범위를 베다어의 일부까지 넓혀 Skt. 전반을 대상으로 예외의 문장 형태와 어법의 실제 예시를 풍부하게 담은 L. Renou의 『Grammaire sanscrite』(1930)[RGS.]를 꼽을 수 있다. 본 책에서는 비교문법과 역사문법에 따른 설명을 다루지 않기에 참고서의 소개를 생략하는 대신, 전통적인 기술과 근대적 해명을 대표하는 전기 서적과의 관계가 있는 부분에는 주석을 달아 참고하도록 했다. 이 외에도 명사와 동사의 용법 및 문법에 관해서는 J.S. Speijer의 『Sanskrit syntax』(1886)[SSS.]를 참조했다. 또한 어구의 용례는 인도 문법가의 실제 예시에 따라 가능한 한 간략한 단문을 사용하였다. 그렇기에 앞의 Kielhorn의 문법을 자유롭게 차용했고, 또한 Macdonell의 저서 내용을 따른 부분도 적지 않다.

본 책은 입문서이기는 하지만, 최초의 계획보다 다소 상세한 문법서가 되었다. 그 이유는 국내에서 Skt.를 공부하는 사람이 자칫 간단한 초보 문법을 공부한 정도에 만족하고, 그 이상의 문법 지식을 깊이 익히려는 의욕도 없이 곧바로 수준 높은 전문서를 독해하려는 경향을 염려하여, 깊고 깊은 Skt.의 한 부분이라도 들여다볼 수 있는 안내서를 제공하고 싶다는 생각 때문이었다. 베다 문헌을 연구하려는 이는 말할 것도 없이 2대 서사시나 쁘라나(prāṇa)를 전공하여 고전문학의 정교하고 세밀한 깊이를 들여다보거나 종교・철학・학술 서적의 전당에 들어서야 하지만 올바른 고전 Skt.의 기초 지식을 갖추고 있지 않다면, 사람들로부터 비난을 받을 수밖에 없게 된다.

본 책으로 Skt. 공부를 시작하려는 분은 우선 본문을 제1장부터 읽기 시작해 차례대로 명사와 동사의 변화로 나아가며(적어도 범례를 암기), 그 후 반복해 비고와 각주까지도 포함해 다시 읽고, 그런 다음 조어법과 복합어의 장을 읽어 마지막에는 문과 종속복문(從屬複文)의 장을 비롯해 책 끝부분의 부록(명사의 격의 용법과 동사의 용법)까지 전부 읽는 것을 추천한다. 명사와 동사의 형태를 충분히 익히지 않으면 문장을 이해하는 것이 어렵기 때문이다. 이 순서에 따라 공부한다 해도 한 번 읽는 것으로 내용 전반을 명쾌하게 이해하기는 어려울 것이다. 그러나 난해한 부분에 붙들리지 말고 수차례 읽다 보면 점차 의문이 눈 녹듯이 사라질 것이다. 그리고 본 책과 거의 같은 시기에 J. 곤다(J. Gonda)의 저서를 요로이 키요시(鎧淳)가 번역한 『산스크리트어 초보 문법』(1974)이 출간되었다. 간결한 문법과 연습과제, 문장을 포함하고 있으니 처음 배우는 분은 우선 이 책으로 Skt.의 구조를 파악하고 본 책을 보는 것이 가장 적절한 학습법이라고 생각한다.

공부하려는 분은 처음부터 사전의 사용에 익숙해지는 것이 좋다. 다음의 사전이 사용하기 편리하다.

A. A. Macdonell: A practical Sanskrit dictionary. London 1924
N. Stchoupak, L. Nitti et L. Renou: Dictionnaire sanskrit français. Paris 1932

그리고 오랜 시간을 두고 사용할 것으로는 다음의 사전을 추천한다.

M. Monier-Williams: A Sanskrit-English dictionary. New ed. Oxford 1899(repr. 1951)

본 책에 인용한 어구에는 하나하나 우리말 번역을 덧붙이고, 단어의 경우에는 독자의 기억을 환기하기 위해 원칙적으로 1인칭에는 '나, 우리'를, 2인칭에는 '너, 당신'을 사용했다. 문법의 기술이 의외로 많은 부분을 차지하여, 당초 예정했던 내용의 부분을 할애할 수밖에 없었다. 예를 들어 실습용 예문을 뺀 것이나,* 색인을 매우 간단하게 한 것에 대해서는 저자도 매우 유감스럽게 생각한다. 또한 Skt.의 역사와 연구사를 비롯해 상세한 서지 정보도 계획에 있었으나, 다 다룰 수가 없는 상태가 되어 단념했다. 그러나 문법의 지식과 어느 정도의 독서력을 갖추고 보다 깊게

* 일본어의 어순에 따른 문장집으로는 졸저 『산스크리트어 독본(サンスクリット読本)』(1975)이 있다.

이러한 문제를 연구하려는 사람들을 생각해 비교적 신간에 가까운 책을 소개하면 다음과 같다.

J. Wackernagel-L. Renou: Altindische Grammatik. Introduction générale(Göttingen 1957)
L. Renou: Histoire de la langue sanskrite(Paris 1956)
R. Hauschild op. cit. Bd. Ⅰ, 1(1958)
J. Gonda: Old Indian(Leiden-Köln 1971)

이러한 많은 부족한 점들이 있지만, 본 책이 범어 연구에 조금이나마 기여할 수 있다면 무엇보다 다행이라 생각한다.

본 책의 출판에 있어 졸저인 『산스크리트 문학사(サンスクリット文学史)』(1973)의 경우와 마찬가지로 이와나미서점의 아사쿠모 케이이치로(朝蜘圭一郎) 씨와 이토 히로아키(伊藤寛明) 씨를 비롯해 미즈노 세이자부로(水野清三郎) 씨의 노력과 기여에 많은 신세를 지게 되었다. 지면을 빌려 큰 감사를 드리는 바이다.

1974년 2월 10일
저자

교토대학 교수인 오오지하라 유타카(大地原豊) 박사의 친절한 지도로 많은 부분의 오기와 표기를 정정할 수 있었기에 감사드리는 바이다.

1976년 2월 15일
저자

약자 설명

A.	ātmanepada, middle voice '위자언(爲自言)', 중간태(능동과 피동의 중간에 위치하는 태)
Ab., abl.	ablative 탈격('…에서부터', '…에 의해'의 뜻을 나타내는 격 형식)
absol., abs.	absolutive 절대분사, absolute 절대구(絶對句)
Ac., accus.	accusative 목적격
act.	active 능동태
adj.	adjective 형용사
adv.	adverb 부사, adverbial 부사적
Āmr.	āmreḍita 반복 복합어
aor.	aorist 부정과거, 아오리스트
augm.	augment 접두모음
Av.	avyayībhāva 불변화복합어
Bv., Bahuv.	bahuvrīhi 소유복합어
card.	cardinal 기수사(基數詞)
caus.	causative 사역활용
cl.	classical Skt. 고전 산스크리트어, 동사에 대해서는 class로 표기한다.
coll.	collective 집합(명사)
comp.	compound 복합어
compar.	comparative degree 비교급
concurr.	concurrent 양립하다
cond.	conditional 조건법
conj.	conjunction 접속사
coord.	coordinate 등위(等位)의
D., dat.	dative 여격(사람이나 동물 따위를 나타내는 체언이 무엇을 받는 자리에 있음을 보이는 격)
dem.	demonstrative 지시대명사

den.	denominative 명사유래어
der.	derivative 파생어
des.	desiderative 의욕활용
Dg.	dvigu 수한정복합어
du.	dual 양수(兩數)
Dv.	dvaṁdva /dvandva 병렬복합어
encl.	enclitic 전접어(前接語, can't에서 n't처럼 앞 낱말에 붙어 아주 약하게 발음되는 단어), 부대사(附帶辭)
f.	feminine 여성형 단어
fut.	future 미래
G., gen.	genitive 소유격
ger.	gerundive 동사적 형용사
gr.	인도 문법가에 의한 규정(실용성이 떨어지는 세칙)
I., inst.	instrumental 조격(助格, 수단·도구를 나타내는 격)
impers.	impersonal 비인칭
impf.	imperfect 미완료시제(과거진행형), 직설법과거
ind.	indicative 직설법
indec.	indeclinable 불변화사(不變化辭, 격 변화를 하지 않는 말)
inf.	infinitive 동사원형, 부정사
inj.	injunctive 지령법
int.	intensive 강의(强意, 강조의 의미)활용
inter.	interrogative 의문대명사
interj.	interjection 감탄사
intr.	intransitive 자동사
ipv.	imperative 명령법
Kdh.	karmadhāraya 카르마다라야(앞에는 형용사, 뒤에는 명사가 오는 복합 명사), 동격한정복합어
L., loc.	locative 처소격(명사·대명사·형용사가 장소 개념을 나타낼 때 취하는 형태)
m.	masculine 남성형 단어
N., nom.	nominative 주격

n.	neuter 중성형 단어
neg.	negative 부정사
nom.	nominal 명사(문)
nom. act.	nomen actionis 행위명사
nom. ag.	nomen agentis 행위자명사
nom. prop.	proper noun 고유명사
num.	numeral 수사(數詞)
oppos.	opposite 반의어
opt.	optative 원망법(願望法)
ord.	ordinal 서수사(序數詞)
P.	parasmaipada, active voice '위타언(爲他言)', 능동태
p.	past 과거
pass.	passive 수동태
pcl.	particle 소사(小辭, 동사와 함께 구동사를 이루는 부사나 전치사)
pejor.	pejorative 비난어, 경멸어
periph. fut.	periphrastic future 복합미래
periph. pf.	periphrastic perfect 복합완료
pers.	person 인칭, personal 인칭대명사
pf.	perfect 완료형
pl.	plural 복수형
poss.	possessive 소유대명사
prec.	precative 기원법(祈願法)
pref.	prefix 접두사
prep.	preposition 전치사, prepositional 전치사적
pres.	present 현재
prev.	preverb 동사 접두사
pron.	pronoun 대명사
pronom.	pronominal 대명사적
pt.	participle 분사
recipr.	reciprocal 상호(相互)대명사

redupl.	reduplication 중자(重字), 중복, reduplicated 중자(음절)
refl.	reflexive 재귀대명사
rel.	relative 관계대명사
rt.	root 어근
sg.	singular 단수형
spec.	special 특별의
subord.	subordinate 종속의
suff.	suffix 접미사
superl.	superlative 최상급
supplet.	suppletive 보충어
Tp., tatpur.	tatpuruṣa 한정복합어, 격(格)한정복합어
tr.	transitive 타동사
V., voc.	vocative 호격(呼格, 사람 등을 부를 때 사용하는 명사·대명사·형용사의 형태)
vb.	verb 동사
verb.	verbal 준동사

· 사선(/)은 '또한, 또는'을 의미한다.
· 작은 점(°)은 어형의 일부 생략을 나타낸다.
· 두꺼운 글자 (1), (2) 등은 동사의 수를 나타낸다.
· N(ote)=미주, n.=각주를 나타낸다.
· 그 외

cf.=confer '비교하라'
i. e.=id est '즉, 바로'
in f.=in fine '끝으로'
infra '하기(下記)'
init.=initio '처음으로'
scil.=scilicit 'namely'
sic 'thus!'
supra '상기(上記)'
v.=vide '보라, 확인하라'

차례

들어가며 ······ 5

약자 설명 ······ 10

제1장 문자 및 발음 ······ 17

Ⅰ. 문자와 서법

§1. 문자 ······ 18

§2. 알파벳 ······ 18

§3. 서법(書法) ······ 20

Ⅱ. 발음

§4. 모음과 자음 ······ 24

§5. 음절의 장단 ······ 28

§6. 악센트(accent) ······ 29

제2장 모음의 계제(Vowel gradation) ······ 31

§7. Guṇa와 Vṛddhi ······ 32

§8. Saṁprasāraṇa ······ 33

§9. 그 외의 모음교체 ······ 34

제3장 연성법(Sandhi의 규칙) ······ 37

§10. 서설 ······ 38

§11. A. 모음의 연성 ······ 39

§12. 모음 결합이 일어나지 않는 경우 ······ 41

§13. B. 절대어말의 자음(Consonants in pausa) ··· 42

§14. 절대어말의 자음 ······ 44

§15. C. 자음의 연성 ······ 45

§16. D. 어두에서의 자음의 변화 ······ 51

§17. A. 모음의 연성 ······ 52

§18. B. 자음의 연성 ······ 54

§19. n과 s의 반설음화(Cerebralisation) ······ 57

§20. 기타 ······ 59

제4장 명사 · 형용사(Nouns) ······ 63

§21. 서설 ······ 64

§22. 격어미 ······ 66

§23. Ⅰ. 자음 어간의 명사 ······ 68

§24. B. 다어간의 명사 ······ 76

§25. 2어간의 명사 ······ 78

§26. Ⅱ. 모음 어간의 명사 ······ 90

§27. i- 및 u- 어간(m., n., f.) ······ 93

§28. ī- 및 ū- 어간(f.) ······ 98

§29. ṛ- 및 tṛ- 어간 ······ 101

§30. 이중모음 어간(Stems in diphthongs) ··· 103

제5장 형용사의 비교법(Comparison of adjectives) ······ 105

§31. Ⅰ. -tara와 -tama ······ 106

§32. Ⅱ. -īyas와 -iṣṭha ······ 108

§33. 용법 ······ 111

제6장 대명사(Pronouns) ······ 113

§34. 인칭대명사(Personal pronouns) ······ 114

§35. 소유대명사(Possessive pronouns) ······ 117

§36. 재귀대명사(Reflexive pronouns) ······ 117

§37. 상호대명사(Reciprocal pronouns) ······ 119

§38. 지시대명사(Demonstrative pronouns) ······ 120

§39. 관계대명사(Relative pronouns) ······ 124

§40. 의문대명사(Interrogative pronouns) ······ 125

§41. 부정대명사(Indefinite pronouns) ······ 126

§42. 대명사적 형용사(Pronominal adjectives) ··· 127

§43. 대명사 기초에서의 형용사 · 부사(일람표) ······ 130

제7장 수사 ······ 131

§44. 기수사(Cardinals) ······ 132

§45. 기수사의 변화 ······ 134

§46. 기수사의 용법 ······ 136

§47. 서수사(Ordinals) ······ 137
§48. 수사적 부사(Numeral adverbs) ······ 138
§49. 수사에서 파생한 명사 · 형용사 ······ 139

제8장 부사(Adverbs) ······ 141
§50. 부사의 기원 ······ 142
§51. 부사를 만드는 접미사의 예(cf. §43) ······ 145

제9장 전치사(Prepositions) ······ 149
§52. 총설 ······ 150
§53. 각설 I. Accusative와 함께 ······ 151

제10장 접속사(Conjunctions) ······ 157
§54. I. 등위접속사(Coordinate conjunctions) ··· 158
§55. II. 종속접속사(Subordinate conjunctions) ··· 163

제11장 감탄사(Interjections) ······ 167
§56. 2종류의 기원 ······ 168

제12장 동사(Verbs) 총설 ······ 171
§57. 서설 ······ 172
§58. 어그먼트(Augment)와 중자(Reduplication) ······ 175
§59. 동사의 조직 ······ 178
§60. 인칭어미(Personal endings) ······ 180
§61. 결합모음 i ······ 182

제13장 동사의 활용 현재조직 ······ 185
§62. 1. 2종의 활용 ······ 186
§63. 제1종 활용 ······ 187
§64. 제2종 활용 서설 ······ 194
§65. 제2류(2) ······ 197
§66. 제3류(3) ······ 202
§67. 제5류(5) ······ 205
§68. 제8류(8) ······ 207
§69. 제7류(7) ······ 208
§70. 제9류(9) ······ 210
§71. 현재분사(Present participles) ······ 212

제14장 아오리스트 조직 ······ 215
§72. 직설법 아오리스트 ······ 216
§73. I. 어근 아오리스트(Root-aor.) ······ 217
§74. II. a-아오리스트(a-aor.) ······ 218
§75. III. 중자 아오리스트(Reduplicated aor.) ··· 220
§76. IV. s-아오리스트(s-aor.) ······ 222
§77. V. iṣ- 아오리스트(iṣ-aor.) ······ 224
§78. VI. siṣ- 아오리스트(siṣ-aor.) ······ 226
§79. VII. sa- 아오리스트(sa-aor.) ······ 228
§80. 서원법(Precative or Benedictive) ······ 230

제15장 완료조직 ······ 235
§81. I. 단순완료(Perfect) ······ 236
§82. 활용 ······ 240
§83. II. 완료분사(Perfect participles) ······ 247
§84. III. 복합완료(Periphrastic perfect) ······ 248

제16장 미래조직 ······ 251
§85. I. 단순미래(Simple future) ······ 252
§86. 활용 ······ 255
§87. II. 복합미래(Periphrastic future) ······ 256
§88. 활용 ······ 258
§89. III. 조건법(Conditional) ······ 259

제17장 수동활용(Passive conjugation) ······ 261
§90. 현재조직 ······ 262
§91. 현재조직 이외 ······ 265

제18장 사역활용(Causative conjugation) … 269
§92. 현재조직 …… 270
§93. 현재조직 이외 …… 274
§94. 사역동사의 수동활용(Causative passive) …… 277

제19장 의욕활용(Desiderative conjugation) … 279
§95. 총설 …… 280
§96. 활용 …… 287

제20장 강의활용 (Intensive 또는 Frequentative conjugation) … 291
§97. Ⅰ. 강의활용 A. …… 292
§98. Ⅱ. 강의활용 P. …… 297

제21장 명사기원의 동사(Denominatives) … 301
§99. Ⅰ. 접사를 동반하지 않는 경우 …… 302

제22장 준동사(Verbals) …… 307
§100. Ⅰ. 과거(수동)분사(Past(passive) participles) …… 308
§101. Ⅱ. 동사적 형용사 (Verbal adjectives 또는 Gerundives) …… 316
§102. Ⅲ. 부정사(Infinitive) …… 322
§103. Ⅳ. 절대(또는 유리)분사(Absolutives) … 323

제23장 명사조어법(Nominal wordformation) … 333
§104. 총설 …… 334
§105. 어근 명사 …… 334
§106. Kṛt 및 Taddhita 접미사 …… 336
§107. 여성 접미사 ā 및 ī …… 352

제24장 복합어 …… 355
A. 명사 복합어(Nominal compounds)
§108. 총설 …… 356
§109. Ⅰ. 병렬복합어 …… 359
B. 동사 복합어(Verbal compounds)
§110. 총설 …… 387
§111. 각설 …… 389

제25장 문장 …… 397
§112. 1. 문체와 구문 …… 398
§113. 구문의 일반적 특징 …… 402
§114. 문장의 종류 …… 404

제26장 종속복문(Subordinate sentences) … 411
§115. 총설 …… 412
§116. 각설 …… 412

부록 A
격의 용법 …… 421

부록 B
동사의 용법 …… 459

주석 …… 485

색인 …… 507

제1장

문자 및 발음[1]

Ⅰ. 문자와 서법

§1. 문자

산스크리트[Skt.]를 서사(書寫)하거나 인쇄하기 위해 사용하는 문자를 데바나가리(Devanāgarī, 명칭의 기원은 미상)라고 부른다. 국내에서 범자(梵字, 梵天所造의 문자) 또는 실담(悉曇) 문자라고 불리는 것과 같은 계통으로, 그 원류는 북 셈족(North Semitic) 계통 문자 중 가장 오래된 형태인 페니키아(Phoenicia) 문자에서 발생했다. 이 문자가 메소포타미아를 거쳐 상인들의 손에 의해 인도에 전해졌고(기원전 8세기), 점차 개량되어 인도의 언어를 정확하게 써서 나타낼 수 있게 되었으며, 일상 업무 등에서 사용하는 것을 넘어 학문과 예술 등의 고급 표현과 문장에도 사용하게 되었다고 추정된다. 이를 브라흐미 문자(Brāhmī, 범자)의 기원으로 본다. 그 후 브라흐미 문자는 남북의 두 계통으로 나뉘며 여러 서체(書體)의 분파로 갈리지만, 데바나가리 문자는 북방계에 속하는 굽타(Gupta) 문자(4세기)의 흐름을 이어받아 서기 10세기경부터 그 형태를 갖추게 된다.

§2. 알파벳

데바나가리 문자는 왼쪽에서 오른쪽 방향으로 적고, 완전한 단음문자(로마자 참조)와 순수한 음절문자(발음 표기 참조)의 중간에 위치한다. 데바나가리를 알파벳의 로마자로 표기하면 다음과 같다.

A. 모음

1. 단모음

अ a	आ ā	इ i	ई ī
उ u	ऊ ū	ऋ ṛ	ॠ ṝ
ऌ ḷ	(ॡ ḹ*)		

2. 이중모음

ए e	ऐ ai	ओ o	औ au

B. 자음

1. 파열음과 비음

	무성무기음 (無聲無氣音)	무성유기음 (無聲有氣音)	유성무기음 (有聲無氣音)	유성유기음 (有聲有氣音)	비음(유성) (鼻音(有聲))
a. 후음(喉音)	क ka	ख kha	ग ga	घ gha	ङ ṅa
b. 구개음(口蓋音)	च ca	छ cha	ज ja	झ jha	ञ ña
c. 반설음(反舌音)	ट ṭa	ठ ṭha	ड ḍa	ढ ḍha	ण ṇa
d. 치음(齒音)	त ta	थ tha	द da	ध dha	न na
e. 순음(脣音)	प pa	फ pha	ब ba	भ bha	म ma

2. 반모음(유성)

य ya(구개음) र ra(반설음) ल la(치음) व va(순음)

3. 치찰음(무성)

श śa(구개음) ष ṣa(반설음) स sa(치음)

* 실제 단어에서는 사용되지 않는다.

4. 기음

ह ha (유성)

ḥ=Visarga (무성) 「ः」

e.g. अः aḥ

5.

a. 특별비음(Anusvāra)

ṁ 또는 ṃ 「ं」

e.g. अं aṁ 또는 aṃ

b. 비음화 표시(Anunāsika-sign)

「ँ」

§3. 서법(書法)

(1) 모음문자에는 위의 독립체와 반체가 있다. 독립체는 어두에 사용되고, 반체는 자음문자에 붙는다(cf. infra (4)).

(2) 자음문자는 항상 a음이 뒤에 붙는다(e.g. क =ka, म =ma). 그렇기에 단순히 자음만을 써서 나타내기 위해서는 Virāma 부호를 붙여야 한다(「्」, e.g. क् =k, म् =m).

(3) 어두의 a가 규칙(cf. §11.5, §15.8.b)에 따라 생략되는 경우에는 Avagraha 부호가 사용된다(「ऽ」, e.g. तेऽपि te 'pi < ते अपि te api).

(4) a 이외의 모음이 자음에 이어 나올 때는 자음문자에 각 모음의 반체를 붙이고, 문자상 하나의 단어로 여긴다.

	ā	i	ī	u	ū	ṛ	ṝ	ḷ	e	ai	o	au
모음의 반체	ा	ि	ी	ु	ू	ृ	ॄ	ॢ	े	ै	ो	ौ
e.g.	का	कि	की	कु	कू	कृ	कॄ	कॢ	के	कै	को	कौ
	kā	ki	kī	ku	kū	kṛ	kṝ	kḷ	ke	kai	ko	kau

특수형

e.g. रु ru, रू rū, शु śu, शू śū, शृ śṛ, हु hu, हू hū, हृ hṛ

(5) 여러 개의 자음만이 연속하는 경우는 자음문자의 결합체를 만들어 문자상 하나의 단어로 여긴다.

e.g. त्क tka = त् + क

ग्य gya = ग् + य

이러한 결합체에 모음의 반체 부호를 붙이는 것은 (4)의 경우와 동일하다.

(6) 결합체를 만들 때 자음문자의 형태에 독특한 변화가 생기기도 한다.

e.g. ज्ञ 또는 ज्ञ jña, क्ष 또는 क्ष kṣa, क्त kta, त्त tta

र् r은 자음에 이어서 나올 때와 앞에 나올 때에 따라서 그 형태를 다르게 한다.

e.g. क्र kra, ह्र hra, र्क rka

마찬가지로 ऋ ṛ의 앞에서는 निर्ऋतिः nirṛtiḥ가 된다.

(7) 일반적으로 사용되는 결합문자

क्क k-ka, क्ख k-kha, क्त k-ta, क्त्य k-t-ya, क्त्र k-t-ra, क्त्व k-t-va,

क्न k-na, क्म k-ma, क्य k-ya, क्र 또는 क्र k-ra,

क्ल k-la, क्व k-va, क्ष k-ṣa, क्ष्म k-ṣ-ma ;

ख्य kh-ya, ख्र kh-ra ;

ग्य g-ya, ग्र g-ra, ग्र्य g-r-ya ;

घ्न gh-na, घ्म gh-ma, घ्र gh-ra ;

ङ्क ṅ-ka, ङ्क्त ṅ-k-ta, ङ्क्ष ṅ-k-ṣa, ङ्क्ष्व ṅ-k-ṣ-va, ङ्ग ṅ-ga, ङ्घ ṅ-gha ;

च्च c-ca, च्छ c-cha, च्छ्र c-ch-ra, च्ञ c-ña, च्म c-ma ;

छ्य ch-ya, छ्र ch-ra ;

ज्ज j-ja, ज्झ j-jha, ज्ञ j-ña, ज्ञ्य j-ñ-ya, ज्म j-ma, ज्र j-ra ;

ञ्च ñ-ca, ञ्छ ñ-cha, ञ्ज ñ-ja ;

ट्क ṭ-ka, ट्ट ṭ-ṭa, ट्य ṭ-ya ;

ठ्य ṭh-ya, ठ्र ṭh-ra ;

ड्ग ḍ-ga, ड्य ḍ-ya ;

ढ्य ḍh-ya, ढ्र ḍh-ra ;

ण्ट ṇ-ṭa, ण्ठ ṇ-ṭha, ण्ड ṇ-ḍa, ण्ढ ṇ-ḍha, ण्ण ṇ-ṇa, ण्म ṇ-ma ;

त्क t-ka, त्त t-ta, त्त्य t-t-ya, त्त्र t-t-ra, त्त्व t-t-va, त्थ t-tha, त्न t-na, त्प t-pa, त्र t-ra,

त्र्य t-r-ya, त्व t-va, त्स t-sa ;

थ्य th-ya ;

द्ग d-ga, द्द d-da, द्ध d-dha, द्ध्व d-dh-va, द्न d-na, द्ब d-ba, द्भ d-bha, द्भ्य d-bh-ya,

द्म d-ma,

द्य d-ya, द्र d-ra, द्र्य d-r-ya, द्व d-va, द्व्य d-v-ya ;

ध्न dh-na, ध्म dh-ma, ध्र dh-ra, ध्व dh-va ;

न्त n-ta, न्त्य n-t-ya, न्त्र n-t-ra, न्द n-da, न्द्र n-d-ra, न्ध n-dha, न्ध्र n-dh-ra,

न्न n-na, न्य n-ya ;

प्त p-ta, प्न p-na, प्म p-ma, प्र p-ra, प्ल p-la, प्स p-sa ;

ब्ज b-ja, ब्द b-da, ब्ध b-dha, ब्ब b-ba, ब्भ b-bha, ब्र b-ra ;

भ्न bh-na, भ्य bh-ya, भ्र bh-ra ;

म्न m-na, म्प m-pa, म्ब m-ba, म्र m-ra, म्ल m-la ;

य्य y-ya, य्व y-va ;

रु r-u, रू r-ū, र्क r-ka, र्ध r-dha ;

ल्क l-ka, ल्प l-pa, ल्ल l-la, ल्व l-va ;

व्न v-na, व्य v-ya, व्र v-ra ;

शु 또는 शु ś-u, शू 또는 शू ś-ū, शृ 또는 शृ ś-ṛ, शॄ 또는 शॄ ś-ṝ, श्च ś-ca,

श्च्य ś-c-ya, श्न ś-na, श्य 또는 श्य ś-ya, श्र ś-ra, श्ल ś-la, श्व ś-va, श्व्य ś-v-ya ;

ष्ट ṣ-ṭa, ष्ट्य ṣ-ṭ-ya, ष्ट्र ṣ-ṭ-ra, ष्ट्र्य ṣ-ṭ-r-ya, ष्ट्व ṣ-ṭ-va,

ष्ठ ṣ-ṭha, ष्ठ्य ṣ-ṭh-ya, ष्ण ṣ-ṇa, ष्ण्य ṣ-ṇ-ya, ष्म ṣ-ma ;

स्क s-ka, स्ख s-kha, स्त s-ta, स्त्य s-t-ya, स्त्र 또는 स्त्र s-t-ra,

स्त्व s-t-va, स्थ s-tha, स्न s-na, स्प s-pa, स्र s-ra ;

हू h-ū, हृ h-ṛ, ह्ण h-ṇa, ह्न h-na, ह्म h-ma, ह्र h-ra, ह्ल h-la, ह्व h-va

숫자

१	२	३	४	५	६	७	८	९	०
1	2	3	4	5	6	7	8	9	0

१०	१५	४९	१००	१९७४	२०२५
10	15	49	100	1974	2025

(8) 데바나가리 문자로 필기할 경우 일반 단어를 하나씩 적는 것이 아니라 한 문장을 하나의 단위로 하여 연속해서 적고*, 운문의 경우에는 반시절(半詩節, hemistich, 시의 한 구절이 끝나기 전의 중간 부분)을 한 단위로 하여 구두점으로 '|' 또는 '||'을 사용한다.

गच्छति पुरः शरीरं धावति पश्चादसंस्थितं चेतः ।

gacchati puraḥ śarīraṁ dhāvati paścād asaṁsthitaṁ cetaḥ |

चीनांशुकमिव केतोः प्रतिवातं नीयमानस्य ॥ ३३ ॥

cīnāṁśukam iva ketoḥ prativātaṁ nīyamānasya || 33 ||

* 그러나 한 문장 중의 단어가 모음 ṁ 혹은 ḥ로 끝나거나 다음의 단어가 자음으로 시작될 경우에는 나누어 적는다. 이와 관련한 특례에 대해서는 §11.6 및 7을 참조.

Ⅱ. 발음

§4. 모음과 자음

고대 인도에서의 Skt. 발음을 정확하게 확인할 수는 없다. 현재는 지역에 따라 발음에 차이가 생겨 충실하게 고대의 발음이 전해져 왔다고 할 수 없고, 또한 고대 서적의 기술도 세부적인 면에 관해서는 명확하지 않은 점이 적지 않다. 따라서 고대의 발음을 음성학적으로 확실하게 복원하는 것은 불가능하다. 여기서는 음소(音素)를 구분하는 데 필요한 정도로만 실제 사용 방법을 제시하는 것에 그치겠다.

A. 모음(Vowels)

1. 단모음(Simple vowels)

단모음에는 길고 짧음의 차이가 있다: a, ā ; i, ī ; u, ū ; ṛ, ṝ ; ḷ *

—a는 매우 빠르게 입을 열었다가 닫는데, 아마 영어 sun의 u에 가까운 발음이었을 것이다. 음성학적으로 분명한 장음인 ā에 상대되는 단음이지는 않다.

—ṛ은 모음의 기능을 지닌 r이다. kr-ta를 두 음절로 발음할 경우, 제1음절의 r은 모음의 역할을 담당한다. 이 기능을 지닌 r을 자음으로서의 r(e.g. ka-ra)과 구별해 ṛ로 적는다. ṝ은 그것의 장음이다. ḷ도 이와 동일하다(e.g. kḷp-ta). 그러나 실용적으로 각각 ri, rī, li로 발음해서 크게 상관없다.

* 장음에 대해서는: supra p. 19, n.*

2. 이중모음(Diphthongs)

e, ai, o, au 중 e와 o는 각각 단순히 '에-'와 '오-'로 발음되고, ai와 au는 각각 '아이'와 '아우'로 발음된다. Skt. 에는 단음 '에'와 '오'가 존재하지 않는다. 그러나 e, o는 기원적으로 각각 ai, au이고, ai, au는 본래 āi, āu였다. 이러한 사실은 Skt. 문법을 이해하는 데 매우 중요한 것으로, e, o가 이중모음이라고 불리는 이유이다. 발음상으로 본다면 a, i, u, ṛ, ḷ은 단모음이고, ā, ī, ū, ṝ, e, o는 장모음으로, ai, au만이 이중모음이다.

B. 자음(Consonants)

1. 파열음(Explosives)과 비음(Nasals)

발음기관과 닫히는 부위에 따라 파열음을 후음·구개음·반설음·치음·순음의 5종류로 나누고, 발음의 형식에 대해서는 무성무기(voiceless, e.g. k, t, p)·무성유기(voiceless aspirate, e.g. kh, th, ph)·유성무기(voiced, e.g. g, d, b)·유성유기(voiced aspirate, e.g. gh, dh, bh)의 4종으로 나누고, 각 종류에 해당하는 비음 5개를 더해 총 25음소로 구성되어 있다. 이 중 유기음이란 파열음의 닫힌 부분(閉鎖部)을 여는 동시에 강한 호흡을 뱉는 것으로, 예를 들어 영어 ink-horn, pot-house, haphazard에서의 kh, th, ph를 간극 없이 발음해 본다면, Skt.의 kh, th, ph의 요령을 알 수 있다. 유성유기음(e.g. gh, dh, bh)에 관해서는: infra 4

a. 후음(Gutturals)

정확하게는 연구개음이다.

—ṅ은 영어 morning의 ng에 해당한다.

b. 구개음(Palatals)

단순한 파열음이 아니라 일종의 파찰음(Affricates)으로, c=tč는 영어 church의 ch에, j=dž는 영어 judge의 j에 해당한다.

—ñ은 불어 signe의 gn에 해당한다.

c. 반설음(Cerebrals)

혀끝을 입천장으로 향해 뒤집어 말아서 입안을 닫게 만든다.

d. 치음(Dentals)

혀끝을 치아의 뿌리 쪽에 붙인다.

e. 순음(Labials)

양 입술을 사용하는 보통의 입술소리.

2. 반모음(Semivowels)

y는 구개음에 속한다. 영어 young의 y 발음 참조.

—r은 반설음으로 발음한다. 영어 route의 r 발음 참조.

—l은 치음에 속한다.

—v는 순음에 속하지만, 치아를 아랫입술에 붙여 발음한다(Labiodental). 영어 vain의 v 발음 참조.

반모음은 전부 유성이지만, y, r, l, v가 각각 모음 i, ṛ, ḷ, u에 대응한다는 점은 Skt. 문법의 이해를 위해 매우 중요하다.

—y, l, v의 비음화에 대해서는: §15.5.b

3. 치찰음(Sibilants)

ś는 구개음에 속하며, 혀를 평평하게 편 채로 발음되는 sh음의 한 종류이다.*

—ṣ는 반설음으로 발음되는 sh음의 한 종류이다.

—s는 치음에 속하는 날카로운 s음이다.

* ç로 옮겨 쓰는 경우도 있다.

4. 기음(Aspirates)

a. h는 본래 단순한 기음이 아닌 유성 h음의 한 종류이다. 정확한 소릿값(音價)은 판명되지 않았지만, 유성유기음(e.g. gh, dh, bh)에 동반된 기음 요소는 이 h와 같은 소릿값이라고 여겨진다. 실제 사용할 때는 단순한 h로 발음해도 별문제가 없지만, Skt.의 음론(音論)을 이해하기 위해서는 h가 유성음으로 취급된다는 사실을 항상 기억해 두어야 한다.

b. ḥ(Visarga, Visarjanīya)

보통 h음으로, 혀는 직전에 발음된 모음의 위치대로 둔다.[2]

5. Anusvāra와 Anunāsika

a. Anusvāra(ṁ 또는 ṃ)*

위에서 말한 5종의 비음 이외에 Skt.는 독립된 중성비음도 있다. ṅ, n, m 등이 파열음(k, t, p)에 대응하는 닫힌 부분을 지닌 것에 반해, ṁ은 구강 내에 닫힌 부분을 만들지 않는 것을 특징으로 한다. 문장 속에서는 치찰음(ś, ṣ, s) 및 h의 앞에서만 나타난다(e.g. aṁśa-, aṁhas-). 이것을 진정한 Anusvāra라고 부른다. 이에 대하여 필기의 편의상 파열음에 속하는 비음을 대신해 쓰여지는 것을 대용(代用) Anusvāra라고 부른다(e.g. aṁga-=aṅga-, aṁjas-=añjas-, aṁḍa-=aṇḍa-, aṁta-=anta-, aṁba-=amba).

—그리고 문장 끝의 -m>-ṁ에 대해서는: §15.5.c

b. Anunāsika

본래 모음의 완전한 비음화를 가리키며, 일반적으로 기호 「ँ」로 표기한다.(불어 tant, bon, bien 참조) 그러나 Skt.에서는 반모음 y, l, v의 비음화만이 문제시된다.

cf. §15.5.b, 또는 l의 비음화에 대해서는: §15.4.d

---

* 두 종류의 문자가 있으나, 본 책에서는 ṁ만을 사용하겠다.

§5. 음절의 장단

음절의 장단을 아는 것은 Skt. 음률의 규칙, 악센트의 위치 및 문법의 규칙을 이해하는 데 중요하다.

1. 장모음 혹은 이중모음을 포함한 음절은 본래 긴 음절이라 불린다.

e.g. āsīt _ _.

2. 단모음을 포함한 음절도 그 뒤에 2개 혹은 2개 이상의 자음이 연속할 때는 위치에 따라 긴 음절이라 불린다.

e.g. asti_ ◡.

a. 유기파열음(kh, gh 등)은 1개의 자음으로 취급되고 위치에 따른 장음절을 만들지 않는다.

e.g. yathā ◡ _.

단, ch는 항상 위치에 따른 장모음을 만들고, 일반적으로 cch라고 쓴다.

e.g. yacchati _ ◡ ◡ , cf. §16. 2

b. ṁ 및 ḥ는 독립된 자음으로 취급된다. 따라서 aṁśa-, duḥkha-의 제1음절은 위치에 의해 길어진다.

3. Skt.의 음률은 다음과 같이 분류된다.

a. 장단음절을 일정한 규칙에 따라 배열하는 것(akṣaracchandas)

b. 음량(mora)의 수에 따라 규정된 것(mātrāchandas)

대부분의 음률은 a.에 속하고, 일반적으로 4행부터 구성되어 각 2행으로 전반 · 후반을 나눈다. 가장 보통의 음률인 Śloka는 8음절 4행으로 구성되어, 이러한 규칙으로 홀수 행의 제7음절은 길고, 짝수 행의 그것은 짧다:

○○○○⏑_ _⏓/ ○○○○⏑_⏑⏓| ○○○○⏑_ _⏓/ ○○○○⏑_⏑⏓||

—b. 에서는 음률상의 단음절을 1mora, 장음절을 2morae라고 헤아린다. 이런 종류들 중에 가장 보통의 음률인 Āryā는 전체가 57morae로 구성되어, 세칙에 따라 전반은 30morae, 후반은 27morae를 포함하게 규정된다.

§6. 악센트(accent)

고전 Skt.의 악센트법에 대해서는 어떠한 명확한 기준도 알려져 있지 않다. 여기서는 일반적으로 행해지는 방식을 간단히 설명하는 정도로 그치겠다. 통상적 규칙으로는 단어의 뒤에서 2번째나 4번째의 음절에 강세의 악센트(stress accent)를 넣는다. 뒤에서 2번째의 음절이 길다면 악센트가 거기에 떨어지고, 만약 짧다면 3번째의 음절에 떨어진다. 만약 이 역시 짧다면 뒤에서 4번째의 음절까지 올라간다.

e.g. kṣipā́mi : kṣípati
bhavánti : bhávati
kāraṇéna : kā́raṇāt
dātā́ram : pítaram, dúhitaram

《 비고 1 》

명사의 파생어(Nominal derivatives)에서 y, v는 대체로 위치에 따른 장음절을 만들지 않고, 기본어의 악센트 위치가 유지된다.

e.g. prábala- : prā́balya-
úkta- : úktatva-

《 비고 2 》

명사 복합어(Nominal compounds)에서는 일반적으로 각 구성요소가 악센트를 유지한다.

e.g. rā́ja-púruṣa-

다만 제1요소가 1음절어인 경우에는 이것에 따르지 않는다.

e.g. díg-gaja-

《 비고 3 》

문장에는 저절로 억양의 규칙이 생기기 마련이지만, 그에 관해 명확하게 설명하기 어렵다. Skt.에서는 모음 또는 음절의 장단에 따라 생기는 리듬이 중요하다고 여겨진다.[3]

제2장

모음의 계제 (Vowel gradation)[4]

§7. Guṇa와 Vṛddhi[5]

같은 어원을 지닌 1군의 어형의 어근부 또는 접미사에는 종종 규칙적인 모음의 교체가 인정되어 명사, 동사의 형태를 규정하는 중요한 기능을 지니고 있다. 이러한 관점에서 모음은 다음의 3종류의 계제로 분류된다. 괄호 안의 표기는 다른 모음 앞에서의 형태를 나타낸다.

	I	II	III	IV	V
약운(弱韻)	—	i, ī(y, iy)	u, ū(v, uv)	ṛ(r), ṝ(ir, ur)	ḷ
Guṇa	a	e(ay)	o(av)	ar	al
Vṛddhi	ā	ai(āy)	au(āv)	ār	—

E.g.

Ⅰ. a-pa-**pt**-at(3. sg. aor., pat- '떨어지다')* : **pat**-ati(3. sg. pres.) : **pāt**-ayati(3. sg. caus.)

a에 대한 약운은 없고, e에 대해 i(y)가 요구될 때 모음은 제로가 된다.

e.g. **s-maḥ**(1. pl. pres.), **s-anti**(3. pl. pres.) : **as-ti**(3. sg. pres., as- '있다(to be)'), cf. **i-maḥ**, **y-anti** : **e-ti**(i- '가다')

Ⅱ. **ji**-ta-(p. pt., ji- '극복하다'), **ji-gy-uḥ**(3. pl. pf.) : **je**-tum(inf.), **jay**-ati(3. sg. pres.) : a-**jai-ṣīt**(3. sg. aor.), **ji-gāy-a**(3. sg. pf.)

nī-ta-(p. pt., nī- '이끌다, 인도하다'), **ni-ny-uḥ**(3. pl. pf.) : **ne**-tum(inf.), **nay**-ati(3. sg. pres.) : a-**nai-ṣīt**(3. sg. aor.), **nāy-ayati**(3. sg. caus.)

* 명사, 동사의 변화를 완전히 이해할 때까지는 항상 모음의 변화를 주의할 것.

Ⅲ. **su**-ta-(p. pt., su- '쥐어짜다, 조르다'), **su-ṣuv-e**(3. sg. pf. A.) : **so-tum**(inf.), **su-ṣav-a**(1. sg. pf. P.) : **a-sau-ṣīt**(3. sg. aor.), **sāv**-ayati(3. sg. caus.)

bhū-ta-(p. pt., bhū- '있다, 되다'), ba-**bhūv-uḥ**(3. pl. pf.) : **bhav-**itum(inf.), **bhav**-ati(3. sg. pres.) : **bhāv**-ayati(3. sg. caus.)

Ⅳ. **bhṛ**-ta-(p. pt., bhṛ- '옮기다'), bi-**bhr**-ati(3. pl. pres.) : bi-**bhar**-ti(3. sg. pres.), **bhar**-a- '짐, 화물' : **bhār**-ayati(3. sg. caus.)

(Suffix의 예)

dā-**tṛ**-bhiḥ(I. pl., dā-tṛ- nom. ag. '주는 자, 제공하는 것'), dā-**tr**-ā(I. sg.) : dā-**taḥ**(V. sg.), dā-**tar**-i(L. sg.) : dā-**tār**-aḥ(N. pl.)

ṝ로 끝나는 어근은 특별한 계제를 나타낸다.

e.g. **kīr**-ṇa-(p. pt., kṝ- '흩뿌리다, 퍼트리다'), **kir**-ati(3. sg. pres.) : **kar-**iṣyati(3. sg. fut.) : a-**kār**-īt(3. sg. aor.), **kār**-ayati(3. sg. caus.)

—(어근이 순음으로 시작하는 경우)

pūr-ṇa-(p. pt., pṝ- '채우다, 달성하다'), **pur**-u- '많은' : pi-**par**-ti(3. sg. pres.), **par**-iṣyati(3. sg. fut.) : a-**pār**-īt(3. sg. aor.), **pār**-ayati(3. sg. caus.)

Ⅴ. **kḷp**-ta-(p. pt., kḷp- '잘 맞다, 적합하다') : **kalp**-ate(3. sg, pres.)

ḷ은 어근 kḷp- 또는 그 파생어에만 나타나 Vṛddhi 형을 갖지 않는다.

§8. Saṁprasāraṇa[6]

1. ṛ에 대한 Guṇa가 ra로 되고, Vṛddhi가 rā로 되는 경우가 있다.

e.g. **dṛś**-yate(3. sg. pass., dṛś- '보다') : **drak**-ṣyati(3. sg. fut.) : a-**drāk-**ṣīt(3. sg. aor.)

단 cf. da-**darś**-a(3. sg. pf.), a-**darś**-at(3. sg. aor.)가 된다.

2. 위에서 예로 든 ar : ra는 특별한 어근에 일어나는 음의 위치 변환(Metathesis)으로 여겨지지만, 보다 근본적으로 ṛ : ra의 교체를 나타내는 것도 있다.

e.g. **gṛh**-īta-(p. pt., grah- '잡다/붙잡다'), **gṛh**-yate(3. sg. pass.) : **grah**-īṣyati(3. sg. fut.), a-**grah**-īt(3. sg. aor.) : **grāh**-ayati(3. sg. caus.)

—같은 형태로 i : ya, u : va의 교체를 확인할 수 있다.

e.g. **iṣ**-ṭa-(p. pt., yaj- '제사 지내다, 빌다'), **i-yāj**-a(3. sg. pf.) : **yak**-ṣyati(3. sg. fut.), **yaj**-ati(3. sg. pres.) : **yāj**-ayati(3. sg. caus.) ;
uk-ta-(p. pt., vac- '말하다'), **u-vāc**-a(3. sg. pf.) : **vak**-ṣyati(3. sg. fut.), **vac**-mi(1. sg. pres.) : **vāc**-ayati(3. sg. caus.)

—이 현상을 일반적으로 Saṁprasāraṇa라고 한다.

§9. 그 외의 모음교체

1. 비음(m, n)으로 끝나는 어근

a. a, — : am, an : **ām, ān***

E.g. **ga**-ta-(p. pt., gam- '가다'), ja-**gm**-uḥ(3. pl. pf.) : **gam**-iṣyati(3. sg. fut.), **gan**-tum(inf.) : a-**gām**-i(3. sg. aor. pass.)

—**ha**-ta-(p. pt., han- '죽이다'), **ghn**-anti(3. pl. pres.) : **han**-iṣyati(3. sg. fut.), **han**-tum(inf.) : a-**ghān**-i(3. sg. aor. pass.)

* §7. IV. ṛ(r) : ar : ār에 대응한다. 특히 am, an : a의 교체에 주의할 것.

(Suffix의 예)

rāja-bhiḥ(I. pl., rājan- '왕'), **rājñ**-aḥ(G. sg.) : **rājan**-i(L. sg.) : **rājān**-aḥ(N. pl.)

b. 특례: *type* jan- '생기다/태어나다'

jā-ta-(p. pt.), **jā**-yate(3. sg. pres.) : **jan**-iṣyate(3. sg. fut.), **jan**-ayati(3. sg. caus.)

c. 특례: *type* vam- '토하다, 내뱉다'

vān-ta-(p. pt.) : **vam**-iṣyati(3. sg. fut.) : va-**vām**-a(3. sg. pf.)

—śam- '조용해지다'

śān-ta-(p. pt.) : **śam**-iṣyati(3. sg. fut.) : śa-**śām**-a(3. sg. pf.)

2. ā와 i, ī의 교체

a. i, — : ā

e.g. **sthi**-ta-(p. pt., sthā- '일어서다, 나타나다'), ta-**sth**-e(3. sg. pf. A.) : **sthā**-tum(inf.)

—**hi**-ta-(p. pt., dhā- '두다, 놓다'), da-**dh**-e(3. sg. pf. A.) : da-**dhā**-ti(3. sg. pres.), **dhā**-tum(inf.)

b. ī : ā(y)

e.g. **pī**-ta-(p. pt., pā- '마시다') : **pā**-tum(inf.), **pāy**-in-(nom. ag.)

—**gī**-ta-(p. pt., gai- '노래하다, 부르다') : **gā**-tum(inf.), **gāy**-ati(3. sg. pres.)

c. Suffix n : **nī** : **nā**

e.g. krī-**ṇ**-anti(3. pl. pres., krī- '사다') : krī-**ṇī**-maḥ(1. pl. pres.) : krī-**ṇā**-ti(3. sg. pres.)

d. ī : yā

e.g. dviṣ-**ī**-ta(3. sg. opt. A., dviṣ- '미워하다, 시기하다') : dviṣ-**yā**-t(3. sg.

opt. P.), cf. §63: p.187

《 비고 》

다수의 어근은 모음의 교체를 일으키지 않는다.

e.g. *type* kāś- '나타나다, 드러나다'(단, śās- '명령하다'는 예외, śās-ti 3. sg. : śiṣ-maḥ 1. pl.) ;

type jīv- '살다, 지내다' ;

type nind- '비난하다' ;

그 외 spardh- '다투다, 싸우다', spṛh- '부러워하다', etc.

제3장

연성법 (Sandhi의 규칙)[7]

§10. 서설

문장이나 단어 중에서 일어나는 음의 연결(saṁdhi)에 관한 규칙을 총칭하여 연성법(連聲法)이라 한다. 이 연성법에는 두 종류가 있다.

Ⅰ. 문장 중에 연속하는 단어 혹은 복합어의 구성요소 사이에서 생기는 것(외연성)

Ⅱ. 단어의 파생 혹은 명사, 동사의 변화가 있을 때 일어나는 것(내연성)

본래 발음을 원활하고 쉽게 하는 것을 목적으로 한 결과로, 모음에 관해서는 그 연속(hiatus)을 피하고, 자음은 동화작용(assimilation)에 무게를 두고 있다. 따라서 2종류의 연성법에는 근본적인 차이가 없고 공통점이 많지만, 그 결과를 다르게 하는 경우도 적지 않다. Sandhi의 현상은 어떤 나라의 언어에도 많든 적든 인정되지만, Skt. 에서는 음 변화의 결과를 그대로 문자로 써서 표현하는 것을 일반적으로 한다는 점에 특징이 있다.

e.g. na asti iha '그는 여기에 없다.' > nāstīha

같은 단어도 그것에 이어지는 음에 따라 다양한 형태를 가진다.

e.g. devaḥ asti '신은 있다.' > devo 'sti

devaḥ iva '신처럼' > deva iva

그렇기에 Sandhi의 규칙을 이해 못한다면 가장 간단한 Skt. 의 1행도 바르게 해석할 수 없다.

Ⅰ. **외연성**(External Sandhi)

문장 중에 연속해서 사용되는 단어의 어말과 어두 사이에서 일어나는 음 변화를 외연성이라 한다. 동일한 규칙은 원칙적으로 복합어를 구성하는 각 요소의 사이에도 적용된다.[8]

§11. A. 모음의 연성

1. 같은 종류의 모음의 결합*

a. -ă̄+ă̄- > -ā-

e.g. na asti > nāsti

na āsīt > nāsīt

sā api > sāpi

sā āste > sāste

b. -ĭ̄+ĭ̄- > -ī-

e.g. asti iha > astīha

devī iva > devīva

c. -ŭ̄+ŭ̄- > -ū-

e.g. sādhu uktam > sādhūktam

sādhu ūcuḥ > sādhūcuḥ

d. -ṛ+ṛ- > ṝ

e.g. kartṛ ṛju > kartṝju

2. -ă̄+약운 > Guṇa(supra §7)

a. -ă̄+ĭ̄- > -e-

e.g. tava icchā > tavecchā

loka īśvaraḥ > lokeśvaraḥ

b. -ă̄+ŭ̄- > -o-

e.g. sā uktvā > soktvā

tadā ūcuḥ > tadocuḥ

---

* 이하의 ă̄ 등은 a 또는 ā를 의미하고, 하이픈 뒤의 문자는 어말의 음을, 하이픈 앞의 문자는 어두의 음을 나타낸다. —Sandhi는 단어의 의미와는 관계가 없기에, 예문은 단지 음 변화의 경과를 나타내는 것에 그치고 번역은 다루지 않는다.

c. -ă̄+ṛ- > -ar-

e.g. yathā ṛtu > yathartu[9]

3. -ă̄+Guṇa 또는 Vṛddhi(§7) > Vṛddhi

a. -ă̄+e- > -ai-

e.g. tava eva > tavaiva[10]

b. -ă̄+ai- > -ai-

e.g. tava aiśvaryam > tavaiśvaryam

c. -ă̄+o- > -au-

e.g. sā oṣadhiḥ > sauṣadhiḥ[10]

d. -ă̄+au- > -au-

e.g. tasya autsukyam > tasyautsukyam

4. -ĭ̄, -ŭ̄, -ṛ의 반모음화

a. -ĭ̄+다른 모음 > -y+모음

e.g. iti arthaḥ > ity arthaḥ

nadī eva > nady eva

b. -ŭ̄+다른 모음 > -v+모음

e.g. madhu iva > madhv iva

astu etat > astv etat

c. -ṛ+다른 모음 > -r+모음

e.g. kartṛ asti > kartr asti

5. Abhinihita-saṁdhi

a. -e+a- > -e ’(a의 탈락)

e.g. te api > te ’pi, cf. §3.(3)

b. -o+a- > -o '(a의 탈락)

e.g. prabho atra > prabho 'tra

6.

a. -e+a 이외의 모음 > -a+모음

e.g. vane āste > vana āste*

b. -o+a 이외의 모음 > -a+모음

e.g. prabho ehi > prabha ehi

7.

a. -ai+모음 > (통상)-ā+모음

e.g. tasmai uktam > tasmā uktam[11]

b. -au+모음 > (통상)-āv+모음

e.g. tau ubhau api > tāv ubhāv api[11]

§12. 모음 결합이 일어나지 않는 경우

1. 다음 어형의 마지막 음은 어떠한 모음과도 결합하지 않는다(Pragṛhya exceptions).

a. 명사, 동사의 양수 어미(dual endings): -ī, -ū, -e

e.g. cakṣuṣī ime(-ī-가 되지 않는다.)

bāhū udyamya(-ū-가 되지 않는다.)

yācete(3. du. pres., yāc-) artham(-e 'rtham이 되지 않는다.)

---

* 6, 7의 경우 생기는 hiatus는 그대로 남게 된다. 만약 거기에 모음을 결합한다면(e.g. vanāste), 이른바 'double Sandhi'의 오류를 범하게 된다.

b. amī(대명사 adas-(§38.5)의 N. pl. m.)

e.g. amī aśvāḥ(amy가 되지 않는다.)

2. 위의 1번 모음으로 된 감탄사와 aho, he는 어떠한 어두의 모음과도 결합하지 않는다.

e.g. ā apehi ; i indra ; aho apehi

§13. B. 절대어말의 자음(Consonants in pausa)

모든 자음이 절대어말(예를 들어 문장의 마지막 위치)로 쓰여지는 것이라고는 할 수 없지만, 자음의 연성을 계속 설명하기에 앞서 그 규칙에 대해 이해해야만 한다.

절대어말로 허용되는 자음은 다음과 같다:

k, ṭ, t, p, ṅ, ṇ, n, m, l, ḥ

이 중 ṇ과 l은 매우 드문 경우로 사실상 거의 문제가 되지 않는다.*

다른 자음이 절대어말로 오는 경우는 위의 자음 중 어떤 한 가지로 바뀌어야만 한다.

1. (구개음을 제외한) 파열음은 같은 열의 무성무기음(§4.B.1)으로 바뀌어, 각각 k, ṭ, t, p가 된다.

e.g. agnimath > -t

tamonud > -t

suyudh > -t

* ṇ에 대해서는: §15.3. l은 모든 음의 앞에서 변화하지 않는다, e.g. kamal asti ; kamal karoti.

2. 구개음

-c > -k

e.g. satyavāc > -k

-j > -k

e.g. śeṣabhuj > -k

—또는 > -ṭ

e.g. viśvasṛj > -ṭ

3. -ś > -k

e.g. sudṛś > -k

또는 > -ṭ

e.g. viś > -ṭ

4. -ṣ > -ṭ

e.g. dviṣ > -ṭ

또는 > -k

e.g. dadhṛṣ > -k

5. -h > -ṭ

e.g. madhulih > -ṭ

또는 > -k

e.g. kāmaduh > °dhuk(infra 7)

6. -r 또는 -s > -ḥ

e.g. punar > -ḥ

tamas > -ḥ

7. 어근이 g, d, b로 시작하고, gh, dh, bh 또는 h로 끝나는 경우, 후자가 위의 1번 혹은 5번에 의해 무성무기음이 될 때, 전자는 유기음이 된다.

e.g. arthabudh > °bhut(어근 budh-)

goduh > °dhuk(어근 duh-)

parṇaguh > °ghuṭ(어근 guh-)[12]

《 비고 》

위의 j 등의 변화에 2종류가 있는 것은 어원, 음칙, 유추에 기인한 것으로, 각 단어 혹은 어근에 붙어서 어떤 음으로 변하는가를 기억해 둘 필요가 있다.

§14. 절대어말의 자음

절대어말의 자음은 1개로 한정되어 있다. 단어가 변화할 때 2개 이상의 자음이 어말에 오게 되면, 처음의 것만을 남겨두고 다른 것은 삭제한다. 남겨진 자음은 §13의 규정에 따라 처리된다.

E.g. bhavant-s > bhavan

vāc-s > vāc > vāk

prāñc-s > prāṅk > prāṅ

devarāj-s >°rāj > °rāṭ

viś-s > viś > viṭ

《 비고 1 》 예외

어말의 rk, rṭ, rt, rp가 어근부에 속해있는 경우에는 남겨진다.

e.g. ūrj-s > ūrk

amārṭ(3. sg. impf., mṛj-)

《비고 2》

이하에서 말하는 자음 외연성의 규칙을 적용하기 위해서는 우선 각 단어에 절대어말의 형태를 주고, 그것을 토대로 필요한 음 변화를 덧붙여야만 한다. 그렇기에 어말의 자음에 관해서는 (1) k, ṭ, p ; (2) t ; (3) 비음 ; (4) ḥ의 경우를 고려하면 된다.

§15. C. 자음의 연성

1. -k, -ṭ, -p의 변화

a. -k, -ṭ, -p+유성음 > -g, -ḍ, -b+유성음

e.g. dik-gajaḥ > dig- gajaḥ

parivrāṭ ayam > parivrāḍ ayam

kakup dṛṣṭā > kakub dṛṣṭā

—무성음의 앞에서는 물론 변화하지 않는다.

e.g. samyak pṛṣṭam

b. -k, -ṭ, -p+n 또는 m > -g, -ḍ, -b 또는 -ṅ, -ṇ, -m+n 또는 m

e.g. dik-nāgaḥ > dignāgaḥ 또는 diṅnāgaḥ

ṣaṭ-māsaḥ > ṣaḍ-māsaḥ 또는 ṣaṇmāsaḥ

kakup na > kakub na 또는 kakum na

2. -t의 변화

a. -t는 어두의 구개파열음, 반설파열음 및 1번에 동화되어 각각 -c 또는 -j, -ṭ 또는 -ḍ 혹은 -l이 된다.

e.g. tat ca > tac ca

tat jalam > taj jalam

—tat ṭaṅkam > taṭ ṭaṅkam

—ḍamat-ḍamara > ḍamaḍḍamara

—vidyut-latā > vidyullatā

b. -t+ś- > -c+ch-

e.g. tat śrutvā > tac chrutvā

c. 그 외의 경우는 위의 1번(-k, -ṭ, -p)의 규정에 따른다.

e.g. āsīt rājā > āsīd rājā

tat karoti(무변화)

tat na > tad na 또는 tan na

3. 비음의 중복(Doubling of the nasals)

어말의 ṅ, ṇ, n이 단모음에 앞서고 다음 단어가 모음으로 시작될 때, 비음이 중복되어 -ṅṅ, -ṇṇ, -nn이 된다.

e.g. pratyaṅ āste > pratyaṅṅ āste

sugaṇ iti > sugaṇṇ iti

tasmin adrau > tasminn adrau

◖비고◗

비음 중에서 ṅ과 ṇ은 이 경우 이외에는 변화하지 않는다. 그렇기에 아래의 n과 m에 대해서만 검토하면 된다.

4. -n의 변화

a. -n+j-, jh- > -ñ+j-, jh-

e.g. yān jantūn > yāñ jantūn

b. -n+ḍ-, ḍh- > -ṇ+ḍ-, ḍh-

e.g. mahān ḍamaraḥ > mahāṇ ḍamaraḥ

c. -n+ś- > -ñ+ś- 또는 ch-

e.g. tān śaśāpa > tāñ śaśāpa 또는 chaśāpa

d. -n+l- > -l̐+l-

e.g. tān lokān > tāl̐ lokān*

e. -n과 어두의 무성구개, 반설, 치파열음과의 사이에는, 각각 후자에 대응하는 치찰음이 삽입되고, n 자신은 ṁ(anusvāra)이 된다:

-n+c-, ch- > -ṁś+c-, ch-

e.g. tān ca > tāṁś ca

pāśān chettum > pāśāṁś chettum

—-n+ṭ-, ṭh- > -ṁṣ+ṭ-, ṭh-

e.g. tān ṭaṅkārān > tāṁṣ ṭaṅkārān

—-n+t-, th- > -ṁs+t-, th-

e.g. patan taruḥ > pataṁs taruḥ

5. -m의 변화

모음의 앞에서는 변화하지 않는다.

e.g. kim atra

자음의 앞에서는 일반적으로 ṁ(anusvāra)이 된다.

a. -m+ś-, ṣ-, s-, h-, r- > -ṁ+ś-, etc.

e.g. tam śatrum > taṁ śatrum

tam ṣaṇḍham > taṁ ṣaṇḍham

tam sūnam > taṁ sūnam

---

* 비음화된 l에 대해서는: §4. B. 5. b.

madhuram hasati > madhuraṁ hasati

tam rakṣati > taṁ rakṣati

b. -m+y-, l-, v- > -ṁ(또는 -y̐, -l̐, -v̐)[*] +y-, etc.

e.g. grāmam yāti > grāmaṁ 또는 grāmay̐ yāti

tam lokam > taṁ 또는 tal̐ lokam

tam veda > taṁ 또는 tav̐ veda

c. -m+파열음, n, m > -ṁ+파열음, etc.(또는 m이 동화되어 각 열에 상응하는 비음이 된다.)[**]

e.g. kim karoti > kiṁ 또는 kiṅ karoti

śatrum jahi > śatruṁ 또는 śatruñ jahi

idam ṭaṅkam > idaṁ 또는 idaṇ ṭaṅkam

bhadram te > bhadraṁ 또는 bhadran te

aham pibāmi > ahaṁ 또는 aham pibāmi

gurum namati > guruṁ 또는 gurun namati

vacanam mama > vacanaṁ 또는 vacanam mama

6. -ḥ(visarga)의 변화[***]

무성음의 앞

a. -ḥ+k-, kh-, p-, ph-: 무변화

e.g. punaḥ karoti ; nadyāḥ pāram

특례: dviṣ karoti, catuṣ pacati

Cf. §108: p. 358[****]

---

* 비음화된 반모음에 대해서는: §4. B. 5. b.

** 단어 중에 있어서의 대용 Anusvāra에 대해서는: §4. B. 5. a.

*** Cf. §4. B. 4. b ; §13. 6.

**** 동사 복합어의 경우: §110. 2. c ; dus-: §109. Ⅶ. 2.

b. -ḥ+c-, ch- > -ś+c-, ch-

e.g. pūrṇaḥ candraḥ > pūrṇaś candraḥ

c. -ḥ+ṭ-, ṭh- > -ṣ+ṭ-, ṭh-

e.g. kuṭhāraiḥ ṭaṅkaiḥ ca > kuṭhāraiṣ ṭaṅkaiś ca

d. -ḥ+t-, th- > -s+t-, th-

e.g. nadyāḥ tīram > nadyās tīram

e. -ḥ+ś-, ṣ-, s-: 무변화, 또는 ḥ가 동화되어 각각 ś, ṣ, s가 된다.

e.g. suptaḥ śiśuḥ 또는 suptaś śiśuḥ

rāmāḥ ṣaṭ 또는 rāmāṣ ṣaṭ

prathamaḥ sargaḥ 또는 prathamas sargaḥ

7. 유성음의 앞

a. a 또는 ā 이외의 모음에 앞서는 경우: -ḥ+유성음 > -r+유성음

e.g. kaviḥ ayam > kavir ayam

gauḥ gacchati > gaur gacchati

b. 만약 유성음 자신이 r인 경우, ḥ로부터 바뀐 r은 사라지고, 그 앞의 단모음은 연장된다.

e.g. raviḥ rūḍhaḥ > ravī rūḍhaḥ

◖비고◗

bhoḥ(interj.) 및 bhagoḥ(bhagavat-의 V.)는 유성음 앞에서 ḥ를 잃는다.

e.g. bhoḥ devāḥ > bho devāḥ

bho bhoḥ, 그러나 bhoḥ chettaḥ > bhoś chettaḥ

8. -aḥ와 -āḥ의 변화

a. -aḥ+a 이외의 모음 > -a+모음

e.g. kaḥ eṣaḥ > ka eṣaḥ

candraḥ iva > candra iva*

b. -aḥ+a- > -o '

e.g. naraḥ ayam > narao 'yam, cf. §3. (3)

c. -aḥ+유성자음 > -o+자음

e.g. rāmaḥ gacchati > rāmo gacchati

《 비고 》

대명사 saḥ(N. sg. m., §38.2)와 eṣaḥ(do., §38.3)는 문장의 끝에 올 경우에만 그 ḥ를 유지한다. a의 앞에서는 so, eṣo가 되고, 그 외의 모든 음의 앞에서는 sa, eṣa가 된다.

e.g. mṛtaḥ saḥ ; saḥ abravīt > so 'bravīt ; sa indraḥ ; eṣa kālaḥ

d. -aḥ+유성음 > -ā+유성음

e.g. devāḥ ūcuḥ > devā ūcuḥ(cf. a)

hatāḥ gajāḥ > hatā gajāḥ

e. -aḥ와 -āḥ의 ḥ가 원래 r에서 바뀐 것일 때는(cf. §13.6), 위의 7번에 준하여 변화한다.

e.g. punaḥ atra > punar atra

punaḥ gacchati > punar gacchati

punaḥ ramate > punā ramate

dvāḥ atra > dvār atra

dvāḥ riktā > dvā riktā

---

* 이런 경우에 발생하는 hiatus는 그대로 남는다, cf. p.41, n.*

§16. D. 어두에서의 자음의 변화

1. 어두의 h는 어말의 k, ṭ, t, p와 결합하여, 각각 -g gh- ; -ḍ ḍh- ; -d dh- ; -b bh-가 된다.

e.g. samyak hutaḥ > samyag ghutaḥ

parivrāṭ ha > parivrāḍ ḍha

tat hi > tad dhi

kakup ha > kakub bha

2. 어두의 ch는 단모음, 전치사 ā 및 부정사 mā의 뒤에서 cch로 쓰여진다. cf. §5.2.a.

e.g. tava chāyā > tava cchāyā

ā-chāditaḥ > ācchāditaḥ

mā chidat > mā cchidat

《비고》

장모음의 뒤에서는 임의로 cch로 쓰여진다.

e.g. sā chinatti 또는 sā cchinatti

단어 속에서도 모음 사이에 있는 경우는 cch로 쓰여진다.

e.g. gacchati, acchinat, ciccheda

3.

a. -n ś- > -ñ ch-에 대해서는: §15.4.c

b. 복합어의 어두의 n > ṇ, s > ṣ에 대해서는: §19

c. 동사 접두사(preverb) ud의 뒤에서, 어근 sthā- 및 stambh-는 그 두문자 s를 잃는다.

e.g. ud-sthātum > utthātum

ud-sthambhitaḥ > utthambhitaḥ

Ⅱ. 내연성(Internal Sandhi)

단어의 어간 구성(stem-formation) 및 명사, 동사의 변화가 있을 때, 어근부 또는 어간부와 접미사 · 격어미 또는 인칭어미의 사이에서 일어나는 음 변화를 내연성이라고 한다. 대부분의 경우 외연성의 규칙에 따르지만, 그렇지 않은 경우도 적지 않다. 이하로는 주요한 점만을 설명하고, 상세한 설명은 필요하다 여겨지는 해당 부분에서 다루겠다.*

§17. A. 모음의 연성

1. -ĭ̄, -ŭ̄가 어근에 속하거나, 혹은 2개의 자음으로 앞에 나올 때, 모든 모음 앞에서 대체로 -iy, -uv가 된다.**

a. -ĭ̄+모음 > -iy+모음

e.g. dhī+i > dhiyi

vī+anti > viyanti

b. -ŭ̄+모음 > -uv+모음

e.g. bhū+i > bhuvi

śaknu+anti > śaknuvanti

* Cf. §20.2 및 비고 ; §64(verbs) ; §76(s-aor.) ; §77(iṣ-aor.) ; §80. Ⅱ, 비고(prec.) ; §81.2.N.B.(2) (pf.) ; §85.2(fut., cf. §95.4, des.) ; §87.2(periph. fut.).

** 내연성에서는 하이픈 뒤의 문자가 어근부 또는 어간부의 맨 마지막 음을 나타내고, 하이픈 앞의 문자가 접미사 또는 변화 어미의 맨 처음의 음을 나타낸다.

2. -ṛ+y-. 어근에 속하는 ṛ의 y 앞에서의 변화는 일정하지 않다.

e.g. kṛ- > kriyate(pass.)

mṛ- > mriyate

그러나 2개의 자음 뒤에서는 smṛ- > smaryate(pass.). 그리고 kṛ-의 변화에 있어: kuryāt(opt., 같은 형태로 kurvaḥ, kurmaḥ pres.). 단 bibhṛyāt(opt., bhṛ-)와 같이 ṛ이 단어 속에 유지되는 경우도 있다. cf. cakṛvān(pf. pt., kṛ-)

3. -ṝ+모음 또는 자음. 어근에 속하는 ṝ은 모음의 앞에서 대체로 ir이 되고, 자음의 앞에서 īr이 된다.

e.g. kṝ+ati > kirati

kṝ+yate > kīryate

순음에 앞설 경우는 각각 ur, ūr이 된다.

e.g. pipṝ+ati > pipurati

pṝ+yate > pūryate, cf. §7. Ⅳ

4. 어근부에 속하는 ir, iv, ur은 자음의 앞에서 대체로 īr, īv, ūr이 된다.

e.g. gir+bhiḥ > gīrbhiḥ

div+yati > dīvyati

pur+bhiḥ > pūrbhiḥ

5. -e, -ai, -o, -au+y- 또는 모음 > -ay, -āy, -av, -āv+y- 또는 모음

e.g. ne+ana > nayana-

je+ya > jayya-

rai+e > rāye

go+i > gavi

go+ya > gavya-

nau+i > nāvi*

§18. B. 자음의 연성

1. 어근 또는 어간의 마지막에 있는 자음은 원칙적으로 모음, 반모음 및 비음으로 시작하는 접미사 또는 어미의 앞에서 변화하지 않는다.

e.g. marut+e > marute

vāc+ya > vācya-

vac+mi > vacmi

2. 반모음, 비음 이외의 자음으로 시작하는 접미사 또는 어미의 앞에서도 외연성의 규칙에 따르는 경우가 많다. 경우에 따라 격어미 bhyām, bhiḥ, bhyaḥ, su** 의 앞에서는 외연성의 규칙이 적용된다.***

e.g. marut+bhyaḥ > marudbhyaḥ

agnimath+bhiḥ > agnimadbhiḥ

agnimath+su > agnimatsu

—sudṛś+bhiḥ > sudṛgbhiḥ

—madhulih+bhiḥ > madhuliḍbhiḥ

madhulih+su > madhuliṭsu

—kāmaduh+bhiḥ > kāmadugbhiḥ

kāmaduh+su > kāmadhukṣu

---

* 외연성 §11.6, 7과 다른 점에 주의. 이 경우뿐만이 아니라 항상 외연성과의 차이에 주의하는 것이 중요하다.

** 이른바 pada-endings라 한다, cf. §22.(7).

*** 이것들의 어미는 절대어말의 자음형(§13)으로 붙여진다.

parṇaguh+su > parṇaghuṭsu

—manas+bhiḥ > manobhiḥ

manas+su > manaḥsu 또는 manassu

jyotis+bhiḥ > jyotirbhiḥ

jyotis+su > jyotiḥṣu 또는 jyotiṣṣu

3. 동사의 변화에 있어서도 종종 외연성의 규칙이 통용되는 것을 확인할 수 있으나, 상세한 설명은 해당 부분에서 하겠다.* 여기서는 약간의 예를 드는 것에 그치겠다.

e.g. ad+ti > atti

vac+ti > vakti

—labh+sye > lapsye

—ās+dhve > ādhve

rundh+dhve > runddhve

비고

동사의 인칭어미를 비롯한 주요한 접미사는 종종 t(th, dh), s로 시작하기에, 치음(s를 포함)의 앞에서 일어나는 음 변화에 특히 주의를 요한다.

4. 유성유기음+t-, th- > 유성파열음+dh-

e.g. budh+ta > buddha-

labh+ta > labdha-

rundh+thaḥ > runddhaḥ

* Cf. §64.

5. -h+치파열음*

a. -h+t-, th-, dh- > -ḍh-

이 경우 그 앞의 단모음(ṛ은 제외)은 연장된다.

e.g. lih+ta > līḍha-

lih+dhve > līḍhve

dṛh+ta > dṛḍha-

b. -h+t-, th-, dh- > -gdh-

e.g. dah+ta > dagdha-

duh+thaḥ > dugdhaḥ

duh+dhi > dugdhi

그러나 dhv로 시작하는 인칭어미의 앞에서는 §13.7의 규칙이 적용된다.

e.g. duh+dhve > dhugdhve

—같은 형태로 abudh+dhvam > abhuddhvam

c. nah+ta > naddha-

이 어근의 h는 dh를 대표한다.

cf. upānah- '신발', upānat(N. sg. f.), upānadbhiḥ(I. pl.), upānatsu(L. pl.)

d. 특례: vah+ta > ūḍha- ; vah+tum > voḍhum ; sah+tum > soḍhum

6. 반설음(ṣ를 포함)+치음(n을 포함) > 반설음+반설음

e.g. īḍ+te > īṭṭe

iṣ+ta > iṣṭa-

dviṣ+dhi > dviḍḍhi

mṛḍ+nāti > mṛḍṇāti

단 ṣaṭ+nām > ṣaṇṇām(§45.6)

* h의 변화가 일정하지 않은 것에 대해서는: §13.5.

7. -j+t- > -kt- 또는 -ṣṭ-*

e.g. yuj+ta > yukta-

sṛj+ta > sṛṣṭa-

8. -ś+t- > -ṣṭ-

e.g. dṛś+ta > dṛṣṭa-

§19. n과 s의 반설음화(Cerebralisation)

1. 단어 속의 n은 다음의 조건에 의해 ṇ이 된다.

선행해야 하는 음	개재가 허용되는 음	n에 이어지는 음	
ṛ	모음	n	모음
ṝ	후파열음, ṅ	↓	n, m
r	진파열음, m		y, v
ṣ	y, v	ṇ	
	h, ṁ		

E.g. kar+ana > karaṇa-

brahman+ya > brahmaṇya-

gṛh+nāti > gṛhṇāti

◖ 비고 1 ◗

개재가 허용되는 음의 개수에 제한이 없다.

* j의 변화가 일정하지 않은 것에 대해서는: §13.2.

《 비고 2 》

복합어에 있어서도 동사 접두사 antar-, nis-(nir-), parā-, pari-, pra-의 위에서, 어근의 두음 n은 대체로 ṇ이 된다.[13]

e.g. pari+nayati > pariṇayati, 마찬가지로 pariṇayana-

pra+nīta > praṇīta-, 마찬가지로 praṇetum, praṇaya-

—이것들의 접두사 뒤에서 접두사 ni-의 n도 또한 ṇ이 된다.

e.g. pra+ni+patati > praṇipatati

—경우에 따라서는 dus-(dur-)의 뒤에서도

e.g. durṇīta-, etc. = durnīta-, etc.

2. 단어 속의 s는 다음의 조건에 의해 ṣ가 된다.

선행해야 하는 음	개재가 허용되는 음	s에 이어지는 음	
ā̆ 이외의 모음	ṁ	s	모음(ṛ을 제외)[14]
k	ḥ	↓	t, th
r			n, m
(1)		ṣ	y, v

E.g. dhanus+aḥ > dhanuṣaḥ

dhanūṁs+i > dhanūṁṣi(N. pl. n.)

vac+syati > vakṣyati

agni+su > agniṣu(L. pl.)

마찬가지로 sadṛś+su > sadṛkṣu

kāmaduh+su > kāmadukṣu(§13.7)

dhanus+su > dhanuḥṣu 또는 dhanuṣṣu

jyotis+su > jyotiḥṣu 또는 jyotiṣṣu(§18.2)

kamal+su > kamalṣu

《 비고 》

복합어에 있어서도 i 또는 u로 끝나는 동사 접두사의 뒤에서, 어근의 두음 s는 대체로 ṣ가 된다.

e.g. abhi+siñcati > abhiṣiñcati, 마찬가지로 abhiṣeka-

그러나 어근이 r, ṛ, ṝ을 포함한 경우에는 대체로 ṣ가 되지 않는다.

e.g. anusmarati(어근 smṛ-)

§20. 기타

1. -r은 자음으로 시작하는 어미의 앞에서 변화하지 않는다.

e.g. bibhar+ti > bibharti

단 bibhar+si > bibharṣi(§19.2)

마찬가지로 pur+su > pūrṣu, gir+su > gīrṣu(§17.4)

2. 동사의 활용에서 -k, -c, -śc, -ch, -j, -jj, -ś, -ṣ, -kṣ, -h+s- > -kṣ-

e.g. sraj+syati > srakṣyati

veś+syati > vekṣyati

dveṣ+si > dvekṣi

leh+si > lekṣi

doh+si > dhokṣi(§13.7)

그러나 nah+syati > natsyati(§18.5.c)

《 비고 》

어근의 -s는 s의 앞에서 변화하지 않는다.

e.g. ās+se > āsse

śās+si > śāssi

혹은 합쳐져 -ts-가 된다.

e.g. vas+syati > vatsyati

cf. §76(s-aor.), §85.2(fut.)

—-s+dh로 시작하는 어미에 대해서는: §18.3 ; §64.6 ; §76(s-aor.) ; §77(iṣ-aor.)

그리고 °dhve, °dhvam에 대해서는: §80. Ⅱ, 비고(prec.) ; §81.2.N.B.(2)(pf.)

3. 어근의 -n 또는 -m은 자음으로 시작하는 접미사의 앞에서 종종 소멸된다.

e.g. gam+ta > gata-

han+ta > hata-

그러나 gam+tum > gantum

han+tum > hantum

—특례: jan+ta > jāta- ; śram+ta > śrānta-

Cf. §9.1

—명사 변화의 예: rājan-: rājabhiḥ, rājasu ; tudant-: tudadbhiḥ, tudatsu ; pratyañc-: pratyagbhiḥ, pratyakṣu

—-n, -m은 치찰음의 앞에서 ṁ이 된다.

e.g. man+syate > maṁsyate

yam+syati > yaṁsyati

—-m은 v의 앞에서 n이 된다.

e.g. jagam+vān > jaganvān

4. -c, -j+n- > -cñ-, -jñ-

e.g. yāc+nā > yācñā

yaj+na > yajña-

rājan-: rājñā(I. sg.)

제4장

명사 · 형용사
(Nouns)

§21. 서설[15]

명사, 형용사의 변화(Declension)는 수(Number), 성(Gender), 격(Case)에 의해 규정된다.

❰ 비고 ❱

넓은 의미의 명사(Noun)는 실명사(Substantive)와 형용사(Adjective)를 포함하며, 좁은 의미로는 실명사를 가리킨다. Skt.에서는 양자 사이에 엄밀한 경계가 없기에 이하에서는 혼동할 여지가 있지 않다면 명사를 넓고 좁은 두 의미로 사용하되, 특별히 필요한 경우에 한해서는 형용사와 구별하겠다.

1. 수

단수(sg.), 양수(du.) 및 복수(pl.)로 구별된다. 단수와 복수에 대해서는 특별히 다룰 것이 적다. 양수는 2개의 사물을 나타낸다.

e.g. hastau '양손', aśvau '두 마리의 말'

일부 명사는 복수만으로 사용된다.

e.g. āpaḥ '물'

2. 성

남성(m.), 여성(f.) 및 중성(n.)의 구별이 있다. 생물은 원칙적으로 자연의 성을 따르기에 남성 또는 여성으로 취급하지만, 문법상 성별이 반드시 논리적인 것은 아니다. 예를 들어 '부인'을 의미하는 단어 중, bhāryā, patnī 등은 f.이지만, parigrahaḥ(본래 '소유물')는 m., kalatram은 n.이고, dārāḥ는 m. pl.이다.

3. 격

7종의 구별이 있고, 호격을 포함하면 8종이 된다.* 인도 문법가들이 제정한 순서에 따라 열거하고, 가장 중요한 용법을 간략히 서술하면 다음과 같다.**

(1) 주격(Nominative, 약자 N. 또는 nom.): 주어, 술어.

(2) 목적격(Accusative, Ac., accus.): 동사의 목적어, 방향(to, towards), 시간의 계속(during), 거리.

(3) 조격(Instrumental, I., inst.): 도구·수단(with, by means of), 행위자(agent, by), 원인·이유, 동반·결합(with)을 나타내는 경우에는, 대체로 **saha, sākam, sārdham** 'with'처럼 전치사적 부사를 동반한다.

(4) 여격(Dative, D., dat.): 간접목적어, 이해, 목적(for, in order to), 방향(to).

(5) 탈격(Ablative, Ab., abl.): 분리, 반발(from), 원인·이유, 비교(than).

(6) 소유격(Genitive, G., gen.): 소속·소유(of), 행위자(agent, cf. I.), '~에 관해(for, as for)'. 또는 주어적 G. 혹은 목적어적 G. (*type* Caesar's conquest of Gaul)로서 사용된다. 그 외에 종종 여격을 대신해 사용된다.

—주로 현재분사인 G.와 함께 절대구를 만들고(G. absolute), '…에도 불구하고(though, notwithstanding)' 또는 '…하는 사이에(while)'의 의미를 나타낸다.

(7) 처소격(Locative, L., loc.): 공간·시간에 있어 넓은 의미의 위치(at, in, on, among).

—분사인 L.와 함께 절대구를 만들고(L. absolute), 거의 모든 부문에 대용된다.

(8) 호격(Vocative, V., voc.): 부름, 호소.

---

* 호격은 독립된 격의 형태로 인정되지 않았다(gr.).

** 상세한 설명에 대해서는: 부록 A.

(2)에서 (7)까지의 모든 격은, 특정의 동사·형용사·부사·전치사*와 함께 사용되고, 혹은 고정된 부사화 등, 격의 용법이 복잡하지만, Skt. 해석을 위해서는 매우 중요하다.

§22. 격어미

명사의 변화는 원칙적으로 어간(nominal stem)에 격어미(case endings)를 덧붙여 일어난다.[16] 격어미의 기본형은 다음과 같다.

<table>
<tr><th></th><th colspan="2">sg.</th><th colspan="2">du.</th><th colspan="2">pl.</th></tr>
<tr><td></td><td>m., f.</td><td>n.</td><td>m., f.</td><td>n.</td><td>m., f.</td><td>n.</td></tr>
<tr><td>N.</td><td>s</td><td>—</td><td rowspan="2">au</td><td rowspan="2">ī</td><td rowspan="2">as</td><td rowspan="2">i</td></tr>
<tr><td>Ac.</td><td>am</td><td>=N.</td></tr>
<tr><td>I.</td><td colspan="2">ā</td><td colspan="2" rowspan="3">bhyām</td><td colspan="2">bhis</td></tr>
<tr><td>D.</td><td colspan="2">e</td><td colspan="2" rowspan="2">bhyas</td></tr>
<tr><td>Ab.</td><td colspan="2" rowspan="2">as</td></tr>
<tr><td>G.</td><td colspan="2" rowspan="2">os</td><td colspan="2">ām</td></tr>
<tr><td>L.</td><td colspan="2">i</td><td colspan="2">su</td></tr>
<tr><td>V.</td><td>—또는
=N.</td><td>=N.</td><td colspan="2">=N.</td><td colspan="2">=N.</td></tr>
</table>

기본적 격어미의 엄격한 사용은, 자음 어간(§§23~25)에서 명료하게 인정된다.** 모음 어간(§§26~30)은 여러 가지 점에서 이것에 따르지 않는다.

다음으로 격어미에 관해 일반적으로 주의해야 할 것을 약간 설명하겠다.

* E.g. anu 'along, after, towards', prati 'towards'+Ac. ; ā 'from, until'+Ab. ; adhi 'over', antar 'within, between'+L.

** 그 외 이중모음 어간의 명사 nau- '배'(§30.c)는 가장 규칙적으로 변화한다.

(1) N. sg. m., f.의 -s는 자음 어간에서 탈락한다. cf. §14

(2) 표에 있는 -s는 절대어말에서 ḥ가 된다: -ḥ, -aḥ, -oḥ, -bhiḥ, -bhyaḥ

(3) V.는 du.과 pl.에서 항상 N.와 일치하고, sg.에서도 종종 이것과 일치한다. 중성어에서는 a- 어간을 제외하고 항상 V. sg.=N. sg.이다.

(4) 중성어에서는 항상 N.=V.+Ac.(다만 a- 어간을 제외한다. cf.(3)) 또한 sg.에서는 a- 어간을 제외하고 어미를 결여한다.

(5) Ab.=G. sg.(a- 어간을 제외) ; D.=Ab. pl. ; du.은 항상 3개의 형태만을 갖는다: N.=V.=Ac. ; I.=D.=Ab. ; G.=L.

(6) 비음·반모음 이외의 자음으로 끝나는 어간은, N.-V.-Ac. pl. n.에서 그 자음에 상응하는 비음을 넣는다. *type* harinti pl.: harit sg.(§23.A: p.68 *inf.*)

(7) -bhyām, -bhis, -bhyas 및 -su를 총괄하여 pada- 어미라고 부른다. cf. §18.2

(8) 어간+접미사 tas는 Ab. 상당어(Ab.-equivalents)를 만들고, 제2 Ab.(the second Ab.)라고 불리는 경우가 있다.

e.g. aśvataḥ=aśvāt, kanyātaḥ=kanyāyāḥ

명사의 변화

어간에 관해 명사를 다음과 같이 나눈다.

Ⅰ. 자음 어간의 명사

Ⅱ. 모음 어간의 명사

Ⅰ. 자음 어간의 명사를 다시 다음과 같이 나눈다.

A. 1(한 개)어간인 것

B. 다수 어간인 것

Ⅰ.은 어간이 자음으로 끝나는 명사(*type* marut-, manas-), Ⅱ.는 어간이 모음으로 끝나는 명사(*type* aśva-, nadī-)를 가리킨다.

§23. Ⅰ. 자음 어간의 명사

이것에 속하는 명사를 나누면 2종이 있다. A. 전변화(全變化)를 통해 어간에 변동이 있는 것 혹은 거의 변동이 없는 것, 즉 1어간의 명사와 B. 일정한 격에서 어간에 변동을 일으키는 것, 즉 다수 어간의 명사이다.

◖비고◗

어미의 첨가가 있을 때는, 앞서 설명한 연성법의 적용에 주의해야 한다.

(1) N. sg. m., f.의 어미 s가 탈락한 뒤, 어간 말의 자음은 절대어말의 형태를 띤다(§14).

(2) 모음으로 시작하는 어미의 앞에서 어간의 자음은 변화하지 않는다(§18.1).

(3) 이른바 pada- 어미의 앞에서는 외연성의 규칙이 적용된다(§18.2).

A. 1어간의 명사를 비롯한 이에 준하는 것[17]

어근 명사(radical nouns)와 파생어(derivatives)를 포함한다. m.과 f.은 동일한 변화를 일으키지만, n.는 N.-V.-Ac. sg., du., pl.에서 이것과 다르다. N.-V.-Ac. pl.에서 어간 말의 자음이 파열음이라면, 그 앞에 이것에 상응하는 비음을 넣는다.

e.g. harit '초록의' sg.: harinti pl.

치찰음의 앞에는 ṁ을 넣는다.

e.g. manaḥ '마음' sg.: manāṁsi pl., cf. §22. (6)

《 비고 》

1어간의 명사에서는 N. sg. m., f.(어미 탈락), I. sg. 또는 N. pl. m., f.(모음으로 시작하는 어미의 예), I. pl.(bh로 시작하는 어미의 예)을 비롯한 L. pl.(-su의 앞)을 아는 것에 의해 전변화를 할 수 있다. n.에 있어서는 N.-V.-Ac. pl.의 형에 주의.

1. **치음 어간**(Dental stems)

	marut- m. '바람'	suyudh- adj. '잘 싸우다'	
Singular			
		m., f.	n.
N. V.	marut	suyut	suyut
Ac.	marutam	suyudham	suyut
I.	marutā	suyudhā	
D.	marute	suyudhe	
Ab.	marutaḥ	suyudhaḥ	
G.	marutaḥ	suyudhaḥ	
L.	maruti	suyudhi	
Dual			
		m., f.	n.
N. V. Ac.	marutau	suyudhau	suyudhī
I. D. Ab.	marudbhyām	suyudbhyām	
G. L.	marutoḥ	suyudhoḥ	

Plural			
		m., f.	n.
N. V. Ac.	marutaḥ	suyudhaḥ	suyundhi
I.	marudbhiḥ	suyudbhiḥ	
D. Ab.	marudbhyaḥ	suyudbhyaḥ	
G.	marutām	suyudhām	
L.	marutsu	suyutsu	

마찬가지로 sarit- f. '강', yoṣit- f. '부인', jagat- n. '세계', harit- adj. '초록의', viśva-jit- adj. '모든 것을 정복하다' ; agni-math- adj. '점화하다' ; hṛd- n. '마음', suhṛd- m. '친구', dṛṣad- f. '돌' ; dharma-budh- adj. '법을 알다': N. sg.°bhut (§13.7), I. pl. °bhudbhiḥ, L. pl. °bhutsu, N. V. Ac. pl. n. °bundhi.[18]

2. 후음 어간(Guttural stems)

sarva-śak- adj. '전능의'		
	m., f.	n.
N. V. sg.	sarvaśak	°śak
Ac.	°śakam	°śak
N. V. Ac. pl.	°śakaḥ	°śaṅki
I.	°śagbhiḥ	
L.	°śakṣu	

3. 순음 어간(Labial stems)

dharma-gup- adj. '법을 지키다'			kakubh- f. '방위'
	m., f.	n.	
N. V. sg.	dharmagup	°gup	kakup
Ac.	°gupam	°gup	kakubham

N. V. Ac. pl.	°gupaḥ	°gumpi	kakubhaḥ
I.	°gubbhiḥ		kakubbhiḥ
L.	°gupsu		kakupsu

4. 구개음 어간(Palatal stems)

c로 끝나는 어간은 후음 어간(supra 2)과 동일한 변화를 일으킨다(N. sg. -k). j로 끝나는 어간의 대부분도 이것에 준하지만, j를 반설음화하는 것도 있다(N. sg. -ṭ, cf. §13.2).

a.

	vāc- f. '언어'	bhiṣaj- m. '의사'
N. V. sg.	vāk	bhiṣak
Ac.	vācam	bhiṣajam
N. V. Ac. pl.	vācaḥ	bhiṣaḥ
I.	vāgbhiḥ	bhiṣagbhiḥ
L.	vākṣu	bhiṣakṣu

마찬가지로 satya-vāc- adj. '진실을 말하다', tvac- f. '피부', ruc- f. '명예' ; śeṣa-bhuj- adj. '남은 걸 먹다', ṛtvij- m. '제관(祭官)', vaṇij- m. '상인', sraj- f. '화환', ruj- f. '병', asṛj- n. '피'.

b.

	samrāj- m. '왕'	viśva-sṛj- adj. '모든 것을 창조하다'	
		m., f.	n.
N. V. sg.	smarāṭ	viśvasṛṭ	°sṛṭ
Ac.	smarājam	°sṛjam	°sṛṭ
N. V. Ac. pl.	smarājaḥ	°sṛjaḥ	°sṛñji
I.	smarāḍbhiḥ	°sṛḍbhiḥ	
L.	smarāṭsu	°sṛṭsu	

마찬가지로 parivrāj- m. '유행승(遊行僧)'.

5. 치찰음 어간(Sibilant stems)*

a.

diś- f. '방위, 방향'		su-dṛś- adj. '용모가 아름답다'	
		m., f.	n.
N. V. sg.	dik	sudṛk	°dṛk
Ac.	diśam	°dṛśam	°dṛk
N. V. Ac. pl.	diśaḥ	°dṛśaḥ	°dṛṁśi
I.	digbhiḥ	°dṛgbhiḥ	
L.	dikṣu	°dṛkṣu	

b.

viś- f. '부족(部族)'[19]	
N. V. sg.	viṭ
Ac.	viśam
N. V. Ac. pl.	viśaḥ
I.	viḍbhiḥ
L.	viṭsu

c.

prāvṛṣ- f. '우기'		brahma-dviṣ- adj. '바라문을 미워하다'[20]	
		m., f.	n.
N. V. sg.	prāvṛṭ	brahmadviṭ	°dviṭ
Ac.	prāvṛṣam	°dviṣam	°dviṭ
N. V. Ac. pl.	prāvṛṣaḥ	°dviṣaḥ	°dviṁṣi
I.	prāvṛḍbhiḥ	°dviḍbhiḥ	
L.	prāvṛṭsu	°dviṭsu	

* 절대어말에서의 ś 및 ṣ의 취급에 대해서는: §13.3과 4.

d.

dadhṛṣ- adj. '대담한'		
	m., f.	n.
N. V. sg.	dadhṛk	dadhṛk
Ac.	dadhṛṣam	
N. V. Ac. pl.	dadhṛṣaḥ	dadhṛṁṣi
I.	dadhṛgbhiḥ	
L.	dadhṛkṣu	

6. h- 어간*

	madhu-lih- adj. '꿀을 맛보다/핥다'		go-duh- adj. '우유를 짜다'	
	m., f.	n.	m., f.	n.
N. V. sg.	madhuliṭ	°liṭ	godhuk	°dhuk(§13.7)
Ac.	°liham		°duham	
N. V. Ac. pl.	°lihaḥ	°liṁhi	°duhaḥ	°duṁhi
I.	°liḍbhiḥ		°dhugbhiḥ	
L.	°liṭsu		°dhukṣu	

비고

일부 h- 어간은 두 가지 방식의 취급을 허용한다.

e.g. °druh- '해하다': N. V. sg. m., f. °dhruk/dhruṭ, N. V. Ac. pl. °druhaḥ, I. °dhrugbhiḥ/dhruḍbhiḥ, L. °dhrukṣu/dhruṭsu ; N. V. Ac. sg. n. °dhruk/dhruṭ, du. °druhī, pl. °druṁhi.

—upānah- f. '구두'의 h는 dh로 취급된다(§18.5.c): N. V. sg. upānat, Ac. °naham ; N. V. Ac. pl. °nahaḥ, I. °nadbhiḥ, L. °natsu.

* 절대어말에서의 h의 취급에 대해서는: §13.5.

7. r- 어간[21]

a.

dvār- f. '문'		vār- n. '물'
N. V. sg.	dvāḥ	vāḥ
Ac.	dvāram	
N. V. Ac. pl.	dvārah	vāri
I.	dvārbhiḥ	vārbhiḥ
L.	dvārṣu	vārṣu

b.

gir- f. '소리'		pur- f. '도시'
N. V. sg.	gīḥ*	pūḥ*
Ac.	giram	puram
N. V. Ac. pl.	giraḥ	puraḥ
I.	gīrbhiḥ	pūrbhiḥ
L.	gīrṣu	pūrṣu

8. in-, min-, vin- 어간(f. -inī-, etc., §107. 4. c)[22]

N. sg. m.은 ī(V. sg.는 in), N. V. Ac. sg. n.는 i(V. sg.는 임의로 in(=V. sg. m.)), N. V. Ac. pl. n.는 īni로 끝나고, pada- 어미의 앞에서도 어간의 형태는 i가 된다.**

a.

balin- adj. '힘 있다'(f. balinī-)			
	sg.	du.	pl.
N.m.	balī	balinau	balinaḥ
Ac.	balinam		

* gīr-, pūr-의 형태에 대해서는: §17. 4, §20. 1.

** 전반적으로 an- 어간(§25: p. 82)의 모방이 인정된다.

I.	balinā	balibhyām	balibhiḥ
D.	baline	balibhyām	balibhyaḥ
Ab.	balinaḥ		balibhyaḥ
G.	balinaḥ	balinoḥ	balinām
L.	balini	balinoḥ	baliṣu
V.	balin	=N.	=N.
N. Ac. n.	bali	balinī	balīni
V.	bali/balin	balinī	balīni

그 외는 m.과 동일하다.

	b. svāmin- m. '주인' (svāminī- f. '여주인')	**c.** sragvin- adj. '화환을 두르다' (f. °vinī-) m.	n.
N. sg.	svāmī	sragvī	sragvi
Ac.	svāminam	sragviṇam	sragvi
I.	svāminā	sragviṇā	sragviṇā
L.	svāmini	sragviṇi	sragviṇi
V.	svāmin	sragvin	=N./ sragvin
N. V. Ac. pl.	svāminaḥ	sragviṇaḥ	sragvīṇi
I.	svāmibhiḥ	sragvibhiḥ	sragvibhiḥ
L.	svāmiṣu	sragviṣu	sragviṣu

9. as-, is-, us- 어간[23]

이 3어간들의 N. V. Ac. pl. n.는 각각 -āṁsi, -īṁṣi, -ūṁṣi가 된다. pada- 어미의 bh의 앞에서 -as는 -o, -is, -us는 -ir, -ur이 되고, -su(L. pl.)의 앞에서는 -aḥsu/-assu, -iḥṣu/-iṣṣu, -uḥṣu/-uṣṣu가 된다(§18.2). 이 어간들은 중성명사이지만, 일부 as- 어간은 m. 혹은 f.이다(N. sg. -āḥ).

e.g. candramas- m. '달', apsaras- f. '천녀', uṣas- f. '새벽'

그리고 3어간들이 복합어의 뒷부분이 될 경우는 형용사로서 3성으로 변화한다.

candramas- m., apsaras- f., etc.는 sumanas- m., f.과 동일한 변화를 한다.

a.

	manas- n. '마음'	sumanas- adj. '호의가 있다'	
		m., f.	n.
N. V. sg.	manaḥ	sumanāḥ (V.는 °manaḥ)	°manaḥ
Ac.	manaḥ	sumanasam	°manaḥ
N. V. Ac. pl.	manāṁsi	sumanasaḥ	°manāṁsi
I.	manobhiḥ	sumanobhiḥ	
L.	manaḥsu/manassu	sumanaḥsu/°manassu	

b.

	jyotis- n. '빛'	bṛhajjyotis- adj. '환히 빛나다'	
		m., f.	n.
N. V. sg.	jyotiḥ	bṛhajjyotiḥ	°jyotiḥ
Ac.	jyotiḥ	°jyotiṣam	°jyotiḥ
N. V. Ac. pl.	jyotīṁṣi	°jyotiṣaḥ	°jyotīṁṣi
I.	jyotirbhiḥ	°jyotirbhiḥ	
L.	jyotiḥṣu/jyotiṣṣu	°jyotiḥṣu/°jyotiṣṣu	

c.

	āyus- n. '생명'	dīrghāyus- adj. '장수의'	
		m., f.	n.
N. V. sg.	āyuḥ	dīrghāyuḥ	°āyuḥ
Ac.	āyuḥ	°āyuṣam	°āyuḥ
N. V. Ac. pl.	āyūṁṣi	°āyuṣaḥ	°āyūṁṣi
I.	āyurbhiḥ	°āyurbhiḥ	
L.	āyuḥṣu/āyuṣṣu	°āyuḥṣu/°āyuṣṣu	

§24. B. 다어간의 명사[24]

다어간의 명사는 2어간인 것과 3어간인 것으로 나뉘며, 전자에서는 강어간(strong stems)과 약어간(weak stems)으로, 후자에서는 강·중(middle)·약의 3어간으로 구분된다. 각 어간의 분포는 다음과 같다.

2어간의 경우:

강어간은

- N. V. Ac. sg.*
- N. V. Ac. du.
- N. V. pl.***

} m.**

- N. V. Ac. pl. n.

로 사용되고,

약어간은 이것들 이외의 격으로 사용된다.

3어간의 경우: 강어간의 분포는 2어간의 경우와 같고, 중어간은 pada- 어미의 앞을 비롯한 N. V. Ac. sg.(경우에 따라 du.) n.로 사용되고, 약어간은 이것들 이외의 격으로 사용된다.

《 비고 1 》

N. sg.는 종종 특별한 형태를 갖는데, L. sg.는 때에 따라 중어간을 띤다. 또한 V. sg.가 N. sg.와 일치하지 않는 경우는 주의가 필요하다.

《 비고 2 》

다어간의 명사에서는 sg.의 N., Ac.(강어간의 대표), I.(약어간의 대표), 특별한 경우에는 L. 및 V. ; pl.의 N.(강), Ac.(약), I.(bh로 시작하는 어미의 예) 및 L.(-su의 앞)에 유의해야 한다.

* V. sg.가 반드시 N.와 일치하지 않으며, 다른 형태를 갖는 경우도 있다.

** 여성은 일반적으로 약어간에 접미사 ī를 붙여 만든다.

*** Ac. pl.은 항상 약어간에서 만들어진다.

§25. 2어간의 명사

1. at- 어간

a. 현재 및 미래분사 위타언(Present and Future participles Parasmaipada)

Pres. pt. P.*의 변화는 N. V. Ac. du. n.(=f. 어간)에 나타나는 특징에 근거하여 4종으로 나뉜다.

(1) *type* bodhat-(어근 budh- '깨닫다/눈뜨다'), 강어간 bodhant-, 약어간 bodhat-, 특징형 bodhantī

(2) *type* tudat-(어근 tud- '치다/때리다'), 강어간 tudant-, 약어간 tudat-, 특징형 tudatī/tudantī

(3) *type* adat-(어근 ad- '먹다'), 강어간 adant-, 약어간 adat-, 특징형 adatī

(4) *type* dadat-(어간 dā- '주다/제공하다'), N. V. Ac. pl. n.에 한하여 강어간(dadant-)을 사용하고, 다른 것들은 전부 약어간(dadat-)에서 만들어진다. 특징형 dadatī

<table>
<tr><th colspan="4">tudat- pres. pt. '치다/때리다', 강어간 tudant- (f. tudatī-/tudantī-)</th></tr>
<tr><td></td><td>sg.</td><td>du.</td><td>pl.</td></tr>
<tr><td>N. V. m.</td><td>tudan</td><td rowspan="2">tudantau</td><td>tudantaḥ</td></tr>
<tr><td>Ac.</td><td>tudantam</td><td>tudataḥ</td></tr>
<tr><td>I.</td><td>tudatā</td><td rowspan="3">tudadbhyām</td><td>tudadbhiḥ</td></tr>
<tr><td>D.</td><td>tudate</td><td rowspan="2">tudadbhyaḥ</td></tr>
<tr><td>Ab.</td><td rowspan="2">tudataḥ</td></tr>
<tr><td>G.</td><td rowspan="2">tudatoḥ</td><td>tudatām</td></tr>
<tr><td>L.</td><td>tudati</td><td>tudatsu</td></tr>
<tr><td>N. V. Ac. n.</td><td>tudat</td><td>tudatī/tudantī</td><td>tudanti</td></tr>
</table>

마찬가지로 yāt-: 강 yānt- pres. pt.(어근 yā- '가다'), 특징형 yātī/yāntī —bhaviṣyat-: 강 bhaviṣyant- fut. pt.(어근 bhū '되다'), 특징형 bhaviṣyatī/

* Pres. pt. P.의 작성법에 대해서는: §71.1.

bhaviṣyantī

b.

dadat- pres. pt. '주다' (f. dadatī-)*			
	m.		n.
N. V. sg.	dadat		dadat
Ac.	dadatam		
I.		dadatā	
L.		dadati	
N. V. Ac. du.	dadatau		dadatī
N. V. Ac. pl.	dadataḥ		dadati/dadanti
I.		dadadbhiḥ	
L.		dadatsu	

c. 일부 명사는 adat- pres. pt. '먹다', 강어간 adant-, 특징형 adatī의 형식에 따라 변화한다.

bṛhat- adj. '크다', 강어간 bṛhant-(f. bṛhatī-)			
	m.		n.
N. V. sg.	bṛhan		bṛhat
Ac.	bṛhantam		
I.		bṛhatā	
L.		bṛhati	
N. V. Ac. du.	bṛhantau		bṛhatī
N. V. pl.	bṛhantaḥ		bṛhanti
Ac.	bṛhataḥ		
I.		bṛhadbhiḥ	
L.		bṛhatsu	

* 이것과 같은 형태로 변화하는 일부의 Pres. pt., e.g. jāgrat-(어근 jāgṛ- '눈뜨다/깨닫다'), śāsat-(어근 śās- '명령하다')에 대해서는: §65, 특례 1, 비고 2 ; §66, 비고.

마찬가지로 pṛṣat- adj. '반점이 있다' m. '사슴', n. '물방울'.

d.

mahat- adj. '크다', 강어간 mahānt-(f. mahatī-)			
	m.		n.
N. sg.	mahān		mahat
Ac.	mahāntam		
I.		mahatā	
L.		mahati	
V.	mahan		=N.
N. V. Ac. du.	mahāntau		mahatī
N. V. pl.	mahāntaḥ		mahānti
Ac.	mahataḥ		
I.		mahadbhiḥ	
L.		mahatsu	

2. mat-, vat- 어간

강어간 **mant-**, **vant-**, 약어간 **mat-**, **vat-**(f. matī, vatī-). **N. sg. m.**을 -mān, -vān으로 하는 점에서 *type* adat-와 다르다.

a.

agnimat- adj. '불을 가지고 있다', 강어간 agnimant- (f. °matī-)			
	m.		n.
N. sg.	agnimān		agnimat
Ac.	agnimantam		
I.		agnimatā	
L.		agnimati	
V.	agniman		=N.
N. V. pl.	agnimantaḥ		agnimanti
Ac.	agnimataḥ		
I.		agnimadbhiḥ	
L.		agnimatsu	

b.

jñānavat- adj. '지식 있다', 강어간 jñānavant- (f. °vatī-)			
	m.		n.
N. sg.	jñānavān		jñānavat
Ac.	jñānavantam		(jñānavat)
I.		jñānavatā	
L.		jñānavati	
V.	jñānavan		=N.
N. V. pl.	jñānavantaḥ		jñānavanti
Ac.	jñānavataḥ		(jñānavanti)
I.		jñānavadbhiḥ	
L.		jñānavatsu	

마찬가지로 2인칭의 공경대명사 bhavat- '당신/너'(<bhagavat- adj. '신성한', m. '신' ; §34.a): N. sg. bhavān, pl. bhavantaḥ

—bhagoḥ(본래 bhagavat-의 V.), 그리고 bhoḥ(interj.)의 연성법에 대해서는: §15.7, 비고

◖비고◗

대명사의 어근에서 만들어진 형용사(Pronominal adj.): tāvat- 'so much', etāvat- 'so much', yāvat- 'as much' ; iyat- 'so much', kiyat- 'how much' (§43: 일람표)는 이 형식에 따라 변화한다.

3. yas- 어간 형용사 비교급(Comparative degree)의 변화

강어간 yāṁs-, 약어간 yas-(f. yasī-). pada- 어미의 앞에서의 취급은 as- 어간(§23.9.a)의 경우와 같다.

garīyas- adj. '보다 무겁다', 강어간 garīyāṁs- (f. garīyasī-)			
	m.		n.
N. sg.	garīyān		garīyaḥ
Ac.	garīyāṁsam		
I.		garīyasā	
L.		garīyasi	
V.	garīyan		=N.
N. V. pl.	garīyāṁsaḥ		garīyāṁsi
Ac.	garīyasaḥ		
I.		garīyobhiḥ	
L.		garīyaḥsu/°yassu	

3어간의 명사

1. an-, man-, van- 어간

a. an- 어간

rājan- m. '왕', 강 rājān-(N. sg. rājā), 중 rāja(n)-, 약 rājñ- (f. rājñī- '여왕')[25]			
	sg.	du.	pl.
N.	rājā	rājānau	rājānaḥ
Ac.	rājānam		rājñaḥ
I.	rājñā	rājabhyām	rājabhiḥ
D.	rājñe		rājabhyaḥ
Ab.	rājñaḥ		
G.		rājñoḥ	rājñām
L.	rājñi/rājani		rājasu
V.	rājan	=N.	=N.

b. man- 어간

<table>
<tr><th></th><th>sīman- f. '경계/장소',
강 sīmān-(N. sg. sīmā),
중 sīma(n)-, 약 sīmn-</th><th>nāman- n. '이름',
강 nāmān-, 중 nāma(n)-,
약 nāmn-</th></tr>
<tr><td>N. sg.</td><td>sīmā</td><td rowspan="2">nāmā</td></tr>
<tr><td>Ac.</td><td>sīmānam</td></tr>
<tr><td>I.</td><td>sīmnā</td><td>nāmnā</td></tr>
<tr><td>L.</td><td>sīmni/sīmani</td><td>nāmni/nāmani</td></tr>
<tr><td>V.</td><td>sīman</td><td>nāma/nāman</td></tr>
<tr><td>N. V. Ac. du.</td><td>sīmānau</td><td>nāmnī/nāmanī</td></tr>
<tr><td>N. V. pl.</td><td>sīmānaḥ</td><td rowspan="2">nāmāni</td></tr>
<tr><td>Ac.</td><td>sīmnaḥ</td></tr>
<tr><td>I.</td><td>sīmabhiḥ</td><td>nāmabhiḥ</td></tr>
<tr><td>L.</td><td>sīmasu</td><td>nāmasu</td></tr>
</table>

c. van- 어간

<table>
<tr><th></th><th>grāvan- m. '돌',
강 grāvān-(N. sg. °vā), 중 grāva(n)-,
약 grāvn-</th><th colspan="2">pīvan- adj. '비옥해졌다/살쪘다',
강 pīvān-, 중 pīva(n)-,
약 pīvn- (f. pīvari-)</th></tr>
<tr><td></td><td></td><td>m.</td><td>n.</td></tr>
<tr><td>N. sg.</td><td>grāvā</td><td>pīvā</td><td rowspan="2">pīva</td></tr>
<tr><td>Ac.</td><td>grāvāṇam</td><td>pīvānam</td></tr>
<tr><td>I.</td><td>grāvṇā</td><td colspan="2">pīvnā</td></tr>
<tr><td>L.</td><td>grāvṇi/grāvaṇi</td><td colspan="2">pīvni/pīvani</td></tr>
<tr><td>V.</td><td>grāvan</td><td>pīvan</td><td>pīva/pīvan</td></tr>
<tr><td>N. V. Ac. du.</td><td>grāvāṇau</td><td>pīvānau</td><td>pīvnī/pīvanī</td></tr>
<tr><td>N. V. pl.</td><td>grāvāṇaḥ</td><td>pīvānaḥ</td><td rowspan="2">pīvāni</td></tr>
<tr><td>Ac.</td><td>grāvṇaḥ</td><td>pīvnaḥ</td></tr>
<tr><td>I.</td><td>grāvabhiḥ</td><td colspan="2">pīvabhiḥ</td></tr>
<tr><td>L.</td><td>grāvasu</td><td colspan="2">pīvasu</td></tr>
</table>

d. -man, -van에 자음이 앞서는 경우(2어간)

	ātman- m. '자아', 강 ātmān-(N. sg. ātmā), 약 ātman-	parvan- n. '마디/절', 강 parvān-, 약 parvan-
N. sg.	ātmā	} parva
Ac.	ātmānam	
I.	ātmanā	parvaṇā
L.	ātmani	parvaṇi
V.	ātman	parva/parvan
N. V. Ac. du.	ātmānau	parvanī
N. V. pl.	ātmānaḥ	} parvāṇi
Ac.	ātmanaḥ	
I.	ātmabhiḥ	parvabhiḥ
L.	ātmasu	parvasu

e. 특례

(1)

	pūṣan- m. 신의 이름	aryaman- m. 신의 이름
N. sg.	pūṣā	aryamā
Ac.	pūṣaṇam	aryamaṇam
I.	pūṣṇā	aryamṇā
L.	pūṣṇi/pūṣaṇi	aryamṇi/°maṇi
V.	pūṣan	aryaman

(2)

°han- adj. '죽이다', e.g. brahmahan- adj. '바라문을 죽이다' (f. °ghnī-)			
	m.		n.
N. sg.	brahmahā		} brahmaha
Ac.	brahmahaṇam		
I.		brahmaghnā*	
L.		brahmaghni/°haṇi	
V.	brahmahan		brahmaha/°han

* gh의 뒤에서 n은 ṇ이 되지 않는다.

N. V. Ac. du.	brahmahaṇau	brahmaghnī/°haṇī
N. V. pl.	brahmahaṇaḥ	brahmahāṇi
Ac.	brahmaghnaḥ	
I.	brahmahabhiḥ	
L.	brahmahasu	

(3) arvan- m. '말(馬)'

N. sg. arvā, Ac. arvantam, I. arvatā, etc. 이하 Pres. pt. P. m.(§25: p. 78)의 변화에 따른다.

(4) śvan- m. '개(犬)', 약 śun- (f. śunī- '암캐')

N. sg. śvā, Ac. śvānam, I. śunā, etc., V. śvan ; N. V. pl. śvānaḥ, Ac. śunaḥ, I. śvabhiḥ, L. śvasu.

(5)

	maghavan- adj. '너그럽고 어진', m. '인드라 신', 약 maghon-*	yuvan- adj. '젊다/어리다', 약 yūn- (f. yuvati-/yuvatī-)	
	m.	m.	n.
N. sg.	maghavā	yuvā	yuva
Ac.	maghavānam	yuvānam	
I.	maghonā	yūvā	
L.	maghoni	yūni	
V.	maghavan	yuvan	yuva/yuvan
N. V. Ac. du.	maghavānau	yuvānau	yūnī
N. V. pl.	maghavānaḥ	yuvānaḥ	yuvāni
Ac.	maghonaḥ	yūnaḥ	
I.	maghavabhiḥ	yuvabhiḥ	
L.	maghavasu	yuvasu	

* pada- 어미의 앞이나 약어간+모음 어미에서는 일반적으로 동의어 maghavat-(cf. §25: p. 81)로부터의 형태가 사용된다, e.g. I. sg. maghavatā, pl. maghavadbhiḥ.

(6)

ahan- n. '날/하루': ahas-(ahar-), 약 ahn-(cf. §25: p.83: nāman-)			
	sg.	du.	pl.
N. V. Ac.	ahaḥ*	ahnī/ahanī	ahāni
I.	ahnā	ahobhyām	ahobhiḥ
L.	ahni/ahani	ahnoḥ	ahaḥsu/ahassu

2. vas- 어간: 완료분사 위타언(Perfect participles Parasmaipada)

강어간 vāṁs-, 중어간 vat-, 약어간 uṣ-(f. uṣī-).

vidvas-(어간 vid- '알다'), 강 vidvāṁs-, 중 vidvat-, 약 viduṣ- (f. viduṣī-)			
	m.		n.
N. sg.	vidvān		vidvat
Ac.	vidvāṁsam		vidvat
I.		viduṣā	
L.		viduṣi	
V.	vidvan		=N.
N. V. Ac. du.	vidvāṁsau		viduṣī
N. V. pl.	vidvāṁsaḥ		vidvāṁsi
Ac.	viduṣaḥ		vidvāṁsi
I.		vidvadbhiḥ	
L.		vidvatsu	

마찬가지로 jagmivas-/jaganvas-(cf. §20.3)(어근 gam- '가다'): 강 jagmivāṁs-/jaganvāṁs-, 중 jagmivat-/jaganvat-, 약 jagmuṣ-

—tasthivas-(어근 sthā- '서다'): 강 tasthivāṁs-, 중 tasthivat-, 약 tasthuṣ-

—ninīvas-(어근 nī- '이끌다'): 강 ninīvāṁs-, 중 ninīvat-, 약 ninyuṣ-

—śuśruvas-(어근 śru- '듣다'): 강 śuśruvāṁs-, 중 śuśruvat-, 약 śuśruvuṣ- (cf. §17.1)

* 이 ḥ는 r에서 유래한 것으로 취급된다(§15.8.e), cf. ahar-ahaḥ adv. '매일'.

3. ac- 어간

주로 방향 · 위치를 나타내는 형용사

2어간의 것(*type* prāc-)과 3어간의 것(*type* pratyac-)이 있다.

a.

prāc- '동쪽의, 전방의', 강 prāñc-, 약 prāc- (f. prācī-)			
	m.		n.
N. V. sg.	prāṅ		prāk
Ac.	prāñcam		
I.		prācā	
L.		prāci	
N. V. Ac. du.	prāñcau		prācī
N. V. pl.	prāñcaḥ		prāñci
Ac.	prācaḥ		
I.		prāgbhiḥ	
L.		prākṣu	

마찬가지로 avāc- '아래의, 남쪽의', 강 avāñc-, 약 avāc-.

b.

pratyac- '서쪽의, 후방의', 강 pratyañc-, 중 pratyac-, 약 pratīc- (f. pratīcī-)			
	m.		n.
N. V. sg.	pratyaṅ		pratyak
Ac.	pratyañcam		
I.		pratīcā	
L.		pratīci	
N. V. Ac. du.	pratyañcau		pratīcī
N. V. pl.	pratyañcaḥ		pratyañci
Ac.	pratīcaḥ		
I.		pratyagbhiḥ	
L.		pratyakṣu	

마찬가지로 nyac- '아래의', 강 nyañc-, 중 nyac-, 약 nīc-
—udac- '위의, 북의', 강 udañc-, 중 udac-, 약 udīc-
—samyac- '바르다/옳다', 강 samyañc-, 중 samyac-, 약 samīc-

c.

anvac- '따르다, 다음의', 강 anvañc-, 중 anvac-, 약 anūc- (f. anūcī-)			
	m.		n.
N. V. sg.	anvaṅ		anvak
Ac.	anvañcam		
I.		anūcā	
L.		anūci	
N. V. Ac. du.	anvañcau		anūcī
N. V. pl.	anvañcaḥ		anvañci
Ac.	anūcaḥ		
I.		anvagbhiḥ	
L.		anvakṣu	

마찬가지로 viśvac- '보편의', 강 viśvañc-, 중 viśvac-, 약 viśūc- (f. viśūcī-)

d.

특례: tiryac- '옆의, 수평의', 강 tiryañc-, 중 tiryac-, 약 tiraśc- (f. tiraścī-)			
	m.		n.
N. V. sg.	tiryaṅ		tiryak
Ac.	tiryañcam		
I.		tiraścā	
L.		tiraści	
N. V. Ac. du.	tiryañcau		tiraścī
N. V. pl.	tiryañcaḥ		tiryañci
Ac.	tiraścaḥ		
I.		tiryagbhiḥ	
L.		tiryakṣu	

4. 특수한 다어간 명사

a. dos- n. 드물게 m. '팔/팔뚝', 중·약어간은 doṣan-에서도 만들어진다.

	sg.	du.	pl.
N. V.	doḥ n., m.	dośī n., doṣau m.	doṣaḥ m. dōṁṣi n., =N./doṣṇaḥ m.
Ac.	doḥ n., doṣam m.		
I.	doṣā/doṣṇā	dorbhyām/ doṣabhyām	dorbhiḥ/ doṣabhiḥ
L.	doṣi/doṣṇi/doṣaṇi	doṣoḥ/doṣnoḥ	doḥṣu/doṣṣu/doṣasu

b. pathin- m. '길', 강 panthān- (N. sg. °thāḥ), 중 pathi-, 약 path-

	sg.	du.	pl.
N. V.	panthāḥ	panthānau	panthānaḥ
Ac.	panthānam		pathaḥ
I.	pathā	pathibhyām	pathibhiḥ
L.	pathi	pathoḥ	pathiṣu

c. āpaḥ- f. pl. '물'(§21. 1)

N. V. āpaḥ, Ac. apaḥ, I. adbhiḥ !, D. Ab. adbhyaḥ, G. apām, L. apsu.

d. puṁs- m. '남자', 강 pumāṁs-, 중 pum-, 약 puṁs-

	sg.	du.	pl.
N.	pumān	pumāṁsau	pumāṁsaḥ
Ac.	pumāṁsam		puṁsaḥ
I.	puṁsā	pumbhyām	pumbhiḥ
L.	puṁsi	puṁsoḥ	puṁsu
V.	puman	=N.	=N.

e. anaḍuh- m. '소를 기르다, ox', 강 anaḍvāh-(N. sg. °vān), 중 anaḍut-, 약 anaḍuh-

	sg.	du.	pl.
N.	anaḍvān	anaḍvāhau	anaḍvāhaḥ
Ac.	anaḍvāham		anaḍuhaḥ
I.	anaḍuhā	anaḍudbhyām	anaḍudbhiḥ
L.	anaḍuhi	anaḍuhoḥ	anaḍutsu
V.	anaḍvan	=N.	=N.

§26. Ⅱ. 모음 어간의 명사[26]

모음 어간은 각각 특징 있는 변화를 일으키고, 각 어미는 종종 위에서 다룬 기본형(§22)과 차이가 있다. 또한 어간의 마지막 음과 어미가 융합하여 특별한 형태를 보이는 경우가 있다.

1. a- 어간

a- 어간은 m.과 n.를 포함하고, 이것에 대응하는 f.은 ā- 또는 ī- 어간이다(cf. §107.2). 변화는 현저하게 기본형과 차이가 있다. 그러나 대다수의 명사가 이것에 속하고, 다른 어간에서 이행하는 경향도 강하며(thematisation), 신조어도 이것에 따르는 것이 일반적이기에, 가장 불규칙함과 동시에 무엇보다 중요한 변화 형식이다.

a. aśva- m. '말'

	sg.	du.	pl.
N.	aśvaḥ	aśvau	aśvāḥ
Ac.	aśvam		aśvān
I.	aśvena	aśvābhyām	aśvaiḥ
D.	aśvāya		aśvebhyaḥ
Ab.	aśvāt		

G.	aśvasya	aśvayoḥ	aśvānām
L.	aśve		aśveṣu
V.	aśva	=N.	=N.

b. dāna- n. '보시물/선물'. N. sg., N .V. Ac. du., pl.에서 m.과 차이가 있다.

N. Ac. sg. dānam, V. dāna.

—N. V. Ac. du. dāne.

—pl. dānāni.

2. ā- 어간

kanyā- f. '소녀'

	sg.	du.	pl.
N.	kanyā	kanye	kanyāḥ
Ac.	kanyām		
I.	kanyayā	kanyābhyām	kanyābhiḥ
D.	kanyāyai		kanyābhyaḥ
Ab.	kanyāyāḥ		
G.		kanyayoḥ	kanyānām
L.	kanyāyām		kanyāsu
V.	kanye	=N.	=N.

◖비고 1◗

단수의 어미 D. ai, Ab. G. āḥ, L. ām은 여성명사에 특유한 어미로서, 여성 어미(feminine endings)라 불린다.

◖비고 2◗

ambā- f. '어머니'의 V. sg.는 예외적으로 amba.

3. a- 어간(f. ā-)의 형용사

Type kānta- m., n., kāntā f. '사랑받았다'. m.과 n.는 위의 1에 따르고, f.은 2에 따라 변화한다.

	m.	n.	f.
N. sg.	kāntaḥ	} kāntam	kāntā
Ac.	kāntam		kāntām
	etc.	etc.	etc.

◖ 비고 1 ◗

a- 어간의 형용사로 대명사적 변화를 일으키는 것에 대해서는: §42

◖ 비고 2 ◗

a- 어간의 형용사 중에는 -ī에 의해 여성어간을 만드는 것이 있다.

e.g. gauraḥ m. '황색의', gauram n., gaurī f., cf. §107.3

◖ 비고 3 ◗

ā- 어간의 여성명사를 뒷부분으로 하는 복합어가 형용사로서 사용되는 경우,* 이것을 a- 어간으로 바꿔 m.과 n.를 만든다.

e.g. prajā- f. '자손': apraja- m., n. '아이가 없다', aprajā f.[27]

* Cf. Bahuv.-comp., §109.Ⅲ.a.

§27. i- 및 u- 어간(m., n., f.)

1. i- 어간

a. kavi- m. '시인'

	sg.	du.	pl.
N.	kaviḥ	kavī	kavayaḥ
Ac.	kavim		kavīn
I.	kavinā	kavibhyām	kavibhiḥ
D.	kavaye		kavibhyaḥ
Ab.	kaveḥ		
G.		kavyoḥ	kavīnām
L.	kavau		kaviṣu
V.	kave	=N.	=N.

b. mati- f. '사고(思考)'

	sg.	du.	pl.
N.	matiḥ	matī	matayaḥ
Ac.	matim		matīn
I.	matyā	matibhyām	matibhiḥ
D.	mataye/matyai*		matibhyaḥ
Ab.	mateḥ/matyāḥ		
G.		matyoḥ	matīnām
L.	matau/matyām		matiṣu
V.	mate	=N.	=N.

c. vāri- n. '물'**

	sg.	du.	pl.
N. Ac	vāri	vāriṇī	vārīṇi

* D. 이하 임의로 여성 어미(§26.2, 비고 1)가 사용된다.

** N., V., Ac. sg. 및 pada- 어미의 앞을 제외하고, 기본 어미의 앞에 n을 삽입한다.

I.	vāriṇā	vāribhyām	vāribhiḥ
D.	vāriṇe		vāribhyaḥ
Ab.	vāriṇaḥ		
G.		vāriṇoḥ	vārīṇām
L.	vāriṇi		vāriṣu
V.	vāri/vāre	=N.	=N.

2. u- 어간

a. paśu- m. '짐승'

	sg.	du.	pl.
N.	paśuḥ	paśū	paśavaḥ
Ac.	paśum		paśūn
I.	paśunā	paśubhyām	paśubhiḥ
D.	paśave		paśubhyaḥ
Ab.	paśoḥ		
G.		paśvoḥ	paśūnām
L.	paśau		paśuṣu
V.	paśo	=N.	=N.

b. dhenu- f. '소를 기르다'

	sg.	du.	pl.
N.	dhenuḥ	dhenū	dhenavaḥ
Ac.	dhenum		dhenūḥ
I.	dhenvā	dhenubhyām	dhenubhiḥ
D.	dhenave/dhenvai*		dhenubhyaḥ
Ab.	dhenoḥ/dhenvāḥ		
G.		dhenvoḥ	dhenūnām
L.	dhenau/dhenvām		dhenuṣu
V.	dheno	=N.	=N.

* D. 이하 임의로 여성 어미(§26.2, 비고 1)가 사용된다.

c. madhu- n. '꿀'*

	sg.	du.	pl.
N. Ac.	madhu	madhunī	madhūni
I.	madhunā	madhubhyām	madhubhiḥ
D.	madhune	madhubhyām	madhubhyaḥ
Ab.	madhunaḥ	madhubhyām	madhubhyaḥ
G.	madhunaḥ	madhunoḥ	madhūnām
L.	madhuni	madhunoḥ	madhuṣu
V.	madhu/madho	=N.	=N.

3. i- 및 u- 어간의 형용사

Type śuci- m., n., f. '맑다/깨끗하다', guru- m., n., f. '무겁다'

각각 supra 1 및 2에 따라 변화한다. 다만 n.의 D. Ab. G. L. sg.를 비롯한 G. L. du.은 이것에 대응하는 m. 형태를 사용해도 된다.

N. Ac. sg. n.	śuci	guru
I.	śucinā	guruṇā
D.	śucine/śucaye	guruṇe/gurave
Ab. G.	śucinaḥ/śuceḥ	guruṇaḥ/guroḥ
L.	śucini/śucau	guruṇi/gurau
V.	śuci/śuce	guru/guro
G. L. du.	śucinoḥ/śucyoḥ	guruṇoḥ/gurvoḥ

비고

u- 어간의 형용사에서 그 앞에 1개의 자음을 지닌 것은, -ī에 의해 f.을 만들 수 있다.

e.g. tanuḥ m. '가늘다/좁다': tanuḥ/ tanvī f.

드물게 -ū에 의해 f.을 만드는 것이 있다.

e.g. paṅguḥ m. '짝짝이의/절름거리는': paṅgūḥ f., cf. §107. 4. b

* n의 삽입은 i- 어간 n.의 경우와 같다.

4. 특례

a. pati- m. '남편'(f. patnī- '부인')

N. sg.	patiḥ	Ab. G.	patyuḥ
Ac.	patim	L.	patyau
I.	patyā	V.	pate
D.	patye		

du.과 pl.은 kavi-(supra 1.a)의 변화에 따른다. 또한 pati-가 '주인(lord)'을 의미할 경우를* 비롯해 복합어의 뒷부분이 되는 경우(e.g. bhūpati- '대지의 주인, 왕')는 전부 kavi-의 변화에 따른다.

b. sakhi- m. '친구'(f. sakhī- '여자친구')

	sg.	du.	pl.
N.	sakhā	} sakhāyau	sakhāyaḥ
Ac.	sakhāyam		sakhīn
I.	sakhyā	} sakhibhyām	sakhibhiḥ
D.	sakhye		} sakhibhyaḥ
Ab.	} sakhyuḥ		
G.		} sakhyoḥ	sakhīnām
L.	sakhyau		sakhiṣu
V.	sakhe	=N.	=N.

◖비고◗

복합어의 뒷부분이 되는 경우에 대해서는: §109. II : p.364. Tatpuruṣa의 경우에는 일반적으로 °sakha-(thematisation)가 사용된다. 그러나 su-sakhi- m. '좋은 친구'(§109. VII)와 같은 경우에는, 강어간 이외에서 보통 i-어간의 변화(supra 1.a)를 일으킨다. Bahuv.-comp.의 °sakhi는 상기의 변화에 따르지만, 종종 °sakha-의 형태가 사용된다.

* 이 차이는 때에 따라 혼동된다.

c. akṣi- n. '눈(目)'

<table>
<tr><th></th><th>sg.</th><th>du.</th><th>pl.</th></tr>
<tr><td>N. Ac.</td><td>akṣi</td><td>akṣiṇī</td><td>akṣīṇi</td></tr>
<tr><td>I.</td><td>akṣṇā[*]</td><td rowspan="3">akṣibhyām</td><td>akṣibhiḥ</td></tr>
<tr><td>D.</td><td>akṣṇe</td><td rowspan="2">akṣibhyaḥ</td></tr>
<tr><td>Ab.</td><td rowspan="2">akṣṇaḥ</td></tr>
<tr><td>G.</td><td rowspan="2">akṣṇoḥ</td><td>akṣṇām</td></tr>
<tr><td>L.</td><td>akṣṇi/akṣaṇi</td><td>akṣisu</td></tr>
<tr><td>V.</td><td>akṣi/akṣe</td><td>=N.</td><td>=N.</td></tr>
</table>

마찬가지로 asthi- n. '뼈', dadhi- n. '응고된 우유', sakthi- n. '허벅지'.

d. dyu- 또는 div- f. '하늘'

<table>
<tr><th></th><th>sg.</th><th>du.</th><th>pl.</th></tr>
<tr><td>N. V.</td><td>dyauḥ</td><td rowspan="2">divau</td><td rowspan="2">divaḥ</td></tr>
<tr><td>Ac.</td><td>divam[**]</td></tr>
<tr><td>I.</td><td>divā</td><td rowspan="3">dyubhyām</td><td>dyubhiḥ</td></tr>
<tr><td>D.</td><td>dive</td><td rowspan="2">dyubhyaḥ</td></tr>
<tr><td>Ab.</td><td rowspan="2">divaḥ</td></tr>
<tr><td>G.</td><td rowspan="2">divoḥ</td><td>divām</td></tr>
<tr><td>L.</td><td>divi</td><td>dyuṣu</td></tr>
</table>

❰ 비고 ❱

kroṣṭu-: kroṣṭṛ- m. '승냥이'에 대해서는: §29.1, 비고

* an- 어간 akṣan-(cf. §25: p.82)에 의한 보충(suppletion).

** 드물게 dyām(cl.).

§28. ī- 및 ū- 어간(f.)

1. 단음절 어간(Monosyllabic stems)

각 어미는 기본형에 따르고, 임의로 여성 어미가 사용되기도 한다. 모음 어미의 앞에서 ī는 iy, ū는 uv가 된다(§17.1).

a. dhī- f. '사려'

	sg.	du.	pl.
N. V.	dhīḥ	} dhiyau	} dhiyaḥ
Ac.	dhiyam		
I.	dhiyā		dhībhiḥ
D.	dhiye/dhiyai	} dhībhyām	} dhībhyaḥ
Ab.	} dhiyaḥ/dhiyāḥ		
G.			dhiyām/dhīnām
L.	dhiyi/dhiyām	} dhiyoḥ	dhīṣu

b. 특례: strī- f. '여자'*

	sg.	du.	pl.
N.	strī	} striyau	striyaḥ
Ac.	striyam/strīm		striyaḥ/strīḥ
I.	striyā		strībhiḥ
D.	striyai	} strībhyām	} strībhyaḥ
Ab.	} striyāḥ		
G.			strīnām
L.	striyām	} striyoḥ	strīṣu
V.	stri	=N.	=N.

---

* 많은 점에서 다음절 어간(infra 2)의 변화에 준하고 있다.

c. bhū- f. '땅'

	sg.	du.	pl.
N. V.	bhūḥ	bhuvau	bhuvaḥ
Ac.	bhuvam		
I.	bhuvā	bhūbhyām	bhūbhiḥ
D.	bhuve/bhuvai		bhūbhyaḥ
Ab.	bhuvaḥ/bhuvāḥ		
G.		bhuvoḥ	bhuvām/bhūnām
L.	bhuvi/bhuvām		bhūṣu

❰ 비고 ❱

ī-, ū- 어간의 명사를 뒷부분으로 하는 복합어가 형용사로서 사용될 경우, f.은 위의 변화(dhī-, bhū-)에 따르지만, m.에서는 D. 이하로 여성 어미를 허용하지 않고, G. pl.은 °dhiyām, °bhuvām의 형식만을 취한다.

e.g. sudhī- '보다 사려를 지니다': N. V. sg. m., f. sudhīḥ, D. m. sudhiye, f. sudhye/sudhiyai, G. pl. m. sudhiyām, f. sudhiyām/sudhīnām

n.는 sudhi-(cf. vāri, §27.1.c)로부터 만들어진다: N. V. Ac. sg. sudhi, du. sudhinī, pl. sudhīni

—마찬가지로 subhrū- '이쁜 눈썹을 지니다': N. V. sg. m., f. subhrūḥ, D. m. subhruve, f. subhruve/subhruvai, G. pl. m. subhruvām, f. subhruvām/subhrūṇām ; N. V. Ac. sg. n. subhru, du. subhruṇī, pl. subhrūṇi

—또한 ī-, ū- 어간이 전반적으로 i-, u- 어간으로 바뀌는 것도 드물지 않다.

e.g. subhru- adj.=subhrū-[28]

2. 다음절 어간(Polysyllabic stems)

a. nadī-, f. '강'

<table>
<tr><th></th><th>sg.</th><th>du.</th><th>pl.</th></tr>
<tr><td>N.</td><td>nadī</td><td rowspan="2">nadyau</td><td>nadyaḥ</td></tr>
<tr><td>Ac.</td><td>nadīm</td><td>nadīḥ</td></tr>
<tr><td>I.</td><td>nadyā</td><td rowspan="3">nadībhyām</td><td>nadībhiḥ</td></tr>
<tr><td>D.</td><td>nadyai</td><td rowspan="2">nadībhyaḥ</td></tr>
<tr><td>Ab.</td><td rowspan="2">nadyāḥ</td></tr>
<tr><td>G.</td><td rowspan="2">nadyoḥ</td><td>nadīnām</td></tr>
<tr><td>L.</td><td>nadyām</td><td>nadīṣu</td></tr>
<tr><td>V.</td><td>nadi</td><td>=N.</td><td>=N.</td></tr>
</table>

예외: lakṣmī- f. '행복, 여신 이름', tarī- f. '보트/작은 배', tantrī- f. '악기의 현'의 N. sg.는 lakṣmīḥ, tarīḥ, tantrīḥ로 만든다.

b. vadhū- f. '여성'

<table>
<tr><th></th><th>sg.</th><th>du.</th><th>pl.</th></tr>
<tr><td>N.</td><td>vadhūḥ</td><td rowspan="2">vadhvau</td><td rowspan="2">vadhvaḥ</td></tr>
<tr><td>Ac.</td><td>vadhūm</td></tr>
<tr><td>I.</td><td>vadhvā</td><td rowspan="3">vadhūbhyām</td><td>vadhūbhiḥ</td></tr>
<tr><td>D.</td><td>vadhvai</td><td rowspan="2">vadhūbhyaḥ</td></tr>
<tr><td>Ab.</td><td rowspan="2">vadhvāḥ</td></tr>
<tr><td>G.</td><td rowspan="2">vadhvoḥ</td><td>vadhūnām</td></tr>
<tr><td>L.</td><td>vadhvām</td><td>vadhūṣu</td></tr>
<tr><td>V.</td><td>vadhu</td><td>=N.</td><td>=N.</td></tr>
</table>

◖비고◗

nadī-/vadhū- 형의 명사가 복합어의 뒷부분이 될 경우의 취급에 있어, 문법가들이 다양한 규정을 세우고 있으나(e.g. Ac. pl. m. -īn, -ūn), 실제로는 'samāsānta' -ka(cf. §106.Ⅱ.8.d: p.349~350)의 첨가에 의해 해결되었다.

—모든 시대에 걸쳐(그다지 엄격하지 않은 Skt.에 있어), ī- 어간과 i- 어간은 종종 서로 교체되어 사용되었다.

§29. ṛ- 및 tṛ- 어간

1. tṛ- 어간: 행위자명사(Nomina agentis)의 변화

접미사 tṛ(§106. I. 10)이 모음의 교체를 일으킨다. tṛ(tr) : tar : tār(§7. Ⅳ)

n.에서 모음으로 시작되는 어미의 앞에서 n을 넣는다(cf. §27. 1. c). 그러나 N. V. Ac. sg., du., pl.을 제외하고, m.의 형을 사용해도 괜찮다.

dātṛ- '주다, 전달자'(f. dātrī-)

<table>
<tr><th></th><th colspan="2">sg.</th><th colspan="2">du.</th><th colspan="2">pl.</th></tr>
<tr><th></th><th>m.</th><th>n.</th><th>m.</th><th>n.</th><th>m.</th><th>n.</th></tr>
<tr><td>N.</td><td>dātā</td><td rowspan="2">dātṛ</td><td rowspan="2">dātārau</td><td rowspan="2">dātṛṇī</td><td>dātāraḥ</td><td rowspan="2">dātṝṇi</td></tr>
<tr><td>Ac.</td><td>dātāram</td><td>dātṝn</td></tr>
<tr><td>I.</td><td>dātrā</td><td>do./dātṛṇā</td><td colspan="2" rowspan="3">dātṛbhyām</td><td colspan="2">dātṛbhiḥ</td></tr>
<tr><td>D.</td><td>dātre</td><td>do./dātṛṇe</td><td colspan="2" rowspan="2">dātṛbhyaḥ</td></tr>
<tr><td>Ab.</td><td rowspan="2">dātuḥ</td><td rowspan="2">do./dātṛṇaḥ</td></tr>
<tr><td>G.</td><td rowspan="2">dātroḥ</td><td rowspan="2">do./dātṛṇoḥ</td><td colspan="2">dātṝṇām</td></tr>
<tr><td>L.</td><td>dātari</td><td>do./dātṛṇi</td><td colspan="2">dātṛṣu</td></tr>
<tr><td>V.</td><td>dātaḥ
(<dātar)</td><td>dātṛ/dātaḥ</td><td colspan="2">=N.</td><td colspan="2">=N.</td></tr>
</table>

《 비고 》

kroṣṭṛ- m. '승냥이'(f. kroṣṭrī-): kroṣṭu-. Sg.의 약어간(I. 혹은 L.) 및 G. L. du.에서는 양 어간이 사용되고, pada- 어미의 앞이나 G. pl. (kroṣṭūnām)에서는 kroṣṭu-만이 사용된다.

	sg.	du.	pl.
N.	kroṣṭā	kroṣṭārau	kroṣṭāraḥ
Ac.	kroṣṭāram (kroṣṭum)		kroṣṭūn (kroṣṭṝn)
I.	kroṣṭrā/ kroṣṭunā	kroṣṭubhyām	kroṣṭubhiḥ
L.	kroṣṭari/ kroṣṭau	kroṣṭroḥ/kroṣṭvoḥ	kroṣṭuṣu
V.	kroṣṭo	=N.	=N.

2. (t)ṛ- 어간: 친족명사(Nouns for relationship)

Vṛddhi는 N. sg.(-tā < -tār)에서만 나타나고, 다른 경우는 강어간으로서 -tar가 사용된다.

a. pitṛ- m. '아버지'

	sg.	du.	pl.
N.	pitā	pitarau	pitaraḥ
Ac.	pitaram		pitṝn
I.	pitrā	pitṛbhyām	pitṛbhiḥ
D.	pitre		pitṛbhyaḥ
Ab.	pituḥ		
G.		pitroḥ	pitṝṇām
L.	pitari		pitṛṣu
V.	pitaḥ(<pitar)	=N.	=N.

마찬가지로 bhrātṛ- m. '형제', jāmātṛ- m. '양자(養子)', devṛ- m. '아버지의 형제'.

b. mātṛ- f. '어머니'

Ac. pl.을 제외하고, pitṛ-와 동일한 변화를 한다.

N. sg. mātā pl. mātaraḥ

Ac. mātaram mātṝḥ

마찬가지로 duhitṛ- f. '딸', nanandṛ- f. '남편의 자매', yātṛ- f. '남편 형제의 부인'.

c. 의미는 친족 관계를 나타내며, 행위자명사의 변화(supra 1)에 따르는 것이 있다.

	svasṛ- f. '자매'	naptṛ- m. '손자'
N. sg	svasā	naptā
Ac.	svasāram	naptāram
N. pl.	svasāraḥ	naptāraḥ
Ac.	svasṝḥ	naptṝn

naptṛ-와 마찬가지로 bhartṛ- m. '남편'(본래 nom. ag.).

d. 특례: nṛ- m. '남자'. pitṛ-(supra a)의 변화에 따른다: N. sg. nā, Ac. naram, etc. 다만 G. pl.은 nṛṇām/nṝṇām. Cl. 에서는 보통 pl.만이 사용되고(N. naraḥ, Ac. nṝn, I. nṛbhiḥ, L. nṛṣu), 그 외는 nara-에 의해 보완된다.

§30. 이중모음 어간(Stems in diphthongs)

a. rai- m. '재산'

	sg.	du.	pl.
N. V.	rāḥ	rāyau	rāyaḥ
Ac.	rāyam		
I.	rāyā	rābhyām	rābhiḥ
D.	rāye		rābhyaḥ
Ab.	rāyaḥ		
G.		rāyoḥ	rāyām
L.	rāyi		rāsu

b. go- m., f. '소'

	sg.	du.	pl.
N. V.	gauḥ	} gāvau	gāvaḥ
Ac.	gām		gāḥ
I.	gavā		gobhiḥ
D.	gave	} gobhyām	} gobhyaḥ
Ab.	} goḥ		
G.		} gavoḥ	gavām
L.	gavi		goṣu

c. nau- f. '배(舟)'

	sg.	du.	pl.
N. V.	nauḥ	} nāvau	} nāvaḥ
Ac.	nāvam		
I.	nāvā		naubhiḥ
D.	nāve	} naubhyām	} naubhyaḥ
Ab.	} nāvaḥ		
G.		} nāvoḥ	nāvām
L.	nāvi		nauṣu

【 비고 】

dyu- f. '하늘'(N. sg. dyauḥ)의 변화에 대해서는: §27.4.d

제5장

형용사의 비교법 (Comparison of adjectives)[29]

형용사의 비교급(Comparative)과 최상급(Superlative)을 만들기 위해 2그룹의 접미사가 사용된다:

Ⅰ. -tara와 -tama*

Ⅱ. -īyas와 -iṣṭha**

§31. Ⅰ. -tara와 -tama

1. 모든 형용사의 남성·중성 어간에 -tara(f. -ā)를 더해 비교급을 만들고, -tama(f. -ā)를 더해 최상급을 만든다.

e.g. priya- '귀엽다/마음에 들다': priyatara-/°tama-

śuci- '맑다/깨끗하다': śucitara-/°tama-

guru- '무겁다': gurutara-/°tama-

dhanin- '풍부하다/많다': dhanitara-/°tama-

만약 기초어가 2어간을 가지고 있는 경우는 그 약어간에, 3어간을 가지고 있는 경우는 그 중어간에 첨가한다.

e.g. (2어간) dhīmat- '영리하다/현명하다': dhīmattara-/°tama-

prāc- '동쪽의': prāktara-/°tama-

(3어간) vidvas- '지식이 있다': vidvattara-/°tama-

pratyac- '서쪽의': pratyaktara-/°tama-

2. -tara와 -tama는 형용사 이외의 표현에도 첨가된다.

(명사) vīra- m. '용사': vīratara-/°tama-

---

* Taddhita-suffixes(§106. Ⅱ)에 속한다.

** Kṛt-suffixes(§106. Ⅰ)에 속한다.

suhṛd- m. '친구': suhṛttara-/°tama-

go- m., f. '소': gotara-/°tama- '특히 뛰어난 소'(cf. Gotama- nom. prop.)

마찬가지로 aśvatara- '특히 뛰어난 말'*

—-tama는 기수(Cardinals)에서 서수(Ordinals)를 만든다.

e.g. viṁśatitama- '제20의'

śatatama- '제100의'

마찬가지로 māsatama- '1월의 마지막 날'(: māsa- '달/월')

ardhamāsatama- '보름의 마지막 날'

—(부사 혹은 불변화소사) uccaiḥ '드높이/소리 높이': uccaistara-/°tama-

ud(접두사): uttara- 'upper', uttama- 'uppermost'

3. 보통의 형용사와 동일하게, 비교급을 비롯한 최상급의 Ac. sg. n.는 부사로서 사용되지만, 특히 불변화사(不變化辭)에 -tarām, -tamām을 더해 부사가 만들어진다.

e.g. punastarām '항상 반복되는'(: punar '재차/다시')

sutarām '매우/대단히'

atitarām '매우/대단히'

nitarām '아무튼, 특히, 매우'

—동사의 인칭형에도 더할 수 있다.

e.g. pacatitarām '그는 보다 잘 조리한다.'

pacatitamām '그는 제일 잘 조리한다.'(: pacati 3. sg. pres.)

* 그러나 -tara는 지소사(Diminutive)를 만드는 기능을 지녔기에, aśvatara-는 '라마/노새'도 의미한다.

비고

-tara와 -tama 앞에는 일반적으로 외연성의 규칙이 적용된다.

e.g. suyudh- '잘 싸운다': suyuttara-/°tama-
satyavāc- '진실을 말하다': satyavāktara-/°tama-
sumanas- '호의가 있다': sumanastara-/°tama-
그러나 bṛhajjyotis- '계속 빛이 나다': bṛhajjyotiṣṭara-/°jyotiṣṭama-

§32. Ⅱ. -īyas와 -iṣṭha

많은 형용사(특히 -u 혹은 -ra로 끝나는 것)의 어근적 요소에, 임의로 -īyas(f. -īyasī ; 변화: §25: p.81~82)를 더해 비교급을 만들고, -iṣṭha(f. -ā)를 더해 최상급을 만든다.

e.g. aṇu- '가늘다': aṇīyas-/°iṣṭha-
paṭu- '날카롭다/예리하다': paṭīyas-/°iṣṭha-
uru- '넓다': varīyas-/°iṣṭha-
kṣipra- '빠르다': kṣepīyas-/°iṣṭha-

의미는 Ⅰ.(-tara, -tama)의 경우와 동일하지만, 직접 어간에 첨가되지 않은 점에서 이것과 다르다. 사용 범위는 비교적 국한되어 있지만, 일상적으로 빈번하게 사용되는 형용사의 비교법으로서 중요하다. 이하로는 그 형식에 있어 주의해야 할 점을 일부 거론하겠다.

a. -īyas와 -iṣṭha의 앞에서 모든 표현은 그 접미사적 요소를 버리고 1음절이 된다.

e.g. pāpa- '나쁘다': pāpīyas-/pāpiṣṭha-*
mahat- '크다': mahīyas-
balin- '힘 있다': balīyas-
bahula- '두껍다': baṁhīyas-
hrasva- '짧다': hrasīyas-

b. 어근부가 Guṇa의 계제를 취하는 경우가 많다.
e.g. kṣudra- '작다': kṣodīyas-
sthūla- '크다': sthavīyas-
guru- '무겁다': garīyas-
kṣipra- '빠르다': kṣepīyas-
그러나 ṛju- '곧장/똑바로': ṛjīyas-
vṛndāraka- '우수한': vṛndīyas-

c. 자음과 자음 사이에 있는 ṛ이 Guṇa화하여 ra가 되는 경우가 있다 (Saṁprasāraṇa, §8).
e.g. kṛśa- '야위었다/(살이) 빠졌다': kraśīyas-
tṛpra- '성급한': trapīyas-
dṛḍha- '단단하다': draḍhīyas-
pṛthu- '넓다': prathīyas-
bhṛśa- '강하다': bhraśīyas-
mṛdu- '부드럽다': mradīyas-

—īr(cf. kīrṇa-: kṝ-, p.33) > rā: dīrgha- '길다': drāghīyas-

* 이하 비교급의 형태만을 다룬다.

d. 어간부가 장모음으로 끝나는 경우, -īyas를 대신해 -yas가 붙게 된다.

e.g. bhūri- '많다': bhūyas-/bhūyiṣṭha-

jyāyas- '보다 뛰어난, 보다 연장자인'/jteṣṭha-(jyāyiṣṭha-)

—*type* °eyas-/°eṣṭha-

e.g. priya- '귀엽다/마음에 들다': preyas-/preṣṭha-

sthira- '견고한': stheyas-

sphira- '비옥해지다/살찌다': spheyas-

(śrī- '아름다움':) śreyas-

e. 어원적으로 관계가 밀접한 원급을 지니지 않는 경우가 있다.

e.g. kanīyas- '보다 어리다, 보다 작다'

nedīyas- '보다 가깝다'

varṣīyas- '보다 늙었다'

sādhīyas- '보다 단단하다'(: bāḍha-)

f. 위의 예시에서도 알 수 있듯이, 의미가 대립하는 경우가 적지 않다.

e.g. laghīyas-(laghu- '가볍다') : garīyas-(guru- '무겁다')

hrasīyas-(hrasva '짧다') : drāghīyas-(dīrgha- '길다')

nedīyas-(antika- '가깝다') : davīyas-(dūra- '멀다')

yavīyas-(yuvan- '어리다'), kanīyas- : jyāyas-(vṛddha- '늙었다'), varṣīyas-

비고

-īyas와 -iṣṭha에다가 -tara/-tama를 더해 매우 높은 정도를 나타내는 경우가 있다.

e.g. garīyastara-/°tama-

pāpīyastara-, pāpiṣṭhatara-/°tama-

śreṣṭhatara-/°tama-(Double comparison)

§33. 용법

비교급은 Ab.와 함께 사용된다.

e.g. devadattāt priyataraḥ 'D.보다 귀엽다.'

matir eva balād garīyasī '사려야말로 완력보다 중요하다.'

—최상급은 G. 또는 L.와 함께 사용된다.

e.g. adhvagānāṁ dhāvantaḥ śīghratamāḥ

'길을 가는 사람 중에서 뛰는 사람이 가장 빠르다.'

manuṣyeṣu kṣatriyaḥ śūratamaḥ

'인간 중에서 크샤트리아(무인계급)가 가장 용감하다.'*

그러나 비교급과 최상급의 의미 및 용법의 한계가 명확하지 않다. 비교급이 반드시 비교를 나타내지는 않는다. '상당히(rather)', '매우(very)', '너무나(too)'를 의미하는 경우가 있고,** -īyas의 절대용법은 고전기의 작품(kāvya)의 한 특징을 이루고 있다. 최상급도 단독으로 사용되어 '매우'를 의미하는 경우가 있다.

—그리고 비교급이 최상급을 대신하여 사용되고, 반대로 후자가 전자를 대신하는 경우도 있다.

---

* 상세한 내용에 대해서는 이것들의 격의 용법(부록 A)을 참조.

** 절대용법(Absolute use)이라고 부른다.

제6장

대명사
(Pronouns)[30]

대명사는 많은 종류로 나누어지는데, 그 특징으로서는 동일한 변화표 중에 각종 어기(pronominal bases)가 사용되어 상호 보완해 주는 것(인칭 · 지시대명사 참조), 대명사에 특유의 격어미가 사용되는 것(지시 · 관계 · 의문대명사 참조)을 들 수 있다.

§34. 인칭대명사(Personal pronouns)

1인칭 및 2인칭만이 특별한 형태를 지니며, 성별의 구분이 없고, 수량에 따라 어기가 달라진다. 복합어의 앞부분으로 사용되는 형태가 대표형으로 여겨진다:

1. sg. mad-, pl. asmad-
2. sg. tvad-, pl. yuṣmad-*

1인칭

	sg.	du.	pl.
N.	aham	āvām (N., Ac.)	vayam
Ac.	mām		asmān
I.	mayā	āvābhyām (I., D., Ab.)	asmābhiḥ
D.	mahyam		asmabhyam
Ab.	mat		asmat
G.	mama	āvayoḥ (G., L.)	asmākam
L.	mayi		asmāsu

* 실용적인 입장에서 말한다면, 각각의 Ab.의 형태가 일치한다.

2인칭

	sg.	du.	pl.
N.	tvam	yuvām	yūyam
Ac.	tvām		yuṣmān
I.	tvayā	yuvābhyām	yuṣmābhiḥ
D.	tubhyam		yuṣmabhyam
Ab.	tvat		yuṣmat
G.	tava	yuvayoḥ	yuṣmākam
L.	tvayi		yuṣmāsu

부대사(附帶辭, Enclitics)*

	1인칭			2인칭		
	sg.	du.	pl.	sg.	du.	pl.
Ac.	mā	nau	naḥ	tvā	vām	vaḥ
D. G.	me			te		

a. 경칭대명사 bhavat-

bhavat-(§25: p.81, f. °vatī-)는 2인칭의 대명사로서 존경을 나타낸다. 단, 동사는 3인칭이 사용된다(2인칭의 사용은 열외).

—그러나 연속하는 문장에서 종종 tvam과 교환하여 사용된다.

—이 이외에 atrabhavat-(자리에 있거나 부재를 따지지 않는다), tatrabhavat-(부재중인 사람을 가리킨다)도 경어로서 사용된다.

* 독립성 없이 직전의 표현에 부대하여 사용되는 어형.

《비고 1》

2. pl.은 존경을 나타내기에 sg.를 대신해 사용된다: yūyam=tvam, 마찬가지로 bhavantaḥ.

—1. pl.(vayam)은 특별한 의미가 없고 sg.(aham ; 때로는 du. āvām)를 대신하여 사용되는 경우가 있다(예를 들어, 왕의 말 중에).

《비고 2》

접미사 앞에서의 인칭대명사의 형태

e.g. mādṛś, °dṛśa- '나와 같은'

tvādṛś-, °dṛśa- '너와 같은'

마찬가지로 bhavādṛś-, °dṛśa- 또한 소유대명사 참조.[31]

《비고 3》

3인칭을 위한 특별한 형태는 없다. 그 역할은 지시대명사 idam-(§38.4)의 사격형(oblique cases, Ⅰ. 이하), 혹은 enad-(§38.6)에 의해 이루어진다. 또한 tad-(§38.2)도 참조.

《비고 4》

Encl.은 의미가 약하고, 문장의 앞부분이나 시의 행의 앞머리에는 들어갈 수 없다. Pcl. ca, vā, ha, aha, eva의 앞에 사용될 수 없고, 단독으로 V.의 뒤에도 들어갈 수 없다.

e.g. tvāṁ māṁ ca

그러나 고전기에 이것들의 규정은 문법적으로 그다지 엄격하지 않은 작품에서 보다 유지되지 않았다.

§35. 소유대명사(Possessive pronouns)

각종 접미사가 사용된다.

1. -īya(f. -ā):

(인칭) madīya- '나의(my, mine)', tvadīya-, asmadīya-, yuṣmadīya-

(경칭) bhavadīya-

(지시) tadīya- 'his, her, hers, its, their, theirs', etadīya-

(관계) yadīya-

(재귀) svīya- 'one's own', svakīya-, ātmīya-

(그 외) anyadīya-, ubhayīya-

2. -ka(f. -ī): māmaka-, tāvaka-, āsmāka-, yauṣmāka- ; svaka-[32]

3. -kīna(f. -ā): māmakīna-, tāvakīna-, āsmākīna-, yauṣmākīna-

◀ 비고 ▶

이것들의 Poss. pron.의 사용은 Pron.의 G. 혹은 복합어에 의한 표현보다 훨씬 적다.

§36. 재귀대명사(Reflexive pronouns)

문법상의 주어에 관계한다고 한정할 수 없고, 행위자(agent) 등 문장 중의 주요 표현과도 관계한다.

e.g. sarpas tenātmamā svālayaṁ nītaḥ

'뱀은 그 자신에 의해 그 장소로 이끌려졌다.'(sva-는 뱀과 다른 존재(tena)를 가리킨다.)

1. ātman-

m. sg.의 형태(§25: p.84)가 세 가지 성과 세 가지 수에 공통적으로 사용된다. 다만 거의 대부분이 생물을 나타내고, 보통 N.는 사용되지 않는다.

E.g. gopāyanti kulastriya(pl. f.) ātmānam(sg.) '양가의 부인이 자신을 지킨다.'
tāvad ātmānaṁ punīmahe(1. pl.) '우리는 곧바로 자신을 깨끗이 합니다.'
bhartāram ātmasadṛśaṁ sukṛtair gatā tvam
'너는 선업에 의해 너 자신에 걸맞은 부인을 얻었다.'

—ātmanā(I.)는 종종 '자신/스스로'의 의미를 가진다.

e.g. na śaknomy ātmānam ātmanā voḍhum
'나는 스스로 자신을 옮길 수 없다.'

—소유대명사 ātmīya-에 대해서는: §35.1

《 비고 》

열외로서 N.도 사용된다.

e.g. mayātmā(N.) pradatto'yam(pass. construction)
'나는 내 자신의 몸을 얻었다.'
mayā … ātmā vinoditaḥ(do.) '나는 스스로를 위로했다.'

2. sva-(§42.3)

주로 형용사 또는 복합어의 앞부분에 사용된다.

e.g. svajanaḥ m. '친척, 일가', svam n. '재산'

—소유대명사 svīya-, svakīya-, svaka-에 대해서는: §35. 1, 2

《비고》

때로는 대명사의 기능을 가진다.

e.g. svasya rājānaṁ praṇatavān '그는 자신의 왕에게 경례를 했다.'

svopārjitam=svenopā°=ātmanopā° '자신에 의해 쟁취할 수 있었다.'

3. svayam adv. '스스로, 자신의'

e.g. svayam avasam '나는 스스로 산다.'

—본 예시에서 명확히 나타났듯이, 1. per. 혹은 2. pers.에도 적용된다: svayam=mayā, tvayā

4. nija- adj.=sva-, ātmīya-

§37. 상호대명사(Reciprocal pronouns)

anyo'nya-, paraspara-, itaretara-.* 원칙적으로 Ac. sg. m.의 형태가 사용되고, 거의 대부분 부사적 의미를 지닌다.

e.g. anyo'nyaṁ hastaṁ spṛśataḥ(3. du.) '그들 두 명은 서로의 손에 닿다.'

ubhe[sakhyau] parasparam avalokayataḥ

'두 명[의 여자친구]은 서로 바라본다.'[33]

---

* 동일어의 반복 즉 āmreḍita-형(cf. §109. V).

《 비고 1 》

Ac. sg. 이외의 격형은 드물다.

e.g. teṣām anyo'nyasya vivādāḥ prādurabhavan

'그들 상호의 다툼이 표면화되었다.'

마찬가지로 parasparasya, anyo'nyena, itaretareṇa, etc.

《 비고 2 》

복합어의 앞부분을 이루는 예: anyo'nyasaṁyoga-, itaretarayoga-, parasparasaṁbandha- 'mutual union'

§38. 지시대명사(Demonstrative pronouns)

1. 총설

인칭대명사의 경우와 마찬가지로, 복합어의 앞부분으로서 사용되는 형태(=N. Ac. sg. n.)에 의해 대표된다: tad-, etad-, idam-, adas-.* D.~L. sg.는 특징 있는 격어미를 나타낸다.**

—소유대명사 tadīya-, etadīya-에 대해서는: §35. 1

《 비고 》

-dṛś와의 결합: tādṛś-, etādṛś-, īdṛś-, amūdṛś- 'such'. -dṛśa, -dṛkṣa의 앞에서도 같은 형태를 나타낸다.

e.g. tādṛśa-, tādṛkṣa- 'such'

* 고전기에는 tad-(adas-의 뜻을 겸하는)와 etad-(idam-의 뜻을 겸하는)만이 어간의 기능을 가졌다.

** 이른바 pronominal endings. —이 이외에 N. pl. m., G. pl. m., n., f.의 격어미에 주의.

—접미사 앞의 형태

e.g. tāvat-, etāvat- 'so much' ; iyat- 'so much' ; tatara- 'that one of two', tatama- 'that one of many'

Cf. §43

위의 지시대명사 중, tad- 및 adas-는 화자가 볼 때 멀리 있는 것을 가리키고, tad-는 눈앞에 없는 것에 관해 사용된다. 이에 반해 etad- 및 idam-은 화자에 가까이 있는 것을 가리키고, etad-는 눈앞에 있는 것에 사용된다고 여겨지지만, 실제로는 이것들의 구별이 엄격하게 지켜지고 있지는 않다.

2. tad- '그것, 그(that, the, he, she, it)'

	sg. m.	n.	f.	du. m. n., f.		pl. m.	n.	f.
N.	saḥ[*]	tat	sā	tau	te	te	tāni	tāḥ
Ac.	tam		tām			tān		
I.	tena		tayā	tābhyām		taiḥ		tābhiḥ
D.	tasmai		tasyai			tebhyaḥ		tābhyaḥ
Ab.	tasmāt		tasyāḥ					
G.	tasya			tayoḥ		teṣām		tāsām
L.	tasmin		tasyām			teṣu		tāsu

tad-는 앞서 말한 것을 되풀이하여 지시하는데, 의미가 강한 경우는, '전술의, 주지의'에 해당하지만, 의미가 약한 경우는 3인칭 대명사의 역할을 하여 명사와 결합해 정관사의 기능을 가진다.

《 비고 》

tad-는 다른 지시대명사, 인칭대명사 혹은 관계대명사와 함께 사용되어, 의미를 보다 명확히 하는 경우가 있다.

[*] 연성음에 관해서는: §15.8.c, 비고.

e.g. so 'yam, sa eṣa, so'ham, sa tvam

이 경우 간혹 '그 때문에/그러므로'의 의미를 지닌다.

e.g. so'ham '그러한 나는'

—eva로 강조된 경우는, 종종 '같은/동일한(the same)'을 의미한다.

—반복된 경우는 '모든/온갖'을 의미한다.

e.g. tais tair upacāraiḥ '모든 정중한 대우에 의해'

—일반적 표현에도 사용된다.

e.g. śṛṇoti tasmād api yaḥ sa pāpakṛt

'그 사람으로부터 (그것을) 단지 들었던 사람도 또한 범죄자이다.'

3. etad- '이것, 이(this)'

sg.	m.	n.	f.	du. m.	n., f.	pl. m.	n.	f.
N.	eṣaḥ*	etad	eṣā	etau	ete	ete	etāni	etāḥ
Ac.	etam		etām			etān		

이하 tad-의 변화와 완전히 동일하다.

강한 지시력을 지니며, idam-과 크게 구별되지 않는다. 이 둘이 함께 사용된 경우에 etat-는 앞의 것을, idam-은 뒤의 것을 가리킨다: etāni … imāni

4. idam- '이것, 이(this)'**

sg.	m.	n.	f.	du. m.	n., f.	pl. m.	n.	f.
N.	ayam	idam	iyam	imau	ime	ime	imāni	imāḥ
Ac.	imam		imām			imān		

* 연성음에 관해서는: §15.8.c, 비고.

** I. 이하의 oblique cases는 간혹 3인칭 대명사의 가치를 지닌다(§34, 비고 3).

I.	anena	anayā		ebhiḥ	ābhiḥ
D.	asmai	asyai	ābhyām	ebhyaḥ	ābhyaḥ
Ab.	asmāt	asyāḥ			
G.	asya		anayoḥ	eṣām	āsām
L.	asmin	asyām		eṣu	āsu

adas- 또는 tad-와 반대로 몸 가까이에 있는 것을 가리킨다.

e.g. ayam asāv adhyayanavighnaḥ '이것이 그(adas-) 학습의 장애이다.'

—idam-은 1인칭과 밀접하게 관계한다.

e.g. ayaṁ janaḥ(때로는 단독으로 ayam)=aham '나':

smartavyo 'yaṁ janaḥ '나는 기억되어야 한다.'

—말하는 이가 자신에게 속한 것에 대해 말할 때에도 사용된다.

e.g. ayaṁ bāhuḥ '나의 이 팔(this arm of mine)'

ayaṁ bhāraḥ '이(=나의) 짐'

5. adas- '그것, 그, 저것, 저(that, yon)'

	sg. m.	n.	f.	du. m. n., f.	pl. m.	n.	f.
N.	asau	adaḥ	asau	amū	amī*	amūni	amūḥ
Ac.	amum		amūm		amūn		
I.	amunā		amuyā		amībhiḥ		amūbhiḥ
D.	amuṣmai		amuṣyai	amūbhyām	amībhyaḥ		amūbhyaḥ
Ab.	amuṣmāt		amuṣyāḥ				
G.	amuṣya			amuyoḥ	amīṣām		amūṣām
L.	amuṣmin		amuṣyām		amīṣu		amūṣu

adas-는 종종 '이미 알고 있는, 그 유명한'을 의미한다.

* amī의 연성법에 대해서는: §12.1.b.

6. **enad-** '그 사람, 그녀, 그것(he, she, it)'

	m.	n.	f.
Ac. sg.	enam	enat	enām
I.	enena		enayā
Ac. du.	enau	ene	
G. L.	enayoḥ		= m., n.
Ac. pl.	enān	enāni	enāḥ

미래 부대사였지만, 고전기에 이 성격이 옮어진다.

—가볍게 반복하는 기능을 지닌다.

e.g. anena vyākaraṇam adhītam, enaṁ chando 'dhyāpaya

'그는 문법을 학습했으니, 그에게 음률을 배우게 하라.'

§39. 관계대명사(Relative pronouns): yad- 'who, which'

<table>
<tr><th></th><th>sg. m.</th><th>n.</th><th>f.</th><th>du. m.</th><th>n., f.</th><th>pl. m.</th><th>n.</th><th>f.</th></tr>
<tr><td>N.</td><td>yaḥ</td><td rowspan="2">yat</td><td>yā</td><td rowspan="2">yau</td><td rowspan="2">ye</td><td>ye</td><td rowspan="2">yāni</td><td rowspan="2">yāḥ</td></tr>
<tr><td>Ac.</td><td>yam</td><td>yām</td><td>yān</td></tr>
<tr><td>I.</td><td colspan="2">yena</td><td>yayā</td><td colspan="2" rowspan="3">yābhyām</td><td colspan="2">yaiḥ</td><td>yābhiḥ</td></tr>
<tr><td>D.</td><td colspan="2">yasmai</td><td>yasyai</td><td colspan="2" rowspan="2">yebhyaḥ</td><td rowspan="2">yābhyaḥ</td></tr>
<tr><td>Ab.</td><td colspan="2">yasmāt</td><td rowspan="2">yasyāḥ</td></tr>
<tr><td>G.</td><td colspan="2">yasya</td><td colspan="2" rowspan="2">yayoḥ</td><td colspan="2">yeṣām</td><td>yāsām</td></tr>
<tr><td>L.</td><td colspan="2">yasmin</td><td>yasyām</td><td colspan="2">yeṣu</td><td>yāsu</td></tr>
</table>

yatara- 'who or which(of two)', yatama- 'who or which(of many)'는 yad-의 변화를 완전히 따른다.

—상관사(Correlatives)로서는 tad-(§38.2)가 사용된다. 관계대명사의 용법에 대해서는: §116.1.a

❰ 비고 ❱

소유대명사 yadīya-에 대해서는: §35. 1

—yādṛś- 'as'(correl. tādṛś-), etc. 그 외의 접미사 앞에서의 형태

e.g. yāvat- 'as much'(correl. tāvat-)에 대해서는: §38. 1, 비고

§40. 의문대명사(Interrogative pronouns): kim- 'who? which? what?'

<table>
<tr><th></th><th>sg. m.</th><th>n.</th><th>f.</th><th>du. m.</th><th>n., f.</th><th>pl. m.</th><th>n.</th><th>f.</th></tr>
<tr><td>N.</td><td>kaḥ</td><td rowspan="2">kim</td><td>kā</td><td rowspan="2">kau</td><td rowspan="2">ke</td><td>ke</td><td rowspan="2">kāni</td><td rowspan="2">kāḥ</td></tr>
<tr><td>Ac.</td><td>kam</td><td>kām</td><td>kān</td></tr>
<tr><td>I.</td><td colspan="2">kena</td><td>kayā</td><td colspan="2" rowspan="3">kābhyām</td><td colspan="2">kaiḥ</td><td>kābhiḥ</td></tr>
<tr><td>D.</td><td colspan="2">kasmai</td><td>kasyai</td><td colspan="2" rowspan="2">kebhyaḥ</td><td rowspan="2">kābhyaḥ</td></tr>
<tr><td>Ab.</td><td colspan="2">kasmāt</td><td rowspan="2">kasyāḥ</td></tr>
<tr><td>G.</td><td colspan="2">kasya</td><td colspan="2" rowspan="2">kayoḥ</td><td colspan="2">keṣām</td><td>kāsām</td></tr>
<tr><td>L.</td><td colspan="2">kasmin</td><td>kasyām</td><td colspan="2">keṣu</td><td>kāsu</td></tr>
</table>

katara- 'who or which(of two)?', katama- 'who or which(of many)?'는 N. Ac. sg. n.를 katarat, katamat로 만드는 것 외에는 위의 변화를 완전히 따른다.

e.g. devadatta etayoḥ kataraḥ 'D.는 그들 두 사람 중에 어느 쪽일까.'

그러나 ka-, katara-, katama-의 구별이 반드시 엄격한 것은 아니다. 또한 의문대명사의 용법에 대해서는: §114. Ⅰ. 1

❰ 비고 ❱

형태상으로 N. Ac. sg. n.로 여겨지는 kat(<kad)는, 의문사(inter. pcl.) kaccit 안에 남겨진다. 비난투(pejor. pcl.)로서의 kim°, ku°, kā°, kad°에 대해서는: §109. Ⅱ. 1. a: p. 366

—kīdṛś- 'what like', etc., 그 외의 접미사 앞에서의 형태

e.g. kiyat- 'how much?'에 대해서는: §38. 1, 비고

§41. 부정대명사(Indefinite pronouns)

1. 의문대명사 + 불변화사 cit(<cid), cana, api: '어느, 어떤 (사람 · 물건)(some, any)'

	m.	n.	f.
N. sg.	kaścit, kaścana, ko 'pi	} kiṁcit, kiṁcana, kim api*	kācit, kācana, kāpi
Ac.	kaṁcit, kaṁcana, kam api		kāṁcit, kāṁcana, kām api
	etc.	etc.	etc.

이 소사들은 대명사만이 아니라, 일반적으로 의문사에 더해져 부정의 의미를 나타낸다.

e.g. kadācit '어느 때(at some time or other)', 부정사 na와 함께='never'
kvacit '어느 곳에서(somewhere)', na와 함께='nowhere'
kathaṁ cit '어떻게든(some how or other)'
katicit '약간(some)'
kiyad api 'how much soever'

2. 관계대명사 + 의문대명사

Type yaḥ kaścit, yaḥ kaścana, yaḥ ko 'pi '누구라도/누구든지(whoever)'

* 부사화의 예: kim api '게다가, 상당히' ; kiṁcit '조금/적은'.

e.g. yaḥ kaścin māṁ draṣṭum icchati

'나를 만나고 싶다고 생각하는 사람은 누구라도.'

—yatra kva ca 'anywhere whatever'

3. 관계대명사의 반복

Type yo yaḥ⋯sa saḥ '어떤 사람이든(whosoever)'

4. 관계대명사 + 지시대명사

Type yaḥ saḥ 'whosoever it may be'

e.g. kriyāsu yāsu tāsu '어떤 행위에도'

—yatra tatra '곳곳에서/가는 곳마다', yādṛśas tādṛśaḥ '어떤 것이든'

§42. 대명사적 형용사(Pronominal adjectives)

형용사 중에는 전반적으로나 혹은 일부 대명사에 특유의 격어미(pronominal endings, §38.1)를 지닌 것이 있다. 의미와 형태에 따라 다음과 같이 분류된다.

1. *Type* anya-

전반적으로 yad-(§39)의 변화를 따르며, 주로 비교의 접미사 tara, tama를 동반한 단어를 포함한다.

anya- '다른'

	m.	n.	f.
N. sg.	anyaḥ	anyat	anyā
Ac.	anyam	anyat	anyām
I.	anyena	anyena	anyayā
D.	anyasmai	anyasmai	anyasyai

Ab.	anyasmāt		anyasyāḥ
G.	anyasya		(anyasyāḥ)
L.	anyasmin		anyasyām
N. pl.	anye	anyāni	anyāḥ

마찬가지로 anyatara- '둘(양자) 중의 어느 것'[*] ; tatara-, tatama-(§38.1, 비고) ; yatara-, yatama-(§39) ; katara-, katama-(§40) ; itara- '다른' ; ekatama- '많은 것 중 하나의'[**]

2. *Type* sarva-

N. Ac. sg. n.를 제외하고 1과 동일한 변화를 일으킨다. 의미는 전체 · 수치에 관계한다.

sarva- '모든'

	m.	n.	f.
N. sg.	sarvaḥ	sarvam	sarvā
Ac.	sarvam	(sarvam)	sarvām

마찬가지로 viśva- '모든' ; eka- 'one', pl. eke '약간(some)', ekatara- '두 사람 중의 하나'(ekatama-는 supra 1에 속한다) ; ubhaya- '양쪽의'(f. ī-)는 sg.와 pl.만으로 변화한다.[***]

3. *Type* pūrva-

N. Ac. sg. n.에 관해서는 2와 동일하다. Ab. L. sg. m., n. 및 N. pl. m.에서는 대명사적 혹은 명사적 격어미가 허락된다. 주로 방위 · 장소를 나타낸다.

[*] 그러나 anyatama- '많은 것(다자) 중의 어느 것'은 완전히 명사적 변화(§26.3)를 일으킨다.

[**] 그러나 ekatara-는 infra 2의 변화에 속한다.

[***] 이에 반해 ubha-는 du.만으로 변화하고, 명사적 변화에 따른다.

pūrva- '앞의, 동쪽의'

	m.	n.	f.
N. sg.	pūrvaḥ	pūrvam	pūrvā
Ac.	pūrvam	pūrvam	pūrvām
I.	pūrveṇa		pūrvayā
D.	pūrvasmai		pūrvasyai
Ab.	pūrvasmāt/pūrvāt		pūrvasyāḥ
G.	pūrvasya		pūrvasyāḥ
L.	pūrvasmin/pūrve		pūrvasyām
N. pl.	pūrve/pūrvāḥ	pūrvāṇi	pūrvāḥ

마찬가지로 avara- '뒤의, 서쪽의', uttara- '위의, 북쪽의', dakṣiṇa- '오른쪽의, 남쪽의' ; adhara- '아래의', antara- '안쪽의' ; para- '다음의, 다른' ; apara- '다른, 뒤의' ; sva- '자신의/스스로'(§36. 2)

4. ***Type*** **prathama-**

N. pl. m. 에서만 대명사적 혹은 명사적 격어미가 허락된다. 서열·분량 등에 관계.

prathama- '제1의(first)', N. pl. m. prathame/prathamāḥ, carama- '최후의(last)' ; dvitaya '2중의, 배의' 및 동류어, dvaya- 전과 동일 ; alpa- '적은', ardha- '절반의', katipaya- '약간의'(f. ā-/ī-)

5. ***Type*** **dvitīya-**

dvitīya- '제2의', tṛtīya- '제3의'. D. Ab. L. sg. m., n., f.에서 임의로 대명사적 격어미가 허락된다.

6. ***Type*** **nema-**

nema- '절반의'는 sarva-(supra 2)와 동일한 변화를 일으킨다. 다만 N. pl. m.은 임의로 nemāḥ.

비고

상기의 형용사가 복합어의 뒷부분으로 사용될 경우, 대체로 명사적 변화가 우세하다(적어도 Bahuv.-comp에서).

§43. 대명사 기초에서의 형용사·부사(일람표)

앞서 몇 차례 거론한 바와 같이, 대명사의 기초에서 다양한 형용사를 비롯한 부사가 만들어진다. 지시대명사와 관계대명사를 토대로 하는 것은 상관사(Correlatives)로 이용되는 경우가 많다. 주요한 몇 가지를 열거하면 다음과 같다.

tad-(ta-)	etad-(eta-)	idam(i-, a-)	yad-(ya-)	kim- (ka-, ki-, ku-)
tāvat- 'so much'	etāvat- 'do.'	iyat- 'do.'	yāvat- 'as much'	kiyat- 'how much?'
tati- 'so many'*			yati- 'as many'	kati- 'how many?'
tādṛś- 'such'	etādṛś- 'do.'	īdṛś- 'do.'	yādṛś- 'as'	kīdṛś- 'what like?'
tataḥ 'thence', etc.		itaḥ, ataḥ 'hence', etc.	yataḥ 'whence, because'	kutaḥ 'whence?'
tatra 'there'		atra 'here'	yatra 'where'	kutra, kva 'where?'
tathā 'so'		ittham 'thus'	yathā 'as'	katham 'how?'
tadā, tādānīm 'then'		idānīm 'now'	yadā 'when'	kadā 'when?'
tarhi 'then'			yarhi 'when'	karhi 'when?'

* N. Ac. pl. tati, I. tatibhiḥ, D. Ab. tatibhyaḥ, G. tatīnām, L. tatiṣu.

제7장

수사[34]

§44. 기수사(Cardinals)

1 eka-	26 ṣaḍv°	60 ṣaṣṭi- f.	600 ṣaṭśata- n./
2 dvi-	28 aṣṭāv°	70 saptati- f.	ṣaṭ śatāni
3 tri-	30 triṁśat- f.	80 aśīti- f.	700 saptaśata- n./
4 catur-	31 ekātriṁśat-	81 ekāś°	sapta śatāni
5 pañca(n)-	32 dvāt°	82 dvya°	800 aṣṭaśata- n./
6 ṣaṣ-	33 trayast°	83 trya°	aṣṭa śatāni
7 sapta(n)-	36 ṣaṭṭ°	86 ṣaḍa°	900 navaśata- n./
8 aṣṭa(n)-	38 aṣṭāt°	88 aṣṭāś°	nava śatāni
9 nava(n)-	40 catvāriṁśat- f.	90 navati- f.	1,000 sahasra- n./
10 daśa(n)-	41 ekāc°	91 ekan°	daśaśata- n./
11 ekādaśa(n)-	42 dvāc°/dvic°	92 dvān°/dvin°	°śatī- f.
12 dvād°	43 triyaśc°/tric°	93 trayon°/trin°	2,000 dve sahasre du.
13 trayod°	46 ṣaṭc°	96 ṣaṇṇavati-	3,000 trīṇi sahasrāṇi pl.
14 caturd°	48 aṣṭāc°/aṣṭac°	98 aṣṭān°/aṣṭan°	10,000 ayuta- n.
15 pañcad°	50 pañcāśat- f.	100 śata- n.	100,000 lakṣa- n./
16 ṣoḍaśa(n)-	51 ekāp°	200 dviśata- n./	lakṣā- f./ niyuta- n.
17 saptadaśa(n)-	52 dvāp°/dvip°	dve śate du.	1,000,000 prayuta-/
18 aṣṭād°	53 trayaḥp°/trip°	300 triśata- n./	niyuta- n.
19 navad°/	54 catuṣp°,	trīṇi śatāni pl.	10,000,000 koṭi- f.
ekonaviṁśati/	cf. p.359	400 catuḥśata- n./	
ūnaviṁśati-	56 ṣaṭp°	catvāri śatāni	
20 viṁśati- f.	58 aṣṭāp°/aṣṭap°	500 pañcaśata- n./	
21 ekāviṁśati-		pañca śatāni	
22 dvāv°			
23 trayov°			

1. 5, 7, 8, 9, 10에 대해, 인도의 문법가는 pañcan-, saptan-, aṣṭan-, navan-, daśan-을 어간으로 해서, nāman-(§25: p.83)과 같은 형식으로 취급하였으나, 어원적으로는 pañca, etc.가 올바르다.
2. eka-는 11의 경우에만 ekā-가 된다.
   —2, 3 및 8은, 10, 20, 30의 앞에서 dvā-, trayas-, aṣṭā-가 되고, 80의 앞에서는 dvi-, tri-, aṣṭa-가 된다. 40~70, 90의 앞에서는 어떤 형태를 사용해도 된다.
3. ekonaviṁśati- 즉 20-1=19, 줄여서 ūnav°. ekān(<ekāt Ab.)na(neg.)v°도 19를 나타낸다. 이 표현법은 29, 39 등에서도 사용된다. 또한 27을 나타내는데 tryūnatriṁśat-(30-3=27)라 하는 것도 가능하다.
4. 100~200, 200~300 등의 중간 숫자를 나타낼 때 통상적으로 adhika- 'Plus'를 사용한다.
   e.g. 101: ekādhikaṁ śatam/ekādhikaśatam
   115: pañcadaśādhikaṁ ś°/pañcadaśādhikaś°
   —102를 dviśatam이라 하는 경우는 200과 혼동을 일으킬 수 있지만,* adhika-의 사용에 의해 이러한 혼란을 피할 수 있게 되었다.
5. 111~159, 211~259 등의 중간 숫자를 나타낼 때 끝자리 숫자의 형용사(Bahuv.-comp.)를 만들고, 100 단위의 앞에 두는 경우가 있다. 이 경우 끝자리 숫자의 형태는 §47에서 다뤘던 서수의 단축형과 일치하고, 일반적인 a- 어간의 변화(§26.3)에 따른다.
   e.g. 115: pañcadaśaṁ śatam
   250: pañcāśaṁ dviśatam**
6. Skt.에서 숫자를 나타내는 방식은 상당히 자유롭다(특히 시에서).
   e.g. śatam ekaṁ ca=101
   pañca daśa ca=15

* 예전에는 악센트로 두 개를 구별했다: dviśatam=102, dviśatám=200.

** 이 형식은 °pañcāśa-(50대)까지 허용된다(gr.).

dve śate pañcaviṁśatiś ca=225

§45. 기수사의 변화

1. eka-(1)

N. sg. m. ekaḥ, n. ekam, f. ekā

변화에 대해서는: §42. 2

2. dvi-(2)

<table>
<tr><th></th><th>m.</th><th>n., f.</th></tr>
<tr><td>N. V. Ac. du.</td><td>dvau</td><td>dve</td></tr>
<tr><td>I. D. Ab.</td><td colspan="2">dvābhyām</td></tr>
<tr><td>G. L.</td><td colspan="2">dvayoḥ</td></tr>
</table>

3. tri-(3)

<table>
<tr><th></th><th>m.</th><th>n.</th><th>f.</th></tr>
<tr><td>N. V. pl.</td><td>trayaḥ</td><td rowspan="2">trīṇi</td><td rowspan="2">tisraḥ</td></tr>
<tr><td>Ac.</td><td>trīn</td></tr>
<tr><td>I.</td><td colspan="2">tribhiḥ</td><td>tisṛbhiḥ</td></tr>
<tr><td>D.</td><td colspan="2" rowspan="2">tribhyaḥ</td><td rowspan="2">tisṛbhyaḥ</td></tr>
<tr><td>Ab.</td></tr>
<tr><td>G.</td><td colspan="2">trayāṇām</td><td>tisṛṇām</td></tr>
<tr><td>L.</td><td colspan="2">triṣu</td><td>tisṛṣu</td></tr>
</table>

4. catur-(4)

<table>
<tr><th></th><th>m.</th><th>n.</th><th>f.</th></tr>
<tr><td>N. V. pl.</td><td>catvāraḥ</td><td rowspan="2">catvāri</td><td rowspan="2">catasraḥ</td></tr>
<tr><td>Ac.</td><td>caturaḥ</td></tr>
<tr><td>I.</td><td colspan="2">caturbhiḥ</td><td>catasṛbhiḥ</td></tr>
</table>

D. Ab.	caturbhyaḥ	catasṛbhyaḥ
G.	caturṇām	catasṛṇām
L.	caturṣu	catasṛṣu

5.

	pañca(n)-(5)	**sapta(n)-**(7)	**nava(n)-**(9)	**daśa(n)-**(10)*
N. V. Ac. pl.	pañca	sapta	nava	daśa
I.	pañcabhiḥ	saptabhiḥ	navabhiḥ	daśabhiḥ
D. Ab.	pañcabhyaḥ	saptabhyaḥ	navabhyaḥ	daśabhyaḥ
G.	pañcānām	saptānām	navānām	daśānām
L.	pañcasu	saptasu	navasu	daśasu**

6. **ṣaṣ-**(6)

N. V. Ac. pl.	ṣaṭ
I.	ṣaḍbhiḥ
D. Ab.	ṣaḍbhyaḥ
G.	ṣaṇṇām
L.	ṣaṭsu

7. **aṣṭa(n)-**(8)

N. V. Ac. pl.	aṣṭa/aṣṭau
I.	aṣṭabhiḥ/aṣṭābhiḥ
D. Ab.	aṣṭabhyaḥ/aṣṭābhyaḥ
G.	aṣṭānām
L.	aṣṭasu/aṣṭāsu

8. **viṁśati-**(20), **ṣaṣṭi-**(60), **saptati-**(70), **aśīti-**(80), **navati-**(90)는, 여성 i-어간의 변화(§27. 1. b)에 따르고, **triṁśat-**(30), **catvāriṁśat-**(40), **pañcāśat-**(50)는, 여성 t- 어간으로서 §23. 1의 변화에 따른다.

9. **śata-**(100), **sahasra-**(1,000), **ayuta-**(10,000), **lakṣa-**(100,000)***, **niyuta-**(do. 또는 1,000,000), **prayuta-**(1,000,000)는, 중성 a- 어간으로서 변화하고

* Cf. §44. 1. 5~10은 성별에 따른 구별이 없다.

** ekādaśa(n)-, etc. 도 이 변화를 따른다.

*** lakṣā-는 여성 ā- 어간의 변화(§26. 2)에 따른다.

(§26.1.b), **koṭi-**(10,000,000)는 여성 i- 어간으로서 변화한다(§27.1.b).

§46. 기수사의 용법

1. 1~19는 형용사적으로 사용되고, 그것과 관계하는 명사의 성별 · 수 · 격(格)에 일치한다.

e.g. trayo 'śvāḥ(N. pl. m.) '3마리의 말'
tisṛbhiḥ kanyābhiḥ(I. pl. f.) '3명의 소녀에 의해'
pañcānāṁ dhenūnām(G. pl. f.) '5마리의 암소의'

2. 20~99, 100, 1,000 등은, 명사로서 취급되고, 이것에 부수하는 명사는 동격으로 두거나, 혹은 G. pl.로 삼는다.

e.g. viṁśatiḥ puruṣāḥ/puruṣāṇām(G. pl. m.) '20명의 남자'
śatena dāsībhiḥ(I. pl. f.)/dāsīnām(G. pl. f.)
'100명의 여성 노예에 의해'

3. 복합어에 의한 표현법

e.g. varṣaśatam '100년'
uṣṭrapañcāśatī(여성집합명사) '500마리의 낙타'

—수사를 앞부분으로 하는 특별한 복합어(Dvigu)에 대해서는: §109. II.3

§47. 서수사(Ordinals)

1 prathama-,[*] f. -ā(§26.3)
2 dvitīya-,[**] -ā
3 tṛtīya-,[**] -ā
4 caturtha-, -ī/turīya-/turya-, -ā
5 pañcama-, -ī [***]
6 ṣaṣṭha-
7 saptama-
8 aṣṭama-
9 navama-
10 daśama-
11 ekādaśa-
12 dvādaśa-
13 trayodaśa-
18 aṣṭādaśa-
19 navadaśa-/ ekonaviṁśa-/ °viṁśatitama-, etc. cf. cardinal 19

20 viṁśa-/viṁśatima-
21 ekaviṁśa-/ °viṁśatitama-
22 dvāviṁśa-/ °viṁśatitama-
30 triṁśa-/ triṁśattama-
40 catvāriṁśa-/ catvāriṁśattama-
50 pañcāśa-/ pañcāśattama-
60 ṣaṣṭitama-/
61 ekaṣaṣṭa-/ ekaṣaṣṭitama-
70 saptatitama-
71. ekasaptata-/ ekasaptatitama-
80 aśītitama-
81 ekāśīta-/ ekāśītitama-

90 navatitama-
91 ekanavata-/ ekanavatitama-
100 śatatama-
200 dviśatatama-
300 triśatatama-
400 catuḥśatatama-
500 pañcaśatatama-
600 ṣaṭśatatama-
700 saptaśatatama-
800 aṣṭaśatatama-
900 navaśatatama-
1,000 sahasratama-

---

* 변화에 대해서는: §42.4.

** 변화에 대해서는: §42.5.

*** 이하는 전부 f. -ī(§28.2.a).

《 비고 》 분수의 표현법

서수(제20 이상의 경우는 그것의 짧은 형태)를 사용한다.

e.g. viṁśam '20분의 1'

kalāṁ nārhati ṣoḍaśīm '그것은 16분의 1에 해당하지 않는다.'

—마찬가지로 °bhāga- m., °aṁśa- m. '부분' 등도 사용된다.

e.g. aśītibhāgaṁ gṛhṇīyāt '그는 80분의 1을 가져도 된다.'

—ardham=1/2 ; pādaḥ=1/4 ; ardhadvitīya-=1 1/2, ardhatṛtīya-=2 1/2 ; adhyardhaśatam=150

—배수를 나타낼 때는 °guṇa-의 형태가 사용된다.

e.g. dviguṇa- '2중의, 2배의', triguṇa- '3중의, 3배의'

§48. 수사적 부사(Numeral adverbs)

1. 횟수(Multiplicative)

sakṛt '1회', dviḥ '2회', triḥ '3회', catuḥ '4회' ; pañcakṛtvaḥ '5회', ṣaṭkṛtvaḥ '6회', 이하 °kṛtvaḥ와의 복합어가 사용된다.

2. 양태(Manner)

e.g. ekadhā '하나로/한 가지 방법으로(in one way)'

dvidhā/dvedhā '두 가지 방법으로(in two ways)'

마찬가지로 tridhā/tredhā, caturdhā, pañcadhā, ṣoḍhā/ṣaḍḍhā, etc.

3. 배분(Distributive)

e.g. ekaśaḥ '하나/한 개씩(one by one, singly)'

dviśaḥ '두 개씩(by twos, in pairs)'

마찬가지로 triśaḥ, pañcaśaḥ, śataśaḥ, etc.

§49. 수사에서 파생한 명사 · 형용사

1. ***Type* dvitaya-**: dvaya-/dvitaya-* adj., f. -ī '2중의, 2배의'

   e.g. dvayam/dvitayam n. '1대(a pair)', dvayī f. 'do.'

   마찬가지로 traya-/tritaya- adj., f. -ī '3중의, 3개로 이루어진',

   trayam/tritayam/trayī '3개가 한 벌'

   마찬가지로 catuṣṭaya-, pañcataya-, ṣaṭtaya-, daśataya-, etc.

2. **집합명사**

   e.g. pañcat- f.(§23.1) '5개가 한 벌', daśat- f. '10개가 한 벌(decade)'

—paṅkti- f.(§27.1.b) '5개가 한 벌, 조(組)', daśati- f. '10개가 한 벌',
daśatīr daśa '10×10=100' ; pañcāśati- f. '50'

3. **수사+-(i)ka**(다양한 의미를 지님)

   e.g. ṣaṭka- adj. '6개로 이루어진, 6파나로 샀다', n. '6개가 한 벌(hexade)',

   śataka-, f. -ikā '100개로 이루어진',

   śatika- adj. '100에 이르다, 100파나로 샀다' ;

   (서수에서) viṁśaka- adj. '20개로 이루어진'

* 두 표현의 변화에 대해서는: §42.4.

제8장

부사
(Adverbs)[35]

§50. 부사의 기원

1. Skt.의 입장에서 분해할 수 없는 것이다. 많은 강의소사(强意小辭, Emphatic particles) 혹은 허사(虛辭, Expletives)는 이것에 속한다.

e.g. api: bālo 'pi '아이들조차도'

eva: etasminn eva kāle '바로 이 순간에'

(때때로 허사적으로) vai, ha[36]

《비고》 특례

asti(3. sg. pres. as- '있다(to be)')는 이야기의 앞머리에서 허사로서 '자/그럼'에 해당하고, 때에 따라 '정말/참으로'의 의미로 사용된다.

2. 여러 대명사(인칭대명사 제외)의 격형을 비롯한 그 어기에서 만들어진 것 (Pronominal adverbs)

e.g. tat(Ac. sg. n.) '거기에, 그렇기에'

idam '여기에, 이처럼'

kim '왜'

tena(I.), tasmāt(Ab.) '그렇기에'

atha '그때, 그리고'

atha kim 'yes'

tāvat '곧장/바로'

Cf. §43, §51

3. 수사에서 만들어진 것(Numeral adverbs)

e.g. dviḥ '2번/2회'

ekadhā '하나로/한 가지 방법으로'

ekaśaḥ '하나/한 개씩' ; cf. §48

4. 형용사의 부사화

형용사의 Ac. sg. n.는 부사로서 사용된다.

e.g. kṣipram '재빨리/신속하게'

nityam '항상'

niyatam '확실히, 틀림없이'

satyam/yat s°* '정말/참으로'

param '대단히, 매우, 몹시; 그렇지만' **

aparam '더욱더, 거듭'

kevalam '단지, 다만'

na k°…api '뿐만 아니라…또한'

—원근을 나타내는 표현(Dūrāntika-words)

e.g. dūram '멀리', antikam '가까이에'

G. 또는 Ab.와 함께: dūraṁ grāmasya/grāmāt '마을에서 멀리'

—방위를 나타내는 표현(Dikśabda, ac- 어간, §25: p.87~88)[37]

e.g. prāk '동쪽에, 전방에', udak '위에, 북으로' ;

tiryak '가로질러서', samyak '바로, 확실히'

cf. pṛthak '따로따로'

—*type* °tarām, °tamām(§31.3)

e.g. sutarām '매우, 몹시'

---

* E.g. yat satyaṁ kampitam iva me hṛdayam '정말 나의 심장이 떨리는 듯하다.'

** na와 함께, e.g. viṣāṇe staḥ(3. du. pres. as- 'to be') paraṁ na te '당신에게는 2개의 뿔만 없을 뿐이다.'

❰ 비고 ❱

Dūrāntika-words는 Ac.(dūram) 이외에, I.(dūreṇa), Ab.(dūrāt) 또는 L.(dūre)로 사용된다.

5. 명사의 격형의 부사화

다양한 격형이 부사적 의미로 사용된다. 예를 들어 방향 · 거리 · 시간의 계속, 시점(Ac.), 원인 · 이유(I., Ab.), 위치(L.) 등.

—부사화가 이루어진 것의 일부분을 열거하겠다:

nāma '이름에 관해서는(by name)'

e.g. nalo nāma 'Nala라고 불린다.' ; '정말/참으로, cf. nanu n° ; 아마도/대개, cf. api n° ; etc.'

—prabhṛti '~에서(Ab.) 시작해서'

e.g. bālyāt p° '소년 시절부터'

—kāmam '참으로, 확실히' ; '~라고 하지만…그러나'

e.g. k°…tu/kiṁ tu, etc.

—joṣam '침묵하고/입 다물고'

e.g. ās- '앉다' 등과 함께: '침묵하고 있다'

—varam…na(대부분의 경우 ca, tu, punaḥ를 동반한다) 'better…than'

e.g. varaṁ prāṇatyāgo na punar adhamānām upagamaḥ
'천한 자와 교제하는 것보다 오히려 죽음이 낫다.'

—원인·이유를 의미하는 명사 nimitta-, kāraṇa-, hetu-, prayojana-가 대명사를 동반하는 경우, V. 이외의 격(N.를 포함)은 부사적으로 사용된다.

e.g. ko hetur(N.) vasati '그는 무슨 이유로 사는 걸까?'

kiṁ nimittam(Ac.)/kena nimittena(I.), etc. vasati '앞과 동일'

§51. 부사를 만드는 접미사의 예(cf. §43)

1. -taḥ

대체로 Ab. 상당어(§22.(8))를 만드는 데 사용된다.*

—대명사 어기에서:

ītaḥ, ataḥ '여기에서'

tataḥ '거기에서'(correl. yataḥ)

amutaḥ '저쪽에서/저기서'

kutaḥ '어디에서'

anyataḥ '다른 곳에서'

ekataḥ '어떤 곳에서'

sarvataḥ '곳곳에서'

—Dikśabda(§50.4), *type* dakṣiṇataḥ(+G.)

—때로는 L. 상당어를 만든다.

e.g. āditaḥ=ādau '최초로/처음으로'

kutaḥ=kutra '어디에'

* tasmād aśvataḥ처럼 혼용되는 것도 무방하다.

《 비고 》

abhitaḥ, paritaḥ '돌아서(around)'는 Ac.를 취하고, parataḥ가 시간적으로 '뒤/나중(after)'을 의미하는 경우는 Ab., '넘어서,=param+Ab.'의 의미에서는 G.를 취한다.

2. -tra

L. 상당어를 만든다.

e.g. tatra vane=tasmin vane '그 숲에서'

—대명사 어기에서:

atra '여기에', tatra '거기에'(correl. yatra), amutra '저쪽에/저기서', kutra '어디에', anyatra '다른 곳에, 제외하고, except(+Ab.)', ekatra '한 곳에, 어느 곳에', sarvatra '곳곳에', paratra '다른 세상에', pūrvatra janmani '전생에'

3. *Type* tarhi

'그때, 그렇기에'(correl. yarhi), karhi '언제'

4. -thā(상태)

tathā '그처럼/그와 같이, so(correl. yathā) ; 그렇다/그와 같다, yes'

anyathā '달리, 다르게'

sarvathā '온갖 방법으로, 절대로, 완전히'

cf. vṛthā '무익하게, 부정적으로' ; katham '어떻게 하여/어찌하여',
ittham '마치/이처럼'

5. -dā(시간)

tadā '그때'(correl. yadā), cf. tadānīm 'do.', idānīm '지금' ;

kadā '언제', anyadā '다른 때에', sarvadā '항상', sadā 'do.',

ekadā '어느 때에, 어느 날'

6. -dhā(양태, §48.2)
dvidhā/dvedhā '2가지로, 2로 나누어, 2중으로',
마찬가지로 tridhā/tredhā, etc.

7. -vat '~처럼/와 같이'
tadvat '그처럼'(correl. yadvat), yathāvat '적절하게/적정하게',
siṁhavat= siṁha iva '사자처럼', 마찬가지로 brāhmaṇavat '바라문처럼',
putravat '아들처럼', mṛtavat '죽은 것처럼'

8. -śaḥ(배분, §48.3)
ekaśaḥ '하나씩', etc., nityaśaḥ '항상/언제나', prāyaśaḥ '대체로/일반적으로',
cf. prāyaḥ 'do.'

◖비고◗

부사는 관계하는 범위가 매우 넓다. Cf. §109.Ⅷ(부사 복합어) ; §§110, 111(동사 복합어: Preverbs). 넓은 의미의 부사는 전치사·접속사와 합쳐져, 종속문의 구성에도 중요한 역할을 한다.

제9장

전치사 (Prepositions)[38]

§52. 총설

격을 나타내는 의미의 범위는 상당히 넓은데, 특히 복합어가 발달한 것에 의해 고전기의 정규 전치사의 사용은 제한되었다. 그러나 다른 면에서 전치사적 기능을 가진 부사(Prepositional adverbs)를 비롯한 전치사화된 명사의 격형의 사용이 증가하였다. 또한 절대분사(Absolutive) 중에는 전치사적 의미를 가진 것도 있다.

e.g. ādāya+Ac. '~을 지닌(with)'
muktvā+Ac. '~을 제외한(except)'

Prep. adv.와 격의 관계는 단순하지 않다. 반면에 다양한 Prep. adv.가 동일한 격과 결합하여 같은 의미를 나타내는 경우가 있다. 예를 들어 antarā/antareṇa, vinā+Ac.는 '~없이/제외하고(without/except)'를 의미한다. 한편 같은 Prep.이 다양한 격과 결합하는 경우가 있다.* 예를 들어 vinā는 Ac. 이외에 I. 혹은 드물게 Ab.와도 사용된다. 그러나 동일한 의미에서 ṛte는 Ab.와 함께 사용된다.

고전기에 Prep. 또는 Prep. adv.의 위치는 원칙적으로는 자유롭지만, 엄격한 산문에서는 통상적으로 뒤에 두게(後置) 된다.** vinā, bahiḥ, saha, purā(주로 고전 원전에서)처럼 양쪽의 위치를 갖지만, 적어도 산문에서 vinā는 통상적으로 후치된다. 또한 ā는 항상 전치된다.

이제부터 각 격에 붙는 주요한 Prep.과 Prep. adv.를 열거하겠다.

* 이 경쟁적이거나 또는 양립하는 용법을 concurr.라는 간략한 부호로 표기하겠다.

** 이러한 의미에서 후치사(Postposition)라고 부르는 것이 적합하다.

§53. 각설 Ⅰ. Accusative와 함께

1. Prep.

a. **anu** '~에 따라(along)', '(공간·시간에 대해) 뒤, 후(after)', '~쪽에, 대해서 (towards)', '~마다(배분)' 등

e.g. anu gaṅgām 'G. 강을 따라'

tad anu '그 뒤에서'

vṛkṣam anu '나무 쪽에'(이 의미에서는 'pari, prati+Ac.'도 사용된다.)

mātaram anu sādhuḥ '그는 어머니에게 자상하다.'(do.)

vṛkṣaṁ-vṛkṣam anu '나무마다'(do.)

b. **abhi**(cl. 에는 드물다) '~쪽에(방향)', '~마다(배분)'

c. **upa** '뒤에/나중에'

e.g. upa śākaṭāyanaṁ vaiyākaraṇāḥ

'(다른) 문법가는 Ś.에 추수한다(뒤떨어진다).'

d. **prati**(사용 범위가 매우 넓다) '~쪽에, 향해서, 대하여, 관해서'

e.g. gṛhaṁ prati '집을 향해', tvāṁ prati '당신에게 (이야기 등)' ; cf. anu

2. Prep. adv.

a. antarā/antareṇa '사이에(between)' '없이, 빼고/제외하고(without/ except)'

e.g. antarā tvāṁ ca māṁ ca kamaṇḍaluḥ '당신과 나 사이에 물병이 있다.'

antareṇa puruṣakāram '인간의 노력 없이, 노력을 빼고'

antareṇa에는 '관해서(regarding)'의 의미도 있다.

b. samayā, nikaṣā '근처에'

e.g. samayā grāmam '마을의 근처에'

c. 양측·주위를 의미하는 표현: abhitaḥ '양측에, 돌아서(on both sides, around)', ubhayataḥ '양측에', paritaḥ, sarvataḥ, samantataḥ (드물게 G.와 함께) '돌아서'

e.g. abhito grāmam '마을 양측에, 마을을 돌아서'

d. -ena로 끝나는 Dikśabda(§50.4)

e.g. dakṣiṇena grāmam '마을의 남쪽에'(concurr. G.)

e. vinā '없이(without)'

e.g. vinā devadattam 'D. 없이'(concurr. I. Ab.)

—마찬가지로 pṛthak '떨어져서(apart from)', nānā '달리(differently)'

f. yāvat(§43) '동안(during)', '까지(until)'

e.g. māsam ekaṁ yāvat '한 달 동안' ; sūryodayaṁ yāvat '일출까지'

Ⅱ. Instrumental과 함께

동반 · 부수를 나타내는 Prep. adv.: saha, samam, sākam, sārdham '함께(with)'

e.g. putreṇa saha '아들과 함께'

—vinā, pṛthak, nānā(concurr. Ac.)에 대해서는: supra I.2.e

Ⅲ. Ablative와 함께

1. Prep.

a. **apa, pari** '제외하고(except)'

e.g. apa trigartebhyaḥ 'Trigarta를 제외하고'

—pari=anu에 대해서는: supra Ⅰ. 1.a

b. **ā** (공간 · 시간에 대해서) '까지(until)', '부터(from)', '이래(since)'

e.g. ā pāṭaliputrāt 'P.까지' 또는 'P.부터' ; ā janmanaḥ '태어난 이래'

c. **prati**=anu에 대해서는: supra Ⅰ.1.a, cf. pari

—필적 · 교환

e.g. pradyumnaḥ kṛṣṇāt prati 'P.는 K.와 거의 동일(동등)하다.'

tilebhyo prati '참깨와 교환을'

2. **Prep. adv.**

a. Dikśabda(§50.4): *type* prāg grāmāt '마을의 동쪽에' ;

type dakṣiṇā/dakṣiṇāhi grāmāt '마을의 남쪽에'

b. Dūrāntika(§50.4): *type* dūraṁ grāmāt '마을에서 멀리'(concurr. G.)

c. prabhṛti '~부터 시작해, 이래(beginning with, since)'

e.g. bālyāt prabhṛti '소년 시절부터' ;

마찬가지로 ārabhya(absol.), e.g. śiśukālād ā° '유년 시절부터'

d. 시간의 전후를 나타내는 표현

'before': e.g. purā, prāk

'after': e.g. param, parataḥ(cf. §51.1, 비교), ūrdhvam

e.g. ataḥ/tataḥ param '이 이후로, 그 이후로'

tryahād ūrdhvam '3일 후에'

—anantaram '직후에'

e. param '넘어서'

e.g. paraṁ jñānāt '사람의 지혜를 넘어'

f. 제외: ṛte '제외하고, 없이(except, without)', anyatra '제외하고'

—vinā, pṛthak, nānā(concurr. Ac.)에 대해서는: supra I.2.e

g. bahiḥ '밖에, 밖으로'

e.g. jalād bahiḥ '물 밖에'(oppos. antaḥ+L.)

IV. Locative와 함께

Prep.

a. **adhi**(지배·피지배)

e.g. adhi pañcāleṣu brahmadattaḥ 'B.는 Pañcāla를 지배한다.'

adhi brahmadatte pañcālāḥ 'P.는 B.에 지배된다.'

b. **upa**(과잉)

e.g. upa khāryām droṇaḥ '1 khārī에 1 droṇa가 많다.'

c. **antaḥ**(<antar) '중에(within)', '사이에(between)'(concurr. G.)
e.g. antar jale '물속에'

V. Genitive와 함께

1. Prep.

antaḥ에 대해서는: supra IV.c

2. Prep. adv.

a. Dikśabda(§50.4): *type* purastād grāmasya '마을의 동쪽에' ;
type dakṣiṇato g° '마을의 남쪽에' ; *type* uttarād g° '마을의 북쪽에' ;
type dakṣiṇena g° '마을의 남쪽에'(concurr. Ac., supra Ⅰ.2.d)

b. 상하·전후 등의 위치를 나타내는 표현
e.g. upari/upariṣṭāt '위에', adhaḥ/adhastāt '아래에',
puraḥ '전에', paścāt '배후에'
e.g. tarūṇām adhaḥ '나무 아래에' ; mama paścāt '나의 뒤에서'

c. Dūrāntika(§50.4): *type* dūraṁ grāmasya '마을에서 멀리'(concurr. Ab., supra Ⅲ.2.b)

d. 면전 또는 그 반의어(antonyms)
e.g. putrasya pratyakṣam/parokṣam '아들이 보고 있는 곳에서' 혹은 '아들이 보고 있지 않은 곳에서'

e. kṛte '~때문에(for the sake of)'
e.g. svalpasya kṛte '사소한 것 때문에', 마찬가지로 arthāya, arthe

3. 명사의 격형

본래의 의미를 다소 잃고 전치사화된 여러 명사의 격형과 함께 사용된다. 이 경우 정규 격형의 대용으로 사용되기도 한다. 예를 들어 근처·근방을 나타내는 표현(e.g. samīpa-, sakāśa-, saṁnidhi-, pārśva-)의 Ac., Ab., L.+G.는 종종 후자의 해당 격과 동일한 격이 된다.

—antara-, madhya-의 Ac., L., Ab.+G. '~중에, 중에서(within, from within)' ; devānām agre '신들의 선두에' ; annasya hetoḥ '식물을 위해' ; vaśāt/vaśena+G. '~때문에'(I./Ab. equiv.) ; dvāreṇa+G. '~에 의해'(I. equiv.)

제10장

접속사
(Conjunctions)

접속사의 기능에는, 표현과 표현 혹은 문장과 문장을 등위로 결합하는 경우(coordination)와, 주 문장과 부 문장을 상관적 또는 종속적으로 연결하는 경우(subordination)가 있다. 그러나 Skt.는 표현 혹은 문장을 연결하기 위해 반드시 접속사를 사용하지는 않는다(asyndeton).

《비고》
Asyndeton은 종종 수사적 의도에서 이용되며, 대조·대립을 나타낸다.
e.g. asty evaṁ sa mahātmā, vayaṁ kṛpaṇāḥ
'그러므로 그는 위대한 자이다. (이에 반해) 우리는 비참한 자이다.'

§54. Ⅰ. 등위접속사(Coordinate conjunctions)[39]

1. ca

가장 단순히 'and'를 의미한다(copulative). 문장 중의 2요소를 연결할 경우, 산문에서의 정규 형식은 A B ca(enclitic) 'A와 B'*로, 열거의 경우에는 A B C ca로 한다. 그러나 때로는 (특히 시에서) A ca B의 순서가 되는 경우가 있다.
e.g. iha cāmutra '이 세상 혹은 다음 세상에서'

또는 의미를 강하게 하기 위해 ca를 반복해 A ca B ca 'both A and B'로 하는 경우가 있다. A문에 B문을 결합할 경우, ca는 보통 B문의 제2단어의 위치에 온다(encl.).

* B가 숫자 표현일 경우 그 제1단어의 뒤에 둔다.

《 비고 1 》

ca…ca의 형식은 같은 사람의 2차 격을 나타낼 때도 사용된다.

e.g. yājñikaś cāyam vaiyākaraṇaś ca

'그는 제식학자(祭式學者) 겸 문법학자이다.'

—ca…ca '뿐만 아니라 또한'은 종종 대조를 나타내기도 하고, 시간(때로는 '할지 말지')을 나타내기도 한다.

e.g. modaṁ janayati ca saṁmohayati ca

'그것은 쾌락을 낳음과 동시에 미망에 떨어지게 한다.'

《 비고 2 》 다른 병렬접속사와의 결합

e.g. api ca, cāpi '게다가 또한'의 의미는 kiṁ ca, anyac ca, aparam 등에 의해서도 표현된다.

2. api*

'~도 또한, 역시'(copulative)를 의미하며, 보통 이것이 속해있는 단어의 뒤에 온다.

e.g. tavāśvo naṣṭo mamāpi ratho dagdhaḥ

'당신의 말은 사라졌다. 나의 차도 불탔다.'

그러나 시에서는 앞에 오는 경우도 있다.

e.g. api svarge=svarge 'pi '하늘나라에서도 또한'

—api…api 혹은 ca…api(=ca…ca) '…뿐만 아니라 또한'

—tathāpi '그럼에도 불구하고(notwithstanding)'

---

* api 용법의 범위는 상당히 넓다. 이에 상세한 설명은 사전을 참조.

e.g. tathāpi puruṣeṇa satāṁ vacanaṁ kāryam

'그렇지만 사람은 선인의 말을 실행하지 않으면 안 된다.'

◖비고◗

api는 종종 다른 pcl.과 결합하여 사용된다.

cf. infra atha, vā, tu. api ca, cāpi에 대해서는: supra 1, 비고 2

3. atha

때로는 단어를 결합하지만(=ca), 주요한 기능은 새로운 문장의 앞부분에서,* 선행하는 문장과의 연결을 유지하는 것에 있다: '그리고, 그래서, 그럼 ; 그러나(=tu) ; 그리고 나서/그다음에(tataḥ, tataś ca)'

다른 소사와의 결합 중, 특히 중요한 것은 athavā '오히려, 그것에 반해, 그러나, 참으로'이다.

e.g. anyato vrajāmi(1. sg. pres.); athavā naitad yujyate(3. sg. pass.)

'나는 다른 곳으로 간다; 그러나 그것은 좋지 않다.'

◖비고◗ athavā 이외의 결합

e.g. atha ca, athāpi ; atha kim 'yes'

—atho는 atha와 오래된 pcl. u와의 결합이지만, 이 u는 cl.에서 독립성을 잃고, atho 이외에 kim u '하물며, 더군다나', no(na+u)에는 남는다.

—마찬가지로 uta는, kim uta '하물며', nota(na+uta), pratyuta '그것에 반해' ; kim…uta 'whether…or' 속에 남는다.

4. tathā

'마찬가지로'의 의미로 병렬접속사의 가치를 지니며(=ca, api), eva와 결합

* 시에서는 다른 위치도 허용된다.

하여 강화되고(tathaiva), api와 합쳐져(tathāpi) '그럼에도 불구하고'(cf. supra api)의 의미를 지닌다.

5. vā

ca 'and'에 대한 'or'(disjunctive). 단어 또는 문장을 이어주는 형식에 관해서도, 양자에 공통하는 점이 많다: A B vā(encl.) 'A 또는 B' ; vā…vā(또는 api vā/vāpi) 'either…or'

부정: na vā…vā 또는 na…vā 'neither…nor', cf. jīvati(3. sg. pres.) vā na vā '그가 살아있는지 어떤지 (모르겠다)' ; yadi vā '그렇지 않으면(or else, rather)'

—athavā에 대해서는: supra 3

6. iva, (yathā)

'~처럼/와 같이'(comparative). 'A는 B처럼 강하다'를 나타내는데, 통상 A B iva balavān이라는 형식이 사용된다. 일반적으로 iva는 문장을 이끌지 않지만, yathā는 어구만이 아니라, 비유를 포함한 부 문장을 이끄는 종속접속사로 사용된다(cf. infra Ⅱ.2.a).

—tad yathā '예를 들면'

◖비고◗

iva는 비유 이외에 근사(近似)를 나타내는 부사로서, '이른바, 흡사(as it were)'를 의미하고, 때로는 '조금, 거의(only)' 등을 의미한다.

e.g. muhūrtam iva '아주 한순간'

—vā도 문학서에서는 iva의 의미로 사용되는 경우가 있다.

e.g. śiśiramathitāṁ padminīṁ(Ac.) vā '서리 때문에 시들은 연꽃처럼'

7. tu

'그러나(but, however)'(adversative)를 의미하며, 문장의 앞머리에 오지 않는다(encl.). tu…tu(또는 atha) '…뿐만 아니라 또한(not only…but)'

《 비고 1 》

반대를 의미하거나 강한 반의를 나타내는 표현은 이외에도 적지 않다.

e.g. kiṁ tu, api tu, param, paraṁ tu, punaḥ, pratyuta(supra 3, 비고)

'그것에 반해': na tavedaṁ gṛhaṁ kiṁ tu mamaiva '이 집은 당신의 것이 아니다, 오히려 내 것이다.'

—반대의 효과를 올리기 위해 앞 문장에 '참으로/정말'을 의미하는 단어(tāvat, khalu, kila, satyam, etc.)를 사용하는 경우가 있다.

e.g. vayasā paraṁ('indeed') kaniṣṭhaḥ so 'bhavat teṣāṁ, guṇair jyeṣṭhatamas tv abhavat

'연령에 있어 그는 정말 그들 중에 최연소자였다. 그러나 미덕에 있어서는 최연장자였다.'

《 비고 2 》

'not only…but'의 의미는 다양하게 표현된다: na kevalam/na param…ca/api/yāvat

e.g. na kevalam asaṁmānaṁ labhate ca viḍambanām

'그는 불명예뿐만 아니라 경멸까지도 받아야 한다.'

—'하물며 …에 있어서랴(how much more)'의 의미는, kim u/uta(supra 3, 비고)/nu/punaḥ etc.에 의해 표현된다.

e.g. ekaikam apy anarthāya, kim u yatra catuṣṭayam

'한 개씩으로는 불행을 가져오기에 부족하다. 하물며 네 개를 합친 경우에 있어서랴.'

8. hi

'무엇이냐면(for)'(causal). 원인 · 이유를 설명하는 접속사로, 문장의 앞머리에는 오지 않는다(encl.). 의미가 약해져 종종 단순히 '예를 들어, 참으로'를 의미하고, 때로는 허사로 사용된다.

E.g. dharmo hi teṣām adhiko viśeṣaḥ

'무엇이냐면 정의는 그들(=인간)만이 지닌 특질이기 때문에.'

9. tat, tena, tasmāt, tataḥ, etc.(cf. §50.2)

'그런 이유로/그 때문에(therefore)'(conclusive)

E.g. tasmāt puruṣakāreṇa yatnaṁ kuryād(3. sg. opt.) atandritaḥ

'그런 이유로 사람은 용기를 갖고 부단히 노력해야 한다.'

§55. Ⅱ. 종속접속사(Subordinate conjunctions)[40]

종속복문에 있어 부문(Subordinate sentences)은 관계어 : 관계대명사 또는 형용사(§39) 혹은 관계부사(=종속접속사, e.g. yad-, yādṛś-, yataḥ, yathā)에 이끌려지며, 대부분의 경우 지시대명사 또는 형용사(e.g. tad-, tādṛś-, tataḥ, tathā)가 이것에 대응해 상관관계를 형성한다.

e.g. yasmāc ca yena ca yadā ca yathā ca yac ca yāvac ca yatra ca śubhāśubham ātmakarma, tasmāc ca tena ca tadā ca tathā ca tac ca tatra ca kṛtāntavaśād upaiti(3. sg. pres.)

'각자의 어떠한 선업 · 악업이, 어떤 이유로, 무엇에 의해, 언제, 이렇게, 어떤 식으로 또한 어디서 [생겨나는지도], 그 때문에, 그것으로 인해, 그때, 그처럼, 그것만으로 또한 거기서, 그것은 운명의 힘에 의해 [행위자에] 되돌아온다.'

종속접속사의 용례의 이해에는 동사의 지식이 필요한 경우가 많기에, 여기서는 중요한 것과 그 상관사(Correlatives)만을 거론하고, 주된 기능에 대해 간략히 설명하겠다.*

1. 접속사화된 yad-(§39)**의 격형:** yat, correl. tat, etc.

a. 명사문을 이끈다. 'that'

b. 원인·이유·결과를 나타내는 부 문장을 이끈다. 이것들의 의미에는 yena, yataḥ, yasmāt(correl. tena, tataḥ, tasmāt)도 사용된다.

2. yathā, correl. tathā(evam, ittham)

a. 비교 · 비유를 나타내는 부 문장을 이끈다. cf. iva(supra Ⅰ.6)

b. 명사문을 이끈다. =yat, a: 'that'

c. 원인 · 이유 · 목적 · 결과를 나타내는 부 문장을 이끈다. =yat, b

3. yadā, correl. tadā, 'when'

4. yāvat, correl. tāvat

a. '…하는 동안/사이(while)'

b. '…하기까지(until)'

5. yatra, correl. tatra, 'where'

6. yadi

a. 불확실한 내용을 지닌 명사문을 이끈다. 'whether'

b. yadi 및 cet 다양한 조건문을 이끈다. 'if', correl, tataḥ, tadā, etc.

* 상세한 설명에 대해서는 제26장 참조.

c. yady api. 양보문을 이끈다. ‘though’, correl. tathāpi

7. iti ‘thus’ 이상의 종속접속사와는 의도를 달리하지만, 대화 · 사고의 내용을 직접적으로 인용하는 것뿐만 아니라, 여러 명사문을 묶는 것에도 사용된다.

E.g. āgamiṣyāmīty(1. sg. fut.+iti) avādīḥ(2. sg. aor.)

‘“내가 갈 거다”라고 그가 말했다.’(oratio recta)

—그 외에 iti는 단어 또는 구절을 떼어내서 지적을 하는 등으로 널리 사용된다.

제11장

감탄사 (Interjections)[41]

§56. 2종류의 기원

감탄사는 종종 호격(V.)과 함께 사용되는데, 다음 두 가지로 나뉜다.

1. 단순한 호출 · 감격 · 경악 등을 나타내는 음성 혹은 본래의 의미를 느낄 수 없는 것

e.g. ayi(호출)

aye, hī(경악)

are, re(감탄)

ā,* ām(상기)

āḥ(고통·분노)*

2. 의미가 있는 단어에 유래하는 것

1.에 속하는 것 중에서 aho* ahaha, hanta, hā는 기쁨뿐만 아니라 슬픔에 관해서도 사용되지만, dhik는 Ac.(e.g. dhik tvām) 또는 G.와 함께 사용되어 불만 · 비난 · 비탄을 나타낸다. 감탄사가 권장을 나타내는 경우(e.g. hanta, aṅga), 종종 동사의 명령법을 동반한다.

e.g. śṛṇu hanta '자, 들려줘 봐.'

nanūcyatām(3. sg. ipv. pass.) '자, 말해보십시오.'

api siñca '자, 따르거라.'

ehi(2. sg. ipv., ā-i-)도 사람을 재촉할 때 사용된다.[42]

---

* 모음의 앞에서도 변화하지 않는다(§12.2). e.g. āḥ atithiparibhāvini '아아, 단골을 소홀히 하는 여성이여.' 마찬가지로 aho.

《비고》

dhik는 N.와도 사용된다.

e.g. dhig iyaṁ daridratā '한탄스럽구나, 이 가난함은.'

Cf. aho me mūrkhatāyāḥ prakāraḥ '오, 나는 어찌 이리도 어리석은가.'

—hā도 Ac.를 동반하여 경악·고통을 나타내며, 종종 V.와 함께, 때로는 dhik, hanta, kaṣṭam과 함께 사용된다.

2. 에 속하는 감탄사의 예

(환희·가납) diṣṭyā

e.g. d° mahārājo vijayena vardhate(3. sg. pres.)

'경사스럽구나, 대왕이 승리를 하여 영광스럽기를(=대왕 만세).'

—(환영) svāgatam

—(인사) kuśalaṁ te '안녕하십니까.'

—sādhu '좋구나, 선재여.'

e.g. s° yāmi(1. sg. pres.) '좋아, 나는 가겠다.'

—svasti '행복하길.'

—(비탄·불만) kaṣṭam '슬프려나, alas.' hā(dhik)를 동반하는 경우가 있다.

—bhoḥ(§25: p.81)*는 호출로, 여성 혹은 복수명사와도 함께 사용된다.

e.g. bho bhoḥ paṇḍitāḥ '오, 학자님이시여.'

* 연성법에 관해서는: §15.7, 비고.

제12장

동사(Verbs) 총설

§57. 서설

동사는 일반적으로 어근(roots) 또는 어근으로 인정되는 것[43]에 의해 대표되며, 정동사(finite verbs)의 구성은 원칙적으로, 어근+접미사 > 어근(verbal stems)+인칭어미(personal endings)의 형식을 취한다. 때로는 접미사를 빼고, 어근이 그대로 어간이 되거나, 혹은 어미를 동반하지 않는 어근이 직접 정동사의 기능을 가진다(e.g. bhava 2. sg. ipv.).

정동사는 수량 · 인칭 · 태(voice)에 의해 규정된다. 수량은 명사의 경우와 마찬가지로, 단수(sg.) · 양수(du.) · 복수(pl.)의 3종을 포함하며, 인칭은 1인칭 · 2인칭 · 3인칭으로 나뉜다. 경칭으로 사용되는 bhavat-(p.81, p.115)에 대해서는 3인칭의 동사가 사용된다.

《 비고 》

인도 문법가의 1인칭은 우리가 사용하는 3인칭 '그'에 해당되고, 반대로 3인칭은 1인칭 '나'에 해당된다. 인도에서는 우리의 3인칭을 대표형으로 인정하기 때문이다. 그러나 혼란을 방지하기 위해, 본 책에서는 1인칭 '나', 2인칭 '너', 3인칭 '그'의 순서에 따르며, 3인칭을 대표형으로 사용하겠다.

태[44]에는 2종의 구분이 있다. 능동태(abbrev. P.)와 중간태(abbrev. A.)로, 전자는 active voice에 해당하고, 후자는 middle voice에 해당하여, 각각 특유의 인칭어미를 갖는다.

《 비고 》

수동태(passive voice)까지도 포함한 genus verbi의 개념은 Skt. 문법에 없다. 수동태는 A.와 어미를 공통으로 하지만, 제2차 활용의 한 종류로 취급되며, P.와 A.의 대립 바깥에 위치한다. 다만 현재조직(§59) 이외에서는 A.가 수동의 의미를 겸할 수 있다.

본래 A.는 동사가 나타내는 행위가 행위자(agent) 자신을 위해 행해진 것을 나타낸다.

e.g. kaṭaṁ kurute(A.) '그는 자신을 위해 자리를 만든다.'
k° karoti(P.) '그는 (다른 사람을 위해) 자리를 만든다.'*

마찬가지로 pacate(A.): pacati(P., 어근 pac- '조리하다') ; yajate(A.) '그(=제주, 祭主)는 자신을 위해 제사를 지낸다.': yajati(P.) '그(=제관, 祭官)는 (다른 사람을 위해) 제사를 지낸다.' 사역활용(Causative)에서는, A.의 의미가 명료하게 인정되는 경우가 많다.

e.g. kaṭaṁ kārayate(3. sg. caus.) '그는 자신을 위해 (다른 사람으로 하여금) 자리를 만들게 한다.'

그밖에 A.는 재귀·상호의 관계를 나타내며,

e.g. uttapate(A.) pāṇī '그는 자신의 양손을 따뜻하게 한다.'(reflexive)
vyatibhavate(A.) śrīḥ padmānām '연꽃의 아름다움이 서로 경쟁한다.'(reciprocal)

전후의 관계에 의해 수동의 의미까지도 나타낸다(e.g. '자신을 지탱한다' > '지탱되어진다').

《 비고 1 》

위의 예시 중 yajate를 '그는 자신을 위해 (제관으로 하여금) 제사를 지내게 한다.'라고 해석하면, Causative의 의미에 가깝다. vardhate(vṛdh- '성장하다')는 본래 A.동사지만, 이에 대응하는 P. vardhati가 만들어짐으로써

* 다만 재귀형용사 sva- '자신의'를 사용하는 경우는 양태의 어떤 것도 허용된다, e.g. svaṁ kaṭaṁ kurute/karoti.

'성장시키다'의 의미까지도 겸한다.

—jāyate '그는 태어난다.'(jan- A.): jajāna(3. sg. pf. P.) '그는 태어났다.'

《 비고 2 》

상호관계를 나타낼 때 반드시 언제나 A.를 필요로 하는 것은 아니다.

e.g. vyatigacchanti(3. pl. P., vyati-gam- 'to go against each other'),
vyatighnanti(3. pl. P., vyati-han- 'to strike each other')
itaretarasya vyatilunanti '그들은 서로 벤다.'(do., vyati-lū-)

그러나 이러한 의미상의 구별이 반드시 항상 지켜지는 것은 아니며, 다양한 어근에 관계하는 여러 세칙에도 불구하고, P.와 A.의 사용은 때때로 의미의 문제를 떠나, 문법상의 규약으로 되어 있다. 즉 일부 그룹의 어근은 P.만으로 활용되며,

e.g. as-, asti '있다'
i-, eti '가다'
yā-, yāti 'do.'
han-, hanti '죽이다'

일부의 어근은 A.만으로 활용되고,

e.g. ās-, āste '앉다'
vas-, vaste '입다'
man-, manyate '생각하다'

그 외는 양태로 활용된다(Ubhayapada, abbrev. U.). 이러한 견해에서 어근은 P., A., U.의 3종으로 분류되지만, 이 구별은 현재조직 이외에는 철저히 지켜지지 않는다. 예를 들어 mṛ- '죽다'는 A.동사이지만(mriyate 3. sg. pres.), mamāra(3. sg. pf.) '그는 죽었다' 및 mariṣyati(3. sg. fut.) '그는 죽을 거다'는 P.이다. 일반적으로 A.는 감퇴의 경향이 있으며, 양태를 갖춘 어근에서도 그 선택은 음률 · 문체

의 요구에 좌우되는 경우가 많다. 또한 어떤 어근은 단독으로 사용되는 경우와 동사 접두사(Preverbs)를 동반하는 경우에 의해 태를 다르게 하며, 이때 통상적인 의미에도 변화가 일어난다. 예를 들어 i- '가다'는 P.동사이지만, adhi-를 동반해 '배우다'를 의미할 경우 항상 A.로 활용된다: adhīte(3. sg. pres. A.) '그는 배운다' dā- '주다'는 U.동사이지만(dadāti 3. sg. pres. P., datte A.), ā-를 동반해 '받다'를 의미할 경우 A.만으로 활용된다: ādatte

§58. 어그먼트(Augment)와 중자(Reduplication)

수량·인칭·태 이외에 동사의 활용에 필요한 2가지 요소가 있다.

Ⅰ. 어그먼트[45]

Augm. a-는 과거를 나타내는 접두사로, 제2차 어미(§60)를 동반하는 시제·법(Impf., Aor., Cond.)의 어근부의 앞에 추가된다.

e.g. a-tudat 3. sg. impf., tud- '치다'

1. 어근이 모음으로 시작할 때, 그 모음은 a-와 합쳐져 Vṛddhi(§7)가 된다.

e.g. āṭat 3. sg. impf., aṭ- '걸어 다니다'
āsta, ās- '앉다'
aikṣata, īkṣ- '보다'
aukṣat ukṣ- '베풀다'
ārṣat, ṛṣ- '가다'
aidhata, edh- '번창하다'

2. 어근이 접두사(Preverbs)를 동반할 경우, a-는 양자의 중간에 들어간다.

e.g. ud-a-patat 3. sg. impf., ud-pat- '날아오르다' , cf. pres. utpatati sam-ud-a-patat, sam-ud-pat- '함께 날아오르다'

sam-a-skarot 3. sg. impf., saṁskṛ- '꾸미다', cf. pres. saṁskaroti

3. Augm.를 동반하지 않은 Impf. 또는 Aor.의 형태가 부정사 mā와 함께 사용되어 금지를 나타내는 것에 대해서는: §62. 2, §72

Ⅱ. 중자[46]

동사의 활용에 있어, 종종 어근의 일부가 중복된다.* 이 음절을 중자음절(reduplicated syllables)이라 부른다.

E.g. da-dāti 3. sg. pres., dā- '주다'

a-pa-ptat 3. sg. aor., pat- '날다, 떨어지다'

pa-pāta 3. sg. pf., pat-

pi-patiṣati 3. sg. pres. des., pat-

jaṅ-gam-yate 3. sg. pres. int., gam- '가다'

1. 자음에 관해서는 중복음절의 전반에 공통된 규칙이 있다.

a. 어근이 단일 자음으로 시작하는 경우에는 그 자음을 이용한다.

e.g. tu-toda 3. sg. pf., tud- '치다'

pa-pāda do., pad- '가다'

ut(prev.)-pa-pāta do., ud-pat- '날아오르다'

b. 다만 그 자음이 유기음(aspirate)인 경우에는, 그것에 대응하는 무기음을 이용한다.

e.g. ci-ccheda 3. sg. pf., chid- '자르다'

da-dhāti 3. sg. pres., dhā- '두다'

bi-bheti do., bhī- '무서워하다'

* 일부 어간의 현재어간(특히 3. cl.의 동사에 있어), Redupl. aor., Pf., Des. 및 Int.

c. 그 자음이 후음일 경우에는, 그것에 대응하는 구개음을 이용한다.

e.g. ca-kāra 3. sg. pf., kṛ- '하다'

ja-gāma do., gam- '가다'

ca-khāna do., khan- '파다'(cf. supra b)

—h는 j로 중복된다.

e.g. ju-hoti 3. sg. pres., hu- '공물을 바치다(to sacrifice)'

d. 어근이 자음 그룹으로 시작되는 경우에는, 최초의 자음을 이용한다.

e.g. śu-śrāva 3. sg. pf., śru- '듣다'

ba-bhrāja do., bhrāj- '빛나다/반짝이다'(cf. supra b)

ca-krāma do., kram- '걷다'(cf. supra c)

ji-hrāya do., hrī- '부끄러워하다'(do.)

e. 다만 자음 그룹이 치찰음+무성파열음으로 이루어진 경우는 후자를 이용한다.

e.g. ta-stambha 3. sg. pf., stambh- '지탱하다/유지하다'

pa-spardha do., spardh- '다투다'

ta-sthau do., sthā- '서다'(cf. supra b)

ca-skanda do., skand- '뛰다/도약하다'(cf. supra c)

saṁ-ca-skāra do., saṁskṛ- '꾸미다'

2. 중복음절에서의 모음으로는, 대부분의 경우에 a가 이용되지만, 어근이 i- 계열 혹은 u- 계열(§7)의 모음을 포함한 경우에는, 중복음절의 모음도 이것에 대응하는 경향을 보인다.

e.g. ci-krāya 3. sg. pf., krī- '사다'

cu-kūja do., kūj- 'to hum'

—다만 ja-gau do., gai- '노래하다' ; sa-sau do., so-(=sā-) '묶다'

—그러나 모음에 관한 세칙이 단순하지 않기에, 중복에 이용되는 각 항의 내용에 근거해 설명하겠다.

§59. 동사의 조직

동사의 활용(Conjugation)은 복잡하지만, 그 윤곽을 이해하기 위해 가장 편리한 방법은 어간을 기준으로 동일한 어간에서 파생하는 시제(Tenses)·법(Moods)을 비롯한 분사를 총괄하면서, 몇 가지의 조직으로 분류하는 것에 있다. 이러한 견해에 입각해 여기서는 1개의 어근에서 이론적으로 만들 수 있는 형태를 제시하겠다.

Ⅰ. **현재조직**(Present system)

현재어간(Pres. stem)을 기초로 한다.

1. 직설법현재(Indicative pres.) 및 현재분사(Pres. participle)
2. 직설법과거(Indic. imperfect)*
3. 원망법(Optative)
4. 명령법(Imperative)

Ⅱ. **아오리스트조직**(Aorist system)

아오리스트 어간(Aor. stem)을 기초로 한다.

1. 직설법 아오리스트(Indic. aor.)*
2. 기원법(Precative). Aor. optative에서 유래한다.

Ⅲ. **완료조직**(Perfect system)

완료어간(Pf. stem)을 기초로 한다.

직설법완료(Indic. pf.) 및 완료분사(Pf. pt.)**

---

* Augm(§58. Ⅰ)가 없는 형태는 지령법(Injunctive)이라고 불린다(ib. 3).

** V.와 구별되어 각각 단순완료(Simple pf.), 단순미래(Simple fut.)라고도 불린다.

Ⅳ. 미래조직(Future system)

미래어간(Fut. stem)을 기초로 한다.

1. 직설법미래(Indic. fut.) 및 미래분사(Fut. pt.)*
2. 조건법(Conditional)

Ⅴ. 복합시제(Compound tenses)

1. 복합완료(Periphrastic pf.)
2. 복합미래(Periph. fut.)

Ⅵ. 어근직속의 준동사(Verbals)

1. 과거동사(능동 및 수동)(Past active and passive pt.)
2. 동사적 형용사(Verbal adj. or Gerundives)
3. 부정사(Infinitive)
4. 절대(또는 유리)분사(Absolutives)

이상을 총괄하여 제1차 활용(Primary conjugation)이라 칭하지만, 어근에 특정 접미사를 추가하여 여러 종류의 제2차 활용(Secondary conjug.)의 어간이 만들어지는데, 이것들의 어간은 각각 제1차 활용에서와 동일한 시제·법·분사·준동사의 형태를 지닌다. 이 경우에 제2차 활용어간의 특징은 모든 활용에 걸쳐 항상 그 형태를 유지하여 제1차 활용과의 혼동을 방지한다.

제2차 활용에는 다음과 같은 종류가 있다.

1. 수동활용(Passive)
2. 사역활용(Causative)
3. 의욕활용(Desiderative)
4. 강의활용(Intensive or Frequentative)

이 이외에 5. 명사기원의 동사(Denominative)가 있으나, 현재조직 이외에 사용되는 것은 드물다.

고전기에는 일반적으로 정동사형(finite or personal forms)은 감퇴의 경향을 보이고, 준동사형의 진출이 두드러지지만, 현재 및 미래는 활발히 사용된다. 이에 비해 아오리스트와 완료의 사용률은 낮아지고, 조건법·기원법·강의(强意)활용은 희소해진다. 물론 간소한 문제에 의한 작품·학술서와 기교 있는 문법의 지식을 표현하는 시인의 아름다운 문체(kāvya-style)와의 사이에는 큰 차이가 있어, 후자는 때때로 일반적으로는 사용하지 않는 어근이나 정동사형을 부활시켜 사용하기도 한다.

§60. 인칭어미(Personal endings)[47]

인칭어미에는 제1차(primary)와 제2차(secondary)의 구별이 있다. 전자는 직설법 현재와 미래에, 후자는 직설법 과거, 아오리스트, 원망법, 기원법 및 조건법에 이용된다. 명령법의 어미는 대체로 제2차에 해당하지만, 특수한 형태도 존재한다. 현재조직의 활용은 어간모음 a(the thematic vowel)의 유무에 따르고, 제1종([Ⅰ])과 제2종([Ⅱ])으로 나뉘지만(cf. §62.1), 인칭어미에 관해서도 2종류의 사이에 차이가 있다. 완료, 아오리스트 및 기원법에서의 특수한 어미에 대해서는 해당 부분의 설명으로 넘기고, 여기서는 현재조직의 표준어미와 일부 주의 사항에 대해 거론하겠다.

	제 1 차		제 2 차		명령법	
	P.	A.	P.	A.	P.	A.
sg.	1. mi	e	m[I], am[II]	i	āni	ai
	2. si	se	s	thās	—[I], dhi, hi[II]	sva
	3. ti	te	t	ta	tu	tām
du.	1. vas	vahe	va	vahi	āva	āvahai
	2. thas	ethe[I] āthe[II]	tam	ethām[I], āthām[II]	tam	ethām[I], āthām[II]
	3. tas	ete[I] āte[II]	tām	etām[I], ātām[II]	tām	etām[I], ātām[II]
pl.	1. mas	mahe	ma	mahi	āma	āmahai
	2. tha	dhve	ta	dhvam	ta	dhvam
	3. nti[I], anti[II]	nte[I], ate[II]	n[I], an[II], ur(3.cl.)	nta[I], ata[II]	ntu[I], antu[II]	ntām[I], atām[II]

N. B. 1. 어간모음 a는 m 또는 v로 시작하는 어미의 앞에서 연장된다.

e.g. bhavāmi 1. sg. pres., bhavāvaḥ 1. du. pres.: pres. stem bhava-

2. [Ⅱ]에서는 3. pl. A.의 어미가 n을 포함하지 않고, 각각 ate(pres.), ata(impf.), atām(ipv.)이 된다. 그리고 3. cl. 동사의 어미에 대해서는: §66

3. 1. sg. A. [Ⅰ] e의 앞에서 어간모음 a는 소멸한다.

—2, 3. du. A. [Ⅰ] ethe, ete ; ethām, etām은 어간모음을 포함한 것으로 취급된다.

4. 2. sg. ipv. P.는 [Ⅰ]에서 어미가 빠지고, 어간의 형태가 사용된다.

e.g. bhava

[Ⅱ]에서는 모음의 뒤에 hi를 사용한다.

e.g. āpnuhi(5. cl.)

열외: juhudhi(hu-, 3. cl.), edhi(as-, 2. cl.), śādhi(śās-, 2. cl.)

—자세한 설명은 5. cl., 8. cl.의 부분을 참조. 또한 어미 āna(cl. 9)에 대해서는: §70

5. 2, 3. sg. ipv. P.의 어미로서 tāt를 사용하고, 기원의 의미를 나타낼 수 있다.

e.g. bhavatāt '당신(또는 그)이 바라는 것을'

다만 고전기에는 좀처럼 드물다.

6. 인칭어미의 연성법에 관해서는, 필요에 따라 해당 부분에서 설명하겠다.

Cf. §18.3 및 비고 ; §18.5.b ; §20.2 및 비고 ; §64

§61. 결합모음 i[48]

현재조직 이외의 시제·법을 비롯한 준동사에서는, 어근부와 자음(y를 제외한)으로 시작하는 접미사 혹은 어미와의 사이에 종종 결합모음 i(술어 iṭ)를 집어넣는다. 예를 들어 bhid- '부수다'의 미래어간 bhet-sya-, 부정사 bhet-tum에 비해, vid- '알다'의 미래어간은 ved-i-ṣya-, 부정사는 ved-i-tum이 된다.

《비고》

이 i는 때로는 ī가 된다. 특히 grah- '잡다/붙잡다'의 경우, pf. 이외에는 일반적으로 장음이 나타난다.

e.g. fut. grahīṣyati, aor. agrahīt, agrahīṣṭa, p. pt. gṛhīta-

이런 견해에서 인도 문법가는 어근을 seṭ(iṭ를 동반한 것), aniṭ(iṭ를 동반하지 않은 것) 및 veṭ(임의의 것)로 분류했다.

aniṭ: 1. 모음(ū, ṝ을 제외)으로 끝나는 단음절의 어근의 대부분. 다만 약간의 열외가 있다.

e.g. śri- '향하다': fut. śrayiṣyati, inf. śrayitum

stu- '칭찬(찬양)하다': aor. P. astāvīt(iṣ-aor.)

vṛ- '덮다/씌우다'(5. cl.), '고르다'(9. cl., A.): variṣyati/varīṣyati, A. °te

—2. 단자음으로 끝나는 약 100개의 어근.[49]

veṭ: 약 30개의 어근이 이것에 속한다.

e.g. añj- '색칠하다', aś- '도달하다', gāh- '숨어들다/잠수하다', guh- '감추다/숨기다', druh- '부수다/해치다', dhū- '흔들다/휘두르다', naś- '망하다/없어지다', muh- '실신하다', mṛj- '닦다/훔치다', vraśc- '자르다', sidh- '가로막다/저지하다', sū-(sūte, sūyate) '낳다', syand- '흐르다'

seṭ: 위의 aniṭ 및 veṭ 이외의 어근.

seṭ와 aniṭ의 구별이 가장 잘 지켜지는 것은 아오리스트에서이며, 미래가 그다음으로, 준동사 -tum(inf.), -tavya(ger.)를 비롯한 행위자명사 -tṛ의 앞에서는 아오리스트의 경우와 거의 다르지 않다. 그 외의 경우는 각각 특별한 규칙을 지니고 있어 일률적이지 않고, 완료조직은 iṭ에 관해 독자적 규정을 가지고 있다. veṭ에서도 임의의 범위로 넓고 좁음의 차이가 있는 것을 피할 수 없다. 또한 문법가의 규정도 완전히 일치하지 않고, 그 분류도 절대적인 것이 아니어서, 문헌 중에 보이는 실제 예시에 비춰보면 문제가 보다 복잡해진다. 따라서 바르게 Skt.를 습득하기 위해서는, 각각의 활용을 비롯한 각 어근을 정하는 규칙에 유의해야 할 필요가 있다.

◖비고◗

seṭ가 반드시 seṭ가 아니고, aniṭ도 반드시 aniṭ는 아니다. 예를 들어 kram-(aniṭ) '걷다'는 A.에서만 aniṭ이다.

cf. fut. P. kramiṣyati: A. kraṁsyate

aor. P. akramīt: A. akraṁsta

vṛt-(seṭ) '회전하다' 등의 Fut. 및 Des.에서 iṭ는 A.에서만 한정된다.

e.g. fut. A. vartiṣyate: P. vartsyati

des. A. vivartiṣate: P. vivṛtsati

제13장

동사의 활용 현재조직

§62. 1. 2종의 활용

현재어간의 작성법에 따라 동사(어근)는 10종으로 나뉘고,* 그중 (**1**), (**4**), (**6**) 및 (**10**)은 이른바 어간모음 a(the thematic vowel)로 끝나는 어간을 가지며, 공통의 형식에 따라 변화한다. 이것을 제1종 활용(the first or thematic conjug.)이라고 하고([I]), 남은 (**2**), (**3**), (**5**), (**7**), (**8**) 및 (**9**)의 변화를 일괄하여 제2종 활용(the second or a thematic conjug.)이라고 부른다([II]).

2. 용법**

현재조직을 구성하는 시제·법 중, 현재(Pres.)는 주로 현재의 정황 혹은 일반적 사실을 나타내고, 시제로는 과거(특히 pcl. sma와 함께) 또는 (가까운) 미래에 관계한다.

—이에 반해 직설법과거(Impf.)는 과거의 사실을 나타낸다. Skt.가 지닌 3종의 과거시제(preterital tenses)의 하나로, 문법가에 따르면 Impf., 아오리스트(Aor.) 및 완료(Pf.)에는 각각 특별한 사용 범위가 정해져 있다. 그러나 이 규정은 고전기에 있어 소수의 작가를 제외하고는 그다지 지켜지지 않았으며, Impf.도 일반적 과거시제의 한 종류에 지나지 않는다. 어그먼트가 없는 Impf.형은 부정사 mā(sma)와 함께 사용되어 금지를 나타낸다(§58.I.3).

—원망법(Opt.)은 원망 이외에 가능·규제·가정 등의 넓은 범위에 사용된다('would, should, could, might').

—명령법의 3인칭은 제3자에 대해 명령 또는 권장('let him/them')을 나타내고, 1인칭은 화자의 의지 또는 권장('let me/us')을 나타낸다. 명령의 의미가 완화되어 원망·희망 등을 나타내는 경우, Ipv.는 Opt.의 용법에 접촉한다. 또한 금지를 위한 부정사로서는 mā가 사용된다.

---

* 이하 종류(class)를 나타낼 때 (**1**), (**2**)로 한다.

** 상세한 설명에 대해서는: 부록 B.

—현재분사는 문장 중의 주동사(principal verb)와 동시에 행해지는 일을 나타내며, 단순한 수사어로서만 사용되는 것이 아니라, 종종 부문(dependent sentences)을 대용하는 기능을 발휘하여 정황 · 시간 · 원인 · 이유 · 양보 등의 관계를 나타낸다.

§63. 제1종 활용[50]

어근에 접미사 a[(**1**), (**6**)], ya[(**4**)] 또는 aya[(**10**)]를 붙여서 어근을 만들고, 이것에 인칭어미(§60)를 첨가한다. 모든 활용에 있어 어간은 불변이다.

—원망법의 조직(modal sign)은 [I]에서는 항상 ī로, 어간모음 a와 합쳐져 e가 된다. [Ⅱ]에서는 yā P.와 ī A.가 사용된다. 대체로 제2차 어미(§60)가 적용되지만, 약간의 차이(1. sg., 3. pl.에 주의)를 동반하기에, 이하 원망법의 형태에 인칭어미를 더한 형태를 제시하겠다.*

		[I] P.	A.	[II] P.	A.
sg.	1.	eyam	eya	yām	īya
	2.	es	ethās	yās	īthās
	3.	et	eta	yāt	īta
du.	1.	eva	evahi	yāva	īvahi
	2.	etam	eyāthām	yātam	īyāthām
	3.	etām	eyātām	yātām	īyātām
pl.	1.	ema	emahi	yāma	īmahi
	2.	eta	edhvam	yāta	īdhvam
	3.	eyur	eran	yur	īran

* [I]에서는 the thematic vowel a+modal sign ī>e+pers. endings.

Ⅰ. 제1류(1)

동사의 활용 중 가장 보통의 형식으로, 다른 종류에서 이행된 것도 적지 않다. 어근에 a를 붙여 어간을 만든다.* 어근이 모음으로 끝나거나 단자음에 따르는 단모음을 포함할 경우, 그 모음은 guṇa화한다(§7).

e.g. ji- '극복하다': jaya-

nī- '이끌다': naya-

budh- '깨닫다': bodha-

bhū- '되다': bhava-

hṛ- '잡다/취하다': hara-

vad- '이야기하다': vada-

hve- '부르다': hvaya-

gai- '노래하다': gāya-

그러나 자음군으로 끝나거나 또는 장모음+자음의 구조를 지닌 어근은 변화하지 않는다(cf. §9.2, 비고).

e.g. nind- '비난하다': ninda-

kūj- 'to hum': kūja-

krīḍ- '놀다': krīḍa-

mūrch- '실신하다': mūrcha-

vāñch- '원하다/바라다': vāñcha- [범례: 하단에 제시]

특례:

1. 어근의 모음이 통상적인 규칙에 반하는 형태를 나타내는 경우

e.g. kram- '걷다': krāma- P.** : krama- A.

---

* 어미에 대해서는: §60의 표 및 N. B.

** P., A.는 원칙적으로 P.만 혹은 A.만으로 활용하는 것을 나타낸다.

—ā-cam- '홀짝이다': °cāma-(P.)

—guh- '감추다/숨기다': gūha-

—ṣṭhiv- '침을 뱉다': ṣṭhīva-(P.)

—mṛj- '닦다/훔치다': mārja-(P.)

—sad- '앉다': sīda-(P.)

2. cha-*type*

e.g. gam- '가다': gaccha-

—yam- '억제하다': yaccha-(P.)

3. 중자를 동반하는 경우*

e.g. ghrā- '냄새 맡다': jighra-(P.)

—pā- '마시다': piba-(P.)

—sthā- '서다': tiṣṭha-

4. 비음을 잃는 경우

e.g. daṁś- '깨물다/씹다': daśa-(P.)

—manth- '휘젓다': matha-/mantha-

—rañj- '물들다': raja-

—sañj- '부착하다': saja-(P.)

—svañj- '포옹하다/껴안다': svaja-(A.)

5. *Type* dhmā- '불다': dhama-(P.)

—ā-mnā- '들다/언급하다(to mention)': °mana-(P.)

6. 현재어간을 별도의 어근에서 만들 경우

e.g. dṛś- '보다': paśya-

—śad- '떨어지다': śīya-(A.)

* (3)과의 관계에 주의.

범례* **bhṛ-** '옮기다', 어간 bhara-

		P.			A.		
		sg.	du.	pl.	sg.	du.	pl.
Pres.	1.	bharāmi	bharāvaḥ	bharāmaḥ	bhare	bharāvahe	bharāmahe
	2.	bharasi	bharathaḥ	bharatha	bharase	bharethe	bharadhve
	3.	bharati	bharataḥ	bharanti	bharate	bharete	bharante
Impf.	1.	abharam	abharāva	abharāma	abhare	abharāvahi	abharāmahi
	2.	abharaḥ	abharatam	abharata	abharathāḥ	abharethām	abharadhvam
	3.	abharat	abharatām	abharan	abharata	abharetām	abharanta
Opt.	1.	bhareyam	bhareva	bharema	bhareya	bharevahi	bharemahi
	2.	bhareḥ	bharetam	bhareta	bharethāḥ	bhareyāthām	bharedhvam
	3.	bharet	bharetām	bhareyuḥ	bhareta	bhareyātām	bhareran
Ipv.	1.	bharāṇi	bharāva	bharāma	bharai	bharāvahai	bharāmahai
	2.	bhara	bharatam	bharata	bharasva	bharethām	bharadhvam
	3.	bharatu	bharatām	bharantu	bharatām	bharetām	bharantām
Pt.**	bharat-, f. bharantī-(§28. 2. a)				bharamāṇa-, f. °māṇā-(§26. 3)		

II. 제6류(6)

(**1**)과 동일하게 어근에 a를 붙여서 어간을 만들지만, 어근의 모음은 guṇa화하지 않는다. 그 외는 전부 (**1**)의 활용에 따른다.

e.g. tud- '치다', 어간 tuda-: Pres. P. sg. tudāmi, tudasi, tudati ; pl. tudāmaḥ, tudatha, tudanti. A. sg. tude, tudase, tudate ; pl. tudāmahe, tudadhve,

* 입문자는 우선 각 류의 범례를 암기하고, 다음으로 특례를 학습하는 것이 좋다.

** Pt. P.의 작성법 및 변화에 대해서는: §25: p. 78, §71. 1

tudante. Impf. P. sg. atudam, atudaḥ, atudat, etc. A. sg. atude, atudathāḥ, atudata, etc. Opt. P. sg. tudeyam, tudeḥ, tudet, etc. A. sg. tudeya, tudethāḥ, tudeta, etc. Ipv. P. sg. tudāni, tuda, tudatu, etc. A. sg. tudai, tudasva, tudatām, etc.

—마찬가지로 ri- '흐르다': riya-

nu- '칭찬하다': nuva-

mṛ- '죽다': mriya-(A.)

ādṛ- '고려하다': °driya-(A.)

kṝ- '흩뿌리다, 퍼트리다': kira-

특례:

1. 비음을 넣은 경우*

e.g. kṛt- '자르다': kṛnta-(P.)

—muc- '풀다': muñca-

—lip- '칠해 색을 입히다(더럽히다)': limpa-

lup- '부수다': lumpa-

—vid- '발견하다': vinda-

—sic- '따르다/흘리다': siñca-

2. cha-*type***

e.g. iṣ- '원하다': iccha-(P.)

—ṛ- '가다': ṛccha-(P.)

3. Saṁprasāraṇa-*type*(§8. 2)

e.g. prach- '묻다': pṛccha-(P.)

—bhrajj- '굽다/불을 쬐다': bhṛjja-

---

* **(7)**과의 관계에 주의.

** Cf. **(1)** 특례 2.

—vraśc- '자르다': vṛśca-(P.)

—vyac- '둘러싸다': vica-(P.)

Ⅲ. 제4류(4)

어근에 ya를 붙여 어간을 만든다.* 활용은 (**1**)과 동일하다. 이 류에는 상태 · 심리 작용을 나타내는 동사가 포함되어 있다.

e.g. tuṣ- '만족하다': tuṣya-

—nah- '묶다/연결하다': nahya-

—man- '생각하다': manya-(A.)

—jṝ '늙다/나이를 먹다': jīrya-

특례:

1. 어근의 모음이 연장되는 경우

e.g. kram- '걷다': krāmya-(P.), cf. (**1**) 특례 1

—tam- '약해지다(to languish)': tāmya-

—bhram- '걸어 다니다': bhrāmya-/bhramya-(P.), cf. bhram-(**1**)

—mad- '즐거워하다': mādya-(P.)

—śam- '조용해지다/가라앉다': śāmya-

—śram- '지치다': śrāmya-

—div- '놀다, 도박을 하다': dīvya-

—mid- '기름지다': medya-(P.)

2. 비음을 잃은 경우

e.g. bhraṁś- '떨어지다': bhraśya-(P.)

—rañj- '물들다': rajya-, cf. (**1**) 특례 4

* 이 류의 A.는 Pass.형과 일치하기도 한다, e.g. nahyate 3. sg. A.=pass., nah-. 의미에 관해서는, cf. jāyate '그가 태어난다', 본래 3. sg. pass., jan-.

—jan- '생기다/태어나다': jāya-(A.), cf. §9.1.b

3. Saṁprasāraṇa-*type*

e.g. vyadh- '꿰뚫다': vidhya-(P.)

4. *Type* śo- '날카롭게 하다': śya-(P.)

—so- '잇다': sya-

Ⅳ. 제10류(10)

어근에 aya를 붙여 어간을 만든다. 활용은 (**1**)과 동일하다. 어간의 구조는 사역 활용의 경우와 공통되기에, 그 부분에서 상세히 설명하겠다(§92).

E.g. cur- '훔치다': coraya-

taḍ- '치다': tāḍaya-

rac- '형성하다': racaya-

cint- '생각하다': cintaya-

—본래 명사에서 기원한 것(cf. Denominative, §99)

kath- '이야기하다/말하다': kathaya-

gaṇ- '헤아리다/계산하다': gaṇaya-

《 비고 1 》

이 특징이 있는 어간 혹은 특징이 붙여진 어간부는, 현재조직뿐만 아니라 활용 전반(부정과거를 제외)에 걸쳐 유지된다.

《 비고 2 》

『Dhātupāṭha(어근집성, 語根集成)』(약자 Dhp.)에 의하면, (**10**)에 속하는 어근의 수는 상당히 많다. 그러나 본래의 (**10**) 동사, 즉 다른 류에 속하는 것 없고 · 사역의 의미를 지니지 않은 것도 Caus. 혹은 Den.가 혼동되며, 게다가 Caus.가 사역의 의미를 상실하는 경향이 강해진 결과, 점차 구별이 애매해졌기 때문이다.

§64. 제2종 활용[51] 서설

어근에 직접 인칭어미를 붙이거나[(2), (3)], 특정 접미사[(5), (8), (9)] 혹은 삽입사(infix)[(7)]를 첨가한 후 어미(§60)*를 덧붙인다. 어간에 강약의 구별이 있고, 어근 혹은 접사(affixes)는 다음의 경우에 강한 형태를 보인다: 1.~3. sg. pres. 및 impf. P.; 3. sg. ipv. P.를 비롯한 모든 1인칭(1. sg., du., pl. ipv. P., A.). 그 외의 경우에는 전부 약한 형태가 사용된다.

접사가 첨가될 때 약간의 음 변화를 일으키는 경우가 있는데, 특히 어간 끝의 자음과 자음으로 시작하는 인칭어미와의 사이에는 연성음의 규칙이 적용된다. 대체로 앞서 기술한 규정들의 응용에 불과하지만, 동사를 활용하기 위해서 필요한 점들을 요약해 서술하겠다.

1. 어간이 모음으로 끝나는 경우, 어미의 첫 모음 혹은 자음과의 사이에는 별다른 문제가 생겨나지 않는다.

e.g. yā+anti > yānti(yā- '가다')
yā+si > yāsi
다만 eṣi(i- '가다')
bibharṣi(bhṛ- '옮기다')(§19.2)

2. 어간 끝의 자음과 어미의 앞부분의 모음·반모음·비음과의 사이에는 변화가 일어나지 않는다(§18.1).

e.g. yuñjvaḥ, yunajmi(yuj- '잇다/연결하다'), vacmi(vac- '말하다')

3. 2., 3. sg. impf. P.의 경우, 어말자음의 취급에 준하여(§14), 어미 s, t는 탈락하고, 어간 끝의 자음은 §13에 따라 처리된다. 그 결과 두 인칭은 같은 형태를 보

* Opt.의 어미에 대해서는: §63.

이게 된다.

e.g. avak(vac- '말하다')

ayunak(yuj- '잇다/연결하다')

amārṭ(mṛj- '닦다/훔치다')

abibhaḥ(bhṛ- '옮기다')

avaṭ(vaś- '원하다')

apinaṭ(piṣ- '부수다/깨뜨리다')

aleṭ(lih- '핥다/맛보다')

adhok(duh- '우유를 짜다', cf. §13.7)

—그러나 2. sg.에서 어간 끝의 t, (th), d, dh, s는 t(=3. sg.) 또는 ḥ(<s)가 된다.

e.g. abhinat/abhinaḥ(bhid- '부수다')

aruṇat/aruṇaḥ(rudh- '저지하다')

aśāt/aśāḥ(śās- '명령하다', 그러나 3. sg.는 aśāt만)

4. s로 시작하는 어미(si, se, sva)**의 앞**, 어간 끝의 k, c, j, ś, ṣ, kṣ, h, etc.는 s와 합쳐져 kṣ가 된다(§20.2).

e.g. yunakṣi(yuj-)

mārkṣi(mṛj-)

cakṣe, cakṣva(cakṣ- '보다')

dhokṣi(duh-, cf. §13.7)

—그 외의 경우

e.g. runatsi(rudh-)

haṁsi(han- '죽이다')

piṁṣva(piṣ-, cf. §20.3)

bibharṣi(bhṛ-, cf. §19.2)

śāssi(śās-), āsse(ās- '앉다', cf. §20.2, 비교)

5. t, th로 시작하는 어미의 앞, 어간 끝의 c, j > k

e.g. yuṅktaḥ(yuj-), 그러나 mārṣṭi(mṛj-, §18.7)

—t, (th), d > t

e.g. vittaḥ(vid- '알다')

—dh+t(h) > ddh

e.g. runddhaḥ(3. du. pres., rudh-, §18.4)

—ḍ+t(h) > ṭṭ(h)

e.g. īṭṭe(3. sg. pres. A., īḍ- '칭찬하다/기리다', §18.6)

—ś, ṣ, kṣ+t(h) > ṣṭ(h)

e.g. vaṣṭi(vaś- '원하다') ; dveṣṭi(dviṣ-) ; caṣṭe(cakṣ-) ; cf. §18.6, 8

—h+t(h) > gdh 또는 ḍh

e.g. dugdhaḥ(duh-) ; līḍhaḥ(lih-) ; cf. §18.5

—무변화의 경우

e.g. hanti(han-) ; bibharti(bhṛ-, §20.1) ; śāsti(śās-)

6. dh로 시작하는 어미의 앞, 어간 끝의 c, j > g

e.g. yuṅgdhi(2. sg. ipv. yuj-)

그러나 mṛḍḍhi(mṛj-, cf. supra 5)

—t, (th), d, dh+dh > ddh

e.g. runddhve(rudh-, §18.3)

—ḍ, ś, ṣ, kṣ+dh>ḍḍh

e.g. aiḍḍhvam(2. pl. impf., īḍ- 및 īś- '지배하다')*

uḍḍhi(vaś-) ; dviḍḍhi(dviṣ-) ; pinḍḍhi(piṣ-) ;

caḍḍhve(2. pl. pres., cakṣ-) ; cf. §18.6.

—s+dh

* Cf. 2. pl. pf. A. īḍidhve: īśidhve.

e.g. ādhve(ās-, §18.3) ; hindhi(2. sg. ipv., hiṁs- '해하다')

—h+dh > gdh 또는 ḍh

e.g. dugdhi(duh-), digdhi(dih- '칠해 색을 입히다')

그러나 dhv의 앞에서는: dhugdhve, dhigdhve, cf. §18.5.b

līḍhi, līḍhve(lih-, §18.5.a)

cf. jaghāḍhve=jagāhidhve(2. pl. pf. A., gāh- '숨어들다/잠수하다')

§65. 제2류(2)

강어간(일반적으로 guṇa, 때로는 vṛddhi)과 약어간을 구별한다(§64). 음률적으로 긴 어근(§5 ; 단 장모음으로 끝나는 것을 제외)은 어간에 강약의 구별이 없다.

e.g. ās- '앉다', īś- '지배하다'는 불변.

그러나 brū- '말하다': 강 brav-, 약 brū- [범례: 하단에 제시]

이 류에 속하는 동사에는 주목해야 할 것이 적지 않다. 특히 as-와 i-는 중요하다. [활용은 p.198~199]

범례 **dviṣ-** '미워하다, 시기하다', 강어간 dveṣ-, 약어간 dviṣ-

		P.			A.		
		sg.	du.	pl.	sg.	du.	pl.
Pres.	1.	dveṣmi	dviṣvaḥ	dviṣmaḥ	dviṣe	dviṣvahe	dviṣmahe
	2.	dvekṣi	dviṣṭhaḥ	dviṣṭha	dvikṣe	dviṣāthe	dviḍḍhve
	3.	dveṣṭi	dviṣṭaḥ	dviṣanti	dviṣṭe	dviṣāte	dviṣate
Impf.	1.	adveṣam	adviṣva	adviṣma	adviṣi	adviṣvahi	adviṣmahi
	2.	adveṭ	adviṣṭam	adviṣṭa	adviṣṭhāḥ	adviṣāthām	adviḍḍhvam

	3.	adveṭ	adviṣṭām	adviṣan/ adviṣuḥ*	adviṣṭa	adviṣātām	adviṣata
Opt.	1.	dviṣyām	dviṣyāva	dviṣyāma	dviṣīya	dviṣīvahi	dviṣīmahi
	2.	dviṣyāḥ	dviṣyātam	dviṣyāta	dviṣīthāḥ	dviṣīyāthām	dviṣīdhvam
	3.	dviṣyāt	dviṣyātām	dviṣyuḥ	dviṣīta	dviṣīyātām	dviṣīran
Ipv.	1.	dviṣāṇi	dviṣāva	dviṣāma	dviṣai	dveṣāvahai	dveṣāmahai
	2.	dviḍḍhi	dviṣṭam	dviṣṭa	dvikṣva	dviṣāthām	dviḍḍhvam
	3.	dviṣṭu	dviṣṭām	dviṣantu	dviṣṭām	dviṣātām	dviṣatām
Pt.**		dviṣat-, f. dviṣatī-			dviṣāṇa-, f. °āṇā-		

《 비고 》

as-는 조동사적으로 사용되는 경우에는(cf. §87: Periph. fut.) A.에도 활용된다: Pres. sg. 1. he, 2. se, 3. ste ; du. svahe, sāthe, sāte ; pl. smahe, dhve, sate

as- '있다' P., 강 as-, 약 s-

		Pres.	Impf.	Opt.	Ipv.
sg.	1.	asmi	āsam	syām	asāni
	2.	asi	āsīḥ	syāḥ	edhi
	3.	asti	āsīt	syāt	astu
du.	1.	svaḥ	āsva	syāva	asāva
	2.	sthaḥ	āstam	syātam	stam
	3.	staḥ	āstām	syātām	stām
pl.	1.	smaḥ	āsma	syāma	asāma
	2.	stha	āsta	syāta	sta
	3.	santi	āsan	syuḥ	santu

* 마찬가지로 ā로 끝나는 어근도 임의로 -uḥ(<-ur)를 취한다. e.g. yā- '가다' P.: ayān/ayuḥ.

** Pt.의 작성법 및 변화에 대해서는: §25: p.78(P.), §71(P., A.).

i- '가다' P., 강 **e-**, 약 **i-(y-)**

		Pres.	Impf.	Opt.	Ipv.
sg.	1.	emi	āyam	iyām	ayāni
	2.	eṣi	aiḥ	etc.	ihi
	3.	eti	ait		etu
pl.	1.	imaḥ	aima		ayāma
	2.	itha	aita		ita
	3.	yanti	āyan		yantu

◖비고◗ adhi-i- '배우다' A.

		Pres.	Impf.	Opt.	Ipv.
sg.	1.	adhīye	adhyaiyi	adhīyīya	adhyayai
	2.	adhīṣe	adhyaithāḥ	etc.	adhīṣva
	3.	adhīte	adhyaita		adhītām
pl.	1.	adhīmahe	adhyaimahi		adhyayāmahai
	2.	adhīdhve	adhyaidhvam		adhīdhvam
	3.	adhīyate	adhyaiyata		adhīyatām

특례:

1. 자음으로 시작하는 어미의 앞에 **i**를 집어넣을 경우

e.g. **rud-** '울다' P., 강 rod-, 약 rud-

		Pres.	Impf.	Opt.	Ipv.
sg.	1.	rodimi	arodam	rudyām	rodāni
	2.	rodiṣi	arodīḥ/arodaḥ	etc.	rudihi
	3.	roditi	arodīt/arodat		roditu
pl.	1.	rudimaḥ	arudima		rodāma
	2.	ruditha	arudita		rudita
	3.	rudanti	arudan		rudantu

《 비고 1 》

rud-는 (**1**)rodati 및 (**6**)rudati에 따라서도 활용된다. 2., 3. sg. impf. arodaḥ, arodat는 thematisation의 결과.

《 비고 2 》

rud-와 마찬가지로, **an-** '호흡하다' P. ; **śvas-** '탄식하다' P. ; **svap-** '잠들다' P.도 자음 어미의 앞에 i를 넣는다.

e.g. Pres. 3. sg. svapiti, 1. pl. svapimaḥ, 3. pl. svapanti
Impf. 3. sg. asvapīt/asvapat, 3. pl. asvapan

—**jakṣ-** '먹다' P.도 이것에 따른다. 그러나 이 어근은 본래 중자를 동반하고 있기에(cf. ghas-), (**3**)의 동사와 동일하며, 3. pl. pres., impf., ipv. P.는 각각 jakṣati, ajakṣuḥ, jakṣatu로 만든다.

—이미 중자를 동반한 어근 **cakās-** '빛나다' P., **jāgṛ-** '눈뜨다' P., **daridrā-** '가난하다' P.도 3. pl. P.에서 같은 어미를 취한다: Pres. 3. sg. cakāsti, pl. cakāsati ; Impf. 3. sg. acakāt(§64. 3), pl. acakāsuḥ

—jāgarti, jāgrati ; ajāgaḥ, ajāgaruḥ ; Opt. 3. sg. jāgṛyāt

—(1. sg. daridrāmi, pl. daridrimaḥ), daridrāti, daridrati ; adaridrāt, adaridruḥ ; daridriyāt

2. īś- '지배하다' A.와 **iḍ-** '칭찬하다' A.는, Pres.와 Ipv.의 어미 se, sva(2. sg.), dhve, dhvam(2. pl.)의 앞에 i를 넣는다: Pres. sg. 1. īśe, 2. īśiṣe, 3. īṣṭe, pl. 1. īśmahe, 2. īśidhve, 3. īśate ; Ipv. sg. 1. īśai, 2. īśiṣva, 3. īṣṭām, pl. 1. īśāmahai, 2. īśidhvam, 3. īśatām

그리고 aiḍḍhvam 2. pl. impf.에 대해서는: §64. 6

3. brū- '말하다'는, 강어간에서 자음 어미의 앞에 ī를 넣는다: P. Pres. sg. 1. bravīmi, 2. bravīṣi, 3. bravīti, pl. 1. brūmaḥ, 2. brūtha, 3. bruvanti ;

Impf. sg. 1. abravam, 2. abravīḥ, 3. abravīt, pl. 1. abrūma, 2. abrūta, 3. abruvan ; Opt. sg. 1. brūyām, etc. ; Ipv. sg. 1. bravāṇi, 2. brūhi, 3. bravītu, pl. 1. bravāma, 2. brūta, 3. bruvantu. (A. 생략)

4. **yu-** '결합하다' P. 및 u로 끝나는 어근의 강어간은, 자음 어미의 앞에서 vṛddhi화한다: Pres. sg. 1. yaumi, 2. yauṣi, 3. yauti, pl. 1. yumaḥ, 2. yutha, 3. yuvanti ; Impf. sg. 1. ayavam, 2. ayauḥ, 3. ayaut, pl. 1. ayuma, 2. ayuta, 3. ayuvan ; Opt. sg. 1. yuyām, etc. ; Ipv. sg. 1. yavāni, 2. yuhi, 3. yautu, pl. 1. yavāma, 2. yuta, 3. yuvantu.

5. **stu-** '칭찬하다'는 yu-와 동일하게 활용되거나 혹은 자음 어미의 앞에 **ī**를 넣는다: P. Pres. sg. 1. ataumi/stavīmi, 2. stauṣi/stavīṣi, 3. stauti/stavīti, pl. 1. stumaḥ/stuvīmaḥ, 2. stutha/stuvītha, 3. stuvanti ; Impf. sg. 1. astavam, 2. astauḥ/astavīḥ, 3. astaut/astavīt, pl. 1. astuma/astuvīma, 2. astuta/astuvīta, 3. astuvan ; Opt. sg. 1. stuyām/stuvīyām, etc. ; Ipv. sg. 1. stavāni, 2. stuhi/stuvīhi, 3. stautu/stavītu, pl. 1. stavāma, 2. stuta/stuvīta, 3. stuvantu (A. 생략)

6. h로 끝나는 어근

a. **duh-** '우유를 짜다', 강 doh-, 약 duh-: Pres. sg. 1. dohmi, 2. dhokṣi(A. dhukṣe),* 3. dogdhi(dugdhe), pl. 1. duhmaḥ, 2. dugdha(dhugdhve, §64.6), 3. duhanti(duhate) ; Impf. sg. 1. adoham, 2. adhok, 3. adhok, pl. 1. aduhma, 2. adugdha, 3. aduhan ; Opt. sg. 1. duhyām, etc. ; Ipv. sg. 1. dohāni, 2. dugdhi(dhukṣva), 3. dogdhu, pl. 1. dohāma, 2. dugdha(dhugdhvam), 3. duhantu

* 괄호 안의 내용은 주의해야 할 A. 형을 나타낸다.

b. lih- '핥다/맛보다', 강 leh-, 약 lih-: Pres. sg. 1. lehmi, 2. lekṣi, 3. leḍhi(A. līḍhe), pl. 1. lihmaḥ, 2. līḍha(līḍhve), 3. lihanti(lihate) ; Impf. sg. 1. aleham, 2. aleṭ, 3. aleṭ, pl. 1. alihma, 2. alīḍha, 3. alihan(alihata) ; Opt. sg. 1. lihyām, etc. ; Ipv. sg. 1. lehāni, 2. līḍhi(likṣva), 3. leḍhu, pl. 1. lehāma, 2. līḍha(līḍhvam), 3. lihantu(lihatām)

7. 그 외에 이 류에 속하는 동사 **ad-** '먹다' P. ; **ās-** '앉다' A. ; **mṛj-** '닦다/훔치다' P. ; **vac-** '말하다' P. ; **vid-** '알다' P. ; **śās-** '명령하다' P. ; **han-** '죽이다' 등은 중요하다.[52]

§66. 제3류(3)

강(가능하다면 guṇa계제) · 약 2어간을 구별하여, 어미는 중자를 동반한 어간에 직접 첨가된다. 중자의 자음은 이미 서술한 규정(§58. II)에 따르며, 자음은 어근의 모음에 따른다.

e.g. i: bibhe-, bibhī-/bibhi-(bhī- '두려워하다')

어근의 ṛ, ṝ에 대해서도 i가 이용된다: bibhar-, bibhṛ-(bhṛ- '옮기다')

u: juho-, juhu-(hu- '공물을 바치다')

a: dadā, dad-(dā- '주다')

3. pl. pres. 및 ipv. P.의 어미는, 각각 -ati, -atu로, 현재분사도 마찬가지로 강약 어간의 구별없이 -at로 끝난다.

e.g. bibhrat-(bhṛ-), dadat-(dā-), cf. §25: p.78

3. pl. impf. P.의 어미는 -uḥ(<-ur)로, 어근 끝의 i, u, ṛ은 그 앞에서 guṇa화한다.

e.g. abibhayuḥ(bhī-), ajuhavuḥ(hu-) [범례: 하단에 제시]

〈 비고 〉

(3)의 특징으로 보이는 어미를 취한 **(2)**의 동사 jakṣ- '먹다', etc. 에 대해

서는: §65, 특례 1, 비고 2 ; śās- '명령하다'에 대해서는: Note 52.10

—3. pl. impf. P.에서 -uḥ를 취한 vid- '알다'에 대해서는: Note 52.9

—임의로 이것을 허용하는 dviṣ-, *type* yā-에 대해서는: §65: p. 198, n.*

범례 **hu-** '공물을 바치다', 강어간 juho-, 약어간 juhu-

		P. sg.	P. du.	P. pl.	A. sg.	A. du.	A. pl.
Pres.	1.	juhomi	juhuvaḥ	juhumaḥ	juhve	juhuvahe	juhumahe
	2.	juhoṣi	juhuthaḥ	juhutha	juhuṣe	juhvāthe	juhudhve
	3.	juhoti	juhutaḥ	juhvati	juhute	juhvāte	juhvate
Impf.	1.	ajuhavam	ajuhuva	ajuhuma	ajuhvi	ajuhuvahi	ajuhumahi
	2.	ajuhoḥ	ajuhutam	ajuhuta	ajuhuthāḥ	ajuhvāthām	ajuhudhvam
	3.	ajuhot	ajuhutām	ajuhavuḥ	ajuhuta	ajuhvātām	ajuhvata
Opt.	1.	juhuyām	juhuyāva	juhuyāma	juhvīya	juhvīvahi	juhvīmahi
	2.	juhuyāḥ	juhuyātam	juhuyāta	juhvīthāḥ	juhvīyāthām	juhvīdhvam
	3.	juhuyāt	juhuyātām	juhuyuḥ	juhvīta	juhvīyātām	juhvīran
Ipv.	1.	juhavāni	juhavāva	juhavāma	juhavai	juhavāvahai	juhavāmahai
	2.	juhudhi*	juhutam	juhuta	juhuṣva	juhvāthām	juhudhvam
	3.	juhotu	juhutām	juhvatu	juhutām	juhvātām	juhvatām
Pt.		juhvat-, f. juhvatī-			juhvāna-, f. °ānā-		

이 류에 속하는 어근의 수는 적지만, 상당히 중요한 dā-와 dhā-가 포함되어 있다. 이 류의 어근은 모음으로 끝나는 것을 기본으로 한다.

dā- '주다', 강 dadā-, 약 dad-: P. Pres. sg. 1. dadāmi, 2. dadāsi, 3. dadāti, pl. 1. dadmaḥ, 2. dattha, 3. dadati ; Impf. sg. 1. adadām, 2. adadāḥ, 3. adadāt, pl. 3. adaduḥ ; Opt. sg. 1. dadyām, etc. ; Ipv. sg. 1. dadāni, 2. dehi, 3. dadātu, pl. 3. dadatu. A. Pres. sg. 1. dade, 2. datse, 3. datte, pl. 1. dadmahe, 2. daddhve, 3. dadate ; Impf. sg. 1. adadi, 2. adatthāḥ, 3. adatta, pl. 3. adadata ; Opt. sg. 1.

* 열외적 형태, cf. §60, N. B. 4.

dadīya, etc. ; Ipv. sg. 1. dadai, 2. datsva, 3. dattām, pl. 3. dadatām.

dhā- '두다', 강 dadhā-, 약 dadh-도 동일하게 활용되지만, dadh-는 t, th로 시작하는 어미와 합쳐져 dhatt-, dhatth-가 된다(§13.7).

e.g. dhattha(2. pl. pres. P.), adhatta(2. pl. impf. P.)
마찬가지로 dhatse(2. sg. pres. A.), dhatsva(2. sg. ipv. A.)
dhaddhve(2. pl. pres. A.), adhaddhvam(2. pl. impf. A.; cf. §64. 6 *inf.*)

또한 2. sg. ipv. P.는 dhehi로 만든다.

특례:

1. **bhī-** '두려워하다' P., 강 bibhe-, 약 bibhī-/bibhi-(자음 어미의 앞 ; 모음의 앞에서는 bibhy-가 된다)*: Pres. sg. 1. bibhemi, 2. bibheṣi, 3. bibheti, pl. 1. bibhī/imaḥ, 2. bibhī/itha, 3. bibhyati ; Impf. sg. 1. abibhayam, 2. abibheḥ, 3. abibhet, pl. 3. abibhayuḥ ; Opt. sg. 1. bibhī/iyām, etc. ; Ipv. sg. 1. bibhayāni, 2. bibhī/ihi, 3. bibhetu, pl. 3. bibhyatu.
2. **bhṛ-** '옮기다', 강 bibhar-, 약 bibhṛ-(모음의 앞에서는 bibhr-)**: P. Pres. sg. 1. bibharmi, 2. bibharṣi, 3. bibharti, pl. 1. bibhṛmaḥ, 2. bibhṛtha, 3. bibhrati ; Impf. sg. 1. abibharam, 2. abibhaḥ, 3. abibhaḥ, pl. 3. abibharuḥ ; Opt. sg. 1. bibhṛyām, etc. ; Ipv. sg. 1. bibharāṇi, 2. bibhṛhi, 3. bibhartu, pl. 3. bibhratu. (A. 생략)
3. **hā-** '버리다' P., 강 jahā-, 약 jahī-/jahi-(모음 및 y의 앞에서는 jah-)***: Pres. sg. 1. jahāmi, 2. jahāsi, 3. jahāti, pl. 1. jahī/imaḥ, 2. jahī/itha, 3. jahati ; Impf. sg. 1. ajahām, 2. ajahāḥ, 3. ajahāt, pl. 3. ajahuḥ ; Opt. sg. 1. jahyām, etc. ; Ipv. sg. 1. jahāni, 2. jahī/ihi 또는 jahāhi, 3. jahātu, pl. 3.

* (1)에 따라 bhayate(A.) 또는 bibhyati(P.)로도 활용된다.

** (1)에 따라 bharati, °te로도 활용된다(§63. I, 범례: p.190).

*** (1)에 따라 jahati로도 활용된다.

jahatu.

4. 그 외에 이 류에 속하는 동사 **hrī-** '부끄러워하다' P. ; **ṛ-** '가다' P. ; **pṝ-** '채우다' P. ; **mā-** '재다' A. ; **hā-** '나가다' A.(cf. supra 3. hā- '버리다') 등은 중요하다.[53]

《 비고 》

nij- '씻다': P. nenekti, A. nenikte ; 마찬가지로 vij- '흔들리다' ; viṣ- '활동하다': P. veveṣṭi, A. veviṣṭe가 이 류 속에 포함되는 경우도 있지만, 본래 강의활용(Int.)의 형태에 지나지 않는다.

—jan- '생기다/태어나다': jajanti는 Dhp.(cf. p.193)로 거론되는 것 외에 실제 예시가 없다.

§67. 제5류(5)

어근에 no를 붙여서 강어간을, nu를 붙여서 약어간을 만든다. 어근이 1. 모음으로 끝나거나(e.g. su-: suno-, sunu-), 2. 자음으로 끝나거나(e.g. śak-: śakno-, śaknu-) 하는 것에 의해 활용에 약간의 차이가 발생한다.

1의 경우, nu는 v 또는 m으로 시작하는 어미의 앞에서 임의로 n이 된다.

e.g. sunuvaḥ/sunvaḥ(1. du. pres.), sunumaḥ/sunmaḥ(1. pl. pres.)

이에 비해 2의 경우는 śaknuvaḥ, śaknumaḥ.

1의 경우, nu는 모음으로 시작하는 어미의 앞에서 nv가 되며

e.g. sunvanti(3. pl. pres.)

2의 경우는 nuv가 된다.

e.g. śaknuvanti

1의 경우, 2. sg. ipv. P.로서 어간만이 사용된다.

e.g. sunu

이에 비해 2.의 경우는 śaknuhi. [범례: 하단에 제시]

범례 **su-** '쥐어짜다, 조르다', 강어간 suno-, 약어간 sunu-

		P.			A.		
		sg.	du.	pl.	sg.	du.	pl.
Pres.	1.	sunomi	sunuvaḥ/ sunvaḥ	sunumaḥ/ sunmaḥ	sunve	sunuvahe/ sunvahe	sunumahe/ sunmahe
	2.	sunoṣi	sunuthaḥ=	sunutha	sunuṣe	sunvāthe	sunudhve
	3.	sunoti	sunutaḥ	sunvanti	sunute	sunvāte	sunvate
Impf.	1.	asunavam	asunuva/ asunva	asunuma/ asunma	asunvi	asunuvahi/ asunvahi	asunumahi/ asunmahi
	2.	asunoḥ	asunutam	asunuta	asunuthāḥ	asunvāthām	asunudhvam
	3.	asunot	asunutām	asunvan	asunuta	asunvātām	asunvata
Opt.	1.	sunuyām	sunuyāva	sunuyāma	sunvīya	sunvīvahi	sunvīmahi
	2.	sunuyāḥ	sunuyātam	sunuyāta	sunvīthāḥ	sunvīyāthām	sunvīdhvam
	3.	sunuyāt	sunuyātām	sunuyuḥ	sunvīta	sunvīyātām	sunvīran
Ipv.	1.	sunavāni	sunavāva	sunavāma	sunavai	sunavāvahai	sunavāmahai
	2.	sunu	sunutam	sunuta	sunuṣva	sunvāthām	sunudhvam
	3.	sunotu	sunutām	sunvantu	sunutām	sunvātām	sunvatām
Pt.		sunvat-, f. sunvatī-			sunvāṇa-, f. °ānā-		

마찬가지로 **śru-** '듣다' P., 강 śṛṇo-, 약 śṛṇu-: Pres. sg. 1. śṛṇomi, 2. śṛṇoṣi, 3. śṛṇoti, pl. 1. śṛṇumaḥ/śṛṇmaḥ, 2. śṛṇutha, 3. śṛṇvanti ; Impf. sg. 1. aśṛṇavam, 2. aśṛṇoḥ, 3. aśṛṇot, pl. 3. aśṛṇvan ; Opt. sg. 1. śṛṇuyām, etc. ; Ipv. sg. 1. śṛṇavāni, 2. śṛṇu, 3. śṛṇotu, pl. 3. śṛṇvantu.

자음으로 끝나는 어근의 예

śak- '할 수 있다(to be able)' P., 강 śakno-, 약 śaknu-: Pres. sg. 1. śaknomi, 2. śaknoṣi, 3. śaknoti, pl. 1. śaknumaḥ, 2. śaknutha, 3. śaknuvanti ; Impf. sg. 1. aśaknavam, 2. aśaknoḥ, 3. aśaknot, pl. 3. aśaknuvan ; Opt. sg. 1. śaknuyām, etc. ; Ipv. sg. 1. śaknavāni, 2. śaknuhi, 3. śaknotu, pl. 3. śaknuvantu.

마찬가지로 **āp-** '얻다' P., 강 āpno-, 약 āpnu- ; **dhṛṣ-** '무리해서 하다(dare)' P., 강 dhṛṣṇo-, 약 dhṛṣṇu-.

◖비고◗ (9)와의 교류

e.g. **dhū-** '흔들다', 강 dhuno-, 약 dhunu-: (9) dhunāti, dhunīte

stṝ- '덮다', 강 stṛṇo-, 약 stṛṇu-: (9) stṛṇāti, stṛṇīte.

—**ūrṇu-** '덮다' (2), 강 ūrṇo-, 약 ūrṇu-(Note 52.4)는 본래 (5)에 속한다.

§68. 제8류(8)

(8)은 (5)와 밀접하게 관계한다. 어근에 o를 붙여서 강어간을, u를 붙여서 약어간을 만든다.

e.g. tan-: tano-, tanu-

이 류에 속하는 어근의 수는 매우 적다. kṛ-을 제외하고 전부 n으로 끝난다(cf. kṣan- '상처 주다': kṣaṇoti, kṣaṇute ; man- '생각하다' A.: manute). 만약 tano-, tanu-를 ta-no-, ta-nu-로 분해한다면, (5)와의 구별이 사라지고, 그 활용도 전부 동일하게 되는 것을 알 수 있다.

범례 **tan-** '늘이다', 강 tano-, 약 tanu-: P. Pres. sg. 1. tanomi, 2. tanoṣi, 3. tanoti, pl. 1. tanumaḥ/tanmaḥ, 2. tanutha, 3. tanvanti ; Impf. sg. 1. atanavam, 2. atanoḥ, 3. atanot, pl. 3. atanvan ; Opt. sg. 1. tanuyām, etc. ; Ipv. sg. 1. tanavāni, 2. tanu, 3. tanotu, pl. 3. tanvantu. Pt. tanvat-. (A. 생략)

이 류에 속하는 가장 중요한 동사는 **kṛ-** '하다'로, 강어간은 karo-, 약어간은 kuru-로 만들고, 후자는 v, m, y로 시작하는 어미의 앞에서 kur-가 된다.

P. Pres. sg. 1. karomi, 2. karoṣi, 3. karoti, pl. 1. kurmaḥ, 2. kurutha, 3. kurvanti ; Impf. sg. 1. akaravam, 2. akaroḥ, 3. akarot, pl. 3. akurvan ; Opt. sg. 1. kuryām, etc. ; Ipv. sg. 1. karavāṇi, 2. kuru, 3. karotu, pl. 3. kurvantu. A. Pres. sg. 1. kurve, 2. kuruṣe, 3. kurute, pl. 1. kurmahe, 2. kurudhve, 3. kurvate ; Impf. sg. 1. akurvi, 2. akuruthāḥ, 3. akuruta, pl. 3. akurvata ; Opt. sg. 1. kurvīya, etc. ; Ipv. sg. 1. karavai, 2. kuruṣva, 3. kurutām, pl. 3. kurvatām. Pt. P. kurvat-, A. kurvāṇa-.

§69. 제7류(7)

어근 끝의 자음 앞에 na를 넣어서 강어간을, n을 넣어서 약어간을 만든다. 이 n은 어근 끝의 자음과 동화하여, 치찰음 및 h의 앞에서는 ṁ이 된다.*

e.g. bhid-: bhind

yuj-: yuñj-

piṣ-: piṁṣ-

(2) 및 (3)의 경우와 동일하며, 어간 끝의 자음과 자음(t, th, dh, s)으로 시작하는 어미와의 사이에 일어나는 Sandhi에 주의해야 한다. [범례: 하단에 제시]

범례 **rudh-** '제지하다', 강어간 ruṇadh-, 약어간 rundh-

		P.			A.		
		sg.	du.	pl.	sg.	du.	pl.
Pres.	1.	ruṇadhmi	rundhvaḥ	rundhmaḥ	rundhe	rundhvahe	rundhmahe
	2.	ruṇatsi	runddhaḥ	runddha	runtse	rundhāthe	runddhve
	3.	ruṇaddhi	runddhaḥ	rundhanti	runddhe	rundhāte	rundhate

* Cf. type muc-(6): muñcati ; lip-(6): limpati ; hiṁs-(1): hiṁsati.

Impf.	1.	aruṇadham	arundhva	arundhma	arundhi	arundhvahi	arundhmahi
	2.	aruṇat/ aruṇaḥ*	arunddham	arunddha	arunddhāḥ	arundhāthām	arunddhvam
	3.	aruṇat	arunddhām	arundhan	arunddha	arundhātām	arundhata
Opt.	1.	rundhyām	rundhyāva	rundhyāma	rundhīya	rundhīvahi	rundhīmahi
	2.	rundhyāḥ	rundhyātam	rundhyāta	rundhīthāḥ	rundhīyāthām	rundhīdhvam
	3.	rundhyāt	rundhyātām	rundhyuḥ	rundhīta	rundhīyātām	rundhīran
Ipv.	1.	ruṇadhāni	ruṇadhāva	ruṇadhāma	ruṇadhai	ruṇadhāvahai	ruṇadhāmahai
	2.	runddhi	runddham	runddha	runtsva	rundhāthām	runddhvam
	3.	ruṇaddhu	runddhām	rundhantu	runddhām	rundhātām	rundhatām
Pt.		rundhat-, f. rundhatī-			rundhāna-, f. °ānā-		

특례:

1. yuj- '잇다/연결하다', 강 yunaj-, 약 yuñj-: P. Pres. sg. 1. yunajmi, 2. yunakṣi, 3. yunakti, pl. 1. yuñjmaḥ, 2. yuṅktha, 3. yuñjanti ; Impf. sg. 1. ayunajam, 2. ayunak, 3. ayunak, pl. 3. ayuñjan ; Opt. sg. 1. yuñjyām, etc. ; Ipv. sg. 1. yunajāni, 2. yuṅgdhi, 3. yunaktu, pl. 3. yuñjantu.
(A. 생략)

2. piṣ- '부수다/깨뜨리다' P., 강 pinaṣ-, 약 piṁṣ-: pres. sg. 1. pinaṣmi, 2. pinakṣi, 3. pinaṣṭi, pl. 1. piṁṣmaḥ, 2. piṁṣṭha, 3. piṁṣanti ; Impf. sg. 1. apinaṣam, 2. apinaṭ, 3. apinaṭ, pl. 3. apiṁṣan ; Opt. sg. 1. piṁṣyām, etc. ; Ipv. sg. 1. pinaṣāni, 2. piṇḍḍhi, 3. pinaṣṭu, pl. 3. piṁṣantu.

3. hiṁs- '해하다' P., 강 hinas-, 약 hiṁs-: Pres. sg. 1. hinasmi, 2. hinassi, 3. hinasti, pl. 1. hiṁsmaḥ, 2. hiṁstha, 3. hiṁsanti ; Impf. sg. 1. ahinasam, 2. ahinaḥ/ahinat(§64.3), 3. ahinat, pl. 3. ahiṁsan ; Opt. sg. 1. hiṁsyām, etc. ; Ipv. sg. 1. hinasāni, 2. hindhi(§64.6), 3. hinastu, pl. 3. hiṁsantu.

* Cf. §64.3.

마찬가지로 **añj-** '색칠하다' P., anakti 3. sg. pres., añjanti 3. pl. pres. ; **bhañj-** '부수다' P., bhanakti, bhañjanti ; **und-** '적시다' P., unatti, undanti.

4. tṛh- '짓눌러 부수다' P., 강 tṛṇah-(모음 어미의 앞), tṛṇeh-(자음 어미의 앞), 약 tṛṁh-: Pres. sg. 1. tṛṇehmi, 2. tṛṇekṣi, 3. tṛṇeḍhi, pl. 1. tṛṁhmaḥ, 2. tṛṇḍha, 3. tṛṁhanti ; Impf. sg. 1. atṛṇaham, 2. atṛṇeṭ, 3. atṛṇeṭ, pl. 3. atṛṁhan ; Opt. sg. 1. tṛṁhyām, etc. ; Ipv. sg. 1. tṛṇahāni, 2. tṛṇḍhi, 3. tṛṇeḍhu, pl. 3. tṛṁhantu.

§70. 제9류(9)

어근에 nā를 붙여서 강어간을, nī(모음의 앞에서는 n)를 붙여서 약어간을 만든다.

e.g. aś- '먹다': aśnā-, aśnī-(aśn-)

kṛī-: krīṇā-, krīṇī-(krīṇ-)

자음으로 끝나는 어근의 2. sg. ipv. P.는 어근(약한 형태)에 직접어미 āna를 붙여서 만들 수 있다.

e.g. aśāna, 그러나 krīṇīhi [범례: 하단에 제시]

마찬가지로 **prī-** '기쁘게 하다': prīṇāti, prīṇīte ; **śrī-** '섞다': śrīṇāti, śrīṇīte.

범례 **krī-** '사다', 강어간 krīṇā-, 약어간 krīṇī-(krīṇ-)

		P.			A.		
		sg.	du.	pl.	sg.	du.	pl.
Pres.	1.	krīṇāmi	krīṇīvaḥ	krīṇīmaḥ	krīṇe	krīṇīvahe	krīṇīmahe
	2.	krīṇāsi	krīṇīthaḥ	krīṇītha	krīṇīṣe	krīṇāthe	krīṇīdhve
	3.	krīṇāti	krīṇītaḥ	krīṇanti	krīṇīte	krīṇāte	krīṇate
Impf.	1.	akrīṇām	akrīṇīva	akrīṇīma	akrīṇi	akrīṇīvahi	akrīṇīmahi
	2.	akrīṇāḥ	akrīṇītam	akrīṇīta	akrīṇīthāḥ	akrīṇāthām	akrīṇīdhvam

	3.	akrīṇāt	akrīṇītām	akrīṇan	akrīṇīta	akrīṇātām	akrīṇata
Opt.	1.	krīṇīyām	krīṇīyāva	krīṇīyāma	krīṇīya	krīṇīvahi	krīṇīmahi
	2.	krīṇīyāḥ	krīṇīyātam	krīṇīyāta	krīṇīthāḥ	krīṇīyāthām	krīṇīdhvam
	3.	krīṇīyāt	krīṇīyātām	krīṇīyuḥ	krīṇīta	krīṇīyātām	krīṇīran
Ipv.	1.	krīṇāṇi	krīṇāva	krīṇāma	krīṇai	krīṇāvahai	krīṇāmahai
	2.	krīṇīhi	krīṇītam	krīṇīta	krīṇīṣva	krīṇāthām	krīṇīdhvam
	3.	krīṇātu	krīṇītām	krīṇantu	krīṇītām	krīṇātām	krīṇatām
Pt.		krīṇat-, f. krīṇatī-			krīṇāna-, f. °ānā-		

특례:

1. ū로 끝나는 어근은 단모음을 가지고 어간을 만든다.

e.g. **duū-** '흔들다': dhunāti, dhunīte,* **pū-** '깨끗이 하다/씻다': punāti, punīte, **lū-** '자르다': lunāti, lunīte

—마찬가지로 ṝ로 끝나는 어근은 ṛ을 가지고 어간을 만든다.

e.g. stṝ- '덮다': stṛṇāti, stṛṇīte*

—jyā- '이기다' P.: jināti, jinīmaḥ(1. pl.), jinanti(3. pl.)

2. 어근의 비음을 잃는 경우

e.g. **bandh-** '묶다' P., 강 badhnā-, 약 badhnī-(badhn-): Pres. sg. 1. badhnāmi, 2. badhnāsi, 3. badhnāti, pl. 1. badhnīmaḥ, 2. badhnītha, 3. badhnanti ;

Impf. sg. 1. abadhnām, 2. abadhnāḥ, 3. abadhnāt, pl. 3. abadhnan ;

Opt. sg. 1. badhnīyām, etc. ;

Ipv. sg. 1. badhnāni, 2. badhāna, 3. badhnātu, pl. 3. badhnantu

마찬가지로 **manth-** '휘젓다' P.: mathnāti, mathnīmaḥ(1. pl.), mathnanti(3. pl.)**

---

* (5)와의 교류에 대해서는: §67, 비교: p.207.

** (1)에 따라 mathati/manthati로도 활용된다(§63. Ⅰ.4).

stambh- '지탱하다/유지하다' P.: stabhnāti, stabhnīmaḥ, stabhnanti.

3. **grah-** '잡다/붙잡다', 강 gṛhṇā-, 약 gṛhṇī-(gṛhn-): P. Pres. sg. 1. gṛhṇāmi, 2. gṛhṇāsi, 3. gṛhṇāti, pl. 1. gṛhṇīmaḥ, 2. gṛhṇītha, 3. gṛhṇanti ;
Impf. sg. 1. agṛhṇām, 2. agṛhṇāḥ, 3. agṛhṇāt, pl. 3. agṛhṇan ;
Opt. sg. 1. gṛhṇīyām, etc. ;
Ipv. sg. 1. gṛhṇāni, 2. gṛhāṇa, 3. gṛhṇātu, pl. 3. gṛhṇantu. (A. 생략)

4. **jñā-** '알다', 강 jānā-, 약 jānī-(jān-): P. Pres. sg. 1. jānāmi, 2. jānāsi, 3. jānāti, pl. 1. jānīmaḥ, 2. jānītha, 3. jānanti ;
Impf. sg. 1. ajānām, 2. ajānāḥ, 3. ajānāt, pl. 3. ajānan ;
Opt. sg. 1. jānīyām, etc. ;
Ipv. sg. 1. jānāni, 2. jānīhi, 3. jānātu, pl. 3. jānantu. (A. 생략)

§71. 현재분사(Present participles)[54]

1. P. 현재어간에, 만약 어간에 강약의 구별이 있는 경우에는 약어간에, 접미사 **at**(강 **ant**)를 붙여서 만들 수 있다.*

e.g. bhṛ-(**1**) '옮기다': bharat-(강 bharant-)
bhū-(**1**) '되다': bhavat-(bhavant-)
tud-(**6**) '치다': tudat-(tudant-)
tuṣ-(**4**) '만족하다': tuṣyat-(tuṣyant-)
div-(**4**) '놀다': dīvyat-(dīvyant-)
cur-(**10**) '훔치다': corayat-(corayant-)
dviṣ-(**2**) '미워하다, 시기하다': dviṣat-(dviṣant-)
mṛj-(**2**) '닦다/훔치다': mṛjat-(mṛjant-)/mārjat-(mārjant-)

* 실제로 강어간은 3. pl. pres. P.에서 마지막의 i를 제외한 형태와 일치한다. e.g. bharanti: bharant-.

as-(**2**) '있다': sat-(sant-)

i-(**2**) '가다': yat-(yant-)

yā-(**2**) '가다': yāt-(yānt-)

hu-(**3**) '공물을 바치다': juhvat-(강약의 구별이 없음, cf. §66)*

dā-(**3**) '주다': dadat-

dhā-(**3**) '두다': dadhat-

su-(**5**) '쥐어짜다, 조르다': sunvat-(sunvant-)

śak-(**5**) '할 수 있다': śaknuvat-(śaknuvant-)

tan-(**8**) '늘이다': tanvat-(tanvant-)

kṛ-(**8**) '하다' kurvat-(kurvant-)

rudh-(**7**) '제지하다': rundhat-(rundhant-)

krī-(**8**) '사다': krīṇat-(krīṇant-)

《비고》

제2차 활용의 동사는 어간의 구조에 따라, 상기의 형식으로 Pres. pt.을 만든다.

e.g. (**1**)에 따라 bodhayat-(bodhayant-), caus., budh- '깨닫다'
bubodhiṣat-(°ṣant-), des., budh-
putrīyat-(°yant-), den. putrīyati '아들을 얻고자 바란다.'

—(**3**)에 준하여 Int.는 juhvat-, hu-(**3**)의 형식에 따른다.

e.g. bobhuvat-, bhū-

현재분사(P.)의 변화에 대해서는 앞서 설명했다(§25: p.78). 여성어간(-ī: §28. 2.a)은 N. V. Ac. du. n.와 일치하며, (**1**), (**4**), (**10**)의 경우는 antī-로 끝나고, (**6**)과

* 마찬가지로 (3)에 따르는 일부의 동사(cf. §65. 특례 1, 비고 2)도 강약어간을 구별하지 않는다.

ā로 끝나는 (2) 어근(e.g. yā- '가다')의 경우는 antī- 또는 atī-로 끝난다. 그 외의 경우는 atī-로 끝난다.

e.g. bharantī-(1) ; corayantī-(10) ; bodhayantī-(caus., budh- '깨닫다') ; tudantī-/tudatī-(6) ; yāntī-/yātī-(2) ; dviṣatī-(2) ; juhvatī-(3) ; sunvatī-(5) ; śaknuvatī-(5) ; tanvatī-(8) ; kurvatī-(8) ; rundhatī-(7) ; krīṇatī-(9)

2. A. a. 제1활용에 속하는 류의 경우에는, 어간에 접미사 **māna**(f. mānā)를 붙인다.

e.g. bharamāṇa-(1) ; tudamāna-(6) ; tudyamāna-(pass.) ; tuṣyamāṇa-(4) ; corayamāṇa-(10) ; bodhayamāna-(caus.)

b. 제2활용에 속하는 류의 경우에는, 접미사 **āna**(f. ānā)를 붙인다. 어간은 3. pl. pres. A. 의 어미 ate의 앞에서와 동일한 형태를 보인다.

e.g. dviṣāṇa-(2) ; juhvāna-(3) ; sunvāna-(5) ; śaknuvāna-(5) ; tanvāna-(8) ; kurvāṇa-(8) ; rundhāna-(7) ; krīṇāna-(9)

❰ 비고 ❱

śī-(2) '(가로로) 눕다'의 분사는 śayāna-(cf. śerate 3. pl).

—āsīna- '앉아 있다'는 ās-(2) '앉다'의 분사의 역할을 담당한다.

제14장

아오리스트 조직

직설법 아오리스트(Indic. aor.)와 아오리스트 원망법에서 유래하는 기원법(Precative)을 포함한다.

§72. 직설법 아오리스트[55]

어그먼트(§58. Ⅰ)를 더한 어간에 제2차 어미(§60)를 붙인다. 어간의 구성에 따라 단순 아오리스트(Simple aor.)와 치찰음 아오리스트(Sigmatic aor.)로 크게 구별된다. 전자는 어미를 직접 어근부에 더하거나, 혹은 어간모음 a(the thematic vowel)를 넣은 것으로, I. 어근 Aor., II. a-Aor. 및 III. 중자 Aor.의 3개의 형식으로 나뉜다. 후자는 어근부와 어미 사이에 치찰음을 포함한 접미사를 넣은 것으로, 그 음형의 이름을 따서 IV. s-Aor., V. iṣ-Aor., VI. siṣ-Aor. 및 VII. sa-Aor.의 4개의 형식을 갖는다. 어미는 Impf.의 경우와 동일하지만, 어간모음으로 끝나는 형식(Ⅱ, Ⅲ, Ⅶ)을 제외한, 3. pl. P.의 어미로서 -uḥ(<-ur)가 사용된다. 이 외에 각 형식의 특징은 1., 2., 3. sg. P.의 형식으로 나타난다.

I. -am, -ḥ, -t(3. pl. -uḥ)
II. -am, -aḥ, -at(3. pl. -an)
III. =II.
IV. -sam, -sīḥ, -sīt(-suḥ)
V. -iṣam, -īḥ, -īt(-iṣuḥ)
VI. -siṣam, -sīḥ, -sīt(-siṣuḥ)
VII. -sam, -saḥ, -sat(-san)

문법가의 규정에 따르면, Aor.는 '그 날' 일어난 일에 관해 사용되며, 그로 인해 이전의 사정을 나타내는 Impf. 및 Pf.와 구별된다. 이 규정은 실제로는 지켜지지 않고, Aor.도 일반적 과거시제의 한 종류가 되었다. 그러나 가까운 과거를 나타내는 특성이 있는 정도까지만 문학작품 속에서 유지되고 있다. 7개의 형식 중 특히 중요한 것은 IV.와 V.이다. Aor.는 고전기의 아름다운 문체에서 주로 활발하게 사용되었으나, 간소한 산문에서는 관용적인 어형을 제외하고는 일반적으로 감퇴하는 경향을 보인다.

—어그먼트가 없는 Aor.형은 부정사 mā±sma와 함께 사용되어 금지를 나타낸다(§58. I.3, cf. §62.2).

§73. I. 어근 아오리스트(Root-aor.)

ā로 끝나는 어근: gā- '가다'(i-의 supplet., Note 43 *inf.*), ghrā- '냄새 맡다', dā- '주다', dhā- '두다', pā- '마시다',* sthā- '서다', 혹은 ā로 끝나는 것과 동일하게 취급되는 어근: dhe- '들이마시다', cho- '자르다', do- '자르다', śo- '날카롭게 하다', so- '묶다/연결하다', 그리고 bhū- '되다'는 이 형식을 취한다.[56] bhū-를 제외하고, -uḥ(3. pl.)의 앞에서 어근의 모음은 사라진다.

범례

		dā-	so-	bhū-
sg.	1.	adām	asām	abhūvam**
	2.	adāḥ	asāḥ	abhūḥ
	3.	adāt	asāt	abhūt
du.	1.	adāva	asāva	abhūva
	2.	adātam	asātam	abhūtam
	3.	adātām	asātām	abhūtām
pl.	1.	adāma	asāma	abhūma
	2.	adāta	asāta	abhūta
	3.	aduḥ	asuḥ	abhūvan

* pā- '수호하다'는 VI.에 속한다. —Cf. Note 56.

** bhū-는 항상 ū를 유지하며, 모음 어미의 앞에서는 ūv가 된다.

이 형식은 P.에 한정되기에, A.를 필요로 하는 어근(dā-, dhā-, sthā-)은 IV.의 형식에 의해 A.를 만든다.

e.g. adita, adhita, asthita

또는 bhū-는 V.의 형식에 의해 A.를 만든다: abhaviṣṭa

《비고》

adita, etc.는 본래 root-aor. A.의 형식이지만(cf. §9.2.a), 문법가는 이것을 Ⅳ. 형식의 A.로 설명한다.

§74. Ⅱ. a-아오리스트(a-aor.)

어근에 어간모음 a를 붙여, 제1활용의 Impf.와 동일하게 활용한다. 어근의 모음은 일반적으로 약한 형태(i, u, ṛ) 혹은 a로서, 어근 끝의 ṛ 또는 ṝ은 어간모음의 앞에서 ar이 된다.

e.g. sṛ- '흐르다': asarat

jṝ- '늙다': ajarat

어근의 비음은 탈락한다.

e.g. skand- '뛰다/도약하다': askadat

bhraṁś- '떨어지다': abhraśat

또는 어근모음이 강화되거나 강한 형태를 유지하는 경우도 있다.

e.g. dṛś- '보다': adarśat

śās- '명령하다': aśāsat(cf. p.220 *init.*)

범례

		sic- '따르다/붓다'		gam- '가다'
		P.	A.	P.
sg.	1.	asicam	asice	agamam
	2.	asicaḥ	asicathāḥ	agamaḥ
	3.	asicat	asicata	agamat
du.	1.	asicāva	asicāvahi	agamāva
	2.	asicatam	asicathām	agamatam
	3.	asicatām	asicetām	agamatām
pl.	1.	asicāma	asicāmahi	agamāma
	2.	asicata	asicadhvam	agamata
	3.	asican	asicanta	agaman

이 형식을 이용하는 어근은 크게 나누어 다음과 같다:

1. (4)에 속하는 다수의 어근

e.g. as- '던지다': āsthat(!)

trp- '만족하다': atrpat

마찬가지로 druh- '해를 입히다', naś- '망하다/없어지다', puṣ- '빛나다/두드러지다', bhram- '걸어 다니다', mad- '즐거워하다', muh- '실신하다', sidh- '성공하다', hṛṣ- '즐거워하다'

2. (1) 혹은 (6)에 속하는 특징이 있는 현재어간을 지닌 일부의 동사

e.g. gam- '가다': agamat, cf. pres. gacchati

ṛ-(6) '가다': ārat, cf. ṛcchati

sad- '앉다': asadat, cf. sīdati

muc-(6) '풀다': amucat, cf. muñcati

마찬가지로 lip- '칠해 색을 입히다(더럽히다)', vid- '발견하다', sic- '따르다/붓다'

śvi-(1) '팽창하다': aśvat(!), cf. śvayati

hve-(1) '불다': ahvat, cf. hvayati

이 외에 kḷp- '알맞다': akḷpat, cf. kalpate

마찬가지로 vṛt- '회전하다': avṛtat, vṛdh- '성장하다': avṛdhat

3. 그 외 다수의 어근

e.g. āp-(5) '얻다': āpat

khyā-(2) '말하다': akhyat(!)

dṛś- '보다': adarśat

śak-(5) '할 수 있다': aśakat

śās-(2) '명령하다': aśāsat/aśiṣat

sṛ-(3) '흐르다': asarat[57]

《 비고 》

이 형식은 거의 대부분 P.에 한정되어 있지만, 소수의 어근에는 A.의 활용도 허용된다(gr.).

e.g. khyā-: akhyata

lip-: alipata/alipta(Ⅳ. 형식)

sic-: asicata/asikta(Ⅳ.)

§75. Ⅲ. 중자 아오리스트(Reduplicated aor.)

어근에 어그먼트와 중자(§58. Ⅱ)를 더하고, 어간모음 a를 덧붙여 제1활용의 Impf.와 동일하게 활용한다. 어근 끝의 i 또는 u는 어간모음의 앞에서 각각 iy 또는 uv가 된다.

범례

		śri- '향하다'		dru- '달리다'
		P.	A.	P.
sg.	1.	aśiśriyam	aśiśriye	adudruvam
	2.	aśiśriyaḥ	aśiśriyathāḥ	adudruvaḥ
	3.	aśiśriyat	aśiśriyata	adudruvat
du.	1.	aśiśriyāva	aśiśriyāvahi	adudruvāva
	2.	aśiśriyatam	aśiśriyethām	adudruvatam
	3.	aśiśriyatām	aśiśriyetām	adudruvatām
pl.	1.	aśiśriyāma	aśiśriyāmahi	adudruvāma
	2.	aśiśriyata	aśiśriyadhvam	adudruvata
	3.	aśiśriyan	aśiśriyanta	adudruvan

이 형식에 의해서만 Aor.를 만드는 어근은 극히 적다: 상기의 것 이외에 sru- '흐르다', kam- '사랑하다' A.: acīkamata/acakamata. śvi- '팽창하다': aśiśviyat(cf. p.219 *inf.*)를 비롯해 dhe- '들이마시다': adadhat는 다른 형식에 의해 활용되기도 한다.*

열외: vac- '말하다': avocat(<a-va-uc-at) ; pat- '떨어지다': apaptat(<a-pa-pt-at) ; naś- '망하다/없어지다': aneśat, cf. neśuḥ 3. pl. pf., 다만 Ⅱ.(§74)에 따라 anaśat로 활용되기도 한다.

《 비고 》

앞에서 설명한 바와 같이 이 형식만을 따르는 어근이 많지 않기에, śri-, dru- 이외에 따로 다룰 것이 없다. 그러나 이 형식의 중요성은 (10)의 동사, Caus. 및 aya를 접미사로 하는 Den.의 Aor.가 이것에 따라 만들어지

* Cf. Note 56, 57.

는 점에 있다. 특수한 리듬을 지닌 중자의 특징, 어간의 구조에 관한 상세한 설명은 해당 부분에서 다루겠다.

§76. IV. s-아오리스트(s-aor.)

인칭어미의 앞에 s를 넣는 것을 특징으로 한다. 제2종 활용의 Impf.와 동일하지만, 1.~3. sg. P.는 -sam, -sīḥ, -sīt로 끝나고 3. pl.은 -suḥ로 만든다(cf. §72). 단 모음, 비음 및 r 이외의 자음의 뒤에서, Aor.의 특징을 만드는 s는, t 또는 th로 시작하는 어미의 앞에서 탈락한다.

e.g. akṛta 3. sg. A.(kṛ-), akṛthāḥ 2. sg. A.

그러나 akārṣṭa 2. pl. P.와 마찬가지로 s는 -dhvam(2. pl. A.)의 앞에서 탈락하지만, a, ā 이외의 모음 및 r의 뒤에서 -ḍhvam이 된다.

e.g. aceḍhvam(ci- '모으다'), akṛḍhvam(kṛ-), astīrḍhvam(stṝ- '덮다')
그러나 apagdhvam(pac- '조리하다')

—어근 끝의 자음과 s와의 접촉에 의해 일어나는 Sandhi에 유의할 필요가 있다: 1. k, c, j, etc.+s>kṣ(§20.2 ; §64.4)

이 kṣ가 h+s에서 생겨나는 경우에는 §13.7이 적용된다.

e.g. adhākṣīt 3. sg. P., dah- '태우다'

2. 어근 끝의 s와 s가 합쳐져 ts가 된다.

e.g. avātsīt 3. sg. P., vas- '살다', cf. §20.2, 비교

3. 상기의 설명과 같이 s가 t 또는 th로 시작하는 어미의 앞에서 탈락할 경우,

어근 끝의 자음과 t/th와의 접촉이 일어난다(cf. §64.5).

e.g. apakta 3. sg. A. (pac-)

avrāṣṭa 2. pl. P. (vraśc- '자르다')

aprāṣṭa do. (prach-=praś- '묻다')

adāgdha do. (dah-)

avoḍha 3. sg. A.(vah- '옮기다', §18.5.d)

다만 anaddha(nah- '묶다/연결하다', §18.5.c) ;

avātta 2. pl. P.(vas- '살다', cf. avātsīt 3. sg. P., supra 2)

어근의 모음은 P.에서 vṛddhi화하고, A.에서 어근 끝의 i, ī, u, ū는 guṇa화하지만, 그 외의 어근모음은 변화하지 않는다.

범례

		nī- '이끌다'		tud- '치다'	
		P.	A.	P.	A.
sg.	1.	anaiṣam	aneṣi	atautsam	atutsi
	2.	anaiṣīḥ	aneṣṭhāḥ	atautsīḥ	atutthāḥ
	3.	anaiṣīt	aneṣṭa	atautsīt	atutta
du.	1.	anaiṣva	aneṣvahi	atautsva	atutsvahi
	2.	anaiṣṭam	aneṣāthām	atauttam	atutsāthām
	3.	anaiṣṭām	aneṣātām	atauttām	atutsātām
pl.	1.	anaiṣma	aneṣmahi	atautsma	atutsmahi
	2.	anaiṣṭa	aneḍhvam	atautta	atuddhvam
	3.	anaiṣuḥ	aneṣata	atautsuḥ	atutsata

특례:

1. **kṛ-** '하다': P. sg. 1. akārṣam, 2. akārṣīḥ, 3. akārṣīt, pl. 1. akārṣma, 2. akārṣṭa, 3. akārṣuḥ ; A. sg. 1. akṛṣi, 2. akṛthāḥ, 3. akṛta, pl. 1. akṛṣmahi, 2. akṛḍhvam, 3. akṛṣata

2. **rudh-** '제지하다': P. sg. 1. arautsam, 2. arautsīḥ, 3. arautsīt, pl. 1. arautsma, 2. arauddha, 3. arautsuḥ ; A. sg. 1. arutsi, 2. aruddhāḥ, 3. aruddha, pl. 1. arutsmahi, 2. aruddhvam, 3. arutsata

3. **dah-** '태우다': P. sg. 1. adhākṣam, 2. adhākṣīḥ, 3. adhākṣīt, pl. 1. adhākṣma, 2. adāgdha, 3. adhākṣuḥ ; A. sg. 1. adhakṣi, 2. adagdhāḥ, 3. adagdha, pl. 1. adhakṣmahi, 2. adhagdhvam(§64.6), 3. adhakṣata

《 비고 》

dṛś- '보다' 및 sṛj- '방출하다'는 vṛddhi화를 할 때 ṛ>rā의 형태를 갖는다(§8.1): adrākṣīt, asrākṣīt. 그 외의 어근에서 ṛ을 자음과 자음의 사이에 지닌 것은, 임의로 ār 또는 rā로 한다.

e.g. kṛṣ- '당기다': akārkṣīt/akrākṣīt
spṛś- '접촉하다/닿다': aspārkṣīt/asprākṣīt.

—adhi-i- '배우다' A.: adhyaiṣṭa/adhyagīṣṭa(supplet., Note 43)

다른 형식에 따르지 않는 모든 aniṭ- 어근(§61)은 이 형식에 의한다. veṭ- 어근은 이 형식이나 V.(§77)의 어느 것에 따르건 상관없다. 그러나 이 배분에는 약간의 열외도 존재한다.[58]

§77. V. iṣ- 아오리스트(iṣ-aor.)

인칭어미의 앞에 iṣ를 넣는 것을 특징으로 한다. 활용은 IV.와 동일하지만, 1.~3. sg. P.는 -iṣam, -īḥ, -īt로 끝나고, 3. pl.은 -iṣuḥ로 만든다(cf. §72). vṛ- '고르다' A. 및 ṝ로 끝나는 어근은, A.에서 임의로 iṣ의 i를 연장한다.

e.g. vṛ-: avarĭ̄ṣṭa
stṝ- '덮다': astarĭ̄ṣṭa

—grah- '잡다/붙잡다'는 항상 i를 연장한다: agrahīt(3. sg. P.), agrahīṣṭa(3. sg. A.)

—idhvam(2. pl. A.)은 반모음 또는 h의 뒤에서 임의로 iḍhvam이 된다. 이때 vṛ-, ṝ로 끝나는 어근 및 grah-는 상기의 규정에 따라 i를 연장할 수 있다.

e.g. astarīdhvam 또는 astarīḍhvam

agrahīdhvam 또는 agrahīḍhvam

어간의 형태

1. 어근 끝의 모음은 P.에서 vṛddhi화하고, A.에서 guṇa화한다.
   e.g. lū- '자르다': alāviṣam(1. sg. P.), alaviṣi(A.)
2. 단자음의 앞에 있는 a 이외의 단모음은, P.에서도 A.에서도 guṇa화한다.
   e.g. budh- '깨닫다': abodhiṣam(P.), abodhiṣi
   kḷp- '알맞다' A.: akalpiṣi
3. ar 또는 al로 끝나는 어근 및 vad- '이야기하다', vraj- '가다'의 a는 P.에서 연장된다.
   e.g. jval- '활활 타다': ajvāliṣam ; avādiṣam
4. a를 중간에 지닌 다른 어근은, P.에서 임의로 a를 연장한다.
   e.g. paṭh- '읽다': apăṭhiṣam. 그러나 h, m, y로 끝나는 어근, śvas- '탄식하다', has- '웃다' 및 일부 어간은 P.에서도 a를 연장하지 않는다.
   e.g. grah- '잡다/붙잡다': agrahīṣam(supra)
   kram- '걷다': akramiṣam
5. (**8**)의 동사는, 2., 3. sg. A.에서 임의로 비음을 없앨 수 있다.
   e.g. tan- '늘이다': ataniṣṭhāḥ/atathāḥ(!), ataniṣṭa/atata
   다만 san- '획득하다'는, n을 없앨 경우 sā-가 된다: asaniṣṭhāḥ/asāthāḥ

◖비고◗ 상기 2의 예외

vij- '흔들리다'는 iṭ의 앞에서 변화하지 않는다.

e.g. avijiṣṭa, cf. vijiṣyate 3. sg. fut.

범례

		lū- '자르다'		budh- '깨닫다'	kḷp- '알맞다'
		P.	A.	P.	A.
sg.	1.	alāviṣam	alaviṣi	abodhiṣam	akalpiṣi
	2.	alāvīḥ	alaviṣṭhāḥ	abodhīḥ	akalpiṣṭhāḥ
	3.	alāvīt	alaviṣṭa	abodhīt	akalpiṣṭa
du.	1.	alāviṣva	alaviṣvahi	abodhiṣva	akalpiṣvahi
	2.	alāviṣṭam	alaviṣāthām	abodhiṣṭam	akalpiṣāthām
	3.	alāviṣṭām	alaviṣātām	abodhiṣṭām	akalpiṣātām
pl.	1.	alāviṣma	alaviṣmahi	abodhiṣma	akalpiṣmahi
	2.	alāviṣṭa	alavidhvam/ °ḍhvam	abodhiṣṭa	akalpidhvam
	3.	alāviṣuḥ	alaviṣata	abodhiṣuḥ	akalpiṣata

특례: **stṝ-** '덮다': P. sg. 1. astāriṣam, 2. astārīḥ, 3. astārīt, pl. 3. astāriṣuḥ ; A. sg. 1. astariṣi/astarīṣi, pl. 2. astarī̆dhvam/astarī̆ḍhvam*

IV. (§76)가 일반적으로 aniṭ- 어근에 적용하는 것에 비해, 이 형식은 seṭ- 어근을 비롯해 임의로 veṭ- 어근에 사용된다.**

§78. VI. siṣ- 아오리스트(siṣ-aor.)

인칭어미의 앞에 siṣ를 넣는 것을 특징으로 한다. 활용은 IV. 및 V.와 동일하지만, 1.~3. sg. P.는 -siṣam, -sīḥ, -sīt로 끝나고, 3. pl.은 -siṣuḥ로 만든다. P.만으로

* A.는 IV.(§76)에 따를 수도 있다, 1. sg. astīrṣi, 3. sg. astīrṣṭa, cf. p.222(2. pl.).

** Cf. Note 58.

활용되고, 어근의 모음은 변화하지 않는다.

범례

		yā- '가다'	gai- '노래하다'	nam- '구부리다'
sg.	1.	ayāsiṣam	agāsiṣam	anaṁsiṣam
	2.	ayāsīḥ	agāsīḥ	anaṁsīḥ
	3.	ayāsīt	agāsīt	anaṁsīt
du.	1.	ayāsiṣva	agāsiṣva	anaṁsiṣva
	2.	ayāsiṣṭam	agāsiṣṭam	anaṁsiṣṭam
	3.	ayāsiṣṭām	agāsiṣṭām	anaṁsiṣṭām
pl.	1.	ayāsiṣma	agāsiṣma	anaṁsiṣma
	2.	ayāsiṣṭa	agāsiṣṭa	anaṁsiṣṭa
	3.	ayāsiṣuḥ	agāsiṣuḥ	anaṁsiṣuḥ

이 형식에 따르는 어근은 한정되어 있다: ā로 끝나는 것(다만 Ⅰ.(§73)에 따르는 어근을 제외)

e.g. yā-(supra), jñā- '알다'. pā- '수호하다'

(그러나 pā- '마시다'는 Ⅰ.에 따른다.)

이것에 준하는 것

e.g. gai-(supra) ; mī- '부수다': amāsiṣam, amāsīt

lī- '부착하다': alāsiṣam, alāsīt*

그리고 nam-(supra), yam- '억제하다', ram- '만족하다'

비고

A.의 필요가 있는 경우에는 Ⅳ.(§76)의 형식을 사용한다.

* Ⅳ.(§76)에 따를 수도 있다: alaiṣīt.

e.g. ajñāsta(jñā-), amāsta(mī-), anaṁsta(nam-)

§79. Ⅶ. sa- 아오리스트(sa-aor.)

인칭어미의 앞에 sa를 넣는 것을 특징으로 한다. 활용은 제1종 활용의 Impf.와 동일하고, 1.~3. sg. P.는 -sam, -saḥ, -sat에, 3. pl.은 -san으로 끝난다. 그러나 1. sg. A.는 -si에, 2. 및 3. du. A.는 각각 -sāthām, -sātām의 형식을 취한다. 어근 끝의 ś, ṣ, h는 sa와 합쳐져 kṣa가 되지만, h로 끝나는 어근의 경우에는 §13.7이 적용된다.

e.g. dih- '칠해 색을 입히다(더럽히다)': adhikṣat
duh- '우유를 짜다': adhukṣat
guh- '감추다/숨기다': aghukṣat

—guh-, dih-, duh-, lih- '핥다/맛보다'는 2., 3. sg., 1. du., 2. pl. A.에서, 임의로 sa를 생략할 수 있다.

e.g. duh-: 2. sg. adhukṣatthāḥ/adugdhāḥ
3. sg. adhukṣata/adugdha
1. du. adhukṣāvahi/aduhvahi
2. pl. adhukṣadhvam/adhugdhvam(§64.6)

마찬가지로 guh-: 2. sg. aghukṣathāḥ/agūḍhāḥ(§64.5)
3. sg. aghukṣata/agūḍha
1. du. aghukṣāvahi/aguhvahi
2. pl. aghukṣadhvam/aghūḍhvam(§64.6)

범례

		diś- '지시하다'		guh- '감추다'	lih- '핥다'
		P.	A.	P.	P.
sg.	1.	adikṣam	adikṣi	aghukṣam	alikṣam
	2.	adikṣaḥ	adikṣathāḥ	aghukṣaḥ	alikṣaḥ
	3.	adikṣat	adikṣata	aghukṣat	alikṣat
du.	1.	adikṣāva	adikṣāvahi	aghukṣāva	alikṣāva
	2.	adikṣatam	adikṣāthām	aghukṣatam	alikṣatam
	3.	adikṣatām	adikṣātām	aghukṣatām	alikṣatām
pl.	1.	adikṣāma	adikṣāmahi	aghukṣāma	alikṣāma
	2.	adikṣata	adikṣadhvam	aghukṣata	alikṣata
	3.	adikṣan	adikṣanta	aghukṣan	alikṣan

이 형식에 따르는 어근은 한정되어 있다: ś, ṣ 혹은 h로 끝나고, 그 앞에 모음 i, u 또는 ṛ을 지닌 aniṭ- 어근(다만 dṛś- '보다'*를 제외)에 한정되며, 어근의 모음은 변화하지 않는다.

e.g. diś(supra), viś- '들어가다'
dviṣ- '미워하다, 시기하다'
guh-(supra), dih-, duh-, ruh- '성장하다', lih-(supra)

❰ 비고 ❱

임의로 이 형식 또는 Ⅳ. 에 따르는 동사가 있다.

e.g. mṛś- '접촉하다', spṛś- '접촉하다': aspṛkṣat/aspārkṣīt(asprākṣīt)

—임의로 이 형식 또는 Ⅴ. 에 따르는 동사가 있다.

e.g. guh-: aghukṣat/agūhīt(!)
A. aghukṣata(agūḍha)/agūhiṣṭa

* Ⅱ. (adarśat) 혹은 Ⅳ. (adrākṣīt)의 형식에 따른다.

§80. 서원법(Precative or Benedictive)[59]

서원법은 본래 아오리스트 조직에 속하는 원망법이었지만, 고전기에서는 모든 어근에서부터 직접적으로 만들어지며, 그 어근이 어떤 아오리스트의 형식을 취하든 상관없다. 형식의 특징에 의해 서원·기복·희망을 나타내며, 때때로 고급 시문에 사용되기도 한다.

I. P. 어근의 약한 형태에 제2종 활용의 원망법 어미(§63)를 덧붙인다. 이때 원망법의 접사 yā와 인칭어미와의 사이에 s(cf. s-aor., §76)를 넣는 것을 특징으로 한다.

	sg.	du.	pl.
1.	yāsam	yāsva	yāsma
2.	yās	yāstam	yāsta
3.	yāt	yāstām	yāsur

-yās로 끝나는 어간에서의 어근모음의 모양은, 수동활용의 접사 ya의 앞에서와 동일하지만(cf. §90), 두드러진 차이로는 다음의 점을 들 수 있다. 즉, ā로 끝나는 어근(dā- '주다', dhā- '두다', pā- '마시다', mā- '재다', sthā- '서다', hā- '버리다') 그리고 이에 준하는 어근(e.g. dhe- '들이마시다', gai- '노래하다', do- '자르다', so- '잇다')은 ā를 e로 바꾼다.

e.g. dā-: deyāt(cf. pass. dīyate) ; pā- '마시다': peyāt(pass. pīyate ; 다만 pā- '수호하다'로부터는 pāyāt, pass. pāyate) ; gai-: geyāt(pass. gīyate)

그러나 어근이 중복자음으로 시작하는 경우에는, e 이외에 ā도 사용된다.

e.g. glai- '지치다': gleyāt/glāyāt(pass. glāyate)

범례 **bhū-** '되다'

	sg.	du.	pl.
1.	bhūyāsam	bhūyāsva	bhūyāsma
2.	bhūyāḥ	bhūyāstam	bhūyāsta
3.	bhūyāt	bhūyāstām	bhūyāsuḥ

마찬가지로 budh- '깨닫다': sg. 1. budhyāsam, 2. budhyāḥ, 3. budhyāt, etc. ; tud- '치다': tudyāsam, tudyāḥ, tudyāt, etc. ; dā- '주다': deyāsam, deyāḥ, deyāt, etc. ; gai- '노래하다': geyāsam, geyāḥ, geyāt, etc.

앞서 말한 바와 같이, 어근부의 모양은 수동어간과 공통되기에, 여기서는 어근 모음의 변화에 유의하며 일부의 예시를 드는 것에 그치겠다: i- '가다': īyāt, 다만 접두사의 뒤에서는 iyāt.

e.g. sam-i- '모이다': samiyāt, ci- '모으다': cīyāt

div- '놀다': dīvyāt

stu- '칭찬하다': stūyāt

ṛ- '가다': aryāt

kṛ- '하다': kriyāt, saṁskriyāt

smṛ- '기억하다': smaryāt

kṝ- '흩뿌리다': kīryāt

pṝ- '채우다': pūryāt

bandh- '묶다': badhyāt(pass. badhyate)

이에 반해 nand- '기뻐하다': nandyāt(pass. nandyate)

yaj- '제사 지내다, 빌다': ijyāt

vac- '말하다': ucyāt

vah- '옮기다': uhyāt

grah- '잡다': gṛhyāt

śās- '명령하다': śiṣyāt

jan- '생기다/태어나다': janyāt/jāyāt

마찬가지로 khan- '파다': khanyāt/khāyāt

san- '획득하다': sanyāt/sāyāt

그러나 tan- '늘이다': tanyāt

Ⅱ. A. 어미로서는, 제2활용의 원망법 어미(§63)가 사용되고, 원망법의 접사 ī의 앞에 s를 더해, t나 th로 시작하는 인칭어미의 어미의 앞에서도 s를 넣는다:

	sg.	du.	pl.
1.	sīya	sīvahi	sīmahi
2.	sīṣṭhās	sīyāsthām	sīdhvam, sīḍhvam
3.	sīṣṭa	sīyāstām	sīran

일반적으로 seṭ- 어미는 반드시, 그리고 veṭ- 어근은 임의로 결합모음 i(§61)를 어근부의 뒤에 첨가한다. 그러나 이 iṭ의 삽입은, 중복자음+ṛ에서 만들어지는 어근(*type* smṛ- '기억하다'), ṝ로 끝나는 어근(*type* stṝ- '덮다')과 더불어 vṛ- '고르다'의 뒤에서 임의가 된다.

e.g. smariṣīṣṭa/smṛṣīṣṭa ; stariṣīṣṭa/stīrṣīṣṭa ; variṣīṣṭa/vṛṣīṣṭa

또한 grah- '잡다'는 iṭ를 연장한다: grahīṣīṣṭa

《 비고 》

2. pl.의 어미 sīḍhvam은 다음의 경우에 사용된다:

1. 어미가 a 또는 ā 이외의 모음 혹은 r에 앞서는 경우

   e.g. ploṣīḍhvam(plu- '떠돌다'), stīrṣīḍhvam(stṝ- '덮다')

2. 임의로 dh 또는 ḍh: 반모음 혹은 h+iṭ+어미의 경우

   e.g. laviṣīdhvam/°ṣīḍhvam(lū- '자르다')

3. 그 외의 경우 dh

   e.g. bodhiṣīdhvam(budh- '깨닫다'), tutsīdhvam(tud- '치다')

어간의 모음은 대체로 guṇa화한다.

e.g. lū- '자르다': laviṣīṣṭa(cf. aor. V. alaviṣṭa)

budh- '깨닫다': budhiṣīṣṭa(aor. V. abodhiṣṭa)

그러나 tud- '치다': tutsīṣṭa(aor. IV. atutta)

iṭ를 동반하지 않는 경우, 어근 끝의 i, ī, u, ū는 guṇa화하지만(e.g. ji- '극복하다': jeṣīṣṭa), ṝ은 īr(순음의 뒤에서는 ūr)이 될 수 있다.

e.g. stṝ- '덮다': stīrṣīṣṭa 또는 stariṣīṣṭa

마찬가지로 pṝ- '채우다': pūrṣīṣṭa 또는 pariṣīṣṭa

그 외의 모음은 변화하지 않는다.

e.g. dā- '주다': dāsīṣṭa

kṛ- '하다': kṛṣīṣṭa, saṁskṛṣīṣṭa

—iṭ를 동반하지 않는 경우, 어근 끝의 자음과 어미의 두음 s와의 접촉에 의해 일어나는 Sandhi에 유념할 필요가 있다(cf. §76).

e.g. yukṣīṣṭa(yuj- '잇다/연결하다'), likṣīṣṭa(lih- '핥다/맛보다'), cf. §20.2

dhukṣīṣṭa(duh- '우유를 짜다'), cf. §13.7

범례 **bhū-** '되다'

	sg.	du.	pl.
1.	bhaviṣīya	bhaviṣīvahi	bhaviṣīmahi
2.	bhavisīṣṭhāḥ	bhaviṣīyāsthām	bhaviṣīdhvam/°ḍhvam
3.	bhaviṣīṣṭa	bhaviṣīyāstām	bhaviṣīran

마찬가지로 budh- '깨닫다': sg. 1. bodhiṣīya, 2. bodhiṣīṣṭhāḥ, 3. bodhiṣīṣṭa, pl. 2. bodhiṣīdhvam, etc.

tud- '치다': tutsīya, tutsīṣṭhāḥ, tutsīṣṭa, pl. 2. tutsīdhvam

특례:

i- '가다': eṣīṣṭa, adhi-i- '배우다': adhyeṣīṣṭa

—**gam-** '가다': gaṁsīṣṭa/gasīṣṭa

제15장

완료조직

완료에는 단순완료(혹은 단순한 완료)와 복합완료(Periphrastic perfect)가 있는데, 전자는 직속하는 분사(Pf. participles)를 동반한다. Pf.는 중자(§58. Ⅱ)를 사용해 어간을 만들고, 이것에 강약의 구별이 있는 것과 특수한 어미를 가진 것을 특징으로 한다. Pf.는 제1차 활용의 1시제로서, 거의 대부분의 어근에서 만들어지는 것에 비해, Periph. Pf.는 오직 제2차 활용, 특히 사역활용(Causative)을 비롯한 이것과 형태를 동일하게 하는 현재조직(**10**)의 동사(§63. Ⅳ)에 속한다.[60]

문법가의 규정에 따르면, Pf.는 Aor.와 달라서(cf. §72), 당일 이전의 과거에 관계하며, 또한 화자가 목격하지 않는 일을 나타내는 점에서 Impf.와 구별된다. 그러나 앞서 설명한 바와 같이, 이 규정은 실제로 지켜지지 않으며, Impf. 및 Aor.와 함께 일반적 과거시제의 하나로서 사용된다.

§81. Ⅰ. 단순완료(Perfect)[61]

1. 중자

중자음절의 자음은 이미 설명한 규칙(§58. Ⅱ)에 따른다. 자음으로 시작하는 어근에서, 중자음절의 모음으로서는 a가 사용되고, 어근의 a, ā, ṛ, ṝ, ḷ을 대표하지만, 어근모음의 음색에 따라 i 또는 u도 사용된다.

e.g. pat- '떨어지다': papāta(3. sg. P.)
bhrāj- '빛나다': babhrāja
kṛ- '하다': cakāra
tṝ- '건너다': tatāra
kḷp- '알맞다': cakḷpe(A.)
chid- '자르다': ciccheda
tud- '치다': tutoda, 그러나 bhū- '되다': babhūva

gai- '노래하다': jagau

ḍhauk- '가까이 가다': ḍuḍhauke(A.)

—모음으로 시작하는 어근의 예

ad- '먹다': āda

āp- '얻다': āpa

iṣ- '원하다': iyeṣa(3. sg., 강), īṣuḥ(3. pl. 약)

uṣ- '태우다/굽다': uvoṣa(강), ūṣuḥ(약)

ṛ- '가다': āra, āruḥ.

—어근이 ya 또는 va로 시작하는 경우

e.g. yaj- '제사 지내다, 빌다': iyāja, ījuḥ,

그러나 yam- '억제하다': yayāma, yemuḥ

vac- '말하다': uvāca, ūcuḥ,

그러나 vam- '토하다, 내뱉다': vavāma, vavamuḥ

ya 또는 va의 앞에 자음이 있는 경우

e.g. vyadh- '꿰뚫다': vivyādha, vividhuḥ

svap- '잠들다': suṣvāpa, suṣupuḥ

그러나 syand- '흐르다': sasyande, tyaj- '버리다': tatyāja, tatyajuḥ

—어근이 a+비음+자음의 구조를 지닌 경우, 중자는 비음을 동반하며 ān이 된다.

e.g. añj- '색칠하다': ānañja, ānañjuḥ

ar/ṛ+자음의 경우도 이것에 준한다.

e.g. arc- '칭하다': ānarca, ānṛcuḥ

2. 인칭어미

		sg.	du.	pl.
P.	1.	a	va	ma
	2.	tha	athur	a
	3.	a	atur	ur
A.	1.	e	vahe	mahe
	2.	se	āthe	dhve
	3.	e	āte	re

N. B.

(1) **ā** 또는 이것에 준하는 이중모음으로 끝나는 어근은, 1. 이나 3. sg. P.에서 au를 어미로 한다.

e.g. dā- '주다': dadau

gai- '노래하다': jagau

ve- '(옷감 등을) 짜다': vavau

(2) 2. pl. A. dhve는 u 또는 ṛ의 뒤에서 ḍhve가 된다.

e.g. tuṣṭuḍhve(stu- '칭찬하다'), cakṛḍhve(kṛ- '하다')

—반모음 또는 h+결합모음 i의 뒤에서는 임의로 ḍhve가 된다.

e.g. luluvidhve/°ḍhve(lū- '자르다')

lilihidhve/°ḍhve(lih- '핥다/맛보다')

(3) 어근 끝의 자음이, 자음으로 시작하는 어미(tha, se, dhve)와 접촉하는 경우에 일어나는 Sandhi에 대해서는: §64

3. 결합모음

Pf.에서 iṭ(§61)는 광범위하게 사용된다.

a. iṭ를 넣지 않는 8어근: dru- '달리다', śru- '듣다', stu- '칭찬하다', sru- '흐르

다', kṛ- '하다',* bhṛ- '옮기다', vṛ- '고르다',** sṛ- '흘러가다'를 제외하고, 모든 어근은 자음으로 시작되는 어미의 앞에 i를 넣는다. 상기의 8어근도 3. pl. A. re의 앞에서는 i를 넣는다.

b. 2. sg. P. tha의 앞에서는, i를 넣는 것이 임의로 일어나는 경우가 많은데, 그 유무는 특별한 규정에 따른다. ṛ로 끝나는 단음절 어근(ṛ-을 제외)은 i를 넣지 않는다.

e.g. smṛ- '기억하다': sasmartha, 그러나 ṛ- '가다': āritha, cf. svṛ-(=svar-) '울리다': sasvartha/sasvaritha

—ṛ 이외의 모음으로 끝나는 aniṭ- 어근 또는 중간에 a를 가진 aniṭ- 어근은 임의로 i를 넣는다.

e.g. nī- '이끌다': ninetha/ninayitha

han- '죽이다': jaghantha/jaghanitha

c. veṭ- 어근은 자음으로 시작하는 어미의 앞에서, 임의로 i를 넣을 수 있다.

e.g. sidh- '제지하다': siṣeddha/siṣedhitha(2. sg.), siṣidhma/siṣidhima(1. pl.)

4. 어간

강약 2어간을 구별하는 경우와 처음부터 끝까지 1어간인 경우가 있다.

e.g. bhid- '부수다': 강 bibhed-, 약 bibhid- ; nind- '비난하다': ninind-

강어간은 1., 2., 3. sg. P.로 한정되고, 다른 것들은 전부 약어간을 사용한다. 강어간의 모음이 guṇa와 vṛddhi를 가진 경우, 1. sg.는 임의로 그중 하나를, 그리고 3. sg.는 반드시 vṛddhi를 지닌다. 그 경우 2. sg.는 대체로 guṇa를 보이지만, 특별한 규정에 따라 약어간을 지니는 경우도 있다.

---

* 다만 2. sg. P. saṁcaskaritha(saṁskṛ- '장식하다').

** 다만 2. sg. P. vavaritha.

e.g. pac- '조리하다': 1. papāca/papaca, 2. papaktha/pecitha, 3. papāca (§82.2.a)

§82. 활용

어근의 구조를 기준으로 주요한 활용 형식을 분류하면 다음과 같다.

1. 자음+i, u, ṛ+단자음

강(guṇa)·약 2어간을 구별한다.

범례 **bhid**- '부수다', 강 bibhed-, 약 bibhid-

		sg.	du.	pl.
P.	1.	bibheda	bibhidiva	bibhidima
	2.	bibheditha	bibhidathuḥ	bibhida
	3.	bibheda	bibhidatuḥ	bibhiduḥ
A.	1.	bibhede	bibhidivahe	bibhidimahe
	2.	bibhidiṣe	bibhidāthe	bibhididhve
	3.	bibhide	bibhidāte	bibhidire

마찬가지로 **tud**- '치다': P. sg. 1. tutoda, 2. tutoditha, 3. tutoda, pl. 1. tutudima, 2. tutuda, 3. tutuduḥ ; A. sg. 1. tutude, etc.

dṛś- '보다': P. sg. 1. dadarśa, 2. dadarśitha/dadraṣṭha(§8.1), 3. dadarśa, pl. 1. dadṛśima, 2. dadṛśa, 3. dadṛśuḥ

◖비고◗

vid- '알다' P.의 중자를 동반하지 않는 Pf.형은 현재의 의미에 사용된다: sg. 1. veda(=vedmi pres.), 2. vettha, 3. veda, pl. 1. vidma, 2. vida, 3.

viduḥ

과거의 의미를 나타내기 위해 viveda, etc.가 만들어졌다, cf. periph. pf. vidāṁ cakāra.

어근이 중복자음으로 끝나거나, 또는 중간의 모음이 긴 경우에는, 어간에 강약의 구별이 없다.

e.g. nind- '비난하다': P. sg. 1. nininda, 2. ninindditha, 3. nininda, pl. 1. ninindima, 2. nininda, 3. nininduḥ

—jīv- '살다': P. sg. 1. jijīva, 2. jijīvitha, 3. jijīva, pl. 1. jijīvima, 2. jijīva, 3. jijīvuḥ

2. 단자음+a+단자음

강(guṇa 및 vṛddhi) · 약 2어간을 구별한다.

a. 중자에 대용자음(§58. Ⅱ. 1)을 사용하지 않는 어근

약어간은 e를 포함한 1음절이 된다.

e.g. **pac-** '조리하다', 강 papā̆c-, 약 pec-: P. sg. 1. papā̆ca, 2. papaktha/pecitha, 3. papāca, pl. 1. pecima, 2. peca, 3. pecuḥ ; A. sg. 1. pece, etc.

—**tan-** '늘이다': P. sg. 1. tatā̆na, 2. tatantha/tenitha, 3. tatāna, pl. 1. tenima, 2. tena, 3. tenuḥ ; A. sg. 1. tene, etc.

열외: **śas-** '자르다': P. 3. sg. śaśāsa, pl. śaśasuḥ

b. 중자에 대자(代字)를 사용하는 어근

약어간은 어근의 모음 a를 유지한다.

e.g. **has-** '웃다', 강 jahā̆s-, 약 jahas-: P. sg. 1. jahā̆sa, 2. jahasitha, 3. jahāsa, pl. 1. jahasima, 2. jahasa, 3. jahasuḥ

—**kram-** '걷다': P. sg. 1. cakrā̆ma, 2. cakramitha, 3. cakrāma, pl. 1. cakramima, 2. cakrama, 3. cakramuḥ ; A. sg. 1. cakrame, etc.
열외: E.g. **bhaj-** '분배하다': P. sg. 1. babhā̆ja, 2. babhaktha/bhejitha, 3. babhāja, pl. 1. bhejima, 2. bheja, 3. bhejuḥ ; A. sg. 1. bheje, etc.

—임의로 a 또는 b의 형식을 지니는 어근도 있다.
e.g. **tras-** '흔들리다': P. 3. pl. tatrasuḥ/tresuḥ
bhram- '걸어 다니다': babhramuḥ/bhremuḥ
rāj- '빛나다': rarājuḥ/rejuḥ

c. 중자에 대자를 사용하는 어근 중, 약어간에서 어근의 모음을 생략하는 것
type **gam-** '가다': P. sg. 1. jagā̆ma, 2. jagantha/jagamitha, 3. jagāma, pl. 1. jagmima, 2. jagma, 3. jagmuḥ
—마찬가지로 **khan-** '파다': cakhā̆n-, cakhn- ; **ghas-** '먹다': jaghā̆s-, jakṣ- ; **jan-** '태어나다': A. 3. sg. jajñe, pl. jajñire ; **han-** '죽이다': P. sg. 1. jaghā̆na, 2. jaghantha/jaghanitha, 3. jaghāna, pl. 1. jaghnima, 2. jaghna, 3. jaghnuḥ

d. 중자에 따라 Saṁprasāraṇa(§8)가 생기는 경우
(1) **va+단자음**
약어간 u+u(<va)+자음>ū+자음
e.g. **vac-** '말하다', 강 uvā̆c-, 약 ūc-: P. sg. 1. uvā̆ca, 2. uvaktha/uvacitha, 3. uvāca, pl. 1. ūcima, 2. ūca, 3. ūcuḥ ; A. sg. 1. ūce, etc.
—마찬가지로 **vad-** '이야기하다': uvā̆d-, ūd- ; **vap-** '뿌리다': uvā̆p-, ūp- ; **vaś-** '원하다': uvā̆ś-, ūś- ; **vas-** '살다': uvā̆s-, ūṣ- ; **vah-** '옮기다': P. sg. 1. uvā̆ha, 2. uvoḍha(§18.5.d)/uvahitha, 3. uvāha, pl. 1. ūhima, 2. ūha, 3. ūhuḥ

열외: **vam-** '토하다', 강 vavā̆m-, 약 vavam-: P. sg. 1. vavā̆ma, 2. vavamitha, 3. vavāma, pl. 1. vavamima, 2. vavama, 3. vavamuḥ

—어근이 중복자음으로 시작되는 경우

e.g. **svap-** '잠들다', 강 suṣvā̆p-, 약 suṣup-: P. sg. 1. suṣvā̆pa, 2. suṣvaptha/suṣvapitha, 3. suṣvāpa, pl. 1. suṣupima, 2. suṣupa, 3. suṣupuḥ

—**svañj-** '포옹하다/껴안다': A. 3. sg. sasvañje/sasvaje, pl. sasvañjire/sasvajire

(2) **ya+단자음**

약어간 i+i(<ya)+자음>ī+자음

e.g. **yaj-** '제사 지내다, 빌다', 강 iyā̆j-, 약 īj-: P. sg. 1. iyā̆ja, 2. iyaṣṭha/iyajitha, 3. iyāja, pl. 1. ījima, 2. īja, 3. ījuḥ ; A. sg. 1. īje, etc.

열외: **yam-** '억제하다', 강 yayā̆m-, 약 yem-(<ya+im): p. sg. 1. yayā̆ma, 2. yayantha/yemitha, 3. yayāma, pl, 1. yemima, 2. yema, 3. yemuḥ

—어근이 중복자음으로 시작하는 경우

e.g. **vyac-** '둘러싸다', 강 vivyā̆c-, 약 vivic-: P. sg. 1. vivyā̆ca, 2. vivyaktha/vivyacitha, 3. vivyāca, pl. 1. vivicima, 2. vivica, 3. vivicuḥ

—마찬가지로 **vyadh-** '꿰뚫다': P. sg. 1. vivyā̆dha, 2. vivyaddha/vivyadhitha, 3. vivyādha, pl. 3. vividhuḥ ;

vyath- '흔들리다': A. 3. sg. vivyathe, pl. vivyathire ;

cf. **dyut-** '빛나다': A. 3. sg. didyute, pl. didyutire

(3) **grah-** '잡다/붙잡다', 강 jagrā̆h-, 약 jagṛh-: P. sg. 1. jagrā̆ha, 2. jagrahitha, 3. jagrāha, pl. 1. jagṛhima, 2. jagṛha, 3. jagṛhuḥ ; A. sg. 1. jagṛhe, etc.

3. 모음으로 끝나는 어근

a. 모음 어미 혹은 **iṭ**의 앞에서, 어근 **ī̆**는 단자음의 뒤에서 y, 중복자음의 뒤에서 iy가 된다.

e.g. **ji-** '극복하다', 강 jige-, jigai-, 약 jigi-: P. sg. 1. jigā̆ya, 2. jigetha/jigayitha, 3. jigāya, pl. 1. jigyima, 2. jigya, 3. jigyuḥ ; A. sg. 1. jigye, etc.

—**ci-** '모으다': P. 3. sg. cicāya/cikāya, pl. cicyuḥ/cikyuḥ ; A. 3. sg. cicye/cikye, pl. cicyire/cikyire.

—**nī-** '이끌다': P. sg. 1. ninā̆ya, 2. ninetha/ninayitha, 3. nināya, pl. 1. ninyima, 2. ninya, 3. ninyuḥ ; A. sg. 1. ninye, etc.

—**krī-** '사다': P. sg. 1. cikrā̆ya, 2. cikretha/cikrayitha, 3. cikrāya, pl. 1. cikriyima, 2. cikriya, 3. cikriyuḥ ; A. sg. 1. cikriye, etc.

특례:

i- '가다': P. sg. 1. iyā̆ya, 2. iyetha/iyayitha, 3. iyāya, pl. 1. īyima, 2. īya, 3. īyuḥ

—**adhi-i-** '배우다': A. sg. 1. adhijage(supplet.: °gai- A., cf. N. 43 *inf.*), 2. adhijagiṣe, 3. adhijage, pl. 1. adhijagimahe, 2. adhijagidhve, 3. adhijagire

b. 모음 어미 혹은 **iṭ**의 앞에서, 어근 **ū̆**는 항상 uv가 된다.

e.g. **yu-** '결합하다', 강 yuyo-, yuyau-, 약 yuyu-: P. sg. 1. yuyā̆va, 2. yuyavitha, 3. yuyāva, pl. 1. yuyuvima, 2. yuyuva, 3. yuyuvuḥ ; A. sg. 1. yuyuve, etc., 2. pl. yuyuvidhve/°ḍhve(§81.2, N. B. (2))

—**stu-** '칭찬하다'(cf. §81.3.a): P. sg. 1. tuṣṭā̆va, 2. tuṣṭotha, 3. tuṣṭāva, pl. 1. tuṣṭuma, 2. tuṣṭuva, 3. tuṣṭuvuḥ ; A. sg. 1. tuṣṭuve, etc., 2. pl. tuṣṭuḍhve(§81.2, N. B. (2))

특례: **bhū-** '되다': P. sg. 1. babhūva, 2. babhūvitha, 3. babhūva, pl. 1. babhūvima, 2. babhūva, 3. babhūvuḥ ; A. sg. 1. babhūve, etc., 2. pl.

babhūvidhve/°ḍhve

c. 모음 어미 혹은 iṭ의 앞에서, 어근 ṛ은 단자음의 뒤에서 r, 중복자음의 뒤에서 ar이 된다.

e.g. **kṛ-** '하다'(cf. §81.3.a), 강 cakăr-, 약 cakṛ-: P. sg. 1. cakăra, 2. cakartha, 3. cakāra, pl. 1. cakṛma, 2. cakra, 3. cakruḥ ; A. sg. 1. cakre, etc., 2. pl. cakṛḍhve

—마찬가지로 **bhṛ-** '옮기다'(cf. §81.3.e): P. 3. sg. babhāra, pl. babhruḥ ; A. 3. sg. babhre, pl. babhrire

—**mṛ-** '죽다': P. sg. 1. mamăra, 2. mamartha, 3. mamāra, pl. 1. mamrima, 2. mamra, 3. mamruḥ

—**smṛ-** '기억하다': P. sg. 1. sasmăra, 2. sasmartha, 3. sasmāra, pl. 1. sasmarima, 2. sasmara, 3. sasmaruḥ

—ṝ로 끝나는 어근

e.g. **kṝ-** '흩뿌리다': P. sg. 1. cakăra, 2. cakaritha, 3. cakāra, pl. 1. cakarima, 2. cakara, 3. cakaruḥ ; A. sg. 1. cakare, etc., 2. pl. cakaridhve/°ḍhve

특례: **ṛ-** '가다': P. sg. 1. āra, 2. āritha, 3. āra, pl. 1. ārima, 2. āra, 3. āruḥ

d. ā 혹은 이중모음으로 끝나는 어근

e.g.

(1) **dā-** '주다', 강 dadā-, 약 dad-: P. sg. 1. dadau(§81.2, N. B. (1)), 2. dadātha/daditha, 3. dadau, pl. 1. dadima, 2. dada, 3. daduḥ ; A. sg. 1. dade, 2. dadiṣe, 3. dade, pl. 1. dadimahe, 2. dadidhve, 3. dadire. 마찬가지로 **dhā-** '놓다': P. sg. 1. dadhau, 2. dadhātha/dadhitha, 3. dadhau, etc.

—**jyā-** '이기다': P. sg. 1. jijyau, 2. jijyātha/jijyitha, 3. jijyau, etc.

(2) **hve-** '부르다'(=hū-): P. sg. 1. juhăva, 2. juhotha/juhavitha, 3. juhāva, pl. 1. juhuvima, 2. juhuva, 3. juhuvuḥ ; A. sg. 1. juhuve, etc., 2. pl. juhuvidhve/°ḍhve

(3) **gai-** '노래하다': P. sg. 1. jagau, 2. jagātha/jagitha, 3. jagau, pl. 1. jagima, 2. jaga, 3. jaguḥ(A. cf. supra 3. a, 특례: adhi-i-)

(4) **so-** '잇다': P. sg. 1. sasau, 2. sasātha/sasitha, 3. sasau, pl. 1. sasima, 2. sasa, 3. sasuḥ

4. 모음으로 시작하는 어근

a. as- '있다': P. sg. 1. āsa, 2. āsitha, 3. āsa, pl. 1. āsima, 2. āsa, 3. āsuḥ ; A.(조동사로서) sg. 1. āse, 2. āsiṣe, 3. āse, pl. 1. āsimahe, 2. āsidhve, 3. āsire

b. ah- '말하다'(불완전동사로 다음의 형태로만 사용된다): P. sg. 2. āttha, 3. āha, du. 2. āhathuḥ, 3. āhatuḥ, pl. 3. āhuḥ

c. **iṣ-** '원하다': P. sg. 1. iyeṣa, 2. iyeṣitha, 3. iyeṣa, pl. 1. īṣima, 2. īṣa, 3. īṣuḥ

d. uṣ- '태우다/굽다': P. sg. 1. uvoṣa, 2. uvoṣitha, 3. uvoṣa, pl. 1. ūṣima, 2. ūṣa, 3. ūṣuḥ

e. 중자에 ān을 사용하는 경우(§81.1)

(1) 어근: a+비음+자음

e.g. **añj-**(veṭ) '색칠하다': P. sg. 1. ānañja, 2. ānaṅktha/ānañjita, 3. ānañja, pl. 1. ānañjma/ānañjima, 2. ānañja, 3. ānañjuḥ

—**aś-**(=aṁś-, veṭ) '도달하다': A. sg. 1. ānaśe, 2. ānakṣe/ānaśiṣe, 3. ānaśe, pl. 1. ānaśmahe/ānaśimahe, 2. ānaḍḍhve(§64.6)/ānaśidhve, 3. ānaśire

(2) 어근: a+r+자음

e.g. **arc-** '칭하다': P. sg. 1. ānarca, 2. ānarcitha, 3. ānarca, pl. 1. ānṛcima, 2. ānṛca, 3. ānṛcuḥ

—마찬가지로 **ṛdh-**(=ardh-) '번창하다': P. sg. 1. ānardha, 2. ānardhitha, 3. ānardha, pl. 1. ānṛdhima, 2. ānṛdha, 3. ānṛdhuḥ

§83. Ⅱ. 완료분사(Perfect participles)[62]

1. P. 완료의 약어간에 접속사 vas(변화: §25: p.86 ; f. uṣī-)를 더해 만들어진다.

e.g. bibhidva-(bhid- '부수다', §82.1)

didivas-*(div- '놀다')

ninīvas-(nī- '이끌다', §82.3.a)

cakṛvas-(kṛ- '하다', §82.3.c), cf. saṁcaskṛvas-(saṁskṛ- '장식하다')

vidvas-(vid- '알다', §82.1, 비고: p.240~241)

중자를 동반하는 약어간이 1음절인 경우에는, -vas의 앞에 결합모음 i를 넣는다.

e.g. āsivas-(as- '던지다', cf. §82.4.a)

īṣivas-(iṣ- '원하다', §82.4.c), ūcivas-(vac- '말하다', §82.2.d)

ījivas-(yaj- '제사 지내다, 빌다', ibid.)

pecivas-(pac- '조리하다', §82.2.a)

dadivas-(dā- '주다', §82.3.d)

jakṣivas-(ghas- '먹다', §82.2.c)

—ān을 중자음절로 하는 경우

e.g. ājivas-(añj- '색칠하다', §82.4.e)

열외: dṛś- '보다'(§82.1), viś- '들어가다', vid- '발견하다'는, 임의로 i를 넣는다.

e.g.dadṛśvas-/dadṛśivas-

—완료의 약어간을 만드는 경우에 중간의 a를 뺀 어근(§82.2.c) 중, ghas- '먹다': jakṣivas-에 대해서는 v. supra ; khan- '파다'와 jan- '생기다/태어나다'는 강어형에 -vas를 더하고 i는 넣지 않는다.

---

* 어근 끝의 v는 -vas의 앞에서 탈락한다.

e.g. cakhanvas-

gam- '가다'와 han- '죽이다'는, 임의로 이 형식에 따를 수 있다: jagmivas-/jaganvas-(§20.3) ; jaghnivas-/jaghanvas-

2. A. 완료의 약어간에 접미사 āna(f. ānā-)를 더해 만들어진다.

e.g. bibhidāna-(bhid-) ; ninyāna-(nī-) ; cakrāṇa-(kṛ-, cf. saṁcaskrāṇa-) ; pecāna-(pac-) ; dadāna-(dā-) ; ījāna-(yaj-)

열외: ṝ로 끝나는 어근의 경우

e.g. kṝ- '흩뿌리다': cakirāṇa-, P. cikīrvas-, cf. §82.3.c

tṝ- '건너다': tatirāṇa-, P. titīrvas-

pṝ- '채우다': papurāṇa-, P. pupūrvas-

§84. Ⅲ. 복합완료(Periphrastic perfect)[63]

앞서 설명한 바와 같이 복합완료의 주요한 임무는 현재조직(**10**)의 동사(§63.Ⅳ) 및 제2차 활용, 특히 사역동사의 완료형을 제공하는 것에 있다.* 어근에 접미사 ām(=nom. act.의 여성 ā- 어간의 Ac.형)을 더해, 동사의 형태에 따라 kṛ- '하다'의 완료형 P. 또는 A.(§82.3.c), 혹은 동사 형태의 여하를 막론하고 as- '있다' 또는 bhū- '되다'의 완료형 P.(§82.4.a ; §82.3.b, 특례)**를 첨가한다. 단자음으로 끝나는 어근의 단모음 혹은 어근 끝의 모음은 guṇa화한다.

* 단순완료와의 사용 범위의 구별에 대해서는: Note 60.

** A. āse, babhūve는 cakre와 더불어 수동의 의미로 사용된다.

범례 **cur-**(10) '훔치다'

		sg.	pl.
P.	1.	corayāṁ cakāra corayām āsa corayāṁ babhūva*	corayāṁ cakṛma corayām āsima corayāṁ babhūvima
	2.	c° cakartha, āsitha, babhūvitha	c° cakra, āsa, babhūva
	3.	c° cakāra, āsa, babhūva	c° cakruḥ, āsuḥ, babhūvuḥ
A.	1.	c° cakre, āsa, babhūva	c° cakṛmahe, āsima, babhūvima
	2.	c° cakṛṣe, āsitha, babhūvitha	c° cakṛḍhve, āsa, babhūva
	3.	c° cakre, āsa, babhūva	c° cakrire, āsuḥ, babhūvuḥ

마찬가지로 **budh-** '깨닫다', bodhaya-(caus.): bodhayāṁ cakāra, etc., āsa, etc., babhūva, etc. ; A. b° cakre, etc., āsa, etc., babhūva, etc.

—**ās-** '앉다' A. : āsāṁ cakre, etc. āsa, etc., babhūva, etc.

분사 corayāṁ cakṛvas-/āsivas-/babhūvas- ; A. c° cakrāṇa-/āsivas-/babhūvas-. 마찬가지로 bodhayāṁ cakṛvas-, etc. ; A. b° cakrāṇa-, etc.

—A. āsāṁ cakrāṇa-/āsivas-/babhūvas-.

* 조동사 cakāra, etc., babhūva, etc.의 앞에서는 corayāṁ, āsa, etc.의 앞에서는 corayām의 형태를 취한다.

제16장

미래조직

미래에는 단순미래(혹은 단순한 미래)와 복합미래(Periphrastic future)가 있는데, 전자는 직속된 분사를 동반한다. 형태상 미래의 과거형과 주목되는 조건법(Conditional)이 이것에 더해진다. 미래는 폭넓은 장래의 일들에 관계하여, 의도·목적·희망 등도 나타내지만, 복합미래와 구별하여 가까운 장래에 대해 사용되고, 복합미래는 시일·기간이 명시되는 경우에 주로 사용된다. 그리고 조건법은 실현되지 않은 가정을 포함한 조건문에 사용된다.

§85. Ⅰ. 단순미래(Simple future)[64]

총설

aniṭ- 어근(§61)에는 미래접사 sya를, seṭ- 어근에는 iṣya를 더해 미래어간을 만들고, 현재 제1종 활용의 제1차 어미(§60)를 첨가한다(the thematic conjugation).*

1. 결합모음

원칙적으로 seṭ- 어근에는 iṭ를 넣고, veṭ- 어근에는 임의로 이것을 넣으며, aniṭ- 어근에는 넣지 않는다.

e.g. klid-(veṭ) '축축해지다': klediṣyati/kletsyati

그러나 통칙에 대한 열외도 인정된다.

a. ṛ로 끝나는 어근 및 han- '죽이다'는, 다른 경우에는 aniṭ이지만, 미래에서는 i를 넣는다.

e.g. kṛ- '하다': kariṣyati ; han-: haniṣyati

b. 일부 seṭ- 어근은 P.에서 임의로 i를 넣지 않는다.

* 활용은 (1)의 동사의 Pres.와 완전히 동일하다.

e.g. kṛt- '자르다': karitiṣyati/kartsyati

nṛt- '춤추다': nartiṣyati/nartsyati

c. gam-(aniṭ) '가다'는 P.에서만 i를 넣는다: gamiṣyati, 다만 A. gaṁsyate

d. 일부의 어근은 A.에서만 i를 넣는다.

e.g. vṛt-(seṭ) '회전하다': A. vartiṣyate, 다만 P. vartsyati

마찬가지로 vṛdh-(seṭ) '성장하다', syand-(veṭ) '흐르다', śṛdh-(seṭ) '반항하다'

비고

vṛt-, vṛdh- 등 일반적으로 A.로 활용하는 동사도, Fut.에서 P.로 사용되는 경우가 있다.

e.g. kḷp-(veṭ) '알맞다': kalpiṣyate/kalpsate, P. kalpsyati

e. grah- '잡다/붙잡다'는 i를 연장한다: grahīṣyati(§61, 비고)

—vṛ- '덮다/씌우다', '고르다' 및 ṝ로 끝나는 어근은 임의로 i를 연장한다: variṣyati/varīṣyati ; stṛ- '덮다/씌우다': stariṣyati/starīṣyati

2. Snadhi

어근 끝의 자음과 접사의 두음 **s**와의 사이에 일어나는 Sandhi에 유의할 필요가 있다: k, c, j, etc.(§20.2)+s>kṣ

e.g. pac- '조리하다': pakṣyati

tyaj- '버리다': tyakṣyati

vraśc- '자르다': vrakṣyati/vraściṣyati

prach-(=praś-) '묻다': prakṣyati

dah- '태우다': dhakṣyati(§13.7)

lih- '핥다': lekṣyati

다만 nah- '묶다': natsyati(§18.5.c)

—labh- '얻다': lapsyate(§18. 3)

—m, n+s>ṁs

e.g. gam- '가다': gaṁsyate

man- '생각하다': maṁsyate

—s+s>ts

e.g. vas- '살다': vatsyati(§20. 2, 비고)

3. 어간

어근 끝의 ī̆, ū̆, ṝ̆을 비롯해 단자음 앞의 단모음(*type* tud-)은 guṇa화한다.

e.g. ji- '극복하다': jeṣyati

nī- '이끌다': neṣyati

bhū- '되다': bhaviṣyati

kṛ- '하다': kariṣyati

kṝ- '흩뿌리다': kariṣyati/karīṣyati

pṝ- '채우다': pariṣyati/parīṣyati

bhid- '부수다': bhetsyati

tud- '치다': totsyati

cur-(**10**) '훔치다': corayiṣyati

vṛt- '회전하다': vartsyati, vartiṣyate(cf. supra 1. d)

grah- '잡다/붙잡다': grahīṣyati(supra 1. e)

—중간의 a는 변화하지 않는다.

e.g. pat- '떨어지다': patiṣyati

—중간의 ṛ이 ra가 되는 경우가 있다(§8. 1): 단자음의 앞에서는 임의로 ar 또는 ra가 된다.

e.g. sṛp- '기어가다': sarpsyati/srapsyati

tṛp- '만족하다'와 dṛp- '미친 듯 날뛰다'는, i를 넣지 않는 경우 임의로 ra가 된다: tarpsyati/trapsyati 또는 tarpiṣyati

dṛś- '보다'와 sṛj- '방출하다'는 반드시 ra가 된다: drakṣyati, srakṣyati

열외:

vij- '흔들리다': vijiṣyate, cf. avijiṣṭa 3. sg. aor. V.

—mṛj- '닦다/훔치다': mārjiṣyati/mārkṣyati, cf. mārṣṭi 3. sg. pres.

—lī- '부착하다': leṣyati/lāsyati

—naś- '망하다/없어지다': naśiṣyati/naṅkṣyati ; majj- '가라앉다': maṅkṣyati

§86. 활용

범례

		budh- '깨닫다', 어간 bodhiṣya-		**dā-** '주다', 어간 dāsya-	
		P.	A.	P.	A.
sg.	1.	bodhiṣyāmi	bodhiṣye	dāsyāmi	dāsye
	2.	bodhiṣyasi	bodhiṣyase	dāsyasi	dāsyase
	3.	bodhiṣyati	bodhiṣyate	dāsyati	dāsyate
du.	1.	bodhiṣyāvaḥ	bodhiṣyāvahe	dāsyāvaḥ	dāsyāvahe
	2.	bodhiṣyathaḥ	bodhiṣyethe	dāsyathaḥ	dāsyethe
	3.	bodhiṣyataḥ	bodhiṣyete	dāsyataḥ	dāsyete
pl.	1.	bodhiṣyāmaḥ	bodhiṣyāmahe	dāsyāmaḥ	dāsyāmahe
	2.	bodhiṣyatha	bodhiṣyadhve	dāsyatha	dāsyadhve
	3.	bodhiṣyanti	bodhiṣyante	dāsyanti	dāsyante
Pt.		bodhiṣyat-	bodhiṣyamāṇa-	dāsyat-	dāsyamāna-

마찬가지로 **gai-** '노래하다': P. sg. 1. gāsyāmi, 2. gāsyasi, 3. gāsyati, pl. 3. gāsyanti ; Pt. gāsyat-

—**jīv-** '살다': P. sg. 1. jīviṣyāmi, 2. jīviṣyasi, 3. jīviṣyati, pl. 3. jīviṣyanti ; Pt. jīviṣyat-

미래분사 P.는 현재분사 tudat-(tud-(6) '치다')의 형식에 따라 변화한다: f. (=N. V. Ac. du. n.) bodhiṣyatī-/bodhiṣyantī- ; dāsyatī-/dāsyantī-(§25: p.78, cf. §71.1)

—**A.** f. bodhiṣyamāṇā-, dāsyamānā-(cf. §71.2.a)

§87. Ⅱ.복합미래(Periphrastic future)[65]

총설

aniṭ- 어근에는 접사 tā(=tṛ- 어간의 N. sg. m., §29.1)를, seṭ- 어근에는 itā를 더해, 조동사로서 as- '있다'의 현재형(§65)을 첨가한다. A.는 P.에 따라 만들어진 as-의 특별형(§65, 비고: p.198)을 더해 만들어진다. 다만 3인칭은 P.에서도 A.에서도, 조동사를 생략하고 -tṛ의 변화형(sg., du., pl.: p.101)만을 사용한다. 실용적으로는 3인칭만이 문제가 된다.

1. 결합모음

iṭ의 유무 및 그 연장은 단순미래의 경우에 준하기에(§85.1), 서로 다른 점 몇 가지를 거론하는 것에 그치겠다.

a. seṭ- 어근 iṣ- '원하다', riṣ- '해하다', ruṣ- '해하다', lubh- '탐내다', sah- '이기다'는 임의로 i를 생략한다.

e.g. eṣitā/eṣṭā(iṣ-, fut. eṣiṣyati)
lobhitā/lobdhā(lubh-, lobhiṣyati)
sahitā/soḍhā(sah-, sahiṣyate)

b. kṛ- '하다'는 i를 넣지 않는다: kartā(cf. fut. P. kariṣyati, §85.1.a)

c. gam- '가다'와 han- '죽이다'는 i를 넣지 않는다: gantā(cf. gamiṣyati, §85.1.c), hantā(cf. §85.1.a)

d. vṛt-, vṛdh-, syand-, śṛdh-(§85.1.d)는 i를 넣는다.

e.g. vartitā

2. Sandhi

어근 끝의 자음과 접사의 두음 t와의 사이에 일어나는 Sandhi에 유의할 필요가 있다(cf. §18.4~8).

e.g. pac- '조리하다': paktā
tyaj- '버리다': tyaktā
yaj- '제사 지내다, 빌다': yaṣṭā
prach-(=praś-) '묻다': praṣṭā
labh- '얻다': labdhā
dah- '태우다': dagdhā
lih- '핥다': leḍhā
vah- '옮기다': voḍhā
nah- '묶다': naddhā(§18.5.c)

3. 어간

단순미래의 경우와 동일하다(§85.3). 이하 가급적이면 중복되는 것을 피하며(cf. supra 1, 2), 일부만을 열거하겠다:

ji- '극복하다': jetā
nī- '이끌다': netā
bhū '되다': bhavitā
vṛ- '덮다/씌우다', '고르다': varītā
kṝ- '흩뿌리다': karītā(cf. §85.1.e)
hve- '부르다': hvātā

gai- '노래하다': gātā

pat- '떨어지다': patitā

vraśc- '자르다': vraścitā/vraṣṭā

naś- '망하다/없어지다': naśitā/naṁṣṭā

majj- '가라앉다': maṅktā(cf. §85.3, 열외)

bhid- '부수다': bhettā

tud- '치다': tottā

cur-(**10**) '훔치다': corayitā

dṛś- '보다': draṣṭā

sṛp- '기어가다': sarpitā/sarptā

tṛp- '만족하다': tarpitā/tarptā 또는 traptā(cf. §85.3 *inf.*)

vij- '흔들리다': vijitā

mṛj- '닦다/훔치다': mārjitā/mārṣṭā(cf. §85.3, 열외)

nind- '비난하다': ninditā

jīv- '살다': jīvitā

kḷp- '알맞다': kalptā, A. kalptā/kalpitā(cf. §85.1, 비고)

grah- '잡다/붙잡다': grahītā(§85.1.e)

§88. 활용

범례

		budh- '깨닫다'		**dā- '주다'**	
		P.	A.	P.	A.
sg.	1.	bodhitāsmi	bodhitāhe	dātāsmi	dātāhe
	2.	bodhitāsi	bodhitāse	dātāsi	dātāse
	3.	bodhitā	bodhitā	dātā	dātā

du.	1.	bodhitāsvaḥ	bodhitāsvahe	dātāsvaḥ	dātāsvahe
	2.	bodhitāsthaḥ	bodhitāsāthe	dātāsthaḥ	dātāsāthe
	3.	bodhitārau	bodhitārau	dātāsrau	dātārau
pl.	1.	bodhitāsmaḥ	bodhitāsmahe	dātāsmaḥ	dātāsmahe
	2.	bodhitāstha	bodhitādhve	dātāstha	dātādhve
	3.	bodhitāraḥ	bodhitāraḥ	dātāraḥ	dātāraḥ

《비고》

이상은 고전기의 정규형이지만, 조금 더 오래된 시대의 문헌에서는 여러 불규칙이 인정되었다.

e.g. asmi hantā=hantāsmi(han- '죽이다')

drașțā 1. sg. (dṛś- '보다')

°tā와 조동사와의 사이에 다른 단어를 개재하는 경우가 있다(tmesis).

§89. Ⅲ. 조건법(Conditional)[66]

단순미래의 어간의 앞머리에 어그먼트 a를 붙여서, 현재 제1종 활용의 제2차 어미(§60)를 첨가한다(the thematic conjugation).* 단순미래에 대한 형태상의 관계는, Pres.와 Impf.의 그것과 동일하다: bhaviṣyati(fut.): abhaviṣyat(cond.) =bhavati(pres.): abhavat(impf.). 고전기에서는 일부의 관용형(e.g. abhaviṣyat) 이외에는 드물게만 사용되었다.

* 활용은 (1)의 동사의 Impf.와 완전히 동일하다.

범례

		bhū- '되다', 어간 abhaviṣya-		dā- '주다', 어간 adāsya-	
		P.	A.	P.	A.
sg.	1.	abhaviṣyam	abhaviṣye	adāsyam	adāsye
	2.	abhaviṣyaḥ	abhaviṣyathāḥ	adāsyaḥ	adāsyathāḥ
	3.	abhaviṣyat	abhaviṣyata	adāsyat	adāsyata
du.	1.	abhaviṣyāva	abhaviṣyāvahi	adāsyāva	adāsyāvahi
	2.	abhaviṣyatam	abhaviṣyethām	adāsyatam	adāsyethām
	3.	abhaviṣyatām	abhaviṣyetām	adāsyatām	adāsyetām
pl.	1.	abhaviṣyāma	abhaviṣyāmahi	adāsyāma	adāsyāmahi
	2.	abhaviṣyata	abhaviṣyadhvam	adāsyata	adāsyadhvam
	3.	abhaviṣyan	abhaviṣyanta	adāsyan	adāsyanta

마찬가지로 **tud-** '때리다': P. sg. 1. atotsyam, 2. atotsyaḥ, 3. atotsyat, pl. 3. atotsyan ; A. sg. 1. atotsye, etc.

—**kṛ-** '하다': P. sg. 1. akariṣyam, 2. akariṣyaḥ, 3. akariṣyat, pl. 3. akariṣyan ; A. sg. 1. akariṣye, etc.

—**cur-(10)** '훔치다': P. sg. 1. acorayiṣyam, 2. acorayiṣyaḥ, 3. acorayiṣyat, pl. 3. acorayiṣyan ; A. sg. 1. acorayiṣye, etc.

—**edh-** '번창하다': A. sg. 1. aidhiṣye, 2. aidhiṣyathāḥ, 3. aidhiṣyata, pl. 3. aidhiṣyanta

—**gai-** '노래하다': P. sg. 1. agāsyam, 2. agāsyaḥ, 3. agāsyat, pl. 3. agāsyan

제17장

수동활용 (Passive conjugation)[67]

수동태(Passive voice)는 P.와 A.의 대립에 벗어나 있으며 제2차 활용에 속하여, 제1차 활용과 동일한 시간·법조직을 전개한다.

§90. 현재조직

1. 어간

어근에 접미사 ya를 더해 어간을 만들고, (4)의 동사(§63. Ⅲ)의 A.와 동일하게 활용된다.

e.g. pac- '조리하다': pres. pac-yate, impf. apacyata, opt. pacyeta, ipv. pacyatām
bhid- '부수다': bhidyate
tud- '치다': tudyate

따라서 동일한 형태가 (4) A.와 Pass.를 겸하는 경우가 있다.

e.g. nahyate 3. sg. pres. A.=pres. pass., nah-(4) '묶다'

수동접사 ya의 앞에서의 어근의 형태는, 어근 끝의 ā 및 이중모음의 취급을 제외하고, Prec. P.(§80. I)의 경우와 동일하다.

(1) 어근 끝 자음 앞의 비음은 일반적으로 탈락한다.
e.g. daṁś- '깨물다/씹다': daśyate
bandh- '묶다': badhyate
그러나 nand- '기뻐하다': nandyate
nind- '비난하다': nindyate

(2) 어근 끝의 i, u는 연장된다.
e.g. ci- '모으다': cīyate

stu- '칭찬하다': stūyate

i- '가다': īyate

adhi-i- '배우다': adhīyate

(3) 어근 끝의 ṛ은, 단자음에 앞설 경우 ri로, 중복자음에 앞설 경우는 ar이 된다.

e.g. kṛ- '하다': kriyate, saṁskriyate

smṛ- '기억하다': smaryate

ṛ- '가다': aryate

(4) 어근 끝의 ṝ은 īr(순음의 뒤에서는 ūr)이 된다.

e.g. kṝ- '흩뿌리다': kīryate

pṝ- '채우다': pūryate

(5) 어근 끝의 ā 및 이중모음(e, ai, o)은 ī가 된다.

e.g. dā- '주다': dīyate(cf. prec. P. deyāt)

마찬가지로 dhā- '두다' ; mā- '재다' ; pā- '마시다'(cf. pā- '수호하다': pāyate)

sthā- '서다': sthīyate

hā- '버리다': hīyate(cf. hā- '나가다': hāyate)

dhe- '들이마시다': dhīyate

gai- '노래하다': gīyate

so- '잇다': sīyate

그러나 중복자음의 뒤에서는 일반적으로 ā가 유지된다.

e.g. jñā- '알다': jñāyate(cf. prec. P. jñāyāt/jñeyāt)

마찬가지로 khyā- '이야기하다' ; dhmā- '불다'

dhyai- '생각하다': dhyāyate

마찬가지로 trai- '도와주다' ; glai- '지치다'

—(열외) hve- '부르다': hūyate

(6) Saṁprasāraṇa

e.g. vac- '말하다': ucyate

마찬가지로 vad- '이야기하다' ; vap- '뿌리다' ; vaś- '원하다' ; vas- '살다'

yaj- '숭상하다': ijyate

마찬가지로 vyac- '둘러싸다' ; vyadh- '꿰뚫다'

grah- '잡다/붙잡다': gṛhyate

마찬가지로 prach- '묻다': pṛcchyate ; bhrajj- '굽다/불을 쬐다' ;

vraśc- '자르다'

(7) khan- '파다': khanyate/khāyate ; 마찬가지로 jan- '생기다/태어나다'(cf. **(4)** jāyate) ; tan- '늘이다' ; san- '획득하다' ; dhmā- '불다': dhamyate, cf. supra (5)

(8) 그 외

e.g. śās- '명령하다': śiṣyate

div- '놀다': dīvyate

śī- '(가로로) 눕다': śayyate

ūh- '옮기다': ūhyate

그러나 sam-ūh- '모으다': samuhyate

(9) **(10)** 및 Caus.

e.g. cur-**(10)** '훔치다': coryate(pres. corayati)

kṛ- '하다': kāryate(caus. kārayati)

dā- '주다': dāpyate(caus. dāpayati)

—Des.: budh- '깨닫다': bubodhiṣyate(des. bubodhiṣati)

2. 활용

범례 **tud-** '치다', 어간 tudya-

		sg.	du.	pl.
Pres.	1.	tudye	tudyāvahe	tudyāmahe
	2.	tudyase	tudyethe	tudyadhve

	3.	tudyate	tudyete	tudyante
Impf.	1.	atudye	atudyāvahi	atudyāmahi
	2.	atudyathāḥ	atudyethām	atudyadhvam
	3.	atudyata	atudyetām	atudyanta
Opt.	1.	tudyeya	tudyevahi	tudyemahi
	2.	tudyethāḥ	tudyeyāthām	tudyedhvam
	3.	tudyeta	tudyeyātām	tudyeran
Ipv.	1.	tudyai	tudyāvahai	tudyāmahai
	2.	tudyasva	tudyethām	tudyadhvam
	3.	tudyatām	tudyetām	tudyantām
Pt.	tudyamāna-, f. °mānā-			

§91. 현재조직 이외

원칙적으로 Aor.(3. sg.를 제외), Prec., Pf., Periph. pf.,* Fut., Periph. fut., Cond.의 A.형이 Pass.의 의미를 겸한다. 다만 Aor. 및 Fut.(Periph. fut., Cond., Prec.)는 특별한 Pass.형을 만들 수 있다.**

Ⅰ. Aor. pass.

1. 3. sg.

어근에 어그먼트를 더하고, 어미 i를 더한다.

a. 어근 끝 단자음 앞의 짧은 모음은 guṇa화한다.

e.g. bhid- '부수다': abhedi

* 조동사로서는 kṛ-, as-, bhū-의 pf. A. cakre, āse, babhūve를 사용한다, cf. §84, n.**

** 이것들의 특별수동형은 드물게 사용되는 것에 지나지 않다.

tud- '치다': atodi

kṛt- '자르다': akarti

b. 같은 위치에 있는 a는 연장된다.

e.g. vad- '이야기하다': avādi

paṭh- '읽다': apāṭhi

han- '죽이다': aghāni

—am으로 끝나는 어근의 a는 일반적으로 연장되지 않는다.

e.g. dam- '제어하다': adami ; gam- '가다' ; agami

그러나 kam- '사랑하다': akāmi

마찬가지로 nam- '구부리다' ; yam- '억제하다' ; ram- '만족하다'

ā-cam- '홀짝이다': ācāmi

—jan- '생기다/태어나다': ajani ; rac- '형성하다': araci ; vadh- '죽이다': avadhi ; bhañj- '부수다': abhañji/abhāji

c. 어근 끝의 모음은 vṛddhi화한다.

e.g. ci- '모으다': acāyi

nī- '이끌다': anāyi

stu- '칭찬하다': astāvi

lū- '자르다': alāvi

kṛ- '하다': akāri

kṝ- '흩뿌리다': akāri

다만 pṝ- '채우다': apūri

d. 어근 끝이 ā 또는 이중모음(e, ai, o)으로 끝나는 경우는, i의 앞에 y를 넣고 -āyi로 한다.

e.g. dā- '주다': adāyi

dhe- '들이마시다': adhāyi

gai- '노래하다': agāyi

e. rabh- '잡다': arambhi

labh- '얻다': alambhi

2. 그 외의 인칭

a. Aor.를 IV.(s-aor.), V.(iṣ-aor.) 또는 VII.(sa-aor.)의 형식에 의해 만드는 동사는 원칙에 따라 해당 Aor. 형식의 A.를 Pass.로 사용한다.

e.g. kṛ- '하다': akṛṣi(1. sg. aor. A., *type* IV.)

dā- '주다': adiṣi(do.)

muc- '풀다': amukṣi(do.)

lū- '자르다': alaviṣi(do., *type* V.)

bhū- '되다': abhaviṣi(do.)

dviṣ- '미워하다, 시기하다': advikṣi(do., *type* VII.)

b. Aor.를 II. 또는 III.의 형식에 의해 만드는 동사는 그 어근이 aniṭ인지 seṭ인지에 따라, IV.(s-aor.) 또는 V.(iṣ-aor.)의 형식에 준해 만들어진 A.형을 Pass.로 사용한다.

e.g. khyā-(aniṭ) '말하다': akhyāsi(1. sg. aor. pass.=*type* IV. A., cf. akhye 1. sg. aor. A., *type* II.)

sru-(aniṭ) '흐르다': asroṣi(do., cf. asusruve 1. sg. aor. A., *type* III.)

as-(seṭ) '던지다': āsiṣi(do., *type* V. A., cf. āsthe, *type* II.)

śri-(seṭ) '향하다': aśrayiṣi(do., cf. aśiśriye, *type* III.)

Ⅱ. Aor. 및 Fut.의 특별수동형

1. Aor. pass. 특별형

모음으로 끝나는 어근, grah- '잡다/붙잡다', dṛś- '보다' 및 han- '죽이다' 는 3. sg. (supra I.1)를 제외하고, 임의로 특별한 Aor. Pass.를 만들 수 있다. 어그먼트를 동반한 어근의 형식은 3. sg. aor. pass.(ibid.)의 어미 i의 앞에서와 동일하며 활용은 Aor.의 V.형식(iṣ-aor.)에 따른다. 다만 iṣ의 i는 연장되지 않는다(cf. §77: p.224~225).

E.g. ci- '모으다': acāyiṣi(1. sg.)
nī- '이끌다': anāyiṣi
grah- '잡다/붙잡다': agrāhiṣi(cf. agrahīṣi 1. sg. aor. A.=pass., *type* V.)
dṛś- '보다': adarśiṣi
han- '죽이다': aghāniṣi

2. Fut. pass. 특별형

모음으로 끝나는 어근, grah- '잡다/붙잡다', dṛś- '보다' 및 han- '죽이다'는 임의로 특별한 Fut. pass.를 만들 수 있다. 어근의 형태는 3. sg. aor. pass.(supra Ⅰ.1)의 어미 i의 앞에서와 동일하며, 이것에 결합모음을 동반하는 미래접사 iṣya를 붙인다. 다만 이 i는 연장되지 않는다(cf. supra Ⅱ.1). 마찬가지로 Periph. fut., Cond., 및 Prec. pass.가 만들어진다. 활용은 각각 해당 시제·법의 A.에 준한다.
cf. §86(fut.), §88(periph. fut.), §89(cond.), §80. II(prec.)

e.g. dā- '주다': dāyiṣyate(3. sg. fut.), dāyitā(periph. fut.), adāyiṣyata(cond.), dāyiṣīṣṭa(prec.)
마찬가지로 grah-: grāhiṣyate(fut.), etc.
dṛś-: darśiṣyate
han-: ghāniṣyate

제18장

사역활용 (Causative conjugation)[68]

현재조직(**10**)의 동사(§63. IV)와 Caus.는 어간의 만드는 방법 및 활용을 공통으로 한다.* Caus.는 본래 A가 B(I. 또는 Ac.)로서 어떤 일을 하는 것을 나타내지만, 형태만이 이것에 속하고, 사역의 의미를 잃게 되는 경우도 적지 않다(cf. p. 193, 비고 2).

§92. 현재조직

어간

1. 어근에 접사 aya를 더해 현재어간을 만들며, (**1**)의 동사(§63. I)와 완전히 동일한 활용을 한다.

a. 어근 끝 단자음의 앞에 짧은 모음은 guṇa화한다.

> e.g. cur-(**10**) '훔치다': coraya-
>
> cit- '인정하다': cetaya-
>
> tud- '치다': todaya-
>
> vṛt- '회전하다': vartaya-
>
> kḷp- '알맞다': kalpaya-

—그러나 mṛj- '닦다/훔치다' mārjaya-, cf. pres. mārṣṭi**

> guh- '감추다/숨기다': gūhaya-

—본래 장모음 혹은 복수자음 앞의 모음은 변화하지 않는다.

> e.g. cint-(**10**) '생각하다': cintaya-
>
> jīv- '살다': jīvaya-
>
> pīḍ- '압박하다': pīḍaya-
>
> daṁś- '깨물다/씹다': daṁśaya-

---

* 접사 aya를 지닌 Den. (§99. II. 3)를 참조.

** Cf. Note 52. 6.

rañj- '물들다': rañjaya-

b. 같은 위치에 있는 a는 일반적으로 연장된다.

e.g. pat- '떨어지다': pātaya-

man- '생각하다': mānaya-

—그러나 jan- '생기다/태어나다': janaya-

dhvan- '울다': dhvanaya-

stan- '천둥이 치다': stanaya-

tvar- '서두르다': tvaraya-

prath- '넓어지다': prathaya-

—den. kathaya-(kath- '이야기하다/말하다') ;

gaṇaya-(gaṇ- '헤아리다/계산하다')

c. am으로 끝나는 어근은 일반적으로 a를 연장하지 않는다.

e.g. gam- '가다': gamaya-

kram- '걷다': kramaya-

—그러나 kam- '사랑하다': kāmaya- ; cam- '홀짝이다': cāmaya-

—일부 어근은 임의로 연장한다.

e.g. nam- '구부리다': nă̄maya-, 다만 복합동사로서는 °namaya-

마찬가지로 vam- '토하다, 내뱉다': vă̄maya-, °vamaya-

yam- '억제하다': yă̄maya-

śam- '조용해지다/가라앉다': śă̄maya-

《 비고 》

위의 예시(nam-, vam-)에 보이는 a 또는 ā의 선택이 prev.의 유무에 의해 정해지는 경우도 있다.

e.g. jval- '활활 타다': jvă̄laya-, °jvalaya-

의미의 차이에 의하는 경우도 있다.

e.g. mad- '즐거워하다': madaya- '즐거워하다', mādaya- '즐겁게 생각

하다'

그러나 실제 예시에서 반드시 문법가의 상세한 규칙과 일치하지는 않고, 고전 작품에서도 여러 다른 예시들이 존재한다.

d. 어근 끝의 모음은 vṛddhi화한다.

e.g. hi- '밀어내다': hāyaya

nī- '이끌다': nāyaya-

stu- '칭찬하다': stāvaya-

lū- '자르다': lāvaya-

bhū- '되다': bhāvaya-

kṛ- '하다': kāraya-

kṝ- '흩뿌리다': kāraya-

pṝ- '채우다': pāraya-/pūraya-

—그러나 smṛ- '기억하다': smăraya- ; jṝ- '늙다': jaraya-

2. P-caus.

ā 혹은 이중모음(e, ai, o)으로 끝나는 어근은 일반적으로 접사 aya의 앞에 p를 넣어 paya가 된다. 이 형식은 p-caus.라고 불리지만, 이 또한 사역의 의미를 잃는 경우가 있다.

a. dā- '주다': dāpaya-

dhā- '놓다': dhāpaya-

ghrā- '냄새 맡다': ghrāpaya-

sthā- '서다': sthāpaya-

dhe- '들이마시다': dhāpaya-

gai- '노래하다': gāpaya-

do- '자르다': dāpaya-

—jñā- '알다': jñăpaya-(cf. infra c)

b. ā 이외의 모음으로 끝나는 어근에서도 만들어진다.

e.g. mi- '고정하다' 및 mī- '부수다': māpaya-

ci- '모으다': cāpaya-/cāyaya-(infra 3)

ji- '극복하다': jāpaya-

adhi-i- '배우다' A.: adhyāpaya-(cf. i- '가다': āyaya-)

dī- '죽다': dāpaya-

krī- '사다': krāpaya-

ṛ- '가다': arpaya-

c. 어근 끝의 ā를 임의로 줄인 것

e.g. śrā- '끓이다': śrā̆paya-

jñā- '알다': jñā̆paya- '알게 하다', jñapaya- '보이다'

glai- '지치다': glā̆paya-, (prev.의 뒤) °glāpaya-

snā- '수욕하다/미역을 감다': snā̆paya-, °snāpaya

—그 외

e.g. kṣi- '멸망시키다': kṣapaya-

ruh- '성장하다': ropaya-/rohaya-

3. -aya의 앞에 y가 생겨나(cf. pyāy- '팽창하다': pyāyaya-) -yaya의 형태를 보이는 경우

e.g. pā- '마시다': pāyaya-, cf. pā- '수호하다': pālaya-(den.)

ve- '(옷감을) 짜다': vāyaya-

vye- '싸다/포장하다': vyāyaya-

hve- '부르다': hvāyaya-

śo- '날카롭게 하다': śāyaya-

so- '잇다': sāyaya-

—bhī- '두려워하다': bhāyaya- '놀라게 하다', bhāpaya- '공포를 일으키게 하다'

lī- '부착하다': lāyaya-/lāpayacf. ci-(supra 2.b)

§93. 현재조직 이외

1. Pf.

Periph. pf.(§84)의 형식이 사용된다.

e.g. cur-(**10**) '훔치다': P. corayāṁ cakāra, A. cakre

　　 P. A. corayām āsa, corayāṁ babhūva

2. 미래조직 및 Prec.

Caus. 어간의 특징을 유지하며, 해당 시제·법의 형식에 따라 활용된다.

e.g. cur-(**10**): Fut. corayiṣyati, A. °te(§86)

　　 Fut. pt. corayiṣyat-, A. corayiṣyamāṇa-(do.)

　　 Periph. fut. corayitā(1. sg. corayitāsmi, A. °tāhe, §88)

　　 Cond. acorayiṣyat, A. °ta(§89)

　　 Prec. coryāt, A. corayiṣīṣṭa(§80)

3. Aor.

중자 Aor. (*type* III, §75)의 형식이 사용된다. 중자의 자음에 관해서는 §58. II 참조. 중자의 모음으로서는 주로 i가 사용되며, 어근의 모음에 따라 u도 사용된다. i는 어근모음 ī̆ 뿐만 아니라 ā̆, r̥̄ 및 l̥로도 대표된다.

a. 어근부는 대체로 약한 형태 혹은 a를 보이지만, 어근 끝의 ī̆, ū̆, r̥̄ 은 guṇa화한다. 중자모음 i 또는 u는 위치에 따라 길어지는 경우(§5)를 제외하고는 연장되며, 문장 앞부분의 3음절은 거의 대부분 ⏑ (augm.) ＿ ⏑의 리듬을 지닌다.

　　 e.g. bhid- '부수다': abībhidat

　　　　 cit- '인정하다': acīcitata(A.)

kṛ- '하다': acīkarat

dṛś- '보다': adīdṛśat

jan- '생기다/태어나다': ajījanat

tṝ- '건너다': atītarat

pṝ- '채우다': apīparat

śī- '(가로로) 눕다': aśīśayat

tud- '치다': atūtudat

muc- '풀다': amūmucat

cur-(**10**) '훔치다': acūcurat

svap- '잠들다': asūṣupat

—bhū- '되다': abībhavat

lū- '자르다': alīlavat

śru- '듣다': aśiśravat/aśuśruvat

—grah- '잡다/붙잡다': ajigrahat(◡ _ ◡) ; tvaj- '버리다': atityajat

—den. acakathat(kath- '이야기하다') ; ajagaṇat(gaṇ- '헤아리다/계산하다')

《 비고 》

Caus. aor.와 non-caus.와의 사이에 차이가 있는 경우

e.g. śri- '향하다': aśiśrayat : non-caus. aśiśriyat(§75)

dru- '달리다': adudravat: adudruvat

마찬가지로 pat- '떨어지다': apīpatat: apaptat

vac- '말하다': avīvacat: avocat

naś- '망하다/없어지다': anīnaśat: aneśat

dhe- '들이마시다': adīdhapat: adadhat(§75)

b. p-caus.(§92. 2)의 p는 유지된다.

e.g. jñā- '알다': ajijñapat(cf. caus. jñăpaya-)

ghrā- '냄새 맡다': ajighrapat/ajighripat(cf. ghrāpaya-)

sthā- '서다': atiṣṭhipat(cf. sthāpaya-)

ji- '극복하다': ajījapat(cf. jāpaya-)

ci- '모으다': acīcapat/acīcayat(cf. cāpaya-/cāyaya-)

krī- '사다': acikrapat(cf. krāpaya-)

adhi-i- '배우다': adhyāpipat/adhyajīgapat(cf. adhyāpaya-)

dhe- '들이마시다': adīdhapat(cf. dhāpaya-)

—pā- '마시다': apīpyat(cf. pāyaya-)

c. 어근이 모음으로 시작하는 경우에는 복잡한 형태를 보인다.

e.g. aś- '먹다': āśisat

i- '가다': °āyiyat(cf. caus. āyaya- ; adhi-i-에 대해서는: supra b)

iṣ- '원하다': aiṣiṣat

īkṣ- '보다': aicikṣat

und- '적시다': aundidat(cf. iṣ-aor. aundīt)

ṛ- '가다': ārpipat(cf. caus. arpaya-)

—īrṣy- '질투하다'(den.): airṣiṣyat/airṣyiyat(cf. iṣ-aor. airṣyīt)

d. 특징 있는 리듬 ⏑_⏑을 유지하기 위해 어근의 모음을 줄이거나, Saṁprasāraṇa에 의해 약화하는 경우가 있다.

e.g. rādh- '성공하다': arīradhat

vyadh- '꿰뚫다': avīvidhat

—이것과 반대로 어근의 장모음을 유지하며, ⏑ ⏑_의 리듬을 보이는 경우가 있다.

e.g. dīp- '빛나다': adidīpat

jīv- '살다': ajijīvat/ajījivat

pīḍ- '압박하다': apipīḍat/apīpiḍat

mīl- '깜빡이다': amimīlat/amīmilat

—마찬가지로 khel- '비틀거리다': acikhelat

lup- '부수다': alulopat/alūlupat

hve- '부르다': ajuhāvat/ajūhavat

《 비고 》

ĭ 혹은 ŭ에 의해 중자를 일으키는 상기의 형식 이외에, 문법가는 a에 의해 중자를 일으키는 어근부는 강모음을 지닌 형식으로 가르친다.

e.g. rakṣ- '보호하다': ararakṣat

śās- '명령하다': aśaśāsat

tvar- '서두르다': atatvarat

vṛt- '회전하다': avavartat

kṛt- '자르다': acakartat/acīkṛtat

mṛj- '닦다/훔치다': amamārjat/amīmṛjat

stṝ- '덮다': atastarat

kḷp- '알맞다': acakalpat/acīkḷpat

—lakṣ- '표시하다'(den.): alalakṣat

§94. 사역동사의 수동활용(Causative passive)

Caus. 및 이것에 준하는(**10**) 동사는 이론상 완전히 수동활용으로 이용할 수 있지만, 실용상의 이유로 여기서는 현재조직에 한해서만 다루겠다.[69] Caus. 및 (**10**)의 어간에서 접사 aya를 빼고, Pass.의 접사 ya를 붙여 현재어간을 만든다. 활용은 §90의 범례에 따른다.

cur-(10) '훔치다', coraya-	**budh-** '깨닫다', caus. bodhaya-
pass. corya-	pass. bodhya-
Pres. coryate	bodhyate
Impf. acoryata	abodhyata
Opt. coryeta	bodhyeta
Ipv. coryatām	bodhyatām
Pt. coryamāṇa-, f. °māṇā-	bodhyamāna-, f. °mānā-

《 비고 》

Caus. 및 (**10**)의 동사에서 Des.도 만들 수 있다.

e.g. cur-(**10**): cucorayiṣati

budh-: bubodhayiṣati(§96. Ⅲ. 2)

제19장

의욕활용

(Desiderative conjugation)[70]

중자를 더한 어간에 접사 sa(iṣa)를 붙여 어간을 만든다. Des.는 어떤 것을 하려고 하는 의향을 나타내지만, 전체적으로 사용빈도가 높지 않다.

§95. 총설

1. 중자

자음에 관해서는 §58. II 참조. 모음으로서는 i(어근이 u 또는 ū를 포함한 경우에는 u)가 사용된다.

e.g. bhid- '부수다': bibhitsa-
kṛ- '하다': cikīrṣa-
tṝ- '건너다': titīrṣa-/titarĭ̄ṣa-
pṝ- '채우다': pupūrṣa-/piparĭ̄ṣa-
yaj- '제사 지내다, 빌다': yiyakṣa-
tyaj- '버리다': tityakṣa-
pā- '마시다, 수호하다': pipāsa-
stu- '칭찬하다': tuṣṭūṣa-
muṣ- '훔치다': mumuṣiṣa-
rud- '울다': rurudiṣa-
bhū- '되다': bubhūṣa-/bibhaviṣa-

—특례:
bhṛ- '옮기다': bubhūrṣa-/bibhariṣa-
div- '놀다': dudyūṣa-/dideviṣa-

〈비고〉

어근의 두음 s는 접사 sa가 ṣa로 된 경우, 중자음절의 뒤에서 ṣ가 되지 않는다.

e.g. smi- '웃다': sismayiṣa-

su- '쥐어짜다, 조르다': susūṣa-

so- '잇다': sisīṣa-/siṣāsa-

그러나 sthā- '서다': tiṣṭhāsa-

sad- '앉다': siṣatsa-

—(반례)

stu- '칭찬하다': tuṣṭūṣa-

syand- '흐르다': sisyantsa- (infra 2.e), etc.

2. 결합모음

일반적으로 seṭ- 어근에는 iṭ를 넣고, aniṭ- 어근에는 넣지 않는다. 그러나 이러한 규칙에 대한 예외도 인정된다. iṭ를 동반한 경우, 어근의 모음은 대체로 guṇa화 한다.

E.g. paṭh-(seṭ) '읽다' : pipaṭhiṣa-

jan- '생기다/태어나다': jijaniṣa-

그러나 pac-(aniṭ) '조리하다': pipakṣa-

muc- '풀다': mumukṣa-

nī- '이끌다': ninīṣa-

kṛ- '하다': cikīrṣa-

그러나 dṛ-(aniṭ) '고려하다': didariṣa-

jñā- '알다': jijñāsa-

pā-: pipāsa-(supra 1)

gai- '노래하다': jigāsa-

—특례:

guh-(veṭ) '감추다': jughukṣa-

grah-(seṭ) '잡다/붙잡다': jighṛkṣaprach-(aniṭ) '묻다': pipṛcchiṣa-

a. u 또는 ū로 끝나는 어근은 일반적으로 i를 넣지 않는다.

e.g. nu- '칭찬하다': ninūṣa-

lū- '자르다' : lulūṣa-

bhū- '되다': bubhūṣa-/bibhaviṣa-

그러나 pū- '깨끗이 하다/씻다': pipaviṣa-

b. 일반적으로 veṭ- 어근은 임의로 i를 넣는다.

e.g. tṛp- '만족하다': titṛpsa-/titarpiṣa-

vraśc- '자르다': vivrakṣa-/vivraściṣa-

c. vṛ- '덮다/씌우다', '고르다' 및 ṝ로 끝나는 어근은 임의로 i를 연장한다.

e.g. vṛ-: vivarī̆ṣa-/vuvūrṣa-

tṝ- '건너다': titarī̆ṣa-/titīrṣa-(supra 1)

그러나 kṝ- '흩뿌리다': cikariṣa-

gṝ- '삼키다/마시다': jigariṣa-

d. 그 외에 임의로 i를 넣는 경우

e.g. div- '놀다': dudyūṣa-/dideviṣa-(supra 1)

kṛt- '자르다': cikṛtsa-/cikartiṣa-

마찬가지로 nṛt- '춤추다'

tan- '늘이다': titā̆ṁsa-/titaniṣa-

pat- '떨어지다': pitsa-/pipatiṣa-

bhṛ- '옮기다': bubhūrṣa-/bibhariṣa-

yu- '결합하다': yuyūṣa-/yuyaviṣa-

śri- '향하다': śiśrīṣa-/śiśrayiṣa-

san- '획득하다': siṣāsa-/sisaniṣa-(cf. supra 1, 비교)

e. A. 에서만 i를 넣는 경우

e.g. kḷp- '알맞다': cikalpiṣa-(A.): cikḷpsa-(P.)

vṛt- '회전하다': viviartiṣa-(A.): vivṛtsa-(P.)

마찬가지로 vṛdh- '성장하다': śṛdh- '반항하다'

—syand- '흐르다'는 A.에서 임의로 i를 넣는다: sisyantsa-/sisyandiṣa-(supra 1, 비고)(A.): sisyantsa-(P.)

f. P.에서만 i를 넣는 경우

e.g. kram- '걷다': cikramiṣa-(P.): cikraṁsa-(A.)

gam- '가다': jigamiṣa-(P.): jigāṁsa-(A.)

3. 어간

a. 어근 끝의 i 또는 u는 접사 sa의 앞에서 연장된다.

e.g. ci- '모으다': cikīṣa-/cicīṣa-

ji- '극복하다': jigīṣa-

hi- '밀어내다': jighīṣa-

dru- '달리다': dudrūṣa-

stu- '칭찬하다': tuṣṭūṣa-(cf. supra 1, 비고)

—hve- '부르다': juhūṣa-

b. 어근 끝의 ṛ 또는 ṝ은 접사 sa의 앞에서 īr(순음의 뒤에서는 ūr)이 된다.

e.g. kṛ- '하다': cikīrṣa-

mṛ- '죽다': mumūrṣa-

smṛ- '기억하다': susmūrṣa-(A.)

cf. bhṛ-(supra 2.d) ; tṝ-, pṝ-(supra 1)

c. 어근 끝의 ĭ, ŭ 또는 ṝ은 접사 iṣa의 앞에서 guṇa화한다.

e.g. smi- '웃다': sismayiṣa-

śī- '(가로로) 눕다': śiśayiṣa-

그러나 dī- '죽다': didīṣa-

pū- '깨끗이 하다/씻다': pipaviṣa-

또한 상기의 1과 2에서 거론한 다수의 예시를 참조.

d. 어근 끝의 단자음 앞의 짧은 모음은 iṣa의 앞에서 guṇa화한다.

e.g. vṛt- '회전하다': vivartiṣa-(A.)

그러나 vivṛtsa-(P.) ; 마찬가지로 kḷp- '알맞다'(supra 2.e)

—mṛj- '닦다/훔치다': mimārjiṣa-/mimṛkṣa-

—div- '놀다'(supra 1)

—반례

e.g. vid- '알다': vividiṣa-

muṣ- '훔치다', rud- '울다'(supra 1)

《비고》

접사 sa의 앞에서는 guṇa화하지 않는다.

e.g. dṛś- '보다': didṛkṣa-(A.)

svap- '잠들다': suṣupsa-

그리고 상기의 1 및 2에서 거론한 다수의 예시를 참조.

e. 복수자음으로 시작하는 어근에서는 상기의 d에서 거론한 guṇa화는 일반적으로 임의에 의한 것이다.

e.g. klid- '축축해지다': ciklediṣa-/cikllidiṣa-, cf. ciklitsa-

dyut- '빛나다': didyotiṣa-/didyutiṣa-

그러나 ṣṭhiv-(=ṣṭhīv-) '침을 뱉다': tiṣṭhīviṣa-(ṭi°)/tuṣṭhyūṣa-(ṭu°)

—grah- '잡다/붙잡다': jighṛkṣa-(supra 2: p. 281 *init.*)

f. 이상의 경우를 제외하고, 자음으로 시작하는 어근의 모음은 일반적으로 변화하지 않는다.

e.g. 본래 음률상 긴 어근, *type* krīḍ- '놀다': cikrīḍiṣa-

jīv- '살다': jijīviṣa-

nind- '비난하다': ninindiṣa-

—*type* vac-: '말하다': vivakṣa-

type ghrā- '냄새 맡다': jighrāsa-

또한 상기 2에 거론한 모든 예시를 참조.

g. 어근이 모음으로 시작하는 경우에는 복수의 모습을 보인다.

e.g. aṭ- '걸어 다니다': aṭiṭiṣa-

añj- '색칠하다': añjijiṣa-

aś- '도달하다', '먹다': aśiśiṣa-

āp- '얻다': īpsa-

prati-i- '이해하다': pratīṣiṣa-

adhi-i- '배우다' A.: adhijigāṁsate(supplet., cf. gam-, A. jigāṁsate)

iṣ- '원하다': eṣiṣiṣa-

īkṣ- '보다': īcikṣiṣa-

īrṣy-(den.) '질투하다': īrṣyiyiṣa-/īrṣyiṣiṣa-

und- '적시다': undidiṣa

ṛ- '가다': aririṣa-

ṛj- '향하다': arjijiṣa-

edh- '번창하다': edidhiṣa-(A.)

h. 어근모음의 탈락을 동반하는 경우

e.g. dā- '주다': ditsa-

마찬가지로 do- '자르다': ditsa-

dhā- '두다': dhitsa-

마찬가지로 dhe- '들이마시다': dhitsa-

mā- '재다' mitsa-

마찬가지로 mi- '고정하다', mī- '부수다', me- '교환하다'(A.): mitsa-

—pat- '떨어지다': pitsa-/pipatiṣa-

마찬가지로 pad- '가다'(A.): pitsa-

—labh- '얻다': lipsa-

rabh- '잡다': ripsadambh- '속이다': dhī̆psa-/didambhiṣa-

śak- '가능하다': śikṣa- '배우다'

4. Sandhi

어근 끝의 자음과 접사 sa의 머릿말과의 사이에, 미래접사 sya의 경우(§85.2)에서와 마찬가지로 음변화가 일어난다.

e.g. viś- '들어가다': vivikṣa-

ruh- '성장하다': rurukṣa-

duh- '우유를 짜다': dudhukṣa-

budh- '깨닫다': bubhutsa-/bubodhiṣa-

—naś- '망하다/없어지다' ninaṅkṣa-/ninaśiṣa-

majj- '가라앉다': mimaṅkṣa-

—(m, n>ṁ) gam '가다': jigāṁsa- A.(supra 2.f., 3.g)

han- '죽이다': jighāṁsa-

man- '생각하다': mīmāṁsa-

tan- '늘이다': titā̆ṁsa-(supra 2.d)

그러나 san- '획득하다': siṣāsa-(ibid.)

—(s+s>ts) ghas- '먹다': jighatsa-

《 비고 1 》

일부의 동사는 Des.형에서 의미에 변화가 일어난다.

e.g. jugupsate '싫어하다'(gup- '지키다')

titikṣate '견디다'(tij- '날카롭다')

cikitsa- '치유하다'(cit- '인정하다')

mīmāṁsa- '연구하다'(man- '생각하다')

bībhatsate '혐오하다'(bādh- '압박하다')

bhikṣa- '걸식하다'(bhaj- '분배하다, 배분을 받다')

śikṣa- '배우다'(śak- '가능하다')

śuśrūṣate '순종하다'(śru- '듣다')

❰ 비고 2 ❱

Des.의 형태(voice)는 일반적으로 simplex의 그것에 따른다.

e.g. īcikṣiṣate(īkṣ- '보다' A.), adhijigāṁsate(adhi-i- '배우다' A.)

—형태의 차이에 따르며, -iṣa 혹은 -sa가 사용되는 경우

e.g. kram- '걷다': P. cikramiṣati, A. cikraṁsate

vṛt- '회전하다': P. vivṛtsati, A. vivartiṣate(cf. supra 2. e, f)

—Des.에서는 A.에 활용하는 어근

e.g. jñā- '알다'(anu-를 동반하는 경우 이외): jijñāsate

dṛś- '보다': didṛkṣate

smṛ- '기억하다': susmūrṣate. 또한 상기의 비고 1 참조.

—A. 활용의 동사 kḷp-. vṛt-, etc.(supra 2. e)도 Des.에서도 임의로 P. 활용을 가진다.

e.g. vivṛtsati(vṛt-)

§96. 활용

Ⅰ. 현재활용

접사 sa(iṣa)로 끝나는 Des. 어간은 (**1**)의 동사와 완전히 동일한 활용을 한다.

	tud- '치다', 어간 tututsa-		**budh-** '깨닫다', 어간 bubodhiṣa-	
	P.	A.	P.	A.
Pres. 3. sg.	tututsati	tututsate	bubodhiṣati	bubodhiṣate
Impf.	atututsat	atututsata	abubodhiṣat	abubodhiṣata

Opt.	tututset	tututseta	bubodhiṣet	bubodhiṣeta
Ipv.	tututsatu	tututsatām	bubodhiṣatu	bubodhiṣatām
Pt.	tututsat-,	tututsamāna-,	bubodhiṣat-,	bubodhiṣamāṇa-,
	f. tututsantī-	°mānā-	bubodhiṣantī-	°māṇā-

◀ 비고 1 ▶

Des. 어간에서 의욕의 의미를 지닌 형용사(-su, -iṣu) 및 명사(-sā, -iṣā)가 만들어진다.

e.g. didṛkṣu- '보려고 하다', cf. didṛkṣate(dṛś- '보다')
sisṛkṣu- '창조하려고 하다'(sṛj-)
jijñāsā- '알려고 하는 의욕'(jñā-)
pipāsā- '목마름'(pā- '마시다')
bubhukṣā- '굶주림'(bhuj- '먹다')

Ⅱ. 현재조직 이외

1. Pf.

Periph. pf.(§84)의 형식이 사용된다.

e.g. P. bubodhiṣāṁ cakāra, A. b° cakre ; P. A. bubobhiṣām āsa, bubodhiṣāṁ babhūva

2. 미래조직 및 Prec.

Des. 어간의 특징을 지니며, 해당 시제·법의 형식에 따라 활용된다.

e.g. Fut. bubodhiṣiṣyati, A. °te(§86)
Fut. pt. bubodhiṣiṣyat-, A. bubodhiṣiṣyamāṇa-(do.)
Periph. fut. bubodhiṣitā(3. sg), A. do.(§88)
Cond. abubodhiṣiṣyat, A. °ta(§89)

Prec. bubodhiṣyāt, A. bubodhiṣiṣīṣṭa(§80)

3. Aor.

V.(iṣ-aor.) 형식이 사용된다.

e.g. abubodhiṣīt, A. abubodhiṣiṣṭa(§77)

Ⅲ. 제2차 활용

1. 수동활용

현재조직에서는 Des. 어간에 접사 ya를 붙여서 수동어간을 만든다.

e.g. Pres. bubodhiṣyate

Impf. abubodhiṣyata

Opt. bubodhiṣyeta

Ipv. bubodhiṣyatām(§90)

—현재조직 이외에서는 원칙적으로 해당 시제·법의 A.가 사용된다(cf. §91 *init.*). 다만 Periph. pf.의 조동사로서는 cakre, āse, babhūve가 사용된다. 또한 Aor.의 3. sg.(§91. Ⅰ)는 abubodhiṣi로 만든다.

2. (10) 및 사역수동의 Des.(cf. §94, 비고)

중자(§95. 1)를 추가한 Caus. 어간에 Des.의 접사 iṣa를 더해 어간을 만들고, 상기 Ⅰ 및 Ⅱ의 형식에 따라 활용한다.

e.g. bubodhayiṣa-

cur-(**10**) '훔치다': cucorayiṣa-

nī- '이끌다': nināyayiṣa-(cf. §92. 1. d)

jñā- '알다': jiñăpayiṣa-(cf. §92. 2. a)

《비고》

Caus. 어간이 -āvaya로 끝나는 경우, 중자모음은 시제로 i 시에 u가 된다.

e.g. bhū- '되다': bibhāvayiṣa-, 마찬가지로 pū- '깨끗이 하다/씻다', lū- '자르다', etc.

du- '태우다': dudāvayiṣa-

혹은 임의로 i 또는 u가 사용된다.

e.g. dru- '달리다': didrāvayiṣa-/dudrāvayiṣa-, 마찬가지로 cyu- '움직이다', śru- '듣다', sru- '흐르다'

3. 그 외

이론적으로는 Int. 어간에서 Des. 어간을 만드는 것이 가능하지만, 실용성이 부족하다.

e.g. bhū-: bobhūyiṣa

—또한 jugupsa- '싫어하다'(p. 286, 비고 1)처럼 Des.의 의미가 명료하지 않은 동사로부터, Des. 어간을 만드는 것도 허용된다.

e.g. jugupsiṣa-

제20장

강의활용 (Intensive 또는 Frequentative conjugation)[71]

특징이 있는 중자를 더해 어근에 접사 ya를 붙여서, I. A.어간을 만들고, 접사를 붙이는 것 없이 II. P.어간을 만든다. (1)이나 (9)에 속하며 자음으로 시작하는 1음절로 된 모든 어근에서 만들어지고, 동작이 강도로 또는 반복적으로 행해지는 것을 나타낸다. 그러나 전체적으로 사용빈도가 낮으며, A.활용이 우세하다.*

《비고》

상기의 제한에는 다양한 반례가 있다.

e.g. (모음으로 시작되는 어근) aṭ- '걸어 다니다': aṭāṭyate

aś- '먹다': aśāśyate

ṛ- '가다': arāryate, P. ararti, ar$\breve{\bar{i}}$yar(ī)ti

(2음절의 것) ūrṇu- '덮다'(본래 (5)동사): ūrṇonūyate

(본래 Den.로 보이는 (10)동사) sūcayati '지시하다': sosūcyate

mūtrayati '방뇨하다': momūtrayate

sūtrayati '이어붙이다': sosūtrayate

§97. I. 강의활용 A.

1. 중자

자음에 관해서는 §58. II 참조. 중자음절의 모음과 어근부의 모음과의 관계는 대체로 Pf.의 경우에 준한다(cf. §81. 1).

a. 중자모음 i와 u는 guṇa화하고, a는 연장된다.

e.g. dā- '주다': dedīya-

bhū- '되다': bobhūya-

* 일반적으로 Int.형으로는 동요가 적고, 고전기의 작품 중에도 규정에 따르지 않는 실례가 적지 않다.

budh- '깨닫다': bobudhya-

jñā- '알다': jājñāya-

b. 비음으로 끝나는 어근의 경우

e.g. gam- '가다': jaṅgamya-

마찬가지로 kram- '걷다': caṅkramya-

bhram- '걸어 다니다': bambhramya-

yam- '억제하다': yaṁyamya-

—jan- '생기다/태어나다': jañjanya-/jājāya-

마찬가지로 khan- '파다': caṅkhanya-/cākhāya-

san- '획득하다': saṁsanya-/sāsāya

—그러나 han- '죽이다': jaṅghanya-/jeghnīya-

c. 일부 어근은 중자에 비음을 개입시킨다.

e.g. dah- '태우다': dandahya-

car- '움직이다': cañcūrya-

bhañj- '부수다': bambha(ñ)jya-

d. 일부 어근은 중자에 nī를 개입시킨다.

e.g. pat- '떨어지다': panīpatya-

pad- '가다': panīpadya-

bhraṁś- '떨어지다': banībharaśya-

skand- '뛰다/도약하다': canīskadya-

sraṁs- '떨어지다': sanīsrasya-

e. 일부 ṛ을 포함한 어근은 중자에 (r)ī를 개입시킨다.

e.g. vṛt- '회전하다': varīvṛtya-

nṛt- '춤추다': narīnṛtya-

dṛś- '보다': darīdṛśya-

mṛj- '닦다/훔치다': marīmṛjya-/marmṛjya-

prach- '묻다': parīpṛcchya-

—마찬가지로 kḷp- '알맞다': calīkḷpya-

f. 그 외

dyut- '빛나다': dedyutya-

śī- '(가로로) 눕다': śāśayya-

śvi- '팽창하다': śeśvīya-/śośūya-

2. 어간

어근부는 대체로 수동접사 ya의 앞에서와 동일하다(cf. §90).

a. 어근 끝의 i, u, ṛ, ṝ의 경우

e.g. śri- '향하다': śeśrīya-

du- '태우다': dodūya-

kṛ- '하다': cekrīya-(cf. pass. kriyate)

smṛ- '기억하다': sāsmarya-(cf. pass. smarya-)

kṝ- '흩뿌리다': cekīrya-

pṝ- '채우다': popūrya-

그러나 gṝ- '삼키다/마시다': jegilya-

b. 어근 끝의 ā 및 이중모음(e, ai, o)은 ī가 된다.

e.g. dā- '주다': dedīya-

dhā- '두다': dedhīya-

sthā- '서다': teṣṭhīya- ;

마찬가지로 pā- '마시다' ; mā- '재다' ; hā- '버리다'

ghrā- '냄새 맡다': jeghrīya-(cf. pass. ghrāya-)

dhmā- '불다': dedhmīya-(cf. pass. dhmāya-)

jyā- '이기다': jejīya-(cf. ji-: jejīya-)

dhe- '들이마시다': dedhīya-(cf. supra dhā-)

vye- '싸다/포장하다': vevīya-

gai- '노래하다': jegīyado- '자르다': dedīya-(cf. supra dā-)

so- '잇다': seṣīya-

—그 외의 경우 어근모음은 변화하지 않는다.

e.g. jñā- '알다': jājñāya-

glai- '지치다': jāglāya-

cho- '자르다': cāchāya-

c. 어근 끝 자음 앞의 비음은 일반적으로 탈락된다.

e.g. bandh- '묶다': bābadhya-

그러나 nand- '기뻐하다': nānandya-

d. Saṁprasāraṇa-*type*

e.g. vyac- '둘러싸다': vevicya-

vyadh- '꿰뚫다': vevidhya-

syam- '외치다': sesimya-

그러나 vyath- '흔들리다': vāvyathya-

—svap- '잠들다': soṣupya-

grah- '잡다/붙잡다': jarīgṛhya-

prach- '묻다': parīpṛcchya-

마찬가지로 bhrajj- '굽다/불을 쬐다', vraśc- '자르다'

그러나 vac- '말하다': vāvacya-(cf. pass. ucya-)

vah- '옮기다': vāvahya-(cf. pass. uhya-)

e. 그 외

śās- '명령하다': śeśiṣya-

hve- '부르다': johūya-

div- '놀다': dedīvya-

3. 활용

a. 현재조직

(4)의 동사 A.와 완전히 동일한 활용을 한다.

	budh- '깨닫다', 어간 bobudhya-	**bhū-** '되다', 어간 bobhūya-
Pres. 3. sg.	bobudhyate	bobhūyate
Impf.	abobudhyata	abobhūyata
Opt.	bobudhyeta	bobhūyeta
Ipv.	bobudhyatām	bobhūyatām
Pt.	bobudhyamāna-, f. °mānā-	bobhūyamāna-, f. °mānā-

수동활용

접사 ya의 앞이 자음인 경우, Pass. 어간은 bobudhya- 형식을 취하고, 모음인 경우는 bobhūyya-의 형식을 취한다. 이 구별은 현재조직 이외의 시제・법(infra b)에서도 인정된다.

b. 현재조직 이외

Pf.는 Periph. pf.(§84)의 형식을 사용한다.

e.g. bobudhaṁ cakre, etc.

bobhūyāṁ cakre, etc. Pass.에서는 조동사로서 cakre, āse, babhūve가 사용된다.

—Fut. bobudhiṣyate, bobhūyiṣyate

Fut. pt. bobudhiṣyamāṇa-, bobhūyiṣyamāṇa-

Periph. fut. bobudhitā, bobhūyitā

Cond. abobudhiṣyata, abobhūyiṣyata

Prec. bobudhiṣīṣṭa, bobhūyiṣīṣṭa

(A. 형은 Pass.의 의미를 나타내기도 한다.)

—Aor.로서는 V.(iṣ-aor.)형식이 사용된다.

e.g. abobudhiṣṭa, abobhūyiṣṭa(§77)

Pass.는 A.형에 의해 표현되어지지만, 3. sg.만은 abobudhi, abobhūyi로 만든다(§91.I.1).

§98. II. 강의활용 P.

1. 중자

대체적으로 A.의 경우와 유사하지만, 반드시 일치하지도 않는다.

a. 중자모음 i와 u는 guṇa화하고, a는 연장된다(cf. §97.1.a).

e.g. śri- '향하다': śeśri-(A. śeśrīya-)

nī- '이끌다': nenī-(A. nenīya-)

du- '태우다': dodu-(A. dodūya-)

bhū- '되다': bobhū-(A. bobhūya-)

kṝ- '흩뿌리다' cākṛ-(A. cekīrya-)

dā- '주다': dādā-(A. dedīya-)

jñā- '알다': jājñā-(A. jājñāya-)

gai- '노래하다': jāgā-(A. jegīya-)

bhid- '부수다': bebhid-(A. bebhidya-)

bhdu- '깨닫다': bobudh-(A. bobudhya-)

b. A.(§97.1.b, c, d)와 공통의 중자를 보이는 경우

e.g. kram- '걷다': caṅkram-(A. caṅkramya-)

마찬가지로 bhram- '걸어 다니다': bambhram-

khan- '파다': caṅkhan-

—dah- '태우다': dandah-(A. dandahya-)

—pat- '떨어지다': panīpat-(A. panīpatya-)

vañc- '굽이굽이 나아가다': vanīvañc-(A. vanīvacya-)

c. ṛ로 끝나는 어근 또는 어근 끝 자음의 앞에 ṛ을 지닌 어근의 경우(cf. §97.1.e):

e.g. kṛ- '하다': carkṛ-/cakī̆kṛ-(A. cekrīya-)

mṛ- '죽다': marīmṛ-(A. memrīya-)

vṛt- '회전하다': varvṛt-/varī̆vṛt-(A. verīvṛtya-)

—마찬가지로 kḷp- '알맞다': calkḷp-/calī̆kḷp-(A. calīkḷpya-)

(비고)

daridrāti '가난하다'(: drā- '달리다') 및 jāgarti '눈뜨다'(: gṛ-)는 본래 Int.에 근거한다.

2. 활용

a. 현재조직

(3)의 동사에 준하는 활용을 한다(cf. §66). 어간에 강약의 차이가 있으며, 강어간이 나타내는 인칭에서 자음으로 시작하는 어미의 앞에서(1.~3. sg. Pres., 2., 3. sg. impf., 3. sg. ipv.) 임의로 ī를 넣는 것이 허용된다. 다만 그때 어근 끝 자음의 앞의 모음은 guṇa화하지 않는다.

e.g. budh- '깨닫다': boboddhi/bobudhīti

dyut- '빛나다': dedyotti/dedyutīti

vid- '알다': vevetti/vevidīti

car- '움직이다': cañcūrti/cañcūrīti

vṛt- '회전하다': varvartti/varvṛtīti 또는 varī̆vartti/varī̆vṛtīti

그러나 kṛ- '하다': carkarti/carkarīti 또는 carī̆karti/carī̆karīti

마찬가지로 śī- '(가로로) 눕다': śeśeti/śeśayīti

ṣvi- '팽창하다': śeśveti/śeśvayīti

bhū- '되다': bobhoti/bobhavīti

hve- '부르다': johoti/johavīti

dā- '주다': dādāti/dādeti

—khan- '파다': caṅkhanti/caṅkhanīti

san- '획득하다': saṁsanti/saṁsanīti

han- '죽이다': jaṅghanti/jaṅghanīti

범례

		bhū- '되다', 강 bobho-, 약 bobhū-			
Pres. sg.	1.	bobhomi/bobhavīmi	pl.	1.	bobhūmaḥ
	2.	bobhoṣi/bobhavīṣi		2.	bobhūtha
	3.	bobhoti/bobhavīti		3.	bobhuvati
Impf.	1.	abobhavam		1.	abobhūma
	2.	abobhoḥ/abobhavīḥ		2.	abobhūta
	3.	abobhot/abobhavīt		3.	abobhavuḥ
Opt.	3.	bobhūyāt		3.	bobhūyuḥ
Ipv.	1.	bobhavāni		1.	bobhavāma
	2.	bobhūhi		2.	bobhūta
	3.	bobhotu/bobhavītu		3.	bobhuvatu
Pt.		bobhuvat-, f. °vatī			

b. 현재조직 이외

상기 a 이외의 시제 · 법의 활용에 관해서는 많은 점에 문제가 있으며, 또한 P.의 사용은 매우 적기에 다음에는 bhū-의 어간 bobhū-를 예시로 이론상으로 허용되는 주요 형식을 거론하겠다.

Pf.는 Periph. pf.(§84)의 형식을 사용한다.

e.g. bpbhavām cakāra, etc.

다만 단순한 Pf. 형 bobhāva/bobhūva(3. sg.), etc.도 허용된다.

—Fut. bobhaviṣyati

Fut. pt. bobhaviṣyat-, f. °ṣyatī-/°ṣyantī-

Periph. fut. bobhavitā

Cond. abobhaviṣyat

Prec. bobhūyāt. Aor.로서는 V.(iṣ-aor.) 형식이 사용된다.

e.g. 3. sg. abobhāvīt, 3. pl. abobhāviṣuḥ(§77)

—그리고 bobhū를 기본으로 하는 A.(bobhūte, etc.) 및 Pass.(bobhūyate, etc.)도 허용되지만, 실용성이 부족하기에 생략한다.

c. 제2차 활용

Int. 어간에서 Caus.형(bobhūyayati) 및 Des.형(bobhūyiṣati)이 만들어질 수 있다.

제21장

명사기원의 동사 (Denominatives)[72]

명사·형용사의 어간에서 직접적이거나 혹은 이것에 접사를 더해 어간을 만들어, 제1종 활용(the thematic conjugation)의 동사와 같이 취급한다. 기초가 되는 명사·형용사와의 의미상의 관계는 다양하지만, 개괄하면 '그것의 성질을 갖는다, 그것과 같은 행동을 하거나 움직인다, 그것과 비슷하다, 그것을 원한다, 그것과 같이 취급한다, 그것의 상태가 된다' 등이다. 그러나 기초어와의 관련은 매우 적고, 단순한 어간에서 유래하는 동사와 구별하기 어려운 경우가 발생하거나, 혹은 반대로 Den.에서 나온 어근이 설정되는 경우가 있다.[73] 접사 aya를 붙여 만들어지는 경우 외에는 사용률이 적고, 거의 대부분 현재조직 중에서도 직설법현재에 한하며, 특별한 어간*을 제외한 동사 접두사와의 결합도 활발하지 않다. 다만 미문체작품(美文體作品)에서 이용되어, 때때로 복잡한 복합어를 만들기도 한다.

§99. Ⅰ. 접사를 동반하지 않는 경우

접사의 개입이 없는 직접명사·형용사의 어간에 어간모음 a를 넣어, **(1)** P.의 형식에 따라 활용하여, '~와 같이 행동하다, ~와 비슷하다'를 의미한다.** 기초어 끝의 a, ā는 어간모음의 앞에서 탈락한다.

E.g. kṛṣṇati 'Kṛṣṇa와 같이 행동한다.'
mekhalati '허리끈(mekhalā-)과 비슷하다.'
kavayati '시인(kavi-)과 같이 행동한다.'
śrāyati 'Śrī 여신과 같이 행동한다.'
마찬가지로 ripavati: ripu- '적'
bhavati: bhū- '대지': pitarati: pitṛ- '아버지'
rājānati: rājan- '왕'

---

* E.g. arthayate '요구하다'; mantrayate '상담하다'; lakṣayati '목표하다'.

** 이론적으로는 모든 명사 어간에서 만들 수 있다고 여겨진다. —일부의 A. 형도 존재한다.

—특례: mālāti '화환(mālā-)과 비슷하다'

Ⅱ. 접사를 동반한 경우

1. 접사 ya, P.*

'~을 원하다, (사람 · 물건을) ~와 같이 취급하다, 간주하다/여기다' 등을 의미한다.

a. ***Type* -īyati** 기초어 끝의 a, ā는 ī가 되고, i, u는 연장되며, ṛ은 rī가 된다.

e.g. putrīyati '아들(putra-) 낳기를 바란다.'

prāsādīyati '(작은 집 등을) 궁전(prāsāda-)과 같이 여긴다.'

kavīyati '시인(kavi-)과 같이 여긴다.'

viṣṇūyati '(어떤 사람을) Viṣṇu와 같이 여긴다.'

kartrīyati '동작자(kartṛ-, agent)다.'

rājīyati '왕(rājan-)을 원한다.' 또는 '왕처럼 행동한다.'

b. (이중모음의 뒤) gavyati '소(go-) 얻기를 원한다.'

nāvyati '배(nau-)가 생기길 원한다.'

—(자음의 뒤) samidhyati '장작(samidh-)을 원한다.'

—(as- 어간에서) tapasyati '고행(tapas-)을 닦다.'

namasyati '경례(namas-)를 하다.'

—특례:

gopāyai '목인牧人(gopā-)과 같이 행동하다' (caus. gopāyayati '보호하다')

putrakāmyati '아들을 원한다', cf. putrakāma-

yaśaskāmyati '명성을 원한다'

c. ***Type* -syati, -asyati**(cf. supra type tapasyati)

* 예외: citrīyate A. '놀래켜지다'

e.g. madhusyati(s는 ṣ가 되지 않는다), madhvasyati
'꿀(madhu-)을 열망한다.'
aśvasyati '목마(aśva-)를 열망한다.'
vṛṣasyati '소(vṛṣa-)를 열망한다.'
—tirasyati '소실하다', cf. tiras-

2. 접사 ya, A.

'~와 같이 행동하다'를 의미한다(P.는 극히 적은 예외에 한함). 기초어 끝의 a는 ā가 되고, ā는 변하지 않는다(*type* -āyate). 다른 모음은 상기의 1. a에 준한다.

e.g. kṛṣṇāyate 'Kṛṣṇa처럼 행동한다.'
nidrāyate, °ti '잠들다'(nidrā-)
lajjāyate '부끄러워하다'(lajjā-)

—apsaras- '천녀'와 ojas- '힘'의 -as는 반드시 ā가 되지만, 다른 경우는 임의로 ā가 된다.

e.g. apsarāyate 'A.처럼 행동한다.'
ojāyate '힘을 발휘한다.'
yaśāyate/yaśasyate '명성(yaśas-) 있는 자처럼 행동한다.'

—여성명사에서 만들어질 경우는 일반적으로 그것에 상응하는 남성어간을 기초로 한다.

e.g. kumārāyate '소녀(kumārī-)처럼 행동한다.'
yuvāyate '처녀(yuvati-)처럼 행동한다.'
그러나 pācikāyate '여성조리인(pācikā-)처럼 행동한다.'

—형용사에서 만들어진 경우는, '~의 상태에 있다, 가 되다/지다'를 의미한다.

e.g. bhṛśayate '빈번해지다'
mandāyate '완만해지다'
paṇḍitāyate '학자가 되다'
sumanāyate '친절해지다'(sumanas-)

unmanāyate '흥분하다'(unmanas-)

—특례:

duḥkhāyate '고통을 느끼다, 불행하다'

sukhāyate '행복을 느끼다'

bāṣpāyate '눈물(bāṣpa-)을 흘리다'

śabdāyate '소리 · 음(śabda-)을 내다'

3. 접사 aya(가장 중요한 형식)

형태는 (**10**)의 동사 및 Caus.와 동일하며, 의미에 따라 P. 또는 A.로 활용한다. 기초어와의 관계는 다양하고, 의미상으로의 관련은 그렇게 긴밀하지는 않다.*

E.g. arthayate '요구하다'(: artha- '이익, 목적')

kathayati '이야기하다'(: kathā- '이야기')

kīrtayati '칭찬하다'(: kīrti- '명성')

gaṇayati '계산하다'(: gaṇa- '무리', cf. gaṇana- '계산')

mantrayate '상담하다'(: mantra- '조언')

mārgayati '찾다, 구하다'(: mārga- '길')

mṛgayati '사냥하다, 구하다'(: mṛga- '야수')

lakṣayati '도장을 찍다, 목표하다'(: lakṣa- '도장, 목적')

varṇayati '그리다'(: varṇa- '색')

sukhayati '행복을 느끼다'(: sukha- '행복', cf. supra 2: sukhāyate)

—(여성어에서) etayati 'he declares (her) variegated(enī-)', 그러나 m. eta-를 기초로 한다.

—(형용사에서) muṇḍayati '머리카락을 깎다'(: muṇḍa- '삭발했다')

cirayati '늦어지다'(: cira- '장시간의', cf. cirāyate)

prathayati '넓게 선언하다'(: prathi- *in* compar. prathīyas-, superl.

* Den.에서 역으로 어근이 설정되는 것에 대해서는 : Note 73.

prathiṣṭha-)

davayati '멀어지다'(cf. compar. davīyas-, superl. daviṣṭha- ; dūrayati '멀리 떨어져 있다': dūra- '멀다')

—특례: satyāpayati '진실이라고 선언하다'(: satya- '진실의')

《 비고 》

문법가는 현재조직 이외의 조직에 속하는 형태를 인정하고, aya-*type*에 대해서는 완전한 활용을 가르치며, 또한 실제 예시도 존재한다. 그러나 실용적인 중요성이 부족하기에 여기서는 생략한다. aya-*type*의 활용은 Caus.와 동일하며, 과거분사(-ita), 부정사(-ayitum) 등은 비교적 자주 사용된다.

제22장

준동사
(Verbals)

§100. Ⅰ. 과거(수동)분사(Past(passive) participles)[74]

현재 · 완료 · 미래의 각 어간에 직접적인 분사에 대해서는, 앞서 각 조직의 해당 부분(§71, §83, §86)에서 설명하였으나, 과거분사는 어근에서 직접적으로 만들어진다. 즉, 어근 또는 제2차 활용동사의 어간에 접사 ta(ita ; f. -tā, -itā ; 변화: §26. 3) 혹은 특정 어근에 접사 na(f. -nā ; 변화 동일)를 붙여서 만들며, 동작의 완결 혹은 그 결과로서 생겨난 상태를 나타낸다. 타동사에서 만들어진 경우는 수동의 의미를 지니는데,

e.g. kṛ- '하다': p. pt. kṛta- '되었다/해졌다'
chid- '자르다': chinna- '잘렸다'

자동사에서 만들어진 경우는 능동의 의미를 지니는데
e.g. gam- '가다': gata- '갔다'

이것들 -ta(-ita) 또는 -na로 끝나는 Past(pass.) pt.에 접사 vat(f. -vatī ; 변화: §25: p. 80)를 붙이면 Past active pt.이 된다.

e.g. kṛtavat- '했다'
chinnavat- '잘랐다'
gatavat- '갔다'(=gata-, v. supra)

과거분사(-ta, -na)는 단독이나 또는 복합어의 일부로서 널리 사용되며, 수식어(attribute)로서만이 아니라 때때로 술어(predicate)로서 과거를 나타내는 시제의 대용이 된다.

e.g. kṛtaḥ kaṭo devadattena '자리가 D. 에 의해 만들어졌다.'
devadattaḥ kaṭaṁ kṛtavān 'D. 는 자리를 만들었다.'

1. 결합모음

일반적으로 모음으로 끝나는 어근*을 비롯한 자음으로 끝나는 단음절의 많은 어근이 결합모음 i(iṭ, §61)를 넣지 않는다. 이 경우 veṭ- 어근은 때때로 aniṭ처럼 취급된다.

E.g. śri-(seṭ) '향하다': śrita-
nī- '이끌다': nīta-
śru-(aniṭ) '듣다': śruta-
bhū-(seṭ) '되다': bhūta-
indh-(seṭ) '점화하다': iddha-
dīp-(seṭ) '빛나다': dīpta-
vṛdh-(seṭ) '성장하다': vṛddha-
guh-(veṭ) '감추다/숨기다': gūḍha-

—그 외의 어근(특히 파열음으로 끝나는 것)을 비롯한 제2차 활용동사의 어간은 i를 넣는다.

e.g. pat- '떨어지다': patita-
kṣudh- '굶주리다': kṣudhita-
grah- '잡다/붙잡다': gṛhīta-(§61, 비고)
cur-(**10**) '훔치다': corita-
budh- '깨닫다': caus. bodhita-(: bodhayati)
그러나 jñā- '알다': caus. jñāpita-/jñapta-(: jñăpayati)
budh-: des. bubodhiṣita-(: bubodhiṣati)
int. bobudhita-(: bobudhyate)
bhū-: int. bobhūyita-(: bobhūyate)
mantraya- '상담하다': den. mantrita-

---

* 열외: śī- '(가로로) 눕다': śayita- , pū- '깨끗이 하다/씻다': pavita-/pūta-.

nidrāya- '잠들다': den. nidrāyita-

2. Sandhi

어근 끝의 자음과 접사의 두음 t와의 사이에 일어나는 Sandhi에 유의할 필요가 있다(cf. §18.4~8).

e.g. tyaj- '버리다': tyakta-
srj- '방출하다': sṛṣṭa-
dṛś- '보다': dṛṣṭa-
iṣ- '원하다': iṣṭa-
vṛdh- '성장하다': vṛddha-
labh- '얻다': labdha-
nah- '묶다': naddha-(§18.5.c)
dah- '태우다': dagdha-
lih- '핥다': līḍha-
guh- '감추다': gūḍha-
muh- '실신하다': mūḍha-/mugdha-

3. 접사 na의 사용 범위

대체로 다음의 경우에 한하며, -ta와 공존하는 경우도 적지 않다.

a. ṝ로 끝나는 어근의 뒤

e.g. kṝ- '흩뿌리다': kīrṇa-
jṝ- '늙다': jīrṇa-
tṝ- '건너다': tīrṇa-
pṝ- '채우다': pūrṇa-

—마찬가지로 tvar- '서두르다': tūrṇa-/tvarita-

b. d로 끝나는 어근의 뒤

e.g. khid- '지치다': khinna-

chid- '자르다': chinna-

bhid- '부수다': bhinna-

pad- '가다': panna-

sad- '앉다': sanna-

그러나 mad- '즐거워하다': matta-

c. -ta/-na 공존의 경우

e.g. und- '적시다': unna-/utta-

nud- '억지로 움직이게 하다': nunna-/nutta-

vid- '발견하다': vinna-/vitta-

그러나 vid- '알다': vidita-

—마찬가지로 kṣi- '멸망시키다': kṣīṇa-/kṣita-

(의미에 따라 형태를 달리하는 것) div- '놀다': dyūna-, '도박하다': dyūta-

d. g 또는 j로 끝나는 일부 어근의 뒤

e.g. lag- '부착하다': lagna-

vij- '흔들리다': vigna-

bhañj- '부수다': bhagna-

bhuj- '구부리다': bhugna-

그러나 bhuj- '먹다': bhukta-

majj- '가라앉다': magna-

e. 장모음(특히 r/1+ā)으로 끝나는 일부 어근의 뒤

e.g. ghrā- '냄새 맡다': ghrāṇa-/ghrāta-

hā- '버리다': hīna-

그러나 hā- '나가다': hāna-

glai- '지치다': glāna-

trai- '도와주다': trāṇa-/trāta-

lī- '부착하다': līnahrī- '부끄러워하다': hrīṇa-/hrīta-

lū- '자르다': lūna-

—그러나 khyā- '이야기하다': khyāta-

jñā- '알다': jñāta-

dhmā- '불다': dhmāta-

4. 어간

일반적으로 어근은 가능한 한 약화되어 가장 약한 형태를 보인다.

e.g. śri- '향하다': śrita-

śru- '듣다': śruta-

kṛ- '하다': kṛta-

sic- '따르다/붓다': sikta-

bhid- '부수다': bhinna-

gam- '가다': gata-

dhā- '두다': hita-

어근의 취급은 여러 종류의 형식으로 나뉘어진다.

a. 비음의 탈락

e.g. bandh- '묶다': baddha-

añj- '색칠하다': akta-

sañj- '부착하다': sakta-

svañj- '포옹하다/껴안다': svakta-

daṁs- '깨물다': daṣṭa-

sraṁs- '떨어지다': srasta-

indh- '점화하다': iddha-

und- '적시다': unna-/utta-

—그러나 nind- '비난하다': ninditaśaṅk- '의심하다': śaṅkita-

b. Saṁprasāraṇa-*type*

e.g. vac- '말하다': ukta-

vad- '이야기하다': udita-

vap- '뿌리다': upta-

vas- '살다': uṣita-

vah- '옮기다': ūḍha-

svap- '잠들다': supta-

yaj- '제사 지내다, 빌다': iṣṭa- (cf. iṣ- '원하다': iṣṭa-, supra 2)

vyadh- '꿰뚫다': viddha-

grah- '잡다/붙잡다': gṛhīta-

prach-(=pṛś-) '묻다': pṛṣṭa-

vraśc- '자르다': vṛkna-

c. -am, -an으로 끝나는 어근: -am, -an > -a

e.g. gam- '가다': gata-

nam- '구부리다': nata-

yam- '억제하다': yata-

ram- '만족하다': rata-

kṣan- '상처 주다': kṣata-

tan- '늘이다': tata-

man- '생각하다': mata-

han- '죽이다': hata-

—-an > -ā*

e.g. khan- '파다': khāta-

jan- '생기다/태어나다': jāta-

* 역사적으로는 약계제(弱階梯)를 대표한다(cf. §9.1.b).

—-am > -ān*

e.g. kam- '사랑하다': kānta-

kram- '걷다': krānta-

klam- '지치다': klānta-

dam- '제어하다': dānta-

bhram- '걸어 다니다': bhrānta-

vam- '토하다': vānta-

śam- '조용해지다/가라앉다': śānta-

śram- '지치다': śrānta-

—마찬가지로 dhvan- '울다': dhvānta-/dhvanita-

d. ā 및 이중모음(e, ai, o)으로 끝나는 어근 > i 또는 ī

e.g. dhā- '두다': hita-

pā- '마시다': pīta-

mā- '재다': mita-

sthā- '서다': sthita-

śrā- '끓이다': śrita-/śrāṇa-

dhe- '들이마시다': dhīta-

vye- '싸다/포장하다': vīta-

gai- '노래하다': gīta-

śo- '날카롭게 하다' śita-/śāta-

so- '잇다': sita-

—반례:

khyā- '말하다': khyāta-

ghrā- '냄새 맡다': ghrāta-/ghrāṇa-

jñā- '알다': jñāta-

---

* 역사적으로는 약계제(弱階梯)를 대표한다(cf. §9.1.c).

pā- '수호하다': pāta-

ve- '(옷감을) 짜다': uta-

hve- '부르다': hūta-

trai- '도와주다': trāta-/trāṇa-

dhyai- '생각하다': dhyāta-, cf. dhyāna- n. '명상'

e. 특례:

dā- '주다': datta-, cf. pres. 3, sg, dadāti, pl. dadati

siv- '꿰매다': syūta-

mūrch- '실신하다': mūrta-/mūrchita-

mṛj- '닦다/훔치다': mārjita-/mṛṣṭa-

śās- '명령하다': śāsita-/śiṣṭa-

—jakṣ- '먹다': jagdha-

jāgṛ- '눈뜨다': jāgarita-

daridrā- '가난하다': daridrita-[75]

❰ 비고 ❱

P. pt.은 대부분의 경우 형용사적 의미를 지니거나 혹은 완전히 형용사화 한다.

e.g. dṛḍha- '단단하다'(dṛṁh- '굳히다')

adṛṣṭa- '눈에 보이지 않다'(dṛś- '보다')

dīna- '불쌍하다'(dī- '죽다')

hīna- '뒤떨어졌다'(hā- '버리다')

—반대로 형용사를 가지고 P. pt.의 대용으로 하는 경우가 있다.

e.g. pakva- '익었다': pac- '조리하다'

śuṣka- '말랐다': śuṣ- '말리다'

—명사화의 예: anna- n. '식물': ad- '먹다'

ghṛta- '액상버터(ghee)': ghṛ- '방울져 떨어지다'

sūta- m. '당신': sū-, suvati '재촉하다'

vanitā- f. '애인·부인·처': van- '획득하다'

—동사를 전제로 하지 않는 명사에 접사 ita를 붙여서, '~를 구비하다'의 의미를 나타내기도 한다.

e.g. abhrita- '구름에 가려지다': abhra- '구름'

prāṇita- n. '생명': prāṇa- '호흡'

§101. Ⅱ. 동사적 형용사(Verbal adjectives 또는 Gerundives)[76]

어근 또는 제2차 활용동사의 어간에 접사 tavya, anīya 또는 ya를 넣어서 만든다. '~해야 한다'를 기본으로 하는 여러 의미에 사용되고, 수식어뿐만 아니라 술어로서도 폭넓게 사용된다.

1. -tavya(-itavya), f. -ā

결합모음 i(iṭ)의 삽입 유무, 어근 끝의 자음과의 Sandhi 및 어간의 형태에 관해서는, Periph. fut.의 접사 tā(itā)의 경우(§87)를 비롯해 Inf. 접사 tum의 경우(§102)와 동일하다.

e.g. ji- '극복하다': jetavya- 그러나 vijitavya-

bhū- '되다': bhavitavya-

kṛ- '하다': kartavya-

dā- '주다': dātavya-

hve- '부르다': hvātavya-

gai- '노래하다': gātavya-

sṛp- '기어가다': sarptavya-/sraptavya-

prach-(=pṛś-) '묻다': praṣṭavyamṛj- '닦다/훔치다': mārjitavya-/mārṣṭavya-

grah- '잡다/붙잡다': grahītavya-

—cur-(**10**) '훔치다': corayitavya-

budh- '깨닫다': caus. bodhayitavya-(: bodhayati)

bhū-: int. bobhavitavya-(: bobhoti), bobhūyitavya-(: bobhūyate)

❰ 비고 ❱

cint-(**10**) '생각하다': cintayitavya-/cintitavya-에서의 제2형식의 사용이 증진되는 경향을 보이고 있다.

e.g. vad- '말하다': caus. vāditavya-(: vādayati)

—열외: vas- '살다'(cf. inf. vastum): vāstavya- '주인'(gr.)은 vāstu- n. '주거'에 속하고, uṣitavya-는 p. pt. uṣita-에 근거한다.

2. -aniya, f. -ā

어근은 일반적으로 guṇa화되고, 그 형태는 대체로 양쪽의 Fut.의 경우에 준하지만, 어근 끝 자음의 앞의 ṛ은 ar이 되며 ra가 되지 않는다. 접사 anīya는 -tavya(supra 1)에 비해 훨씬 적게 사용된다.

E.g. ji- '극복하다': jayanīya-

nī- '이끌다': nayanīya-

śru- '듣다': śravaṇīya-

bhū- '되다': bhavanīya-

kṛ- '하다': karaṇīya-

dā- '주다': dānīya-

gai- '노래하다': gānīya-

pac- '조리하다': pacanīya-

bhid- '부수다': bhedanīyasṛj- '방출하다': sarjanīya-

sṛp- '기어가다': sarpaṇīya-

sah- '이기다': sahanīya-

nind- '비난하다': nindanīya-

ud-vij- '몸을 떨다': udvejanīya-, cf. udvijitavya-, fut. vijiṣyati

mṛj- '닦다/훔치다': mārjanīya-

guh- '감추다': gūhanīya-

bhrajj- '굽다/불을 쬐다': bhrajjanīya-/bharjanīya-,

cf. fut. bhrakṣyati/bharkṣyati

labh- '얻다': labhanīya-/lambhanīya-

—cur-(**10**) '훔치다': coraṇīya- ; cint-(**10**) '생각하다': cintanīya-

budh- '깨닫다': caus. bodhanīya-(: bodhayati)

dā- '주다': caus. dāpanīya-(: dāpayati)

budh-: des. bubodhiṣaṇīya-(: bubodhiṣati)

int. bobudhanīya-(: bobudhyate)

bhū- '되다': int. bobhūyanīya-(: bobhūyate)

3. -ya, f. -ā

가장 빈번하게 사용되며, 어근의 모음은 대략 다음과 같은 형태를 보인다.

a. 어근 끝의 ā를 비롯해 이중모음(e, ai, o) > e

e.g. dā- '주다': deya-

dhā- '두다': dheya-

jñā- '알다': jñeya-

dhe- '호흡하다': dheya-

gai- '노래하다': geya-

dhyai- '생각하다': dhyeya-

so- '잇다': seya-

b. 마찬가지로 i, ī > e 또는 ay(가능을 나타냄)

e.g. ji- '극복하다': jeya- '극복해야 한다', javya- '극복할 수 있다'

kṣi- '멸망시키다': kṣeya-, kṣayya-

nī- '이끌다': neya-

krī- '사다': kreya-, krayya- '살 수 있을 거다'

c. 마찬가지로 ṛ, ṝ > ār

e.g. kṛ- '하다': kārya-(cf. infra j)

hṛ- '잡다/취하다': hārya-

tṝ- '건너다': tārya-

그러나 kṝ- '흩뿌리다': kīrya-, pṝ- '채우다': pūrya-

d. 마찬가지로 u, ū > av 또는 āv(필연을 나타냄)

e.g. nu- '칭찬하다': navya- '칭찬되어야 한다', nāvya- '반드시 칭찬받아야만 한다'

lū- '자르다': lavya-, (avaśya-)lāvya-

bhū- '되다': bhavya-(주로 adj. '미래의'), bhāvya-

e. 어근 끝 단자음 앞의 i, u, ḷ은 guṇa화한다.

e.g. bhid- '부수다': bhedya-

budh- '깨닫다': bodhya-

kḷp- '알맞다': kalpya-

그러나 guh- '감추다': guhya-/gohya-

juṣ- '향락(享樂)하다': juṣya-

duh- '우유를 짜다': duhya-/dohya-

vṛṣ- '비를 내리게 하다': vṛṣya-/varṣya-

f. 자음 중간의 ṛ은 변하지 않는다.

e.g. tṛd- '나누다': tṛdya-

dṛś- '보다': dṛśya-

sṛj- '방출하다': sṛjyamṛj- '닦다/훔치다': mṛjya-/mārgya-(cf. infra i)

g. 자음 중간의 a는 ā가 된다. 다만 순음의 앞에서는 변하지 않는다.

e.g. paṭh- '읽다': pāṭhya-

vac- '말하다': vācya-

vad- '이야기하다': vādya-

그러나 jan- '생기다/태어나다': janya-

śak- '할 수 있다': śakya-

sah- '이기다': sahya-

car- '움직이다': carya-, ā-carya-, 그 외에 prev.의 뒤에서는 °cārya-

mad- '즐거워하다': madya-, °mādya-

—śap- '저주하다': śapya-

kṣam- '참고 견디다': kṣamya-

labh- '얻다': labhya-, 다만 ā-lambhya-

그러나 rap-, lap- '수다 떨다': rāpya- , lāpya-

vap- '뿌리다': vāpya-

h. 어근이 음률상 긴 경우에는 변하지 않는다.

e.g. nind- '비난하다': nindya-

pūj- '존경하다': pūjya-

bandh- '묶다': bandhya-

manth- '휘젓다': manthya-/mathya-

sraṁs- '떨어지다': sraṁsya-/srasya-

i. 어근 끝의 c, j는, 그 어근이 P. pt.에서 iṭ를 넣지 않는 경우(cf. §100. 1) k, g가 되고 그 외의 경우에는 변하지 않는다.

e.g. sic- '따르다/붓다': sekya-(p. pt. sikta-)

pac- '조리하다': pākya-(cf. pakva-)

añj- '색칠하다': aṅgya-(p. pt. akta-)

garj- '외치다': garjya-(p. pt. garjita-)

그러나 반례도 적지 않다.

e.g. vac- '말하다': vācya-(p. pt. ukta-)

tyaj- '버리다': tyājya-(p. pt. tyakta-)

bhuj- '먹다': bhojya-(p. pt. bhukta-)

yaj- '제사 지내다, 빌다': yājya-(p. pt. iṣṭa-)

sṛj- '방출하다': sṛjya-(p. pt. sṛṣṭa-)

mṛj- '닦다/훔치다': mṛjya-/mārgya-(supra f)(p. pt. mṛṣṭa-/mārjita-)

avaśya-'필연적으로'를 앞부분으로 하는 복합어

e.g. a°-pācya-(v. supra)

j. i, u, ṛ로 끝나는 일부 어근은, -ya를 대신해 -tya를 넣는다.

e.g. i- '가다': itya-, 다만 adhi-i- '배우다': adhyeya-

stu- '칭찬하다': stutya-

kṛ- '하다': kṛtya-(cf. kārya-, supra c)

vṛ- '고르다': vṛtya-

bhṛ- '옮기다': bhṛtya-

k. 특례:

khan- '파다': kheya-(pass. khāyate, cf. supra a)

śās- '명령하다': śiṣya- /śāsya-

han- '죽이다': ghātya-(cf. caus. ghātayati)

1. (10) 및 제2차 활용의 동사

어간의 형태는 -anīya(supra 2)의 앞과 동일하다.

e.g. cur-(10) '훔치다': corya-

budh- '깨닫다': caus. bodhya-

dā- '주다': dāpya-(: dāpayati)

śru- '듣다': des. śuśrūṣya-(: śuśrūṣate)

bhū- '되다': int. bobhavya-, bobhūyya-(: bobhoti, bobhūyate)

§102. Ⅲ. 부정사(Infinitive)[77]

어근 또는 제2차 활용동사의 어간에 불변화의 접사 tum을 넣어 만들 수 있다. 결합모음 i(iṭ)의 주입 유무, Sandhi 및 어근의 형태에 관해서는 동사적 형용사의 접사 tavya(§101.1)의 부분에서 다룬 것과 동일하다. Inf.는 목적('in order to')을 나타내며, 능력('to be able to'), 의욕('to want to') 등을 의미하는 여러 동사와 함께 사용된다. 미래능동 · 수동의 구별을 갖지 않지만, śak- '할 수 있다'의 수동형(śakyate, ger. śakya-)과 함께 사용될 경우에는 수동의 의미로 해석된다.

e.g. tena kaṭaḥ kartum(inf., kṛ-) śakyate '자리가 그에 의해 만들어질 수 있다', cf. act. sa kaṭaṁ k° śaknoti '그는 자리를 만들 수 있다' ; śakyo draṣṭum(inf., dṛś-) '그는 보여질 수 있다'

Inf.가 복합어의 앞부분으로 사용될 경우, -tu가 된다.

e.g. tyaktu-kāma- '버리고 싶어 한다.'
vaktumanas- '말하려고 의도한다.'

— E.g. ji- '극복하다': jetum
nī- '이끌다': netum
stu- '칭찬하다': stotum
bhū- '되다': bhavitum
kṛ- '하다': kartum
tṝ- '건너다': tarĭ̄tum
dā- '주다': dātum
hve- '부르다': hvātum
gai- '노래하다': gātum
pac- '조리하다': paktum
muc- '풀다': moktum
vraśc-(veṭ) '자르다': vraścitum/vraṣṭum
vij- '흔들리다': vijitum

jīv- '살다': jīvitum

mṛj- '닦다/훔치다': mārjitum/mārṣṭum

majj- '가라앉다': maṅktum(cf. periph. fut. maṅktā)

prach-(=pṛś-) '묻다': praṣṭum

sṛp- '기어가다': sarptum/sraptum

grah- '잡다/붙잡다': grahītum

—cur-(10) '훔치다': corayitum

cint-(10) '생각하다': cintayitum

budh- '깨닫다': caus. bodhayitum

jñā- '알다': caus. jñăpayitum(cf. caus. jñăpayati)

budh-: des. bubodhiṣitum ; int. bobudhitum(: bobudhyate)

《 비고 》

실제 예시에 따르면 -tum과 -itum은 때때로 공존한다. 또한 문법적으로 엄격하지 않은 작품에서는 여러 불규칙형(e.g. grah-: gṛhītum)이 발견된다.

§103. IV. 절대(또는 유리)분사(Absolutives)[78]

어근 또는 제2차 활용동사의 어간에 불변화의 접사 tvā, ya 또는 am을 놓아 만들어진다. 이 중 -tvā와 -ya는 보통 동일한 동작자에 의해 이루어지는 두 가지의 행위 중에 선행하는 것을 나타낸다.

e.g. bhuktvā vrajati '그는 먹은 뒤에 갔다.'

그러나 동시에 두 가지 행위에 다루는 것도 적지 않다. 이에 비해 -am은 오히려 동시에 이루어지는 두 가지 행위에 다룰 때 사용된다.

e.g. bhojaṁ pibati '그는 먹으며 마신다.'

A. -tvā

어근 또는 어간이 동사 접두사(Prev.) 혹은 이에 준하는 요소를 동반하지 않는 경우(cf. infra B)에 사용된다. 다만 부정의 a(n)는 Prev.로 생각할 수 없다.

e.g. kṛtvā, akṛtvā: anu-kṛtya, ananu-kṛtya

1. 결합모음

그 유무는 대체로 P. pt의 경우(§100. 1)에 준한다. 즉 모음으로 끝나는 어근 및 자음으로 끝나는 aniṭ- 어근은 일반적으로 i(iṭ, §61)를 넣지 않는다.

e.g. ji- '극복하다': jitvā
nī- '이끌다': nītvā
śru- '듣다': śrutvā
bhū- '되다': bhūtvā
kṛ- '하다': kṛtvā
tṝ- '건너다': tīrtvā
pṝ- '채우다': pūrtvā
muc- '풀다': muktvā
chid- '자르다': chittvā(cf. p. pt. chinna-)

—열외

śī- '(가로로) 눕다': śayitvā
pū- '깨끗이 하다/씻다': pavitvā/pūtvā*
kṣudh- '굶주리다': kṣudhitvā(cf. p. pt. kṣudhita-)
vas- '살다': uṣitvā(cf. p. pt. uṣita-)

임의로 i를 넣을 수 있는 범위는, P. pt.의 경우보다 넓다.

* Cf. supra §100. 1, n.

a. veṭ- 어근

e.g. añj- '색칠하다': añjitvā/aṅktvā/aktvā(: p. pt. akta-)

guh- '감추다': gū̆hitvā/gūḍhvā(: p. pt. gūḍha-)

그러나 vraśc- '자르다': vraścitvā(: p. pt. vṛkna-)

b. am 또는 an으로 끝나는 많은 어근은 i를 넣을 때 약화되지 않는다.

e.g. kam- '사랑하다': kamitvā/kāntvā(: p. pt. kānta-)

kram- '걷다': kramitvā/krā̆ntvā(: p. pt. krānta-)

śam- '조용해지다/가라앉다': śamitvā/śāntvā(: p. pt. śānta-)

khan- '파다': khanitvā/khātvā(: p. pt. khāta-)

tan- '늘이다': tanitvā/tatvā(: p. pt. tata-)

man- '생각하다': manitvā/matvā(: p. pt. mata-)

그러나 jan- '생기다/태어나다': janitvā(: p. pt. jāta-)

c. 그 외

e.g. iṣ- '원하다': eṣitvā/iṣṭvā(: p. pt. iṣṭa-)

vṛt- '회전하다': vartitvā/vṛttvā(: p. pt. vṛtta-)

div- '놀다': devitvā/dyūtvā(: p. pt. dyūna-/dyūta-, cf. §100.3.c)

siv- '꿰매다': sevitvā/syūtvā(: p. pt. syūta-)

남은 다른 어근 및 제2차 활용동사의 어간은 i를 넣는다.

e.g. cur-(**10**) '훔치다': corayitvā(: pres. corayati)

budh- '깨닫다': caus. bodhayitvā(: pres. bodhayati)

des. bubodhiṣitvā(: pres. bubodhiṣati)

int. bobudhitvā(: pres. bobudhyate)

kṛ- '하다': int. cekrīyitvā(: pres. cekrīyate), carkritvā(: pres. carkarti, 3. pl. carkrati)

— grah- '잡다/붙잡다'는 i를 연장한다: gṛhītvā

cf. jṝ- '늙다': jarī̆tvā(: p. pt. jīrṇa-)

2. Snadhi

어근 끝의 자음과 접사의 두음 t와의 사이 일어나는 음 변화는 P. pt.(-ta)의 경우와 동일하다(cf. §100.2).

e.g. tyaj- '버리다': tyaktvā
srj- '방출하다': sṛṣṭvā
dṛś- '보다': dṛṣṭvā
vṛdh- '성장하다': vṛddhvā
labh- '얻다': labdhvā
dah- '태우다': dagdhvā
lih- '핥다': līḍhvā
muh- '실신하다': mūḍhvā/mugdhvā(또는 mohitvā/muhitvā)

3. 어간

결합모음 i를 동반하지 않는 경우는, 일반적으로 P. pt.의 경우와 동일한 형태를 취한다(cf. §100.4).

e.g. bandh- '묶다': baddhvā
vac- '말하다': uktvā
vah- '옮기다': ūḍhvā
svap- '잠들다': suptvā
yaj- '제사 지내다, 빌다': iṣṭvā
prach- '묻다': pṛṣṭvā

이에 비해 i를 동반하는 경우는, P. pt.과의 차이에 주의를 기울일 필요가 있다.

a. 어근 끝 자음의 앞에 있는 비음은 유지되거나 혹은 임의로 탈락된다.

e.g añj-: añjitvā/aṅktvā/aktvā(: p. pt. akta- ; v. supra 1.a)
마찬가지로 bhañj- '부수다': bhañjitvā/bhaṅktvā/bhaktvā(: p. pt. bhagna-)

granth- '묶다': granthitvā/grathitvā(: p. pt. grathita-)

syand- '흐르다': syanditvā/syanttvā

그러나 skand- '뛰다/도약하다': skanttvā

sraṁs- '떨어지다': sraṁsitvā/srastvā(: p. pt. srasta-)

b. 어근 끝 자음의 앞에 있는 단자음은 대체로 guṇa화한다.

e.g. iṣ-: eṣitvā, etc.(supra 1.c)

—mṛj- '닦다/훔치다': mārjitvā/mṛṣṭvā

vij- '흔들리다': vijitvā

—어근 끝의 자음이 guṇa화하는 경우가 있다.

e.g. śī-: śayitvā

pū-: pavitvā(supra 1 *init.*)

jṝ-: jarī̆tvā(supra 1 *in fine*)

c. 자음과 자음(v를 제외)의 사이에 있는 i, u는 임의로 guṇa화한다.

e.g. likh- '긁다': lekhitvā/likhitvā

dyut- '빛나다': dyotitvā/dyutitvā

그러나 kliś- '괴롭히다': kliśitvā/kliṣṭvā

vid- '알다': viditvā

—div-: devitvā/dyūtvā ; 마찬가지로 siv-(supra 1.c)

—자음 중간의 ṛ

e.g. tṛṣ- '갈증 나다': tarṣitvā/tṛṣitvā

—Saṁprasāraṇa

e.g. vad- '이야기하다': uditvā

vas- '살다': uṣitvā

grah- '잡다/붙잡다': gṛhītvā

d. ā 또는 이중모음(e, ai, o)으로 끝나는 어근은, P. pt.의 경우와 동일하게 취급된다(cf. §100.4.d).

e.g. dhā- '두다': hitvā(: p. pt. hita-)

마찬가지로 pā- '마시다': pītvā

mā- '재다': mitvā

sthā- '서다': sthitvā

다만 jñā- '알다': jñātvā(: p. pt. jñāta-)

마찬가지로 ghrā- '냄새 맡다': ghrātvā

hā- '나가다': hātvā(: p. pt. hāna-)

그러나 hā- '버리다': hitvā(: p. pt. hīna-)

ve- '(옷감을) 짜다': utvā(: p. pt. uta-)

hve- '부르다': hūtvā(: p. pt. hūta-)

gai- '노래하다': gītvā(: p. pt. gīta-)

다만 trai- '도와주다': trātvā(: p. pt. trāta-/trāṇa-)

dhyai- '생각하다': dhyātvā(: p. pt. dhyāta-)

so- '잇다': sitvā(: p. pt. sita-)

—열외

dā- '주다': dattvā(: p. pt. datta-)

e. 그 외

e.g. jakṣ- '먹다': jagdhvā(: p. pt. jagdha-)

naś- '망하다/없어지다': naṣṭvā/naṁṣṭvā/naśitvā(: p. pt. naṣṭa-)

majj- '가라앉다': maktvā/maṅktvā(: p. pt. magna-)

B. -ya

-tvā와 달리 동사 복합어의 뒤에 사용되며,[79] 어근이 단자음으로 끝나는 경우에는 -tya가 된다.

e.g. vi-nīya '조복시켜 제어하고': vi-jitya '정복하고'

pra-bhūya '지배하고': pra-stutya '칭찬하고'

pra-kṛtya '성취하고'(kṛ-)

adhītya '배우고'(adhi-i-)

pretya '이 세상을 떠나고'(pra-i-)

어간

1. 많은 점에서 Pass. 어간이 경우와 일치한다(cf. §90. 1 ; §80. I : Prec. P.).

a. 어근 끝 자음 앞의 비음은 일반적으로 탈락한다.

e.g. bandh- '묶다': °badhya

b. 어근 끝의 ṝ은 īr(순음 위에서는 ūr)이 된다.

e.g. kṝ- '흩뿌리다': °kīrya

pṝ- '채우다': °pūrya

c. Saṁprasāraṇa

e.g. vac- '말하다': °ucya

vas- '살다': °uṣya

yaj- '제사 지내다, 빌다': °ijya

grah- '잡다/붙잡다': °gṛhya

prach- '묻다': °pṛcchya

d. 그 외

e.g. div- '놀다': °dīvya

hve- '부르다': °hūya

2. ā 또는 이중모음(e, ai, o)으로 끝나는 어근.

a. Pass.의 경우와 달리 이것들의 모음은 ā가 된다.

e.g. dā- '주다': °dāya

dhā- '두다': °dhāya

jyā- '이기다': °jyāya

pā- '마시다': °pāya

sthā- '서다': °sthāya

me- '교환하다': °māya(°mitya, e.g. apa-m°)

ve- '(옷감을) 짜다': °vāya

vye- '싸다/포장하다': °vyāya, 다만 pari-vyāya/parivīya

trai- '도와주다': °trāya

do- '자르다': °dāya

b. 어간 끝의 i 또는 ī가 ā로 되는 경우가 있다.

e.g. mi- '고정하다': °māya

mī- '부수다': °māya

lī- '부착하다': °lāya

3. am 또는 an으로 끝나는 어근

a. *Type* gam- '가다': °gamya/°gatya

마찬가지로 nam- '구부리다' ; yam- '제어하다' ; ram- '만족하다'

그러나 kram- '걷다': °kramya

b. (**8**)의 동사

e.g. tan- '늘이다': °tatya

다만 san- '획득하다'를 제외한다(v. infra c).

—마찬가지로 han- '죽이다': °hatya

man- '생각하다': °matya

c. *Type* khan- '파다': °khanya/°khāya

마찬가지로 jan- '생기다/태어나다' ; san-(**8**), v. supra b

비고

이상의 세칙은 엄수되지 않으며, 실제 예시로서는 °pīya(pā-, supra 2.a) ; °bhrāmya(bhram- '걸어 다니다' ; cf. supra 3.a) ; °hanya(han-), °manya(man- ; e.g. avamanya '경멸하고')(supra 3.b) ; °tāya(tan-, supra 3.b) 등이 사용되어지고 있다.

4. 그 외

e.g. kṣi- '멸망시키다': °kṣīya(: pass. kṣīyate)

śī- '(가로로) 눕다': °śayya

mṛj- '닦다/훔치다': °mārjya

śās- '명령하다': °śāsya

jāgṛ- '눈뜨다': °jāgarya

5. (10) 및 제2차 활용동사

e.g. cur-(10) '훔치다': °corya(: pres. corayati)

—Caus. : 접사 aya 앞의 음절이 음률상 긴 경우는 -aya를 빼고 -ya를 넣으며, 짧은 경우는 -ayya로 한다.

e.g. budh- '깨닫다': caus. °bodhya(: caus. bodhayati)

nī- '이끌다': °nāyya(: pres. nāyayati)

kṛ- '하다': °kārya(: pres. kārayati)

그러나 gam- '가다': °gamayya(: pres. gamayati)

gaṇ- '헤아리다/계산하다': den. °gaṇayya(: pres. gaṇayati)

—임의로 두 형식을 취하는 것

e.g. āp- '얻다': °āpya/°āpayya

마찬가지로 p-caus. °dāpya/°dāpayya(dā- '주다')

—budh-: des. °bubodhiṣya(: pres. bubodhiṣati)

int. °bobudhya(: pres. bobudhyate)

bhū- '되다': int. °bobhūyya(: pres. bobhūyate)

den. sumanāyya '친절해졌고'(: pres. sumanāyate ; su-는 접두사로서 취급된다.)

C. -am

어근의 형태는 일반적으로 3. sg. aor. pass.의 어미 i(§91.I.1)의 앞에서와 동일하다.

e.g. bhid- '부수다': bhedam(: abhedi)
tud- '치다': todam(: atodi)
vad- '이야기하다': vādam(: avādi)
labh- '얻다': lābham/lambham(: alābhi/alambhi)
jan- '생기다/태어나다': jǎnam(: ajani)
han- '죽이다': ghātam(: aghāni, cf. caus. ghātayati, ger. ghātya-)
śam- '조용해지다/가라앉다': śǎmam(: aśǎmi)
ci- '모으다': cāyam(: acāyi)
śru- '듣다': śrāvam(: aśrāvi)
lū- '자르다': lāvam(: alāvi)
kṛ- '하다': kāram(: akāri)
dā- '주다': dāyam(: adāyi)

《 비고 》

제2차 활용동사에서 만들어지는 것은 매우 적고 실용성도 부족하기에 생략한다.

제23장

명사조어법 (Nominal wordformation)[80]

§104. 총설

명사 어간이 반드시 접미사를 필요로 하는 것은 아니다. 이른바 어근 명사(nomsracines, Wurzelnomina)에서는, 어근이 바로 어간이며, 접미사는 없다고 여겨진다. 그러나 보통은 접미사를 더해 어간을 만든다. 접미사는 크게 제1차(kṛt, primary suffixes)와 제2차(taddhita, secondary suff.)로 나뉘며, kṛt에 의해 만들어진 어간을 제1차 파생어(primary derivatives), taddhita에 의해 만들어진 것을 제2차 파생어(secondary deriv.)라고 부른다. 어근 man- '생각하다'에서 직접 man-as- '마음'이 만들어지는데, 이 기성의 어간인 manas-를 기초로 하여 manas-vin- '사려가 깊다/풍부하다'가 파생될 때, -as는 kṛt이고, -vin은 taddhita이다.[81]

Sandhi

접미사가 더해질 때는 일반적으로 내연성의 규정이 적용된다(§§17~20). 그러나 이것에는 여러 예외가 있으며, 외연성의 규정에 준하는 경우도 있다.

e.g. -tara, -tama(§31)

samid-vat- '장작을 갖다': samidh- '장작'(contra §18.1)

vāg-min- '웅변하다': vāc- '언어'(do.)

type -o-vat(<-as+vat ; cf. §15.8.c): tapovat- '고행을 닦다': tapas-

이것에 반해 payasvat- '액즙이 풍부하다': payas-

nabhasvat- '바람': nabhas-

그러나 *type* -asvat는 고전기에 거의 대부분이 고유명사에 국한되었다.

§105. 어근 명사

어근이 그대로 명사 어간(통례 f.)으로 사용되는 것을 가리킨다.

e.g. mud- f. '즐거움'

yudh- f. '싸움'

dṛś- f. '보는 것, 눈'

dviṣ- m. '적'

diś- f. '방위'

vāc- f. '언어'(: vac-)

(prev.를 동반하는 경우) ā-pad- f. '불행'

saṁ-sad- f. '집회'

—이것들이 단독으로 관용되는 경우는 적지만, 거의 대부분의 어간은 복합어의 뒷부분으로서 Pres. pt. act. 즉 nom. ag.의 의미로 사용된다.

type veda-vid- 'Veda를 알다(아는 사람)' ;

madhu-lih- '꿀을 핥다', m. '밀봉(蜜蜂)'

—이때 어근 끝의 ā는 a가 된다.

e.g. sukha-da-(dā- '주다') '행복을 주다'

nṛ-pa-(pā- '수호하다')('인민을 지키다'), m. '왕'

go-pa- '소를 치는 사람'

그러나 viśva-pā-* m., f. '일체(전세계)를 지키다'

pāda-pa-(pā- '마시다')('뿌리로 마시다'), m. '나무'

—어근이 단모음으로 끝나는 경우는 거의 대부분 t를 넣는다.

e.g. °jit-(ji- '극복하다')

°stut-(stu- '칭찬하다')

°kṛt-(kṛ- '하다')

드물게 a(< am, an)의 뒤에도 t가 들어갈 수 있다.

e.g. °gat-(gam- '가다')

---

* 변화에 대해서는: Note 27.

§106. Kṛt 및 Taddhita 접미사

접미사 중에는 의의 · 기능이 비교적 명료한 것들도 적지 않다. 예를 들어 -tṛ은 nom. ag.를, -tra는 기구(器具)명사를 만들고, -vat, -mat, -in, -vin, -min은 소유를 나타내며, -tva, -tā는 추상명사를 만든다. 그러나 1개의 접미사가 여러 종류의 다양한 기능을 발휘하는 경우가 많기에, 간단하게 분류할 수가 없다. Skt.에서의 접미사의 수 · 종류가 굉장히 많아 각각을 상세히 설명하기가 어렵다. 이하 두 종류의 접미사 중에 비교적 넓은 용도로 사용되는 일부만을 설명하겠다.

❪ 비고 ❫

각각의 접미사에 대해 다소 상세한 설명을 준비하였으나 다른 문법의 설명을 위해 양보하였다. 조어법의 지식은 입문자에게 있어 그다지 급한 요소는 아니기에, 여기서는 주요한 접미사를 열거하고 그에 대한 간략한 설명을 하는 것에 그치겠다.

Ⅰ. Kṛt 접미사*

제1차 파생어는 의미상 동사와 밀접한 관계를 가지며, 어근의 모음은 일정한 계제를 나타내는데, 종종 Prev.를 동반하고, 때로는 동사의 어간(Pres. ; Des., cf. §96. Ⅰ, 비고 ; Caus. 등)을 기초로 한다. 또한 인칭동사와 동일한 구문(특히 object accus.의 사용)**이 허용되는 경우도 있다.*** 주로 nom. ag.와 nom. act.가 만들어지지만, 단순한 형용사 혹은 구체적 사물을 나타내기도 한다.

* 모든 종류의 분사 및 준동사(§§100~103), -īyas, -iṣṭha(§32)에 대해서는 앞서 설명하였다.

** Cf. -aka, -i, -in, -u, -uka, -tṛ, -(i)ṣṇu.

*** 이것 이외에 nom. act.의 agent가 Ⅰ.로 나타날 때가 있다, e.g. nindā pareṇa '다른 사람에 의한 비난'. -ana의 D. °anāya는 Inf.의 기능을 지닌다.

e.g. nayana- '이끌어주는 것': '눈'

Nom. ag.로서의 현재분사적 의미를 비롯한 nom. act.로서의 추상명사적 의미는, 복합어의 뒷부분으로 사용되었을 경우에 가장 잘 발휘된다.

—어근의 모음은 약한 형태를 나타내는 경우도 있지만, 강한 형태(guṇa계제)의 경우가 많고, 이를 대신해 장모음(ā)이 사용되는 경우가 있다, cf. vastu- '물건': vāstu- '거주' ; mārjana-: mārṣṭi, mṛj- '닦다/훔치다'

《비고》

동사와의 직접적 관련이 일목요연하지 않은 명사를 만드는 접미사는 uṇādi('suff. uṇ etc.')라고 불리고, 특수한 kṛt-suff.라고 여겨진다. 예를 들어 vāyu- '바람', aśva- '말' 등은 이 종류의 접미사를 포함한다고 한다.

각설 1. -a 어근 또는 Prev.를 동반하는 어근에 붙는 여러 의미를 나타내고, 무수한 파생어를 만든다. 어근부는 일반적으로 guṇa화하지만, 장모음(ā)을 나타내는 것도 있으며, 때로는 약한 형태가 사용된다.

a. Nom. ag.

e.g. yodha- '전사'(yudh- '싸우다')

°kǎra-, f. -ī '~를 하다, ~를 만들다', yaśaskara- '명성을 가져오다', kumbhakāra- '도공'

°da-, °dāya- '~을 주다'(dā-), goda- '암소를 주다', payoda- '(우유를 주다), 구름'

sāmaga- '가영제관(歌詠祭官)'(gai- '노래하다')

°ghna-, f. -ī '~을 죽이다'(han-), patighnī- '아버지를 죽인 여자'

śatruha- '적을 죽이다'(han-)

—(격의 형태를 보존)

paraṁ-tapa- '적을 괴롭히다' ; priyaṁ-vada- '친절하게 말하다'

—(동사의 어간에서)

bhaviṣya- '미래의'(fut. bhaviṣyati, bhū-)

dhanyaṁ-manya- '자신을 행복하다고 생각하다'(pres. manyate, man-)

bībhatsa- '꺼림칙하다'(des., bādh-)

cañcala- '여기저기 움직이다, 불안정한'(int., cal-)

—*Type* su-kara- '이뤄지기 쉽다', dur-labha- '얻기 어렵다', cf. §109. Ⅶ. 2

—(구체적 사물)

megha- m. '구름'

kuca- m. (보통 du.) '부인의 젖가슴'

b. Nom. act.

e.g. jaya- m. '승리'(ji-)

bhaya- n. '공포'(bhī-)

lobha- m. '탐욕'(lubh-)

roga- m. '병'(ruj-)

bhāva- m. '상태'(bhū-)

°kāra- m. '행위', sat-kāra- m. '우대', puruṣa-kāra- m. '용감'

vi-ṣāda- m. '실망'(sad-)

māna- m., (n.) '자존심', ava-māna- m. '경멸'(man-)

—어근부의 a/ā의 선택에는 의미 · 리듬 등의 요인이 작용하고, 실제 예시는 유동적이며 두 가지 형태를 지니는 경우도 많다.

e.g. upaskara- m. '도구': upakāra- m. '원조'

japa- m. '속삭임': karṇa-jāpa- m. '험담, 비방'

—(동작을 떠난 의미)

kāla- m. '시간' ; yuga- n. '멍에'

—(Prev. 의 유무에 의해 의미를 다르게 하는 것)

deśa- m. '장소': upadeśa- m. '교시'

deha- m., n. '신체': saṁdeha- m. '의혹'

adhyāya- m. '학습': upādhyāya- m. '스승'

2. -aka f. 대체로 -ikā

Nom. ag. 어근의 모음은 일반적으로 guṇa화하며, a는 특별한 경우를 제외하고는 연장된다.

e.g. bhedaka-, f. -kā '부수다'(bhid-)

pācaka- '조리하다', f. pācikā- '여성 요리사'(pac-)

nāyaka- m. '연극의 주인공', f. nāyikā- '여성 주인공'(nī- '이끌다')

janaka- '낳다', m. '아버지'(jan-)

—Ac.와의 구문(미래의 뉘앙스를 지님)

e.g. odanaṁ bhojako(bhuj-) vrajati '죽을 먹으러 가다.'

3. -ana 어근의 모음은 대체로 guṇa화하며, 장모음(ā)은 주로 Caus. 기원을 시사한다.

a. Nom. ag. 거의 대부분 복합어의 뒷부분으로 사용된다.

e.g. āḍhyaṁ-karaṇa- '부유하게 하다'

pāvana- '깨끗하게 하다'(caus. pāvayati, pū-)

—(구체적 명사)

pavana- m. '바람' ; vāhana- n. '탈것'

—(형용사)

kṛpaṇa- '애처롭다'

su-, īṣat-

dus-와 함께: '~되기 쉽다 ; ~되기 어렵다'

e.g. durmarṣaṇa- '참기 어렵다'(mṛṣ-)

b. Nom. act. 상태, 행위, 수단 · 도구 등을 나타내는 다수의 중성명사를 만든다.

e.g. gamana- '가는 것'(gam-)

maraṇa- '죽음'(mṛ-)

vacana- '이야기하는 것': vācana- '암송'(vac-)

—(구체적 명사)

vadana- '입, 얼굴'(vad- '이야기하다')

āsana- '자리'(ās- '앉다')

bhojana- '음식'(bhuj- '먹다')

c. -anā f. 매우 많은 추상명사를 만든다.

e.g. arcanā- '칭찬'(arc-) ; bhāvanā- '생산, 상상'(caus. bhāvayati, bhū-)

4. -as, -is, -us 중성명사*의 어간을 만든다. 변화에 대해서는: §23.9

a. -as 가장 중요한 것으로, nom. act. 이외에 여러 의미를 지닌 명사를 만든다.

e.g. namas- '경례'(nam-)

tapas- '고행'(tap- '뜨겁게 하다')

payas- '우유'(pī- '넘치다')

manas- '마음'(man- '생각하다')

vacas- '언어'(vac-)

b. -is

e.g. jyotis- '광명'(dyut- '빛나다')

havis- '공물'(hu- '공물을 올리다')

c. -us

e.g. āyus- '생명' ; dhanus- '활'

5. -ā** 모음계제의 변화가 없는 어간에서 여성의 nom. act를 만든다.

---

* -as는 일부 남 · 여성명사를 포함한다, e.g. candramas- m. '달' ; apsaras- f. '천녀'.

** 여성어간을 만드는 접미사로서는: §107.

e.g. sevā- '봉사' ; krīḍā- '유희' ; pūjā- '존경' ; *type* bhīṣā- 위협 ;
manīṣā- '사려'

—제2차 활용동사 특히 Des. 어간에 붙여진다.

e.g. bubhukṣā- '굶주림', cf. bubhukṣu-(infra 8)
pipāsā- '갈증' ; mīmāṁsā-'탐구' ; śikṣā- '교육' ; cf. §96. I , 비고

6. -i 어근모음의 모양이 일률적이지 않고, nom. ag. 혹은 nom. act.에서 출발하여 때때로 동사적 의미를 떠나, 구체적 명사·형용사를 만든다.*

e.g. śuci- '깨끗하다' ; jani- f. '부인, 처' ; stambha-kari- ('다발을 형성하다') m. '쌀' ; kṛṣi- f. '농경'(kṛṣ- '일구다') ; uda-dhi-('정수장', dhā-) m. '바다'

—Ac.와의 구문

e.g. dadir(dā- '주다') gāḥ '소를 주다'

—i- 어간의 명사에는 어근과의 관련이 불명료한 것도 적지 않다.

e.g. ahi- m. '뱀' ; pati- m. '남편'

7. -in 대체로 Prev.를 동반한 어근에 붙여지고, 또한 복합어의 뒷부분에서 동사적 의미를 보유하는 nom. ag.를 만든다. 어근의 형태는 -aka(supra 2)의 경우에 준한다.**

E.g. nivāsin- '거주하다'(ni-vas-)
anujīvin- '~에 의해 생활하다'(anu-jīv-)
havir-yājin- '공물을 올렸다'(yaj-)

—Ac.와의 구문

e.g. grāmaṁ gāmī(N. sg.) '마을로 가려고 하다.'

---

* 변화에 대해서는 : §27.

** 변화에 대해서는 : §23. 8 ; cf. taddh. -in(p. 347).

8. -u 지극히 보통의 명사 · 형용사를 만든다.*

e.g. bhandhu- m. '친척' ; jānu- n.,(m) '무릎' ; hanu- f. '턱' ; laghu- '빠르다, 가볍다' ; guru- '무겁다'

—때때로 Des. 어간에 붙여지며(cf. supra -ā), Ac.와의 구문이 허용된다.

e.g. kaṭaṁ cikīrṣuḥ(des. cikīrṣati, kṛ-) '자리를 만들려고 한다.'

《비고》

-u를 확장한 -uka는 고전기에는 그다지 큰 활용이 없었고, 관용적인 일부의 단어에만 남겨져 있다.

e.g. °bhāvuka- '~가 되다' ; ā-ghātuka- '파괴하다' ; varṣuka- '비를 내리게 하다'

—Ac.와의 구문(실제 예시가 적다)

e.g. gaṅgāṁ kāmukaḥ 'G.강에 도달하려 하다.'

9. -ti 매우 많은 nom. act.(f.)를 만들며, 어근의 모음은 p. pt. -ta의 앞에서의 형태에 준한다.

e.g. nīti- '지도'(nī-) ; stuti- '칭찬'(stu-) ; sṛṣṭi- '창조'(sṛj-)

—(구체적 명사) kṣiti- '주거'(kṣi-) ; jñāti- m. '친척'

10. -tṛ Nom. ag.를 만드는 대표적 접미사로, 일부의 친척명사에도 사용된다.** 어근의 모양 및 결합모음 i의 유무에 대해서는, Periph. fut.의 부분에서 설명했다(cf. §87).

e.g. kartṛ- '동작자' ; dātṛ- '보시자' ; udāsitṛ- adj. '무관심의'(ud-ās-)

—(친척명사) pitṛ- '아버지' ; mātṛ- '어머니'

---

* 변화에 대해서는: §27.

** 변화에 대해서는: §29.

—Ac.와의 구문

e.g. kartā(N. sg.) kaṭān '그는 항상 자리를 만든다.(습관)'

11. -tra 주로 도구, 장소, 신체의 부분을 나타내는 명사(대체로 n.)를 만든다.

e.g. pātra- '잔'(pā- '마시다')

kṣetra- '토지'(kṣi- '살다')

śrotra- '귀'(śru- '듣다')

12. -man Guṇa화한 어근에서 nom. act.(n.) 및 구체화한 명사를 만든다.*

e.g. karman- '행위'

janman- '출생'

varman- '갑옷'(vṛ- '덮다/씌우다')

°dharman- '법'(=dharma- m.)

brahman- '범(梵)', m. '범천', cf. ātman- m. '자아'

13. -snu, -iṣṇu Guṇa화한 어근에서 nom. ag.를 만든다.

e.g. jayiṣṇu- '승리를 얻다'

cariṣṇu- '움직이다, 불안정한'

kṣapayiṣṇu- '파괴하다'(caus. kṣapayati, kṣi- '멸망시키다')

—형태의 유사성에서 Des.의 의미가 더해진다.

e.g. gamiṣṇu- '가려고 하다.'

—Ac.와의 구문

e.g. kanyām alaṁkariṣṇuḥ '항상 소녀를 치장한다.'

* 변화에 대해서는: §25: p.82~84.

Ⅱ. Taddhita 접미사*

명사 · 형용사 이외의 거의 대부분의 품사에 붙여져 제2차 파생어를 만든다.[82] 주로 추상명사, 집합명사, 소속 · 관련을 나타내는 형용사를 만들지만, 때때로 의미가 희박한 확장에 그친다. 복합어의 끝부분에 붙여지는 이러한 종류의 허사적(expletive) 접미사는 samāsānta라고 불린다.

a. 어두음절의 vṛddhi화

제2차 파생어에서의 중요한 특징으로, -a에 의한 파생어에서 가장 자주 보여진다.

e.g. mānas-a-(: manas- '마음')

이때 기초어가 이미 a로 끝난다면, taddh. -a는 표면에 나타나지 않는다.

e.g. daiva- '신성한': deva- '신'

Vṛddhi화(V.-formations)는 모든 부계어(patronymics)에 보여지는 것 이외에, 술어, 추상명사, nom. ag.에도 적용되며, 형용사에서 명사를, 명사에서 형용사를 만들어낸다.[83]

b. 어간 Taddhita는 원칙적으로 남 · 중성어간에 붙여진다. 그러나 의미의 필요에 따라 여성명사에도 붙여진다.

e.g. patnītva- '처(부인)인 것'(: pati- '남편'), cf. strītva- '여자인 것'

다어간명사의 경우는 통상 약어간에, 3어간의 경우는 중어간에 붙여진다.

e.g. dauhitra- '딸의 아들': duhitṛ- '딸'(§29)

puṁstva-: puṁs- '남자'(§25: p.89)

haimavata-: himavat- 'Himālaya산'(§25: p.80)

vidvattara-: pf. pt. vidvas-(§25: p.86)

여성어간을 만드는 접미사 ī(§107)는 최약어간에 붙여진다.

* 형용사의 비교법에 사용된다. -tara, -tama(§31)에 대해서는 앞서 설명했다.

e.g. viduṣī-: vidvas-(supra)

　　pratīcī-: pratyac- '서쪽의'(§25: p.87)

　　śunī- '암캐': śvan-(§25: p.85)

　　maghonī- 'Indra 신의 아내': maghavan-(§25: p.85)

　　Pres. pt. -atī/-antī에 대해서는: §25: p.78~79

모음으로 시작하는 taddh.의 앞에서, 어간 끝의 ā̆, ī̆는 사라지고, ū̆는 guṇa
화한다.

e.g. saindhava-: Sindhu-

y로 시작하는 taddh.도 이것에 따른다.

e.g. ātithya-: atithi- '손님'

　　mādhavya- nom. prop.: madhu- '꿀'

그러나 f. -ī의 앞에서 ū̆의 guṇa화는 일어나지 않는다.

e.g. mṛdvī-: mṛdu- '부드럽다', cf. mṛdvīkā- '포도'

an- 어간의 경우, 모음 또는 y로 시작하는 taddh.의 앞에 an이 나타나는 경
우도 있다.

e.g. brāhmaṇa- '바라문'(cf. adj. brāhma-): brahman-

　　rājanya- '왕족': rājan- ; 그러나 f. -ī의 앞에서는 rājñī- '여왕'＊

-ka＊＊의 앞에서 어간 끝의 ā, ī, ū는 종종 짧아진다.

e.g. vadhukā- '젊은 부인': vadhū-

　　kumāritarā- f.: kumārī- '소녀'

　　viduṣĭtarā-: viduṣī-(pf. pt. f., vid- '알다')

—이와 다르게 일부의 a- 어간은, v(특히 -vat)의 앞에서 그 a를 연장한다.

e.g. Aśvāvatī- '강 이름': aśva- '말'

　　tāvat-: pron. ta-(cf. §43)

＊　rājanvat- '좋은 왕을 지니다': rājavat- '임의의 왕을 지니다'(gr.)

＊＊　본래는 samāsānta 이외의 -ka.

파생어의 성별은 접미사에 의존한다. 그러나 지소사적(diminutive) 혹은 허사적(expletive) -ka는 기초어의 성별을 답습한다.

e.g. naukā- f. '작은 배': nau- f. '배'

각설 1. -a 모든 어간에서 무수한 파생어를 만든다.

a. 어두의 vṛddhi화를 동반하는 경우. 부속 · 관련 · 산물 등의 관계를 나타내는 명사 · 형용사를 만든다.

e.g. pautra- '아들(putra-)의 자식=손주'

paura- '시민'(: pura-)

taila- n. '참기름'(: tila-)

sārva- '일체(sarva-)에 속하다'

—부계어의 형성도 taddh. -a의 중요한 기능이다.

e.g. Paurava- 'Puru의 자손' ; Kaurava- 'Kuru의 자손'[84]

b. 어두의 vṛddhi화를 생략하는 경우. 가장 중요한 역할은 samāsānta로서 다양한 복합어를 확장하고, 취급하기 쉬운 a- 어간에 변화하는 점이 있다(thematisation).

e.g. brahmavarcasa- '신성한 불빛을 지니다': varcas-

°ha-, °ghna-: °han- '~을 죽이다'

2. -ika Kṛt로서도 사용되지만(e.g. sphāṭika- n. '수정', vṛścika- m. '전갈'), taddh.로서는 일반적으로 어두의 vṛddhi화를 동반하며, 기초어에 대한 부속 · 관련을 나타낸다.

e.g. āśvika- '말(aśva-)에 관한'

vāsantika- '봄(vasanta-)의'

aitihāsika- '(직업적인) 이야기꾼'(: itihāsa- '이야기')

—여성형 -ikā, -ikī도 명사를 만든다.

e.g. śyāmikā- '검은색, 부정' ; ānvīkṣikī- '논리, 철학'

3. -in, -min, -vin 소유를 나타내는 다수의 형용사를 비롯해 nom. ag.를 만든다. 변화에 대해서는: §23.8

a. -in 주로 a- 어간 및 ā- 어간에 붙여진다.

e.g. dhanin- '재산(dhana-)을 지니다'
balin- '힘(bala-)을 지니다'
karuṇin- '가엾게 여겨야 하다' 또는 '연민(karuṇā-)이 많다'
karmin- '활동하다': karman-

b. -min 후음 또는 장모음의 뒤에 사용된다.

e.g. vāgmin- '웅변하다': vāc-
svāmin- '소유자, 주인': sva- n. '재산'(cf. §36.2)

c. -vin 주로 as- 어간에 붙여진다.

e.g. tejasvin- '빛나다': tejas-
tapasvin- '고행자': tapas-

4. -iman 형용사를 기초로 남성의 추상명사를 만든다. 비교급 · 최상급의 접미사 -īyas-, -iṣṭha(§32)와 밀접한 관계를 지니며, 형용사는 이것들의 접미사의 앞에서와 동일한 형태를 취한다.

e.g. gariman- m. '무게', cf. garīyas-(guru-)
variman- m. '넓이', cf. varīyas-(uru-)
mahiman- m. '위대', cf. mahīyas-(mahat-)

—그 외

śukliman- m. '백색'(śukla-)
kṛṣṇiman- m. '흑색'(kṛṣṇa-)
caṇḍiman- m. '격정'(caṇḍa-)
jaḍiman- '무감각'(jaḍa-)

5. -īna 어두의 vṛddhi화를 동반하고 장소 · 방향 · 기간 등에 관한 명사 · 형용

사를 만든다.

e.g. tailīna- n. '참깨를 뿌린 토지'(: tila-)

māsīna- '생후 1개월의'

grāmīṇa- '마을에 생겼다, 시골의'

—때때로 vṛddhi화가 없기도 하다.

e.g. navīna- '새로운, 젊은'(: nava-)

prācīna- '동쪽의'(: prāc-)

kulīna- m. '좋은 집안의 남자'(: kula-)

6. -īya 소속 · 관련을 나타내며 다양한 명사 · 형용사를 만든다.

e.g. parvatīya- '산(parvaya-)에 속하다'

aṅgulīya- m., n. '손가락 목걸이'(: aṅguli- '손가락')

uttarīya- n. '상의'(: uttara-)

—(소유대명사) madīya-, tvadīya-, etc. (§35)

—(집합명사) aśvīya- n. '말 무리'

—(서수) dvitīya-, tṛtīya-, turīya-(§47)

—특별한 -īya 파생어는 복합어의 뒷부분으로 사용된다.

e.g. °jātīya-, brāhmaṇa-jātīya- 'b. 계급에 속하다'

(samāsānta)°sthānīya- '~의 대리를 하다'(=°sthāna-),

pitṛ-sthānīya- '아버지와 같은 지위를 점하다'

°vargīya-, ka-vargīya- 'gutturals'(=ka-varga-), pa-vargīya- 'labials' ;

°deśīya- '~와 거의 같은, 작은 결함이 있다'(=°deśya-),

ab-deśīya- '물과 동일하다(ghee)'

pacati-deśīyam '그의 요리는 완전하지 않다'

°arthīya- '~에 관한'(=°artha-), tad-arthīya- '그것에 관한'

—때로는 어두의 vṛddhi화를 동반하여 학파명 · 학도를 나타낸다.

e.g. taittirīya- 'T. 파' ; pāṇinīya- 'P. 학도'

7. -eya 거의 대부분 어두의 vṛddhi화를 동반하며, 소속 · 관련을 나타내는 형용사를 비롯해 이것을 토대로 하는 명사를 만든다.

e.g. āheya- '뱀(ahi-)에 속하다'

ātitheya- '빈객(atithi-)에 걸맞다', n. '환대'

pātheya- n. '여행의 식량'(: pathin- m. '길')

(추상명사) jñāteya- n. '친족관계'(: jñāti- m. '친족')

(여계어) gārgeya- m. 'Gārgī의 아들'

kaunteya- m. 'Kuntī의 아들'*

8. -ka 다양한 종류의 어간에 붙여지고, 그 파생어의 의미는 다방면에 걸친다.

a. 넓은 의미의 부속 · 관련을 나타내는 형용사, 파생어가 -aka로 끝날 경우, 그 여성형은 일반적으로 -ikā를 취한다(cf. infra d).

e.g. paitṛka- '아버지(pitṛ-)에게서 유래하다'

paitāmahaka- '조부(pitāmaha-)에게서 유래하다'

b. 구체적이거나 추상적 명사

e.g. udaka- n. '물'

ācāryaka- n. '스승의 직무'

caurikā- f. '절도'

c. 지소사(Diminutive)를 만드는 것은 -ka의 주요한 용도 중 하나이다.

e.g. vṛkṣaka- m. '작은 나무'

śakuntaka- m. '작은 새'

(모멸적으로) aśvaka- m. '나쁜 말(馬)'

d. -ka는 때때로 허사에 지나지 않는데, 특히 Bahuvrīhi 복합어(§109. Ⅲ)의 뒤에 붙여진다(samāsānta).

e.g. bahumālaka- '많은 화환(mālā-, cf. §106. Ⅱ.b:p.344~345)을 지니다.'

---

* Cf. Note 84.

이때 -aka의 여성형은 -akā/-akī가 된다(cf. supra a).

9. -tā f., -tva n. 명사 · 형용사에 붙여지며 광범위하게 추상명사를 만드는 중요한 접미사로, 성질 · 본질 · 관념 · 기능 · 윤리적인 관계 등을 나타내고, 때로는 집합체 또는 구체적 사물에도 이른다.

e.g. vīratā-, °tva- '용사의 성질'
gotā-, °tva- '소(牛)인 것'
amṛtatva- '불사'
gurutā-, °tva- '스승의 직무'
pañcatva- '(다섯 원소로 환원되는 것), 죽음'
dṛḍhatva- '견고'
bhīrutva- '겁쟁이'
bandhutā- '친척'
janatā- '인류'
devatā- '신격'
sattva- '존재, 존재물'

—시대의 흐름에 따라 두 접미사의 사용률이 늘어나고, 그로 인해 논서 · 학술서 · 주석서 등에서 무제한으로 사용되어, 긴 복합사의 맨 끝에 붙여져 그 복잡한 내용을 총괄한다: '~라는 사실'

10. -mat, -vat* 넓게 소유(혹은 단순하게 관련)를 나타내는 형용사를 만든다. -vat는 일반적으로 a, ā가 어간 끝의 모음인 경우, 또는 어간 끝 자음의 앞에 있는 경우, 혹은 어간이 m, s나 파열음으로 끝나는 경우에 사용된다.

e.g. jñānavat- '지식(jñāna-)을 가지다'
vidyāvat- '지식(vidyā-)을 지니다'

* P. pt. act. -tavat에 대해서는: §100: p.308.

payasvat- '젖(payas-)이 풍부하다'

dṛṣadvat- '돌(dṛṣad-)을 포함하다'

—그 외의 경우에는 -mat가 사용된다.

e.g. agnimat- '성화(agni-)를 유지하다'

jyotiṣmat- '광명(jyotis-)을 지니다'

11. -maya, f. -mayī '~에서 되다, ~에서 만들어졌다, ~가 풍부하다'를 의미하는 형용사를 만들고, 어말의 k, ṭ, t는 그 앞에서 반드시 비음화한다. (cf. §15.1.b)

e.g. aśmamaya- '돌(aśman-)에서 되다, 석조의'

dārumaya- '목조의'

annamaya- '식물이 풍부하다', n. '식물의 풍부함'

vāṅmaya- n. '웅변'(vāc- '언어')

cinmaya- '지성(cit-)에서부터 이루어지다'

manomaya- '사고(manas-)에서부터 이루어지다'(외연성의 적용에 주의, cf. §104)

12. -ya* 광범위하게 명사 · 형용사를 만들며, 중성의 추상명사를 만들 경우는 일반적으로 어두의 vṛddhi화를 동반한다.

e.g. gavya- '소(go-)의', n. '소 무리(떼)'

grāmya- '시골의': grāma- '촌락'

pāṇḍitya- n. '학식': paṇḍita- '학자'

śaurya- n. '용기': śūra- '용사'

—-ya는 허사에 지나지 않는 경우도 있다.

e.g. navya- '새로운': nava-

* Ger. -ya에 대해서는: §101.3 ; Patron.에 대해서는: Note 84.

samāsānta로서 사용되는 경우도 있다.

e.g. °māsya-(: māsa- '달'): daśamāsya- '10개월마다의'

agnidevatya- 'Agni를 신격(devatā-)으로서 지니다.'

§107. 여성 접미사 ā 및 ī

1. 남성 · 여성을 어원적으로 관계가 없는 어간에서 만드는 경우

e.g. pitṛ- '아버지': mātṛ- '어머니'

어간을 다르게 하는 경우

e.g. śvaśura- '시아버지': śvaśrū- '시어머니'

yuvan-: yuvati- '젊다'

동일한 용어가 남 · 여통성(common gender)으로 사용될 경우(e.g. go- m., f. '소')를 제외하고, 보통은 남성과 동일한 어간에서 이것에 상응하는 여성을 만들며, 접미사로서 -ā 또는 -ī가 사용된다. -ā는 a- 어간에서만 붙여지고, -ī는 모든 어간의 가장 약한 형태로 붙여진다.

2. a- 어간에서 만들어지는 여성은, 형용사에서 -ā를 사용하는 경향을 지니며, 명사에서 -ī를 사용하는 경향을 보인다.

e.g. kānta- '사랑받았다': f. kāntā-(§26.3)

putra- '아들': putrī-(§28.2.a)

deva- '신': devī-

nara- '남자': nārī-

—-ā를 사용하는 일부의 명사가 있다.

e.g. (동물 이름) ajā- '암컷 산양': aja-

aśvā- '암컷 말': aśva-

(고유명사) Devadattā- ; Sītā-

(계급명) śūdrā- 'ś. 계급의 여자', cf. śūdrī- 'ś.의 부인': śūdra-

(친족명) ātmajā- '딸': °ja-

(형용사의 명사화) bālā- '소녀': bāla-

kāmukā- '애인', cf. kāmukī- '정인': °ka-

—ya- 어간에서 만들어지는 여성에는 -ā를 이용하는 경향이 강하다.

e.g. kṣatriyā- ; vaiśyā- ; āryā- ; upādhyāyā-/°yī- '여성의 교사'(°yī-는 또한 '스승의 부인'을 의미한다.)

그러나 자음+ya의 형태를 지닌 Patron.의 여성은 보통 -ī로 끝난다.

e.g. Gārgī-: Gārgya-

3. 형용사의 여성에 -ī를 이용하는 경우

a. 어두의 vṛddhi화를 동반하는 것(일부 열외를 제외)

e.g. daivī-: daiva- '신성한'

mānuṣī-: °ṣa- '인간의'

(색깔의 명칭) gaurī-: gaura- '하얗다'

śyāma- '까맣다'에 대해서는 śyāmā-만

cf. nīlā-/°lī-(생물을 꾸미는 경우는 °lī-만): nīla- '파랗다'

b. 특수한 접미사*

e.g. -mayī: -maya '~에서 되다'

aśmamayī-: °maya- '돌에서 되다'

—-tanī, -tnī: -tana, -tna

e.g. adyatanī- '오늘의', ciratnī- '예전의'

—-ānī

e.g. (여신 이름) Indrāṇī- 'Indra 신의 아내' ; Bhavānī- 'Śiva 신의 아내'

(경어) ācāryānī-(ṇ이 되지 않는다): ācārya- '스승'

* Pres. pt. -atī, -antī에 대해서는: §25: p.78, §71.1.

āryāṇī-

yavanānī-(*scil.* lipiḥ) '그리스 문자'

—(i)nī

e.g. śyenī-: śyeta- '하얗다'

rohiṇī-: rohita- '빨갛다'

lohinī-/°hitā-: lohita- '빨갛다'

enī-/etā-: eta- '반점이 있다'

—akī(-aka: f. -ikā에 대한 열외, cf. §106. Ⅰ.2, Ⅱ. 각설 8.a, d)

e.g. māmakī-/māmikā-: māmaka- '나의'(§35.2)

bahumālakī-/°lakā-: °laka- '많은 화환을 지니다'(Bv.)

4. a. i- 어간 및 u- 어간은 본래 남성과 여성으로 구별하지 않는다. 그러나 일부 명사는 여성으로서 ī- 어간(§28.2.a) 및 ū- 어간(ib. b)을 사용한다.

e.g. sakhī- '여자친구': sakhi-

didhiṣū-/°ṣu-(§27.2.b) '재혼한 부인': °ṣu- m. '구혼자, 2번째 부인'

—patnī- '부인': pati- '남편'

b. u- 어간의 형용사 여성은 -u 또는 -vī로 만든다(cf. §27.3, 비고).

e.g. pṛthu-/°thvī- '넓다'

bahu-/bahvī- '많다'

tanu-/tanvī- '좁다'

mṛdu-/mṛdvī- '부드럽다'

그러나 guru- '무겁다', uru- '넓다', puru- '많다', aṇu- '작다'의 여성은 °vī-만이다. 또한 paṅgu- '짝짝이/절름발이의'의 여성은 paṅgū-.

c. 자음 어간의 여성은 원칙적으로 -ī로 만들어진다. 특히 ac-(§25: p.87) ; at-, mat-, vat-(§25: p.80) ; in-, min-, vin-(§23: p.74) ; yas-(§25: p.81) ; vas-(§25: p.86)를 비롯해 tṛ-(§29.1)의 모든 어간을 참조. 또한 Bv.의 여성형에 대해서는: §109. Ⅲ.d, 비고(p.375~376)

제24장

복합어

A. 명사 복합어(Nominal compounds)[85]

§108. 총설

복합어는 2개 혹은 여러 어간의 결합에 의해 만들어진다. 명사 복합어는 Skt.에서 특별한 발달을 이루었고, 고전기의 미문체작가들은 복잡하고 장대한 복합어를 즐기며 사용한다. 또한 일반적으로 복합어는 Skt. 문체를 대표하는 특징이 되어, 관계문 그 외의 종속 부문(시간, 원인 · 이유, 결과, 양보 등)의 역할을 대행한다. 그렇기에 그러한 지식은 Skt. 작품을 이해하는 데 무엇보다 중요하다.

명사 복합어를 구성하는 지분의 수에 제한은 없지만, 기본적 형식은 A(앞부분)+B(뒷부분)에 의해 나타난다. B만이 격변화를 일으키고, A는 원칙적으로 어간의 형태를 유지하며, 2어간을 지닌 경우는 약어간이, 3어간을 지닌 경우는 중어간이 사용된다. 복합어는 그 자체로 완결된 의미를 나타내지만, 때로는 그 요소의 하나(주로 제1요소)가 외부의 표현과 관계를 지니는 경우가 있다.

e.g. hasta-gata- mama '내 손 안에 있다.'

I.+pītasarvāṅgalohitaḥ '~(I.)에 의해 온몸의 피를 빨렸다.'

ardhapītastana- mātuḥ(G.) '어머니의 모유를 절반 마셨다.'

nāhaṁ tyaktukāmas tvām '나는 그대를 버리겠다고 생각하지 않는다.'

◖비고◗

A는 수량의 구별을 나타내지 않는다. 그러나 열외적으로 pl. 형이 나타나는 경우가 있다.

e.g. āpo°(ap- '물')

diśo°(diś- '방향')

cf. viśvedevāḥ(pl.) '모든 신'

—성별에 대해서는 통칙으로서 A가 명사이면 여성형을 유지한다.

e.g. devī-gṛha- '여신의 사원'

형용사이면 여성형을 사용하지 않는다.

e.g. darśanīya-bhārya- '아름다운 부인을 지니다.'

그러나 kalyāṇī-priya- '정조 있는 여자를 사랑하다.'

(kalyāṇa-p°와 구별하기 위해)

그리고 일반적으로 남성형을 사용하는 경향이 있다.

e.g. aja-kṣīra- '(암컷) 산양의 젖'

문법가는 명사 복합어를 크게 4개로 나누고, 다시 6종류로 세분하였다. 각 종류의 명칭과 대표적 형식을 열거하면 다음과 같다.

Ⅰ. Dvandva(Dv.) 병렬복합어(Copulative comp.)

A와 B가 동등한 지위에 있는 것

e.g. artha-dharmau du. '부와 법'

Ⅱ. Tatpuruṣa(Tp.) 한정복합어(Determinative comp.)

1. Karmadhāraya(Kdh.) 동격 한정복합어(Appositional)

A가 B를 한정하거나 B와 동격 관계에 있는 것

e.g. nīlotpala- n. '푸른 연꽃'(attributive)

rājarṣi- m. '왕으로서 성자다운 사람, 왕선(王仙)'(appositional)

2. Tatpuruṣa(좁은 의미의 Tp.) 격한정복합어(Case-determined)

A와 B의 사이에 격의 관계가 성립하는 것

e.g. tat-puruṣa- m. '그 사람의 하인'

3. Dvigu(Dg.) 수한정복합어(Numeral determinative)

수사를 A로 하여, 특수한 의미·용법을 지니는 것

e.g. dvi-gu- '2마리 암소의 가치가 있다.'

Ⅲ. Bahuvrīhi(Bv.) 소유복합어(Possessive comp.)

넓은 의미의 Tp.와 같은 구조를 가지며, 전체적으로 소유·소속을 의미하는 형용사가 되어 A, B 이외의 사물을 수식하는 것

e.g. bahu-vrīhi- '많은 쌀을 가지다.'

Ⅳ. Avyayībhāva(Av.) 불변화복합어(Indeclinable comp.)

A=불변화소사(pcl.)에 의해 B=명사가 지배되는 부사 복합어의 한 종류

e.g. anu-kṣaṇam '순간마다'

이 분류법은 대체적으로 Skt.의 명사 복합어의 특징을 포착한 것이어서 편리하지만, 다양한 가능성을 포함한 복합어의 상세한 점을 망라한 것은 아니다.[86] 여기서는 인도의 전통에 유념하면서도, 이것에 구애되지 않고 실제로 사용되는 분류를 채용하였다.

Sandhi

복합어의 각 지분은 독립성을 지니며, 지분 간의 음률 결합에는 일반적으로 외연성의 규정이 적용된다.

열외: -ă+otu- m. '고양이' 및 oṣṭha- m. '입술' > -o- 또는 -au-

e.g. bimba+oṣṭha- > bimboṣṭha-/bimbauṣṭha-

'빔바와 같이 (빨간) 입술을 지니다.'

adharoṣṭha-/adharauṣṭha- m. '아랫입술', °am n. '양입술'

—go+a-, go+agra- > go'gra-/goagra-/gavāgra-

'주로 암소(우유)에서 만들어진다'

—k, kh, p, ph의 앞에서 -is, -us의 s는 ṣ가 된다.

e.g. dhanuṣ-pāṇi- '활을 손에 쥐다.'

그러나 namas-kāra- '경례', cf. §15.6.a

—B에 포함된 n 또는 s는, 때에 따라 내연성의 규정에 따라 ṇ 또는 ṣ가 된다.

e.g. pūrvāhṇa- '오전' ; bhūmi-ṣṭha- '지상에 서다' ;

cf. §19.1, 비고 2, §19.2, 비고[87]

§109. Ⅰ. 병렬복합어*

A+B에서 각 지분이 동등한 지위를 점하고, 'A 및 B'(때로는 'A 또는 B')를 의미한다. 지분의 수에 제한이 없지만, 3종의 형식으로 크게 나뉜다.

1. 제1형식

전체가 2개를 나타내거나 3개 이상을 나타내는 것에 따라, 맨 마지막의 명사는 그 gender를 유지하면서, du. 또는 pl.의 형태를 취한다.

e.g. hari-harau du. m. 'Hari(=Viṣṇu 신)와 Hara(=Śiva 신)'
hasty-aśvāḥ pl. m. '(많은) 코끼리와 말'
brāhmaṇa-kṣatriya-viṭ-śūdrāḥ pl. m.
'바라문과 크샤트리아와 바이샤와 수드라'

—열외: aśva-vaḍavau du. m. '수컷 말과 암컷 말(vaḍavā- f.)'

a. 오랜 전통에 따라, 2개의 신의 이름에서 만들어진 Dv.(devatādv.)에서 A가 오래된 du. 형을 지니는 경우가 있다.

e.g. mitrā-varuṇau ; agnīṣomau ;
마찬가지로 dyāvā-pṛthivyau, °bhūmī, °kṣame '천지'

b. 2개의 친족명사 또는 재관의 명칭에서 만들어진 Dv.에서, A 끝의 -ṛ은 -ā(=N. sg.)가 된다.

e.g. mātā-pitarau '부모'
pitā-putrau '아버지와 아들'
hotā-potārau 'hotṛ 제관과 potṛ 제관'

---

* 주로 Dv.에 해당한다.

2. 제2형식

지분을 합쳐서 n. sg.(-am)의 형태를 제공한다.

e.g. sukha-duḥkham '즐거움과 고통'

이 형식에 의한 집합명사의 의미는 본래 대조와 종합을 중점으로 삼는다.

e.g. pāṇi-pādam '수족'

ahi-nakulam '뱀과 나쿠라'(나쿠라는 뱀의 천적)

śrāmaṇa-brāhmaṇam '사문과 바라문'(양자 사이의 적의)

—B가 Palatal, d, ṣ 또는 h로 끝나는 경우에는, samāsānta a(§106. Ⅱ. 각설 1. b)가 붙여진다.

e.g. tvaksrajam '피부와 화환'

grīṣma-prāvṛṣam '여름과 우기'

(다만 prāvṛṭ-śaradau du. '우기와 가을'은 열외)

chattropānaham '우산과 구두'

3. 제3형식(위의 2형식과 비교해 드묾)

A+B에서 B는 자신의 gender를 유지하면서 sg.의 형태를 취한다.

e.g. deśa-kālaḥ '장소와 때' ; aho-rātraḥ '낮과 밤'*

《 비고 》

항상 나열된 명사의 한쪽이 생략되는 경우가 있다(elliptical Dv.).

e.g. pitarau=mātā-pitarau

śvaśurau=śvaśrū-śvaśurau '시아버지와 시어머니'

bhrātarau '형제와 자매'

putrau '아들과 딸'

type gārgyau 'Gārgya와 Gārgyāyaṇa'

* °rātra-(<rātri- f.)는 m. 또는 n. ; aho-rātrāḥ pl., °tram sg. n.의 형태도 허용된다.

4. 지분의 순서

일면에서는 의미에 의해 결정되며, 중요한 표현이 선행한다.

e.g. yudhiṣṭhirārjunau 'Y.와 A.'

다른 면에서는 형태가 기준이 된다. 즉 i- 또는 u- 어간의 명사가 선행한다.

e.g. hari-harau(supra)

이에 더하여 모음으로 시작하며 a로 끝나는 표현이 선행한다.

e.g. īśa-kṛṣṇau, indrāgnī(신의 이름)

그리고 중요한 것은 음절 수가 적은 표현이 선행한다는 것이다.

e.g. plakṣa-nyagrodhau(식물명)

vāg-agnī 'Vāc와 A.'

vāg-indrau

그러나 상기의 기준에 따르지 않는 반례도 적지 않다.

5. 형용사+형용사(P. pt.을 포함)

e.g. sitāsita- '백과 흑의'

uttara-dakṣiṇa- '북과 남의'

mṛtājātau(sutau) '한 명은 죽고, 한 명은 아직 태어나지 않다(아들).'

kṛtāpakṛta- '~을 위해서거나 또한 ~에 반대하여 행해졌다.'

—2개의 단어의 중간을 의미하는 경우

e.g. śītoṣṇa- '미적지근하다'

(색) pīta-rakta- '황색빛을 띈 붉은색'

(수사) dvitrāḥ/dvitrāṇi pl. '2 또는 3의'

pañcaṣāḥ pl. '5 또는 6의'

(방향) dakṣiṇa-pūrva- '남동의'(°vā *scil.* diś- '남동')

uttara-pūrva- '북동의'

(-ta)kṛtākṛta- '미완성의'

type dṛṣṭa-naṣṭa- '보자마자 사라졌다.'

vyāhṛtāgata- '부르자마자 나타났다.'

snātānulipta- '목욕 후 향수를 발랐다.'

(정도) bhīru-bhīru- '매우 겁이 많은'

śrānta-śrānta- '매우 지쳤다.'

(유감) gata-gata- '불행하게도 지나갔다.'*

6. 부사+부사

e.g. sāyaṁ-prātaḥ '아침저녁'

—부사 복합어

e.g. ahar-niśam, rātriṁ-divā, divā-naktam '낮밤'

Ⅱ. 한정복합어(넓은 의미의 Tp.)

Tp.를 만들 때 A 또는 B는 단독적으로 사용되는 경우와 다른 형태를 취하는 경우가 있다.

A에 대하여

mahat- adj. '크다'는 일반적으로 mahā°가 된다.

e.g. mahā-rāja- '대왕'

—an-을 비롯한 in- 어간의 명사는, 각각 -a, -i의 형태를 갖는다.

e.g. rāja-putra- '왕자'

mantri-putra- '대신의 아들'

—때로 어간 끝의 자음이 탈락하는 경우가 있다.

e.g. pṛṣodara- Bv. '반점이 있는 배를 지니다.'(pṛṣat+udara-)

ura-ga- '뱀'(uras+ga-)

---

* *Type* calācala- '불안정한'은 int. redupl.에 근거한 형태로 여기에는 속하지 않는다.

dvija- '다시 태어난 가족(再生族)'(dvis+ja-)

—특례:

pitāmaha- '조부'

go- '암소'는 모음의 앞에서 gava-가 된다.

e.g. gavākṣa- '하늘'

B에 대하여

(1) 일부의 여성명사(senā- '군대', surā- '수라 술' chāyā- '나무 그늘', śālā- '집', sabhā- '집회', niśā- '밤')는 임의로 중성 a- 어간의 형태를 취한다. 다만 특별한 복합어는 반드시 중성화한다.

e.g. brāhmaṇa-senā̆- 'b. 의 무리'

다만 ikṣu-cchāya- n. '사탕수수의 그늘'

īśvara-sabha- '왕후의 모임'

(2) 일부 표현(수사, pūrva-, sarva- 등)의 뒤에서 rātri- f. '밤'을 대신해 rātra- m., n. ; ahan-/ahar- n. '해'를 대신해 aha-/ahna- m.이 사용된다.

e.g. pūrva-rātra- m. '밤의 앞부분', pūrvāhṇa- m. '오전'

sarva-rātra- m. '밤새'

sarvaāhṇa- m. '하루 종일'

dvi-/tri-rātram n. '두 밤 또는 세 밤'

dvy-/try-aha- '이틀 또는 삼일 연속', °am n. '이틀 또는 삼일'

(3) go- '소' > °gava-

e.g. parama-gava- m. '뛰어난 수소'

pañca-gava- n., °gavī- f. '5마리의 소 무리'(Dg.)

그러나 dvi-gu- '2마리 암소의 가치가 있다.'

citra-gu- '반점 있는 암소를 가지다.'(Bv.)

(4) rājan- m. '왕' > °rāja-

e.g. parama-rāja- m. '뛰어난 왕'

mahā-rāja- m. '대왕'

그러나 su-rājan- m. '좋은 왕', kiṁ-rājan- m. '나쁜 왕',

a-rājan- m. '왕이 될 수 없는 자'(cf. infra 1.a *in fine* ; Ⅶ)

(5) sakhi- m. '친구' > °sakha-

e.g. kṛṣṇa-sakha- m. 'K.의 친구'(Tp.)

priya-sakha- m. '사랑스러운 친구'(Kdh.)

그러나 su-sakhi- m. '좋은 친구', kiṁ-sakhi- m. '나쁜 친구'(변화에 대해서는: §27.4.b, 비고)

Bv.에서도 일반적으로 °sakhi-, 다만 실제로는 °sakha-도 사용된다.

e.g. marut-sakha- 'M.을 친구로 하다.'

◖비고◗ 그 외

aṅguli- f. '손가락' > °aṅgula-

e.g. dvy-aṅgula- '2 a.의 길이를 가지다.'(Bv.)

—añjali- m. '합장' > (임의로) °añjala-

e.g. dvy-añjali-/°añjala- n. '손바닥 두 장'(Dg.)

그러나 dvy-añjali- '손바닥 두 장의 가치가 있다.'(Bv.화)

—nau- f. '배' > °nāva-

e.g. ardha-nāva- n. '배의 절반'

dvi-nāva- n. '두 척의 배'(Dg.)

그러나 pañca-nau- '다섯 척의 배의 가치가 있다.'(Bv.화)

—pathin- m. '길' > °patha-

e.g. dharma-patha- m. '정법의 길'

ramya-patha- '좋은 길을 가지다.'

—sakthi- n. '허벅지' > °saktha-

e.g. uttara-/pūrva-saktha- n. '넓적다리'

mṛga-saktha- n. '사슴의 허벅지'

(비유) phalaka-s° n. '나무판자와 같은 허벅지'

1. 동격한정복합어*

a. 수식 관계

가장 평범한 형식은 형용사(혹은 이것에 준하는 수식어)+명사의 경우이다.

e.g. nīlotpala- n. '푸른 연꽃'

prathama-divasa- m. '초하루'

—A는 여성형을 취하지 않는다.**

e.g. rūpavad-bhāryā- f. '아름다운 부인'

vṛddha-yoṣit- f. '노부인'

—A=부분을 나타내는 형용사

e.g. pūrva-kāya- m. '상반신'(=pūrvaṁ kāyasya gr.)

madhyāhna- m. '정오'

ardha-rātra- m. '밤의 절반'

ardha-mārga- m. '길의 절반'

—°viśeṣa- '특별한'***

e.g. atithi-viśeṣa- m. '귀빈'

artha-viśeṣa-/viśeṣārtha- m. '특별한 의미'

마찬가지로 °antara- '다른'

e.g. rājāntara- m. '다른 왕'

deśāntara- n. '다른 지방'

°vara- '최상의'

---

* 주로 Kdh.에 해당한다.

** Cf. §108, 비고.

*** 본래는 동격 관계.

e.g. puruṣa-vara-/vara-puruṣa- m. '최상의 사람'

—B=성별을 나타내는 표현

e.g. ibha-yuvati- f. '어린 암컷 코끼리'

go-vaśā- f. '불임인 암소'

—형용사가 뒤에 놓여지는 특례

e.g. kumāra-paṇḍita- '소년이지만 학문이 있다.'

yuva-khalati- '젊은 나이에 대머리인'

bhojyoṣṇa- '먹기에는 너무 뜨겁다.'

—명사+형용사가 비유의 의미를 지닌 경우

e.g. ghana-śyāma- '구름과 같이 어둡다.'

kusuma-sukumāra- '꽃처럼 부드럽다.'

—A=의문접두사 kim-, ku-, kā-, kad-(pejorative)

e.g. kiṁ-rājan- '나쁜 왕'(cf. kiṁ-rāja=kasya rājā '누군가의 왕')

kim-bhṛtya- '나쁜 하인'

ku-puruṣa- '악인'

ku-rājya- '나쁜 왕국'

kā-patha- '나쁜 길'

kad-aśva- '나쁜 말'

kad-uṣṇa-/koṣṇa- '미적지근하다'

—*Type* a(n)-, su-, dus-에 대해서는: infra Ⅶ

b. 동격 관계

명사+명사

e.g. rājarṣi- '왕으로서 성자다운 사람, 왕선(王仙)'

rāja-haṁsa- '최상의 종류인 h. 새'

rāja-danta- '주요한 치아'

megha-dūta- '구름의 사자(使者)'

cūṭa-vṛkṣa- '망고 나무'

jaya-śabda- 'j.라는 표현'

(암수의 구별) *type* puṁs-kokila- '수컷인 k. 새'

(직함) amātya-rākṣasa- '대신 R.'

마찬가지로 śrī°, bhagavat-°, °svāmin-, °deva-

—(집합명사) *type* strī-jana- m. '부인'

—(비유) e.g. puruṣa-vyāghra- '호랑이처럼 (용감한) 사람'

pāda-padma- '연꽃과 같은 발'

netra-kamala- '연꽃과 같은 눈'

—(경멸) e.g. mayūra-vyaṁsaka- '악한 공작새'=dhūrta-mayūra- '악질적인 공작새'

c. 형용사+형용사

A가 부사적 역할을 지닌 경우

e.g. kṛṣṇa-sāraṅga- '검은 반점이 있다.'

mahā-nīla- '매우 푸르다'

viśeṣa+Adj. 또는 Adj.+v° '매우, 특히(아름답다)'

āsanna-niṁśa- '대략 20의'

—-ta(p. pt.)+pūrva-, *type* dṛṣṭa-pūrva- '이전에 보였다.'

smita-pūrvam adv. '우선 미소짓고'

d. A=Adv. 또는 Indec.

e.g. īṣat-piṅgala- '약간 갈색의'

pṛthag-jana- '아래층의 사람'

kva-stha- '어디에 있다.'

dvi-ja- '다시 태어난 가족'(dvi=dvis)

paro-'kṣa= '시야 밖에 있다.' opp. praty-akṣa- '눈앞에 있다.'

2. 격한정복합어*

a. 격관계

A와 B의 사이에 격의 관계가 인정되는 경우

e.g. Ac.: muhūrta-sukha- '한순간의 행복'

— I .: dhānyārtha- '수확에 의한 부'

duḥkhākula- '불행을 위해 흐트러뜨렸다'

mātṛ-sadṛśa- '어머니와 닮았다'

māsa-pūrva- '한 달 빠르다'

māsāvara- '한 달 뒤의'

다만 akṣṇā(I.) kāṇaḥ '두 눈이 장님의'에서, 눈은 눈이 먼 것의 원인이 아니기에 comp.로 만드는 것은 허용되지 않는다(gr.).

—D.: yūpa-dāru- '제사의 기둥을 위한 목재' ; go-hita- '암소에게 친절한'

—Ab.: vṛka-bhaya- '늑대에 대한 공포' ; adhikāra-pramatta- '의무를 게을리했다.'

type °itara-

e.g. sitetara- '(흰색과는 다르다), 검은색'

paretara- '(적과는 다르다), 친구'

—G.: rāja-puruṣa- '왕의 하인'

G.를 사용하는 거의 대부분의 영역에 걸쳐 복합어가 만들어지지만, 형용사의 최상급 및 서수와의 comp.는 허용되지 않는다.

e.g. nṛṇāṁ śreṣṭhaḥ/pañcamaḥ '인간 중에 최상자 또는 다섯 번째'

—L.: jalakrīḍā- '물속의 유희' ; sthālī-pakva- '항아리 속에서 조리되었다.'

—단순한 격관계에서는 설명할 수 없는 경우

e.g. dharma-patnī- '합법적인 부인'

śāka-pārthiva- '채소를 즐겨 먹는 왕'(중간 표현의 생략에 기인한다, gr.)

---

* 주로 좁은 의미의 Tp.에 해당한다.

b. 때때로 B=준동사 또는 nom. ag.

e.g. Ac.: grāma-gata- '마을로 갔다.'

g°-gămin- '마을로 가다.'

g°-prāpta- '마을에 도달했다.'

varṣa-bhogya- '1년간 참아야 한다.'

—B가 독립어로서는 사용되지 않는 경우

e.g. sarva-jit- '모든 것을 정복하다.'(sarvāñ jayaatīti s°, gr.)

마찬가지로 sukha-da- '행복을 주다.'

dharma-jña- '법을 알다.'

kumbha-kāra- '항아리를 만드는 사람'(kumbhaṁ karotīti k°, gr.)

— I .: ahi-hata- '뱀에게 죽임을 당했다' ; deva-datta- '신에게 하사받았다'

—Ab.: svarga-patita- '하늘에서 떨어졌다'

—L.: gṛha-jāta- '집에서 태어났다'

—B.의 의미가 희박해지며 Prep.적인 기능을 지니는 경우

e.g. °gata-, ratha-gata- '차 안 또는 차 위에 있다.'

tvad-gata- '너에게 속하다.'

마찬가지로 °yukha- '~를 동반하다(with)'

°rahita- '~를 빼다(without)'

《 비고 》

B는 항상 nom. ag.이지만, 이제부터 바꿔서 nom. act.가 사용되는 경우가 있다.

e.g. sarva-jaya- '모든 것의 정복', cf. sarva-jit-(supra)

—G.와 형용사화가 진행된 -ta(e.g. vidita-, iṣṭa-)는 일반적으로 comp.를 만들지 않는다.

—G.와 -tṛ 또는 -aka로 끝나는 nom. ag.는 comp.를 만들지 않는다.

e.g. apāṁ sraṣṭā '물을 창조한 자'

odanasya pācakaḥ '죽을 끓이는 사람'
다만 deva-pūjaka- '신을 숭배하는 사람'

c. A가 B에 대해 보어(compliment)의 역할을 하는 경우

e.g. śūra-mānin- '자신을 용사라고 생각하다.'
pūga-kṛta- '산만큼 쌓였다.'
tanaya-prāpta- '(아들로서 얻어졌다), 양자로 삼았다.'
°bhūta-, bhūmi-bhūta- '땅이다'
ratna-bhūta- '보석이다'
evaṁ-bhūta- '이와 같은'
tathā-bhūta- '그와 같은'

d. A가 각 형태를 유지하는 경우, 실용·리듬·모음의 융합회피에 의한 것으로서 반드시 필요하지는 않다.

e.g. Ac.(-am이 가장 보통): ariṁ-dama- '적을 굴복시키다.'
dhanaṁ-jaya- '보물을 쟁취하다.'
muṣṭiṁ-dhaya- '(주먹을 펴다), 아기'
priyaṁ-kara- '친절한', cf. priya-kāra- '친절한 사람'(리듬)
satyaṁ-kāra- '약속'
aruṁ-tuda- '고통을 자아내다.'(: arus- '상처')
āśitaṁ-bhava- '만족시키기에 부족하다.'(쌀 등), °bhava- n. '포만'
prājñaṁ-mānin- '자신을 현자라고 생각하다.'

—I.: ojasā-kṛta- '힘에 의해 이루어졌다' ;
ātmanā-pañcama- '자신을 제5로 하다=자신 및 다른 4인의'

—D.: ātmane-pada- '(자신을 위한 표현), the middle voice' ;
parasmai-pada= '(다른 사람을 위한 표현), the active voice'

—Ab.: dūrād-āgata- '먼 곳에서 왔다'

—G.: dāsyāḥ-putra- '(노예의 아들=dāsī-putra-), 연극에서의 경멸의 표현' ;

devānāṁ-priya- '(신에게 사랑받았다), 단순한, 어리석은'

—L.: agrega- '선두에 서서 가다'; gehe-dṛpta- '집 안에서 오만한' ; gehe-nardin- '집 안에서 환호를 지르다' ; pātre-bahula- '(종종 식탁에 붙는다), 식객 생활을 하다' ; karṇe-japa- '귓속말하는 사람, 소문을 퍼뜨리는 사람, cf. karṇa-jāpa-(p. 338)' ; manasi-ja- '(생각 중에 떠오르다), 그리움'

3. 수한정복합어*

본래 기수와 명사에서 만들어지는 복합어는 허용되지 않지만, '5명의 바라문'은 pañca brāhmaṇāḥ처럼 2개의 단어로 표현된다. Dg.의 형식은 다음의 경우로 한정된다.

a. 특수한 경우

e.g. (고유명사) saptarṣayaḥ(°ta+ṛ°) '(7명의 성선[聖仙]), 큰곰자리'

eka° '유일의', eka-nātha- '유일한 주인'

b. 집합명사(sg. n. 또는 sg. f. -ī)가 되는 경우

ā̆- 어간 및 an- 어간은 -am 또는 -ī가 된다.

e.g. tri-lokam/°kī '삼계'

pañca-khaṭvam/°ṭvī '5개의 침대(khaṭvā- f.)'

pañca-takṣam/°kṣī '5명의 목수(takṣan- m.)'

c. 소유·소속을 나타내는 형용사가 되는 경우(Bv.화)

e.g. tri-guṇa- '3개의 성(性)을 가지다.'

pañca-gu- '5마리의 암소(go-)의 가치가 있다.'

d. 복합어의 일부가 되는 경우

e.g. dvi-/tri-māsa-jāta- '2개월 또는 3개월 이전에 태어났다.'

pañca-gava-dhana- '5마리의 암소로 된 재산을 가지다.'(Bv.)

---

* Dg. 에 해당한다.

e. Taddh. 접미사가 붙여지는 경우

e.g. dvai-mātura- '2명의 어머니를 지니다, (의형제)'

ṣāṇ-mātura- '(6명의 어머니의 자식), Kārttikeya' ;

cf. §106. Ⅱ.각설 1.a

Ⅲ. 소유복합어*

A와 B의 상호관계는 넓은 의미의 한정복합어(Ⅱ.1, 2, 3)의 경우와 동일하지만, 전체적으로는 어떠한 의미로 소유·소속을 나타내는 형용사로서, 복합어의 지분 이외의 사물을 수식한다. 예로부터 주해에는 관계문이 사용된다.

e.g. bahuvrīhiḥ(*scil.* deśaḥ) = bahavo vrīhayo yatra

'많은 쌀이 존재하는 장소'

a. 어간 A가 형용사인 경우, 그 형태는 일반규정**에 따라 여성형을 취하지 않는다.

type bhadra-jāni- '아름다운 부인을 가지다'

그러나 (오해를 방지하기 위해) 여성형이 사용되는 경우가 있다.

e.g. pācikā-bhārya- '여성 요리사를 부인으로 하다.'(pācaka- m.의 부인이 아니다)

brāhmaṇī-bhārya- '바라문 여인을 부인으로 하다.'***

—B 끝의 장모음(주로 ā)은 일반적으로 단축된다.

e.g. alpa-vidya- '약간의 지식(vidyā- f.)을 지니다.'

—a- 어간의 명사의 여성형은 대체로 -ā, 그러나 때로는 -ī가 된다.

e.g. adho-mukhī- f. '고개를 숙였다.'

---

* 주로 Bv.에 해당한다.

** Cf. §108, 비고: p.356~357 ; §109. Ⅱ.1.a: p.365.

*** ī- 어간+rūpa- '~의 형태로 해서' > -i+rūpa-에 대해서는: Note 87 *in fine*.

anavadyāṅgī-(°dya+a°) f. '비난할 점이 없는 팔다리를 가지다.'

—일부의 명사는 B로 사용될 때에 형태를 바꾼다.

e.g. akṣi- n. '눈' > °akṣa-

e.g. lohitākṣa-, f. °kṣī- '빨간 눈을 가졌다.'

go- m., f. '소' > °gu-

e.g. citra-gu- '반점을 가진 암소를 가지다.'(cf. supra II.3.c)

gandha- m. '향기' > °gandhi-

e.g. su-gandhi- '좋은 향기를 지니다.'

padma-gandhi- '연꽃의 향기가 있다.'

jāyā- f. '부인' > °jāni-

e.g. yuva-jāni- '어린 부인을 가지다.'

priya-jāni- '사랑하는 부인을 가지다.'

prajā- f. '자손' > °prajas-

e.g. aprajas- '자손이 없다.'=apraja-

❰비고❱ 그 외

danta- '치아/이빨' > °dat-(°dan N. sg. m., datī f.)

e.g. su-dat- '좋은 치아를 지니다.'

dvi-dat- '2개의 이빨을 가지다.(연령을 나타내기도 한다)'

—dhanus- '활' > °dhanvan-

e.g. śārṅga-dhanvan- '뿔로 만든 활을 가지다, Viṣṇu 신.'

—dharma- '법' > °dharman-

e.g. (1표현의 뒤) vidita-dharman- '법을 알다.'

—nāsā- '코' > °nasa-

e.g. uṇ-nasa- '높은 코를 지니다.'

—pāda- '발' > °pad-(°pāt N. sg. m., °pāt/°padī f., °păt n.)

e.g. su-pad- '이쁜 발을 가지다.'

dvi-pad- '두 발의'

vyāghra-pad- '호랑이의 발과 같은 발을 가지다.'

—medhā- '사려' > °medhas-

e.g. dur-medhas- '어리석은'

—sakthi- '허벅지' > °saktha-

e.g. dīrgha-saktha- '긴 허벅지를 가지다.'

—pathin- '길' > °patha-

e.g. ramya-patha- '좁은 길을 가지다.'

b. Bv.는 여러 종류의 복합어에서 만들어진다.

e.g. a-candra-sūrya- '달도 해도 없다.'(: supra Ⅰ, infra Ⅶ)

mahā-bāhu- '큰 팔뚝을 가지다.'(: Ⅱ.1)

śītoṣṇa-kiraṇau du. '냉열의 광선을 가진 것, 일월'(: Ⅰ, Ⅱ.1)

(동격) vīra-puruṣa- '사람들이 용사이다. (마을 등)'

digambara- '공의파(의 자이나교도)'

padma-garbha- '연꽃을 태로 하다, ~에서 태어났다.'

citta-yoni- '(마음을 태로 하다), 연정'

(비유) candrānana- '달의 얼굴을 가지다, Skanda 신.'

padmākṣa- '연꽃의 눈을 가지다.' =kamala-netra-

rāja-lakṣaṇa- '왕자의 표식을 가지다.'(: Ⅱ.2)

pati-vratā- f. '남편에게 정절을 지키는'

kāma-rūpa- '생각대로 모양을 바꾸다.'

(비유) vidyut-prabha- '전광과 같은 반짝임을 가지다.'

tri-lacana- '눈 3개를 가지다, Śiva 신.'(: Ⅱ.3)

un-nasa- '높은 코를 가지다.'(: infra Ⅵ)

nir-bhaya- '두려움이 없다.'(do.)

dur-gandhi- '악취 나다.'(: Ⅶ)

sa-putra- '자식을 동반하다.' =saha-putra-(do.)

c. Bv.로 특히 발달한 형식: P. pt. (-ta, -na) + 명사

e.g. hata-putra- '그 아들이 살해당했다.'

hata-strīka- '부녀를 죽였다.'

kṛta-kṛtya- '그 의무를 해냈다.'

tyakta-nagara- '그 마을을 버렸다.'

datta-vara- '하사품을 내려주었다.' 또는 '~을 받았다.'

jita-krodha- '그 두려움을 제어했다.'

prāpta-jīvika- '그 생활비를 거뒀다.'

d. 특례: (1) 특별한 물건 + 신체의 부분

e.g. asi-pāṇi- '칼을 손에 쥐다.'

daṇḍa-hasta- '지팡이를 손에 잡다.'

(2) B=형용사 또는 수사

e.g. śūdra-bhūyiṣṭha- 'ś.를 대다수로 하다.'

sītā-tṛtīya- 'S.를 제3으로 하다.' = 'S.를 비롯해 다른 2명에게 동반되었다.'

(3) A=Inf.

e.g. tyaktu-kāma- '버리려고 하다.'

vaktu-manas- '말할 의도를 지니다.'

◖비고◗ B의 여성형에 대해서

(1) a로 끝나는 경우는 -ā 또는 -ī가 된다. 그 선택 혹은 두 형태가 같이 존재하는 것은 다양한 원인으로 다루어지기에, 간단하게 규정할 수 없다.

e.g. °mātrā-/°mātrī-(: mātra-, v. infra e)

°puṣpā-/°puṣpī-(: puṣpa- '꽃') ;

dīrgha-keśā-/°keśī- '긴 머리를 가지다.'

(2) i 또는 u로 끝나는 경우는 이것을 유지한다. 다만 °ūru- m. '허벅지'는 임의로 °ūrū-가 된다.

e.g. vāmorū̆- '허벅지가 아름다운 (여자)'

(3) 자음으로 끝나는 경우는 무변화. 그러나 °rājan- '왕'은 임의로 °rājñī- 또는 °rājā-.

e.g. bahu-rājñī-/°rājā- '많은 왕을 가지다.'

그 외 °(t)van-은 임의로 (t)varī- ; °yuvan-/°yuvati- '어린 부인' ; °ūdhas- '유방' > °ūdhnī-.

e.g. ghaṭodhnī- '풍만한 가슴을 지니다.'

°pad- '다리' > °padī, °dat- '치아' > °datī-에 대해서는: supra a, 비고

e. Bv.를 기초로 하는 표현의 예

°ādi-(: ādi- m. '시작') '~을 시작으로 하다, 등'

e.g. indrādayaḥ(surāḥ) 'I. 등의 신들'

마찬가지로 °prabhṛti-

e.g. (apatyaṁ) putra-pautra-prabhṛti '아들 · 손자 등의 자손'

Ac. sg. n.형 ādi 및 prabhṛti는 부사화하여 'etc.'를 의미한다, cf. ity-evam-ādi adv. 'etc.' 또는 °ādi는 명사화하여 사용되는 경우가 있다.

e.g. anna-pānendhanādi n. '식물 · 음료 · 연료 등'

—°pūrva- '~을 선두로 하다, 동반하다'

e.g. mṛdu-pūrva- '상냥한 (말)을 동반하다.'

마찬가지로 °pramukha- ; adv. °pūrveṇa, °pūrvam

e.g. smitapūrvam '우선 미소 짓고'

—°mātra-(cf. mātrā- f. '양/수량') '~으로만 이루어지다'

e.g. sītā-lakṣmaṇa-mātraka- 'S. 및 L.으로만 이루어지다. (호위)'

집합명사로서:

e.g. rati-mātram n. '한결같은 사랑' ; bhaya-mātram '항상한 위험'

P. pt. -ta의 뒤에 사용되어:

e.g. jāta-mātra- '죽느냐 사느냐', adv. °mātre, °mātreṇa

《비고》 그 외

°prāya-(: prāya- m. '주요 부분') '거의 ~와 비슷(동등)하다'

e.g. siddhi-prāya- '완성에 가깝다.'

amṛta-prāya- '감로와 비슷하다.'

—°pradhāna-(: pradhāna- n. '주요 부분') '~을 주요한 목적으로 하다'

e.g. indra-pradhāna- '주로 I. 에게 바쳐졌다.'

마찬가지로 °para-, °parama-

e.g. cintā-para- '사고(생각)에 빠지다.'

—°śeṣa-(: śeṣa- m., n. '잔여')

e.g. jīvita-śeṣa- '생명이 위태로웠다.'

—°kalpa-(: kalpa- m. '법칙') '~에 유사하다, 거의 ~에 비슷하다'

e.g. agni-kalpa- 'A.와 비슷하다.'

mṛta-kalpa- '거의 죽고 있다.'

prabhāta-kalpa- '거의 밤이 밝아졌다.'

adv. kevala-kalpam '완전히'

—°rūpa-(: rūpa- n. '형태') '~의 외모를 가지다'

e.g. śakuntalā-rūpa- 'Ś.가 분명하다.'

brāhmaṇi-rūpa- 'b. 여자(: °ṇī- 다음절)의 모습을 했다.',

그러나 strĭ-rūpa- '부인(: strī- 단음절)의 모습을 했다, 여자 모습의'*

(특례) vaiyākaraṇa-rūpa- '우수한 문법가'

caura-rūpa- '정평이 난 도적'

* Cf. Note 87.

pacati-rūpam/°kalpam '그는 요리가 형편없다',
cf. pacatitarām, °tamām(§31.3)

f. Samāsānta(§106. Ⅱ *init.*)의 첨가

의미에 증감이 없이, 어간의 원형을 지키고, 애매한 의미를 방지하는 효과가 있기에, Bv.의 말미에 종종 붙여진다. 주요한 것은 -a(§106. Ⅱ.각설 1.b)와 -ka(§106. Ⅱ.각설 8.d)이며,* 특히 -ka가 중요하다. -ka는 어간이 -ī, -ū, -ṛ로 끝날 때 붙여지고, 그 외의 경우에도 반드시 혹은 임의로 첨가된다(thematisation).

e.g. bahu-nadīka- '하천의 많은 (지방 등)'
gata-bhartṛkā- f. '남편을 잃은 부인'
bahu-mālaka-, f. °kā-/°kī- '많은 화환을 가지다.'(=bahumāla-)
mahā-yaśaska- '큰 영예를 가지다.'(=mahāyaśas-)

—어간이 -in으로 끝날 경우, 그 여성형은 -ikā가 된다.

e.g. bahu-svāmikā- f. '많은 주인(svāmin-)을 가진 부인'

—시대의 흐름에 따라, -ka의 사용은 일반화되고, 명사 복합어의 한 특징이 되었다.

Ⅳ. 불변화복합어**

A는 불변화소사(Prev.: anu, adhi, upa, prati, etc.), 부사(adhas, paras, upari, bahis) 혹은 전치사적 접속사(특히 yathā, yāvat)로, B는 일반적으로 Ac. sg. n.(특히 -am)의 형태를 보이는 부사 복합어의 한 종류이다.

* 그 외 -in, -īna, -ya(§106. Ⅱ.각설 3.a ; 5 ; 12)도 사용된다.

** 주로 Av.에 해당된다.

a. 어간

이 형태상의 요구를 충족하기 위해, B의 어말에 변화가 더해지는 경우가 있다. ă- 어간 및 an- 어간의 명사는 -am이 된다. 다만 중성 an- 어간의 경우에는 -a도 허용된다.

e.g. adhi-vidyam '지식(vidyā- f.)에 관해서'
adhy-ātmam '자아(ātman- m.)에 관해서'
upa-carmam/°carma '털가죽(carman- n.)에 가깝다.'

—ĭ- 어간, in- 어간은 -i 가 되고, ŭ- 어간은 -u가 된다.

e.g. prati-hasti '코끼리(hastin-)를 향해서'

go- > °gu

e.g. anu-gu=anu-gavam '암소의 뒤에'

b. Samāsānta의 첨가

일부 자음 어간의 명사(e.g. śarad- '가을', manas- '마음', diś- '방향')의 뒤에, 또는 임의로 파열음으로 끝나는 어간에 -a를 붙여서 -am으로 한다.

e.g. upa-śaradam '가을에 가깝다.', upa-samidham/°samit '장작에 가깝다.'

—그 외

e.g. upa-nadam/°nadi '강(nadī-)에 가깝다.'
praty-urasam '가슴(uras-)의 위에'
anu-giram '산(giri-)의 위에'

c. 일부의 예

anu-kṣaṇam '순간마다'
praty-aham '매일'
praty-akṣam '눈앞에', opp. paro'kṣam '시야 밖으로'
pra-dakṣiṇam '(왼쪽에서) 오른쪽을 향해서', opp. pra-savyam
bahir-grāmam '마을의 바깥에서'

yathā-kāmam '원하는 대로'

yathā-śakti '가능한 한'

yāvaj-jīvam '생애'

❰ 비고 ❱ 그 외

adhi-gopam(: gopā- m.) '목부(牧夫)의 위에'

—anu-gaṅgam(: gaṅgā- f.) 'G.강을 따라'

anu-jyeṣṭham '나이순으로'

anu-rūpam '~에 상응하여'

—upa-giri/°giram '산에 가깝다'

upa-rājam(: rājan-) '왕의 가까운 곳에'

—praty-agni '불을 향해서'

prati-niśam(: niśā-) '매일 밤'

prati-muhūrtam '순간마다'

—yathārtham '사실에 따라서, 실제로'

yathā-tathyam/°tatham '사실에 입각해, 정확히'

yathā-yatham '적당히, 조금씩'

yan-nimittam '그로 인해'

sam-akṣam '눈앞에'

—B가 Ac. 이외의 형태(특히 I.)를 보일 경우가 있다.

e.g. yathecchayā(: icchā-) '바라는 바에 따라'

yad-ṛcchayā '우연히, 자연발생적으로'

—A가 단순한 pcl.이 아닌 경우

e.g. pāre-śonam 'Ś.강의 피안에'

madhye-nadi '강 속에'

madhye-jaṭharam '신체의 중앙에'

madhye-raṇam '접전 중에'

dvi-gaṅgam '두 G.강의 합류점에서'

sama-bhūmi '대지와 같은 평면에'

V. 반복 복합어(Āmreḍita)

상기의 모든 형식 외에 그 어떤 것에도 속하지 않는 불규칙한 복합어가 존재한다. Āmr.는 그 일례이다.

a. 본래의 Āmr.(Iterative comp.) 넓은 의미의 명사의 격형을 반복하여 만들어지며, 반복 · 배분을 나타낸다.

e.g. kān-kān(Ac. pl.) bhojayati '이런저런 사람들로 해서 먹게 하다.'

ahany-ahani(L.) '날마다'

paraṁ-param '연속해서'

dvaṁ-dvam '짝을 이루어'

bhuktvā-bhuktvā(absol.) '반복해 먹고'

《비고》

예전에는 특징 있는 악센트법에 의해 식별되었으나, 이 특성을 잃고 고전기에서는, 문장 중의 단어의 반복과 구별이 어려워져, 일부 실용어에 한정되어, 주로 부사로서 사용된다.

—Āmr.의 A만을 고정하여 명사 · 형용사가 만들어진다.

e.g. paraṁ-parā- f. '연속'

°para- adj. '연속하다'

—A가 격형을 지니지 않는 경우

e.g. ekaika- '한 개씩의'

—복합어의 앞부분으로 사용되는 경우

e.g. pūrva-pūrva° '앞서는 순서의'

b. 본격적인 Āmr.와는 다르게, 형용사의 반복에 의해 정도를 나타내는 복합어가 있다.

e.g. alpālpa- '매우 작다'

acchāccha- '매우 밝다'

bhīru-bhīru- '매우 겁이 많은'

manda-manda- '매우 느린'

mandaṁ mandam adv. '천천히'

—대부분의 경우 '상당히'를 의미한다.

e.g. paṭu-paṭu- '상당히 이해력이 있다'

śukla-śukla- '상당히 하얗다'

bhīta-bhīta- '상당히 두려워했다'

priya-priyeṇa adv. '쉽게, 자발적으로'

—P. pt.의 반복은 유감의 뜻을 포함하는 경우가 있다.

e.g. gata-gata- '유감스럽게 떠났다'

naṣṭa-naṣṭa- '유감스럽게 멸망했다'

—nava-nava- '항상 새롭다' ; adhikādhika- '항상 증대하다'에서는, 본래의 Āmr.로의 접근이 인정된다.

VI. Prev.를 앞부분으로 하는 복합어

A가 Prev.로 B가 준동사 등으로 명료하게 동사적 의미를 가진 표현인 경우는, 일반적으로 해당 동사 복합어(infra B)의 의미를 구유하는 nom. ag. 또는 nom. act.가 된다. 그러나 Prev.는 B를 수식하거나, 혹은 지배하여(*type* ati-māla- '화환(mālā-)을 피하다'), Bv. 또는 Av.를 만들고, 때로는 특수한 의미를 나타내기에, 특별한 한 종류로 총괄해 취급하는 것이 편리하다.[88]

일부의 예 :

aty-alpa- '매우 적다'

adhi-rāja- '황제'

antaḥ-pura- '후궁'

antas-toya- '안에 물을 저장하였다'

ā-tāmra- '약간 구릿빛의'

ā-maraṇam, adv. '죽을 때까지'

ā-janma adv. '태어난 이후'

nir-bhaya- '두려움 없다'

pra-laghu- '매우 가볍다'

praty-akṣa- '잠들기 전의', opp. paro'kṣa-, adv. °kṣam(Av., supra Ⅳ.c)

prati-loma- '(자연의 순서로) 순행하다', opp. anu-loma-(: loman- '털')

vi-priya- '좋지 않다'

vi-nidra- '불면의'(: nidrā- '수면')

sam-agra- '완전한'

sam-artha- '같은 목적을 가지다'

Ⅶ. a(n)-, su- 등을 앞부분으로 하는 복합어

a(n)-, su-, dus-, sa-를 A로 하는 복합어는 공통된 특징을 나타내며, 특수한 그룹을 형성한다. 예를 들어 그것들의 작은 그룹을 결합하여 Kdh.를 만드는 경우, rājan-, sakhi-는 °rāja-, °sakha-가 되지 않는다.

e.g. su-rājan- '좋은 왕'

a-sakhi- '친구가 아닌 자'(cf. supra Ⅱ.1.a)*

또한 Absol.는 단순동사의 경우와 동일하게 취급된다.

* 이러한 점에서는 Bv.와 일치한다.

e.g. a-kṛtvā '하지 않고'(cf. §103. A: p.324)

1. a(n)-* privat

넓은 의미의 부정사로서 A가 되거나, 혹은 다양한 형식의 복합어의 앞에 붙여 진다.

e.g. a-śuci- '부정한'
a-sita- '(희지 않다), 검다'
an-eka- '여러 개의'
a-brāhmaṇa- '바라문이 아니다.'(경멸의 의미를 포함)
an-aśva- '말이 아닌 것'
adv. a-kasmāt(Ab. inter. pron.) '이유 없이, 우연히, 돌연'
a-ciram '머지않아, 곧바로' =na-ciram**
(Bv.)a-bala- '힘없이, 약한'
a-praja-/°prajas- '자손을 갖지 않다.'
a-candra-sūrya- '해도 달도 아니다.'
(Verbals의 앞) a-kṛta-(p. pt.), a-kārya-, a-kṛtya-(ger.), a-kṛtvā(absol.)

2. su-와 dus-

su-는 '좋다, 아름답다, 바르다'를 의미하며, dus-는 그 반대를 나타낸다.

e.g. su-gandhi- '좋은 향기를 가지다.', opp. dur-gandhi-
su-dat- '좋은 치아를 가지다.'
su-pad- '아름다운 발을 가지다.'
su-bhrū- '아름다운 눈썹을 가지다.'***

---

* 자음의 앞에서는 a-, 모음의 앞에서는 an-.

** 부정사 na도 A로 사용되는 경우가 있다, e.g. na-cireṇa=a-cireṇa '머지않아' ; na-puṁsaka- 'eunuch'.

*** 두 표현의 변화에 대해서는: §28.1.c, 비고.

su-dhī- '좋은 사려를 가지다.'

su-manas- '기분이 좋다', opp. dur-manas- '불쾌한, 슬프다'

su-medhas- '현명하다', opp. dur-medhas- '어리석은'

su-puruṣa- '좋은 사람', opp. duṣ-puruṣa-

su-rājan- '좋은 왕'

su-sakhi- '좋은 친구' *

su-kṛta- '잘했다, 선행', opp. duṣ-kṛta-

type su-kara-, īṣat-kara- '하기 좋다', opp. duṣ-kara-

3. sa-

결합 · 공존 · 동반 · 공통의 의미를 나타내며, 자음의 앞에서는 sa-, 모음의 앞에서는 sam-이 사용되는 경우가 있다.

e.g. sa-putra- '좋은 아들을 데리고 가다.'(=saha-putra-)

sa-rasa- '액즙이 풍부하다, 좋은 맛의, 매력 있다'

sa-patnī- f. '같은 남편을 가진 부인'(cf. sa-patna- '경쟁자')

sa-rūpa- '같은 모양을 가지다.'

adv. sa-bhayam '공포를 가지고'

❰ 비고 ❱

kim-, etc.(pejorative)도 su-, etc.와 비슷한 점을 가진다.

e.g. kiṁ-rājan- '악한 왕'(supra Ⅱ.1.a: p.366)

* 변화에 대해서는: §27.4.b, 비고.

Ⅷ. 부사 복합어(Compound adverbs)

앞서 설명한 여러 명사 복합어를 기초로 하거나, 혹은 특정 격형에 고정되는 것에 의해 부사 복합어가 만들어진다.

e.g. paramārtha-(°ma+a°) '진실한 의미'에서 °arthena(I.), °arthāt(Ab.), °arthataḥ '진실로'가 만들어진다.

가장 중요한 형식불변화 복합어(supra Ⅳ)에 대해서 이미 설명했다. 반복 복합어(supra Ⅴ), Prev.를 앞부분으로 하는 복합어(supra Ⅵ)도 때때로 부사를 제공한다. Bv.를 기초로 하는 표현에서도 부사가 만들어진다.

e.g. °ādi, °prabhṛti, °pūrveṇa, °pūrvam, °mātreṇa, °mātre(supra Ⅲ.e)

그 외의 예:

(B=Adv.) tad-anu '거기서'

atrāntare '그렇게 하고 있는 동안에'

—(B=Postpos.화한 명사의 격형) °artham, °arthāya, °arthe '~때문에', cf. supra paramārtha- ; Ⅴ. 이외의 hetu-의 격형

e.g. °hetunā, °hetave, °hetoḥ, °hetau '~의 이유로'

°vaśena, °vaśāt 또는 °balena, °balāt '~의 덕분에, ~에 의해'

°kṛtena, °kṛte '~때문에' ; °varjam '~을 제외하고'

—(2개의 Pcl. 또는 Adv.의 결합)

atīva (°ti+i°) '매우'

praty-uta '반대로, 오히려'

saṁ-prati '바야흐로, 바로'

prati-muhuḥ '순간마다'

uccāvaca(ud와 ava) '동요하여, 불안정하게'

—특례:

sa-padi '순식간에'

odana-prati '죽을 조금만'[89]

B. 동사 복합어(Verbal compounds)[90]

§110. 총설

1. Prev. 일반

약 20개의 동사 접두사(본래 Preverbs)와 일부의 명사 혹은 부사는, 동사의 어근을 비롯해 준동사(특히 Absol. -ya, §103. B)와 불가분하게 하나가 되어 동사 복합어를 만들거나, 혹은 어근부에 kṛt- 접미사를 붙여서 동사적 의미를 가진 파생어가 만들어진다.

《비고》

문법가는 복합어로 생각하지 않는다. 그러나 Absol.에 -ya가 사용되며, 또한 때때로 Prev.를 앞부분으로 하는 명사 복합어(§109. VI)와 접촉한다. 역으로 내연성의 규칙의 적용(cf. infra 2)은 단순한 복합어가 아닌 것을 나타낸다.

고전기에서 이러한 Prev.의 대부분은 복합을 위한 것 이외에는 사용되지 않았고, 그 사용목적은 주로 동사의 의미를 정확하게 규정하는 것에 있다. 동사의 방향(전후 · 상하 등)을 구체적으로 나타내는 것만이 아니라, 정신작용, 획득 · 소유 등에도 관계한다. Prev.는 1개에 한정되지 않고, 2개 혹은 3개가 연속하는 경우도 드물지 않다. 이 경우 통상적으로 제1의 Prev.가 전체의 의미를 규제하고, ā-는 항상 어근의 직전에 놓여진다.

e.g. sam-upa-ā-gam- '근처에(upa) 모여(sam) 가다.'

abhi-sam-ā-gam- '함께(sam) 가까이(abhi) 가다.'

—Prev.에는 의미상 대칭적인 것이 있으며(e.g. sam-: vi-), 또는 Prev. 없이는 사용되지 않는 동사도 있다(e.g. ā-dṛ- '고려하다' ; ā-pṛ- '종사하다'). Prev.는 어근 본래의 의미에 중대한 영향을 미치고, 때로는 의미를 반대로 하는 경우도 있

다(e.g. dā- '주다': ā-dā- '받다'). 고전기의 문학작품 · 비문에서는 그 사용이 크게 발달함과 동시에, 때때로 의미가 희박해져서, 단순히 장식으로 변한 경우도 적지 않다.

—Prev.는 동사의 직전에 놓여지고, 어그먼트는 둘 사이에 삽입된다. 본래의 자동사도 Prev.를 동반할 때에 타동사화되며, 목적어를 나타내는 Ac.도 함께 사용되어, 때로는 다른 격을 배제하는 경우가 있다.

e.g. adhi-sthā- '~(Ac.)의 위에 서다'

krudh- '화내다'는 단독의 동사로서 D.를 띄지만, Prev.를 동반할 때는 Ac.를 요구한다.

2. Sandhi

Prev.와 어근 사이의 음률변화는 대체로 내연성의 규칙에 따른다.

a. Prev.가 r을 포함할 때, 많은 어근의 두음 n은 ṇ이 된다(§19.1).

e.g. pra-ṇayati(nī- '이끌다')

Prev. ni도 동일하게 취급된다.

e.g. pra-ṇi-patati(pat- '떨어지다')

b. i 또는 u로 끝나는 Prev.의 뒤에, 많은 어근의 두음 s는 ṣ가 된다(§19.2).

e.g. abhi-ṣiñcati, (augm.를 넘어서) abhy-a-ṣiñcat impf. (sic- '따르다/붓다')

anu-ṣṭhita- p. pt. '실행되었다'

그러나 s의 뒤에 m이 이어질 때는 ṣ가 되지 않는다.

e.g. vi-smita- p. pt. '놀랐다'

c. 어근의 두음 k 또는 p의 앞에서, 이것에 선행하는 요소의 마지막 음 is, us(<ur)는 각각 iṣ, uṣ가 된다.

e.g. aviṣ-kṛ- '드러내다'

prā-duṣ-kṛ- 'do.'

마찬가지로 prev. nis- > niṣ-

e.g. niṣ-krāmati '나가다'

niṣ-patati '뛰어나가다'

그러나 마지막 음 as는 변화하지 않는다.

e.g. namas-kṛ- '경례하다', cf. §108: p.358

d. 어근 sthā- '서다' 및 stambh- '지탱하다'는, 직접 Prev. ud에 앞설 경우, 그 두음 s를 잃는다.

e.g. ut-thātā 3. sg. periph. fut.

그러나 직접 접촉하지 않는 경우 그에 해당되지 않는다.

e.g. ut-tiṣṭhati pres., ut-tasthau pf., ud-a-sthāt aor.

e. sam+kṛ-은 특별한 의미(특히 '꾸미다/장식하다')를 나타내는 경우 s를 삽입한다.

e.g. saṁ-s-karoti, p. pt. saṁskṛta- '꾸며졌다',

마찬가지로 pari-ṣ-kṛ-, pariṣkṛta- '꾸며졌다', pariṣkāra- m. '장식'

upa-s-kṛ- A., p. pt. upaskṛta- '~를 구비했다', upaskara(ṇa)- '용구'

f. upa 또는 prati+kṝ-은 '자르다, 상처 입다'를 의미할 경우 s를 넣는다.

e.g. upaskirati, pratiṣkirati. 마찬가지로 apa-s-kṝ- '다리로 긁어 깎다'

g. Prev. api는 어근 nah- 및 dhā-의 앞에서 보통 pi*(apocope)*가 된다.

e.g. pi-nahyati '묶다, 연결시키다', p. pt. pinaddha-

pi-dadhāti '덮다, 숨기다'

§111. 각설

1. 본래의 Prev.

동사 복합어는 공간 관계를 나타내는 Prev.와 연동하는 동사에서 만들어지는 단순한 경우 이외에, 의미가 종횡으로 변화하거나, 혹은 비유적으로 사용되어 다채롭게 발전한다. 이하 각 Prev.의 중심적 의미를 들어, 일부의 용례를 나타내겠다.

acchā '방향(towards)'

°gam- '~의 방향으로 가다'

°vad- '인사하다'

—**ati** '통과 · 초월(over, beyond)'

°kram- '지나치다, 위범하다, 뛰어나다'

—**adhi** '위쪽(over, above, on)'

°kṛ- '위에 두다, 임명하다'

°ruh- '떠오르다, 올라가다'

°gam- '도달하다, 발견하다'

°i-, adhīte A. '배우다'

—**anu** '수행(隨行) · 접근(after, along, near to)'

°gam- '따라가다'

°kṛ- '~에 따라서 행하다, 따라 하다'

°tap- '후회하다'

°grah- '우대하다'

—**antar** '중간 · 내부(between, within)'

°i- 또는 °gam- '~의 사이에 가다, 모습을 감추다'

°dhā- '숨기다'

°bhū- '~의 속에 있다'

—**apa** '격리(away, off)'

°gam- '떠나가다'

°nī- '다른 곳으로 데리고 가다, 훔치다'

°vad- '비난하다, 거부하다', cf. apavāda- m. '비난, 거부'

—**api**(때로는 pi, §110. 2. g) '접근 · 위쪽(near to, on)'

°gam- '다가가다'

pi-dhā-, pi-nah-(supra)

—**abhi** '방향 · 접근 · 위쪽(towards, to, upon)'

°kram- '~을 향해서 가다'

°pat- '~의 위로 떨어지다'

°nī- '상연(上演)하다', cf. abhinaya- m. '연기(演技)'

°dhā- '명명하다', cf. abhidhāna- n. '명칭'

—**ava** '원리(遠離) · 아래쪽(away, off, down)'

°chid- '떼어놓다'

°tṝ- '내려오다'

°sad- '가라앉다'

°gāh- '잠수하다'

°gam- '이해하다'

°man- '경멸하다'

—**ā** '방향(towards, to, at)'

°kṛṣ- '이쪽으로 끌다, 끌어당기다'

°krand- '~을 향해 외치다'

°dā- '받다'

°viś- '들어가다, 도착하다, 획득하다'

—**ud** '위쪽 · 외부(up, on, out)'

°i- '오르다'

°car- '오르다, 나가다, 발언하다'

°bhū- '출현하다'

°yam- '위로 올리다, 머리 위로 올리다'

°ās- '무관심하다'

°mad- '마음을 어지럽히다', cf. unmatta- '광기의'

°vah- '결혼하다'

ut-thā- '일어서다', ut-tambh- '의지하다'(supra §110. 2. d)

—**upa** '근방 · 아래쪽(near to, under)'

°gam- '다가가다'

°sthā- '근처에 서다, 아래에 서다'

—**ni** '아래쪽 · 내부(down, into)'

°ṣad- '앉다'

°dhā- '안치하다'

°grah- '잡다, 압박하다'

°ṣic- '부어 넣다'

°vṛt- '멈추다, 돌아가다'

°yam- '억제하다'

°ṣidh- '금지하다'

—**nis** '출리(out of, forth, from)'

°gam- '나가다'

°pad- '외출하다'

°vā- '지우다', cf. nirvāṇa- n. '소멸'

°mā-, mimīte '창조하다'

°vid-, vindati '낙담하다', cf. nirveda- m. '염세'

—**parā** '멀어져 가다(away, back)'

°i- '떠나다'

°kṛ- '버리고 가다'

°vṛt- '돌아가다'

°kram- '전진하다, 용기를 보이다'

°bhū- '굴복하다'

°ji-, jayate A. '정복되다 또는 정복하다'

—**pari** '주위(round, about)'

°i- '돌아서 가다'

°nī- '(성화의 주위를) 빙빙 돌다, 장가들다'

°bhram- '배회하다'

°kṣip- '둘러싸다'

°īkṣ- '조사하다'

°bhū- '정복하다'

°ji- '압도하다'

°vad- '욕하다'

—**pra** '전방(forth, forward), *pro-*'

°kram- '전진하다'

°sthā- '출발하다'

°vas- '여행 떠나다'

°kṛ- '산출하다'

°dā- '주다, 시집보내다'

°nṛt- '춤추기 시작하다'

°ṇam- '머리를 낮게 숙이다'

°lap- '수다 떨다'

—**prati** '반대 방향·반복(back), *re-*'

°gam- '돌아가다'

°dā- '되돌리다'

°han- '쫓아버리다'

°vad- '대답하다'

°jñā- '약속하다'

—**vi** '분리·반대(apart), *dis-*'

°kṣip- '함부로 던지다'

°grah- '갈라놓다'

°dhā- '배치하다, 처리하다'

°krī- '팔다'

°smṛ- '잊다'

°car- '숙고하다'

°śvas- '안심하다'

°rāj- '빛나다'

—**sam** '공존·완성(together), *con-*'

°gam- '동행하다, 집합하다'

°ci- '모으다'

°vad- '일치하다'

°budh-, budhyate- '인식하다, 이해하다'

°bhū- '출현하다'

°bhāvaya- , caus. '상상하다'

saṁ-s-kṛ- '장식하다'(§110.2.e)

2. 일부 명사의 각형 혹은 부사

특정 어근: bhū-, as-, dhā-, 특히 kṛ-과 결합하여, 특수한 의미를 가진 동사 복합어를 만든다. 뒷부분은 때때로 Absol.(-ya), P. pt.(-ta) 및 동사적 의미를 지닌 파생어이다.

alam '충분한'

°kṛ- '장식하다', cf. alaṁkāra- '수사(修辭)'

—**astam** '(우리집), 서쪽 산', 운동 동사: i-, gam-, yā-, nī-와 함께, astam-i-/gam- '(해가) 저물다, 정지하다, 죽다'

a°-nī- '가라앉게 하다'.

—**āvis** 와 **prādur** '명백한', °kṛ-, °as-, °bhū-, etc., āviṣ-kṛ- '나타내다'(§110.2.c), prādur-bhū- '나타나다'

—**tiras** '가로질러서, 곁에', bhū-, as-, kṛ-, bhā-와 함께, tiro-bhū- '모습을 지우다, 감추다', tiras-/tiraḥ-kṛ- 또는 독립된 2단어로 titaḥ kṛ- '덮다, 가리다, 낫다, 비난하다'

—**puras** '전방에', kṛ-, dhā-, bhū-와 함께, puras-kṛ- '앞에 두다, 전경하다' = puro-dhā-, puro-gam- '선두로 가다'

—**sat** '잘, 좋게', °kṛ- '장식하다, 존경하다', opp. asat-kṛ- '냉대하다'
—의성어+kṛ-
e.g. khāṭ-kṛtya(absol.) '헛기침을 해서'

3. 임의로 독립된 2단어로 사용되는 것, cf. supra tiras-kṛ-
tiryak-kṛtya, °kāram(absol.) 또는 tiryak kṛtvā '(일을) 마치고/다하고'
—namas-kṛ- '경례하다'
—mithyā-kṛ- '위약하다'
—vaśe-kṛ- '복종시키다', vaśe-kṛtya 또는 vaśe kṛtvā(absol.)
—sākṣāt '눈앞에', °kṛ- '앞에 나타나게 하다, 목격하다' ; °bhū- '출현하다'
—*type* -taḥ+kṛ-
e.g. mukhataḥ-kṛtya, °kāram(absol.) 또는 °taḥ kṛtvā '얼굴을 향해'
—(인칭형의 실제 예시가 없는 것)
tūṣṇīm-bhūya(absol.) '침묵하고'
vinā-kṛta-(p. pt.) '~을 잃었다, 빼다'
—특례:
dvitīyā- 또는 dviguṇā-kṛ- '두 차례 (밭을) 갈다'
śūlā-kṛ- '꼬챙이에 꿰어서 굽다'
prahasane-kṛ- '비웃다'(2단어로 나누는 것도 가능)
haste-gṛhya(absol.) '손에 쥐다'
manasi-kṛtya(absol.) '마음에 간직하고서'

4. ***Type*** **bhasmī-kṛ-***
모든 명사 어간에 어근 bhū-, as-** 또는 kṛ-를 붙여서, '~가 되다', '~이다' 혹은

* 이 형식은 술어로서 Cvi라고 불린다.
** 문법가는 Opt. 형만을 거론한다. 실제로 as-는 거의 문제되지 않는다.

'~로 하다'의 의미를 나타내는 복합어를 만든다. 그때 어간 끝의 a(가장 일반적), ā, an, i, (in)은 ī가 되고, u는 ū, ṛ은 rī가 된다. 그 외의 어간은 변화하지 않고, 2어간의 경우는 약어간이, 3어간의 경우는 중어간이 사용된다.

E.g. kṛṣṇī-bhū- '검게 되다', °kṛ- '검게 하다'(kṛṣṇa-)
kathī-bhū- '이야기가 되다, 죽다'(kathā-)
bhasmī-kṛ- '재로 만들다'(bhasman-)
śucī-bhū- '맑아지다'(śuci-)
gurū-kṛ- '스승으로 하다'(guru-)
pitrī-bhū- '아버지가 되다'(pitṛ-)
doṣā(indec.)-bhū- '저녁이 되다'

—특별한 의미를 가진 것도 있다.

e.g. lavaṇī-kṛ- '소금으로 맛을 내다'(lavaṇa- '소금')
añjalī-kṛta- '합장(añjali-)의 형태가 되었다'

—이 형식은 시대의 흐름에 따라 다양하게 사용되었다.

5. *Type* bhasmasāt-kṛ-

명사(subst.)에 접속사 sāt를 붙이고, 어근 kṛ-, (as-), bhū-, saṁ-pad-와 함께 사용되며, '완전히 ~로 하다, ~가 되다'의 의미를 나타낸다. -sāt의 s는 ṣ가 되지 않는다.

E.g. agnisāt-bhū- 또는 °saṁpad- '완전히 불이 되다.'
bhasmasāt-kṛ- '완전히 재가 되다.'

—구성요소의 독립성이 강하고, Absol.의 접미사로서는 -tvā가 사용된다.

e.g. bhasmasāt-kṛtvā

—의존 · 종속을 나타내는 경우도 있다.

e.g. rājasāt-kṛ- '왕(rājan-)에게 종속시키다, 왕의 소유로 하다',
cf. ātmasāt-kṛ- '자신의 것으로 하다'

제25장

문장

§112. 1. 문체와 구문

Skt.의 문체는 수사법(Alaṁkāra)의 응용에 의해 극도로 복잡화되어, 때로는 부자연스러운 표현을 발달시켰고, 문학작품의 일부는 난해해지는 지경에 이른다. 그러나 이것을 문법상에서 살펴보면, 문장의 골자는 매우 단순한 구조를 가지고 있다. 문장은 일반적으로 주어와 술어부로 나뉘지만, 동사의 인칭어미의 발달에 의해, 주어가 반드시 필요하지는 않게 된다. 다만, 일반적 서술(e.g. '사람은 말한다': āhuḥ, āha, ucyate)을 제외하고, 생략되지 않는 것이 보통이다. 특히 주어로서의 대명사는 존치하게 된다. 또한 수동문에서의 행위자(I.)도 대체로 표현되지만, 이것을 생략하는 경우도 있다.

e.g. *type* gamyatām '가지 않으면 안 된다'(impers. pass. ipv., gam-):
śrūyatām '듣지 않으면 안 된다'(do., śru-)

2. 일치(Concord)[91]

a. 명사

같은 문장 속에서의 명사와 이에 속하는 술어·수식어는 성별·수량·격에서 일치한다.

(1) 지시대명사는 성별에서 술어와 일치한다.

e.g. asau(m.) paramo hi mantraḥ(m.) '그것은 실로 최상의 충고이다.'

(2) 술어 혹은 수식어가 자연의 성별 또는 수량에 따르는 경우가 있다.

e.g. iyaṁ(sg. f.) mahārāja-daśarathasya dharmadārāḥ(pl. m.) priyasakhī(sg. f.) kauśalyā '이것은 D. 대왕의 본처, 우리 친구 K. 이다.'

tvāṁ cintayanto(pl. m.) nirāhārāḥ kṛtāḥ prajāḥ(pl. f.) '당신에 대해 생각하며 국민들은 음식을 끊기에 이르렀다.'

—cañcābhirūpaḥ '아름다운 볏집 인형=목각인형'(cañcā-=c°-puruṣa-) ; vadhrikā darśanīyaḥ '아름다운 환관/내시'[92]

(3) 술어 혹은 수식어가 동시에 여러 개의 명사에 관계하는 경우, 명사가

m.과 f.을 포함한 경우는 m.이, m., f.이외에 n.를 포함한 경우는 n.(때로는 sg.)가 사용된다.

e.g. pitā(m.) ca mātā(f.) ca dvau(du. m.) '아버지와 어머니 두 분'

abhracchāyā(f.) khalaprītiḥ(f.) siddham annaṁ(n.) ca yoṣitaḥ(pl. f.) kiṁcitkālopabhogyāni(pl. n.) '구름의 그림자, 악한 사람과의 우정, 조리된 음식 또한 소녀는, 잠깐 동안만 향락을 즐겼다.'

asthiraṁ jīvitaṁ(n.) loke, …dharmaḥ(m.) kīrtir(f.) yaśaḥ(n.) sthiram(sg. n.) '이 세상에서 생명은 영원하지 않다. …정의와 명성과 영예는 영원하다.'

b. 동사

같은 문장 속에서의 주어와 술어동사는 수량·인칭에서 일치한다.

(1) 인칭

1. pers.은 2. pers. 및 3. pers.에 우선하고, 2. pers.은 3. pers.에 우선한다.

e.g. tvaṁ cāhaṁ ca pacāvaḥ(1. du.) '당신과 나는 삶는다.'

aham ca devadattaś ca pacāvaḥ(1. du.) '나와 D.는 익힌다.'

tvaṁ ca devadattaś ca pacathaḥ(2. du.) '당신과 D.는 익힌다.'

(2) 수량

주어가 단독으로 혹은 합쳐서 2 또는 3 이상의 수량이 되는 경우, 동사는 du. 또는 pl.의 형태를 갖는다. 그러나 주어가 수어에서 만들어진 경우, 동사가 가장 가깝게 있는 주어와 수량에서 일치하는 것이 있다.

e.g. tasmād brāhmaṇarājanyau(du.) vaiśyaś ca(sg.) na surāṁ pibeta(3. sg. opt.) '그렇기에 바라문 및 크샤트리아를 비롯한 바이샤는 스라 술을 마셔서는 안 된다.'

—동사가 자연의 수량에 따르는 경우가 있다.

e.g. mṛṣyatu(3. sg. ipv.) tātapādāḥ(존경의 pl.) '아버님 용서해 주십시오.'

c. 보어(compliment)

보어로서 사용되는 명사의 격

(1) '~처럼 보인다 ; ~라고 이름지어진다 ; ~라고 생각되어진다 ; ~로 임명된다' 등을 나타내는 동사와 함께 N.가 사용된다.

e.g. kasmāt prahṛṣṭa iva lakṣyase '무슨 이유로 당신은 즐거워 보이는가.'

gṛhiṇī gṛham ucyate '주부는 가정이라 불린다.'

—이 경우 동사가 가까운 명사와 일치하는 경우가 있다.

e.g. sapta prakṛtayo(pl.) hy etāḥ samastaṁ rājyam(sg.) ucyate(sg.)

'이것들 7요소(왕 · 대신 등)는 실로 전국민이라 불린다.'

—마찬가지로 tvaṁ me mitraṁ(n.) jātam(n.) '당신은 나의 친구가 되었다'

(2) '이름하다 ; 고르다 ; 생각하다 ; 알다 ; 임명하다' 등을 나타내는 동사와 함께 Ac.가 사용된다.

e.g. brāhmaṇaṁ māṁ viddhi '나를 바라문이라 알게.(=나는 바라문이다)'

kauṭilyo nṛpatim akaron mauryavṛṣalam

'K.는 Candragupta를 왕으로 했다.'

taṇḍulān odanaṁ pacati '그는 살을 끓여 죽으로 한다.'

❪ 비고 ❫

고전기에서는, (2)에 거론한 동사 및 (1)에 거론한 수동형동사의 구문을 대신해, N.+iti의 사용이 빈번히 일어났다.

e.g. brāhmaṇa iti māṁ viddhi(v. supra) ; brāhmaṇa iti bhavantaṁ saṁbhāvayāmi '나는 당신을 바라문이라 생각한다.'

d. 수동 비인칭구문에서, 동작자는 I.에 의해 나타난다.

e.g. tasya ca śabdānurūpeṇa parākrameṇa bhavitavyam

'그의 용기는 그 소리에 상응하는 게 틀림없다.'

yathecchaṁ tvayādhunā vartitavyam
'바라는 대로 지금은 그대가 있는 게 좋다.'

3. 어순(Word order)[93]

명사의 변화·동사의 활용을 풍부하게 갖춘 언어가 그렇듯이, Skt도 어순에 관해 광범위한 자유를 나타낸다. 산문에서는 어느 정도까지 관용적 어순에 대해 논할 수 있지만, 시에서는 매우 자유롭고, 문제의 겉치레에 따라 점차 그 정도를 더해갔다. 게다가 일반적인 기준은 종종 의미상에서 고려하여 좌우되고, 중점을 담당하는 단어가 서두에 오고, 강조되는 단어는 그 종류를 막론하고 글의 앞머리로 간다. 다만 문장의 끝도 또한 강조에 적합한 장소로 이용된다. 특수한 수식법(e.g. 교착배어법(交錯配語法), chiasmus), 리듬, 어느 정도까지 음률의 요청 등도 보통 어순을 변경시키는 요인이 된다. 따라서 일반적으로 통용하는 규칙은 매우 적지만, 한편 모든 경우에 반대 예시를 동반한다.

a. 주어(수동문에서의 동작자, L. absol.에서의 명사도 포함)는 일반적으로 서두에 오고, 동작의 술어(특히 인칭동사)는 문장 끝에 놓여진다. 이 둘 사이에 다른 요소가 배치되고, 술어에 관계가 깊은 것일수록 이것에 가깝다. 예를 들어 목적어는 동사의 직전에 놓여지며, 부사적 수식어는 보다 떨어져 삽입된다.

e.g. devadattaḥ …kaṭaṁ karoti ; devadattena kaṭaḥ kriyate

—분사 또는 Absol.를 포함한 수사구는, 주어의 앞 혹은 뒤에 첨가된다.

—서두에 들어갈 수 없는 소사(enclitics, e.g. ca, vā, tu, hi)는 대체로 글의 앞머리의 두 번째에 자리한다. 이에 비해 atha와 같이 접속사는 산문에서 서두에 들어간다. 마찬가지로 의문문을 만드는 api도 서두에 놓여진다.

e.g. api tapo vardhate '고행을 해도 문제가 없는가.'*

---

* na에 대해서는: §114. Ⅱ.1 ; iti에 대해서는: §116.8.

b. 단순한 수식어는 특별한 이유가 없는 한, 수식된 표현의 앞에 놓여진다. 다만 의미상 종속부문의 가치를 가지는 분사, 복합어 등은 이 일반적 규칙에 적용되지 않는다.

c. **명사문**(§113. 1)에서, 주어와 술어명사와의 선후관계는 자유롭기에 규정하기 어렵다.

—동격어(apposition)는 때때로 뒤에 놓여진다.

d. 다음의 표현 종류는 종종 서두에 놓여진다: 지시대명사 및 그 파생어(e.g. tataḥ, tatra) ; V. 및 호출의 표현(e.g. bhoḥ), 다른 감탄사가 있다면 그다음으로, 또는 때때로 문장 중간에도 놓여진다 ; Ipv.(e.g. brūhi satyam ; śṛṇu hanta) ; 문장을 연결하는 기능을 가진 Absol. ; 의문문에서의 의문어 또는 의문의 소재를 담당하는 표현.

e. **종속복문**(§115)에서 부문(副文)은 대체로 주문(主文)보다 앞선다.

e.g. yathā vṛkṣas tathā phalam '나무에 따라, 과실이 다르다.'

yasya dhanaṁ, tasya balam '재물이 있는 자는 힘을 가진다.'

그러나 관계대명사(yad) 등이 반드시 부문에 놓여지는 것은 아니다. 주문은 때때로 지시대명사 또는 상관어에 의해 부문에 이어진다.

§113. 구문의 일반적 특징

수사기교는 별개로 하더라도, 구문의 특징으로 다음의 모든 점들을 들 수 있다. 분사, 절대분사, L. absol. 혹은 복합어의 사용은 복문을 비교적 작게 하는데 도움이 되며, 타면접속사적 소사(ca, vā, tu, hi, atha, etc.)의 이용에 의해, 맥락이 없는 단문의 나열도 피해지고, 문장의 흐름이 원활하게 진행된다. 구문의 입장에서 보면 명사문의 발달과 수동문의 애호가 가장 주목할 만하다.

1. 명사문(Nominal sentences)[94]

명사문의 가장 순수한 형식은 넓은 의미의 명사 2개에서 만들어지는 것이다.

e.g. pramāṇaṁ bhavān '(그대가 권위다)=그대가 결정하다.'(pron.+subst.)

krodho mūlam anarthānām '화는 재앙의 근원이다.'(subst.+subst.)

calaṁ hi yauvanaṁ nityam '실로 청춘은 항상 변하기 쉽다.'(subst.+adj.)

samartho 'ham 또는 ahaṁ samarthaḥ '나는 유능하다.'(pron.+adj.)

sarvathā laukāyatikam eva śāstram '물질주의자의 교리만이 보편적이다.'(subst.+adv.)

계사(繫辭, copula): asti, bhavati 혹은 그 대용이 되는 의미가 희박한 동사(e.g. vidyate, tiṣṭhati, vartate, saṁjāyate)는 3. pers. 이외의 인칭, 현재 이외의 시제 혹은 법의 의미를 명시하는 경우 이외에는 필요로 하지 않는다.

e.g. sa mahātmā, vayaṁ kṛpaṇāḥ '그는 걸출한 인물, 우리는 미천한 자이다.'*

—순수한 형식 이외, 술어로서 P. pt.(-ta, -na, -tavat)이 빈번히 사용되며, 과거의 벌어진 일 또는 현재의 상태를 나타내는 것, Ger.가 미래·가능을 나타내는 것은, 동사의 인칭형을 사용하지 않는 데 있어 힘을 싣는다.

2. 수동문(Passive sentences)[95]

수동태보다 수동구문이 애용되는데, 자동사에서 만들어진 수동태는 비인칭적으로도 사용되고, 본래 N.로 표현되는 동작자는 I.의 형태를 취한다.

e.g. gamyate devadattena < devadatto gacchati 'D.는 간다'

게다가 동사의 인칭형을 대신해 P. pt.(-ta, -na)을 비롯한 Ger.가 빈번하게 사용되는 경향이 생겨, Skt. 구문의 큰 특징을 이루게 되었다. 특히 미문체작품에서는 기교라고 생각되는 표현도 생겨난다. *type* samabhāvi(3. sg. aor. pass., saṁ-bhū-) kopena(I.) '화가 일어났다=화났다'

* Vb. subst.로서의 as-도 생략된다, e.g. kūpe toyam '물이 우물 속에 있다.'

3. 그 외의 특징으로는:

a. 복합어가 발달하며 여러 부문을 대신한 기능을 가진 것(cf. §108 *init.*)

b. iti(§116.8)의 사용에 의한 직접화법(oratio recta)의 발달이, 직접화법(oratio obliqua)에 관한 복잡한 문법상의 규정을 피하게 한 것

c. 추상명사(특히 -tva, -tā, §106. Ⅱ.각설 9)에 의한 표현이 애호되며, 특히 동사의 인칭형을 대신할 수 있는 것

e.g. svāmin, kim iha nivṛtyāvasthānam '주군이시여, 어떤 이유로 되돌아와 이곳에 계시는 겁니까.' =avatiṣṭhasi

d. 종속복문의 구조는 대체로 단순하며, 주문과 부문은 상관사(correl.)에 의해 연결되는 경우가 많은 것 등이 지적된다.

§114. 문장의 종류[96]

긍정문 이외에, Ⅰ. 의문문, Ⅱ. 부정문 및 Ⅲ. 감탄문이 있다.

Ⅰ. 의문문(Interrogative sentences)

1. 보통 의문대명사(kim, §40) 또는 의문부사(cf. §43)

kva '어디서', kutaḥ '어디부터', kadā '언제', katham '어떻게 하여', kim(iti) '무슨 이유로'를 동반하지 않는, 적어도 산문에서 이러한 의문문은 서두에 오는 것이 일반적이다. 그러나 의문어를 필요로 하지 않는다.*

e.g. akārṣīḥ kaṭaṁ devadatta : akārṣaṁ hi

'당신은 정원을 만들었는가, D.여.' : '네, 만들었습니다.'

hotavyaṁ dīkṣitasya gṛhe na hotavyam '제사를 위해 목욕재계를 한

* 예전에는 특별한 음조 pluti(3 morae의 모음)에 의해서도 표현되었다.

사람의 집에서 헌공해도 좋은가, 헌공하면 안 되는가.'

2. 의문어는 때때로 여러가지 소사: u(cf. kim u), nu, vā, iti, iva, nāma, svit, etc.에 의해 강조된다.

—kim, katham, kutaḥ '도대체, 이게 어찌된 일인가'는 단독으로, 중간에 감탄사적으로 사용된다(희곡의 용어).

—의문대명사는 지시대명사 또는 인칭대명사와 결합하여 사용되는 경우가 있다.

e.g. ko 'yam āyāti '여기에 오는 것은 누구인가.'

마찬가지로 ko 'ham(1. pers.)… ; kas tvam(2. pers.)…

3. 의문사

a. kim은 단순한 의문사(Inter. pcl.)로서도 사용된다.

e.g. kiṁ vyādhā vane 'smin saṁcaranti '사냥꾼은 이 숲에서 배회하는가.'

이 경우 보통 부정의 대답이 예상된다.

—Cf. kiṁ nu(khalu) ; kim iva.

b. api는 의문사로 서두에 놓여진다.

e.g. api tapo vardhate '고행을 해도 문제가 없는가.'

(인사, 오히려 수사적 질문) 보통 긍정의 대답이 예상된다.

—Cf. api nāma '아마도, 어쩌면'

c. kaccit

e.g. kaccid dṛṣṭā tvayā rājan damayantī '왕이시여, 폐하는 D.를 보지 못하셨습니까.'

보통 긍정의 대답이 예상된다.

d. kiṁ na, api na에 의한 부정의문문은, 긍정의 대답을 예상한다. 그러나 kaccit는 위의 예시와 같이 부정의문문의 의미에 해당하기에, na를 동반한 경우, 오히려 부정의 대답을 예상한다(cf. kim).

e.g. kaccit tu nāparādhaṁ te kṛtavān asmi '나는 당신에게 실수를 범하지 않았다.': (답) '당신은 범하지 않았다.'

《비고》

nanu '…이지 않은가'는 도리어 '확실히, 실로'를 의미하는 부사가 되었다.

Cf. nanu ko bhavān '그대는 도대체 누군가' ; nanūcyatām(pass. ipv., vac-) '부디 말씀해 주십시오'

4. 수사적 의문문(Rhetorical questions)

대답을 예상하지 않고, 수사적으로 의문문의 형식을 일시적으로 사용하는 경우가 있다.

e.g. *type* kā kathā+L. '…는 문제가 되지 않는다',

kā kathā bāṇasaṁdhāne '화살을 쏠 필요가 없다.'

—*type* kva(ca)…kva(ca)… 둘 사이에 큰 차이가 있는 경우를 나타낸다.

e.g. kva meghaḥ saṁdeśārthāḥ kva '(무생물인) 구름과 (이성이 있는 사람에 의해 만들어지는) 전언의 내용의 사이에는 큰 격차가 있다.'

5. 간접의문문(Indirect questions)

의문문 ± iti에 의해 표현되는 경우도 있으나, 일정 형식으로 발달되지 않았다.

brūhi kva yāsyasi '당신은 어디로 가는지 말하게' ;

kathaya jīvati me priyā '나의 애인은 생존해 있는가 아닌가를 말해라'

—(관계대명사의 사용)

tasyai sarvam…abravīt : yo 'sau yannāmadheyaś ca, yasya putro mahīpateḥ '그는 그녀에게 모든 것을 말했다: 그가 누구이든지, 뭐라 불리는지, 어느 나라의 왕의 아들인지를'

saṁbandhāc caitad gamyate yā yasya mātā, yaś ca yasya pitā

'또한 전후의 관계에서, 누가 누구의 어머니인지, 누가 누구의 아버지인지라는 것이 이해된다'

6. **이중의문문**(Double questions)

의문사 이외의 소사의 사용에 의해 여러가지로 표현된다.

e.g. kim…kim ; kim…(kim) vā : kim ayaṁ svapnaḥ kiṁ vipralambho vā

'이것은 꿈인가, 아니면 다시 환상인가.'*

—vā를 사용해: kaccit…vā, uta…vā, vā…vā ; 혹은 nu…nu

e.g. ahir nu rajjur nu '뱀인가 혹은 새끼줄인가.'

—제1 질문이 의문사를 포함하지 않은 경우: …(kiṁ) vā/nu

e.g. mūḍhaḥ syām aham, eṣā vā vaden mithyā '내가 미망(迷妄)에 떨어져 있는 것인가, 혹은 그녀가 거짓을 말하고 있는 것인가.'

—제2 질문이 na를 포함한 경우,

kiṁ pratividhānam asti na vā '대책이 있는지 혹은 없는지'

—vā na vā

e.g. nahi sa jñāyate…jīvati vā na vā '그가 살아있는지 아닌지 모르겠다.'

7. **삼중의문문**(Triple questions)

3개(혹은 그 이상)의 의문문이 연속하는 경우는, 여러가지 소사의 조합에 의해 복잡한 형태를 보인다.

e.g. kim…kim…uta ; kim…uta…āho svit

* 제2 질문을 위해서는 atha vā, uta, āho, utāho 등도 사용된다.

Ⅱ. 부정문(Negative sentences)

1. na

일반적인 부정사로서 광범위하게 사용된다. 문장 혹은 문장 속의 특정 표현을 부정한다. 문장의 부정사로서는 보통 서두 혹은 술어동사 또는 중요한 의미를 지닌 표현의 앞에 놓여지지만, 시에서의 위치는 자유롭다. na는 다른 소사(ca, vā, tu, hi, api, etc.)와 결합하여 긍정문과 부정문을 연결하고, 혹은 여러 소사 또는 부사에 의해 강조된다(e.g. no<na+u, nanu<na+nu '실로', uta, jātu, khalu, nūnam, satyam).

—같은 문장 속의 2개의 부정사가 강한 긍정을 나타낼 경우는, na+a(n)-(neg. pref.) e.g. nāciram(<na+ac°)=ciram의 경우와 동일하다.

2. 이중부정문

2개의 부정문이 연속할 때, 제2 문장은 부정사를 생략해도 된다.

e.g. mātā yasya gṛhe nāsti, bhāryā ca priyavādinī '그 사람의 어머니는 집에 없다, 말씨가 고운 부인도 역시.' ; cf. na(vā)…vā 'neither…nor'

—그러나 때때로 부정사가 반복된다.

e.g. adyaprabhṛti gṛhān niṣkramaṇaṁ na karoṣi na ca paruṣaṁ vadasi '오늘 이후 당신은 집에서 나가면 안 된다, 또한 거칠고 난폭한 행동을 해서는 안 된다.'

—제2 문장이 대조·원인·이유 등을 나타내는 경우, 부정사의 생략은 일어나지 않는다.

e.g. yo na vetti guṇān yasya, na taṁ seveta paṇḍitaḥ ; na hi tasmāt phalaṁ kiṁcit '현자는, 그 덕성이 알려지지 않은 자를 섬겨서는 안 된다. 왜냐하면 그로 인해 결코 (좋은) 결과가 생기지 않기 때문이다.'

3. mā

지령법(Injunctive, augm.를 뺀 Impf. 또는 Aor.형)과 함께 사용되어 금지를 나타내는 것은 앞서 설명했다(§62.2 ; §72 *in fine*). 또는 Ipv.와 함께 사용되기도 하며(§62.2), 문법적으로 엄격하지 않은 Skt.에서는 때로 Opt., Prec., Fut. 혹은 Pres.와도 사용된다.

—maivam은 강한 금지를 나타내고, mā tāvat는 비난을 담아 사용된다.

—mā…na는 긍정명령을 나타낸다.

e.g. mā dviṣo na vadhīr mama '나의 적들을 죽여라.'

—mā bhūd āgataḥ '그가 올 것이 틀림없다'

—mā = na: māciram = naciram, aciram

Ⅲ. 감탄문(Exclamative sentences)

제11장: 감탄사 참조.

제26장

종속복문 (Subordinate sentences)[97]

§115. 총설

앞장에서는 주로 단문(Simple sentences)에 대해서 설명했다. 복문(Complex or compound sentences) 중, 병렬복문(Coordinate sentences)에 대해서는 특별히 다룰 것은 없다(cf. §54: 등위접속사). 종속복문(Subordinate sentences)은 주문(principal clause)과 부문(dependent clause)에서 만들어지지만, 후자를 이끄는 주된 접속사는 이미 열거했다(§55). 그러나 Skt. 문장을 이해하기 위한 중요성에 비춰볼 때, 여기서는 관계사의 용법을 추가하고, 용례를 보다 첨부하여 상세하게 설명하겠다.

Skt.에서의 종속복문은 대체로 단순하여, 주문과 복문의 시제·법 관계가 복잡한 규칙에 의해 묶이는 것은 적고, 부문의 시제·법은 거의 대부분 본래의 용법을 유지하게 된다.

부문은 주문에 앞서는 경향을 지니며, 적어도 산문에서는 관계사가 부문의 선두에 놓여지는 경우가 많다(cf. §112.3.e). 그러나 이것에는 많은 반대 예시가 있으며, 여러 요인에 의해 때때로 변경되기도 한다. 부문은 반드시 완전한 문장이지는 않으며, 관계사가 복합어 속에 포함되어, 절대구의 일부를 이루고(*type* yasmin dṛṣṭe, L. absol), 혹은 Absol. 또는 Pt.에 지배되는 경우도 있다.

e.g. dṛṣṭvā(absol.) śvo yaṁ(rel. pron.) yadvismayaṁ(comp.) yānti paurāḥ
'다음날 그것을 보고 시민이 그것을 찬탄하도록….'

§116. 각설

1.

a. 관계대명사 ya-: correl. ta-

E.g. yo na vetti guṇān yasya, na taṁ seveta paṇḍitaḥ(supra §114. Ⅱ.2)
'그 덕성이 알려지지 않은 자에게….'(yasya…tam)

—선행사(antecedent)는 때때로 부문 속 혹은 주·부문 속에 놓여진다.

e.g. yaḥ kūpo dṛṣṭo 'bhūt, tam eva kūpam āsādya…

'(최초로) 발견한 우물, 드디어 그 우물에 도착해서….'

—특정 표현을 돋보이게 하기 위해 혹은 거의 의미가 없이 사용되는 관계문:

e.g. ya āryas taṁ pṛccha '고귀한 사람에게 묻길'

yo me 'śvaḥ sa mṛtaḥ '나의 말이 죽었다.'

—일반적으로 관계문은 선행하지만, 반대 예시도 적지 않고, 이 경우 특별한 이유가 인정되는 경우도 있다.

e.g. apaṇḍitās te puruṣā matā me ye…

'어리석은 자(강조)라고 나는 생각한다, …와 같은 인간을.'

—원인·이유·가정·목적·결과의 의미를 포함한 경우, 관계문은 보통 뒤에 놓여진다.

e.g. aho asādhudarśī tatrabhavān kaṇvo ya imāṁ valkaladhāraṇe niyuṅkte '아아, K. 선인은 눈치가 없는 편이다, 이 사람(=샤쿤타라)에게 나무껍질로 만든 옷을 입도록(고행녀의 복장) 명령하는 것이.'(이유)

b. **관계형용사** yāvat- '얼마나 많은': correl. tāvat-

e.g. yāvatī saṁbhaved vṛttis, tāvatīṁ dātum arhati

'얼마나 이자가 생기든, 그만큼 사람은 지불하지 않으면 안 된다.'

—yādṛś- '어떻게': correl. tādṛś-

e.g. yādṛśās tantavaḥ kāmaṁ, tādṛśo jāyate paṭaḥ

'실이 있는 대로 천을 짜낸다.'

2. 접속사화된 yad-의 격형

a. **yat** sg. n.: correl. tat. 완전히 접속사화된 명사문을 이끄는 'that'

e.g. utkarṣaḥ sa ca dhanvināṁ yad iṣavaḥ sidhyante lakṣye cale

'살아있는 것처럼 화살이 적중하는 것은 궁수에게 영예이다.'

—yac ca(또는 yatra)는 āścaryam, citram '불가사의, 기묘' 등과 함께 사용되

며, 그 의미를 채워준다.

e.g. yac ca/yatra tatrabhavān vṛṣalaṁ yājayed āścaryam etat

'당신이 수드라를 위해 제사를 지낸다니 놀라운 일이다.'

naitac citraṁ yat··· '···라는 것은 신기한 것이 아니다.'

—목적문을 거느린 경우

e.g. yac ca tvam evaṁ kuryā na marṣayāmi

'그대가 그렇게 한다는 것을 나는 참을 수 없다.'

yac ca tatrabhavān vṛṣalaṁ yājayed garhāmahe

'당신이 수드라를 위해 제사 지내는 것을 우리들은 비난한다.'

—'말하다, 생각하다, 알다, 믿다' 등을 의미하는 동사의 목적문을 거느린 경우

e.g. sarvo jano vadiṣyati yat··· '···라고 모든 사람들이 말할 것이다.'

naitad vetsi yat... '···라는 것을 그대는 모른다.'

b. 원인·이유·목적·결과를 나타내는 부문을 거느린 경우

e.g. dhanyo 'smi yad bhavatāpi saha tatra kālaṁ nayāmi

'나는 행복하다, 그대와 함께 그곳에서 시간을 보낼 수 있기에.'(이유)

kiṁ śakyaṁ kartuṁ yan na krudhyate nṛpaḥ

'왕이 화내지 않도록(결과), 무엇이 가능합니까.'

❰ 비고 ❱

yena, yataḥ, yasmāt도 마찬가지로 사용된다.

e.g. tathā kuru yena... '···이 되도록(결과) 하게.'

preṣaya māṁ yena gṛhaṁ gacchāmi

'나를 내보내 주게, 내가 집에 돌아가기 위해서.'(목적)

—원인·이유를 나타내는 yat kāraṇam, yena kāraṇena, yasmāt kāraṇāt, etc.에 대해서는: §50.5

3. yathā: correl. tathā(evam, ittham)

a. 비교·비유[*]

e.g. yathecchasi tathā kuru '당신이 바라는 대로, 그렇게 하게.'

—yathā…tathā '그대도 …인 것처럼, 그렇게'의 의미로도 사용된다. yadvat…tadvat도 마찬가지.

—na tathā…yathā '…보다도(na t°) 오히려(y°)'

e.g. na tathā śaśī na salilaṁ…prahlādayanti puruṣaṁ yathā hi madhurākṣarā vāṇī '달보다도, 물…보다도 오히려 친절한 말이 사람을 기쁘게 한다.'

—yathā yathā…tathā tathā '…이면 일수록, 그것에 따라서'

b. 명사문을 거느린 경우(cf. supra 2.a)

e.g. yathā…tena satyena '…라는 그 진실에 관해/을 걸고'

tvayoktaṁ me yathā… '당신은 나에게 말했다, …라는 것을.'

c. 원인·이유·목적·결과를 나타내는 부문을 거느린 경우(cf. supra 2.b)

e.g. yathāsau rathanirghoṣaḥ…mama hlādayate ceto…

'그 차량의 소리가 나의 마음을 즐겁게 하기에'(이유)

āśramabādhā yathā na bhavati, tathāham api yatiṣye

'암자에 방해가 되지 않도록(목적), 나도 노력하자.'

tena tathaiva pādaprahāro datto, yathā sa ghaṭo bhagnaḥ

'그는 실로 그처럼 다리로 춤을 췄다, 그 결과 그 항아리가 깨졌다.'

4. yadā (시간에 관해): correl. tadā

e.g. yadā rāmo rājāsīt, tadā… 'R.이 왕이었던 그때에'

—yadā yadā…tadā tadā '…할 때마다'

---

* Cf. iva(§54.6).

5. **yāvat** (주로 시간에 관해): correl. tāvat

a. '…하는 동안, 할 때에'

e.g. deva yāvad ahaṁ jīvāmi, tāvad bhayaṁ na kartavyam

'왕이여, 내가 살아있는 한, 그동안은 두려워할 필요가 없다.'

yāvad devadattam uddiśya vrajati, tāvat…

'그녀가 D.를 향해 걸어가고 있는 중, 그때에…'

—na와 함께

e.g. yāvan na kaścid vetti, tāvac chīghraṁ gamyatām

'누구도 모르는 사이에, 멀리 가야만 한다.'

—목적의 의미를 포함하여

e.g. tad ihaiva rathaṁ sthāpaya, yāvad avatarāmi

'그렇기에 여기에 차를 세워라, 내가 내리기 위해.'

b. '…할 때까지'

e.g. tāḍyatāṁ tāvad, yāvat sarvam anena kathitaṁ bhavet

'그는 맞아야 한다, 그가 모든 것을 자백할 때까지.'

yāvad ahaṁ bhojanaṁ gṛhītvā samāgacchāmi, tāvad atra tvayā sthātavyam '내가 음식을 가지고 돌아올 때까지, 그때까지 너는 그곳에 있어야 한다.'

c. '…했을 때'

e.g. yāvat kiṁcid gatā, tāvat… '그녀가 조금 갔을 때, 그때에'

d. '…하자마자'

e.g. yāvad rāsabho dṛṣṭas, tāvat… '당나귀가 보이자마자, 곧바로'

e. '…하는 바로는'

e.g. yāvad aśṛṇavaṁ malāty eva hetur iti

'내가 들은 바로는, 바라티야말로 원인이었다.'

f. 그 외

주문 없이, 1. pers.의 동사와 함께

e.g. yāvad asmin kānane priyāṁ pranaṣṭām anveṣayāmi

'자, 이 숲에서 실종된 애인을 찾자.'(자기 권장)

—na tāvat…yāvat=na tathā…yathā(supra 3.a)

—na param/kevalam…yāvat '뿐만 아니라 …도 또한' = na kevalam…ca/api(§54.7, 비고 2)

6. **yatra** (장소에 관해): correl. tatra

e.g. yatra yatra dhūmas, tatra tatra vahniḥ

'어딘가 연기가 있는 곳, 그곳에 불이 있다.'

yo yatra kuśalaḥ kārye, taṁ tatra viniyojayet

'어떤 사람이 어떤 일에 뛰어나다면, 그 사람을 그 일에 사용해야만 한다.'

7. **yadi** 'whether, if'

a. 의혹·불신·예상·담화의 의미를 나타내는 동사와 함께, 불확실한 내용을 가진 명사문을 거느린다.

e.g. paśyāmi yadi… '…인지 아닌지 나는 보겠다.'

kathaya me yady asti kaścid upāyas tadvināśāya

'나에게 말하게, 그것의 제거를 위해 무슨 방법이 있는지 없는지를.'

—주문을 뺀 경우

e.g. yadi tāvad asya śiśor mātaraṁ nāmataḥ pṛccheyam

'(나는 의심한다,) 지금 이 소년의 어머니의 이름을 물었던 것인지 아닌지를.'

b. **yadi** 및 **cet** (조건): correl. tataḥ, tadā, tat, tarhi, 때로는 atha

yadi는 조건문을 거느린 가장 중요한 접속사이다. 많은 경우 조건부문이 선행하고, yadi는 적어도 산문에서 일반적으로 서두에 오지만, cet는 때때로 문장 전체의 가장 뒷부분에 놓여진다(다만 문장이 sa, eṣa, na로 시작하는 경우에는 그 직후).

E.g. yady aham asmi taskaro, bhadrā, badhnīta mām
'혹시 내가 도적이라면, 여러분 저를 체포하십시오.'
yadi paraṁ karuṇā mayi syāt, …
'그러나 만약 나에게 연민을 가진다면, …'
bhagavān vaktu, vetti cet '성자는 말하게, 만약 알고 있다면.'
na ced rahasyaṁ, prativaktum arhasi
'만약 비밀이 아니라면, 대답해 주세요.'

—na/no cet=anyathā(opp. yady evam) '그렇지 않다면'
e.g. no.cet tvāṁ vyāpādayiṣyati '그렇지 않다면 그대는 나를 죽이겠지.'

c. **yady api** (양보): correl. tathāpi
e.g. vatsa yady api śūras tvam…tathāpi naiva viśvāsyā jayaśrīś capalā raṇe '사랑하는 자식이요, 그대가 용자라고 해서, … 그렇다고 전쟁터에서 변덕스러운 승리의 여신은 신용할 수 없다.'

d. **yadi…yadi(vā)** (이중조건) '만약 …이라면, 혹은 만약 …이라면'
—yadi…yadi + 반의(反意)소사(adversative pcl.) '만약 …이라면, 그러나 만약 …이라면'(두 가지 선택) 보통은 제 2문장에 yadi를 사용하지 않고, 반의소사(atha, atha vā, atha tu, athāpi)만이 사용된다.
e.g. yadi santi nāprayuktā, athāprayuktā na santi
'만약 그것들이 존재한다면, 사용되지 않을 것이 없다. 그러나 만약 사용되지 않는다면, 그것들은 존재하지 않는 것이다.'
—**atha**만으로 조건을 나타내는 경우가 있다.
e.g. atha tān nānugacchāmi, gamiṣyāmi yamakṣayam
'만약 내가 그대들의 뒤을 좇아가지 않는다면, 나는 죽음의 나라를 향하여 가게 될 것이다.'

e. Opt. 및 Cond.과 함께 사용되며, 대부분 불가능하다고 생각하는 것이나 혹

은 사실과 반대되는 것을 나타내는 조건문을 구성한다.*

8. iti (인용)

a. 담화 · 사고의 내용을 직접적으로 인용하기 위한 것만이 아니라, 여러 명사문을 묶기 위해 사용된다.

e.g. āgamiṣyāmīty avādīḥ '「나는 올 것이다」라고 당신이 말했다.'

na māṁ kaścit paśyatīti cintayati

'「누구도 나를 못 본다」라고 그는 생각한다.'

…iti, katham etat '…라는 것은, 어떻게 가능한가'

vyāghro mānuṣān khādatīti lokāpavādaḥ

'호랑이가 인간을 먹는다는 것은 세간의 악평이다.'

vayaṁ tatra yāsyāmo…ity eṣa niścayaḥ

'우리들이 그곳에 가고자 하는 것, 이것이 (우리들의) 결심이다.'

b. 직접 인용문이 iti를 동반한 경우는, 주문의 앞 또는 뒤에 놓여진다. 담화 등의 내용은 yat(supra 2.a), yathā(3.b)에 의해서도 인용되지만, 이 경우는 주문의 뒤에 놓여지고, 그 마지막에 더불어 iti가 더해지는 경우도 있다.

—때로는 ity uvāca '그는 말했다' 등의 구절이, 직접 인용문에 앞서거나, 혹은 그 중간에 들어가거나, 혹은 생략되는 경우가 있다.

e.g. baddhāneneti matpriyā

'「내 애인은 그로 인해 속박되었다」라고 (생각해서)' cf. infra c.

c. iti=iti kṛtvā

주문에 '말하다, 생각하다' 등의 동사를 생략하고, iti만이 사용되어지고 있는 부문은, 주문에 대해 원인·이유·목적 등을 나타내는 것이 가능하다. 이 경우 적당한 동사를 보충하여 해석할 필요가 있다.

e.g. na hi bhikṣukāḥ santīti sthālyo nādhiśrīyante, na ca mṛgāḥ santīti

* 자세한 설명은 부록 B: 동사의 용법, A.Ⅶ 참조.

yavā nopyante '그들이 탁발승이라고 [생각하여](이유), 요리용 냄비에 불이 붙지 않는 것은 없다. 또는 사슴이 있다고 [생각해서], 보리가 뿌려지지 않는 것은 없다.'

—tatheti=tathā 'yes' ; kim iti '무슨 이유로'

d. N.+ iti

Type brāhmaṇa iti māṁ viddhi=brāhmaṇaṁ māṁ viddhi (§112.2.c.(2) 및 비고)

—damayantīti viśrutā 'D.라고 불린 [여성]'

sakheti kṛtvā '친구라고 생각해서'

—(정의) īśvara iti śabdaḥ 'ī라는 말'

e. 여러 개의 N. + iti (열거) *Type*…ity etān guṇān(acc. pl.)

e.g. kulaṁ ca…vidyā ca…vayaś ca | etān guṇān sapta vicintya, deyā kanyā budhaiḥ '가문과…학력과…나이와, 이것들 7가지의 특성을 심사숙고한 끝에, 현자는 딸을 시집보내야 한다.'

f. iti + 저자명 또는 서적명

e.g. …ity amaraḥ '…라고 A.(사람 이름)는 말하고 있다.' (Amarakośa에서의 인용)

…iti śabdārṇave '…라고 Ś.(서적명)에 쓰여져 있다.'

—iti saptamo 'ṅkaḥ '제7막 끝'

g. 주석서에 종종 보이는 표현: iti yāvat=iti bhāvaḥ, ity arthaḥ '…라는 의미이다'

—iti cet '만약…라고 하며 반론한다면'

—iti cen na '만약…라고 한다면, 그렇지 않다'

—주석에서 원문의 인용을 나타낼 때 iti가 사용되고, 그 위에 해석이 이어진다.

부록 A

격의 용법*

* Cf. KSG. §§605~644: p.274~285 ; RGS. §§216~227: p.286~317 ; SSS. §§35~150: p.24~113.

Ⅰ. 주격(N.) 및 호격(V.)

N.는 문장의 주어(subject), 술어(predicate) 혹은 동격어(apposition)로 사용되며, 때때로 제목·표제로 사용된다.

e.g. kaṭaṁ karoti devadattaḥ 'D.는 자리를 만든다.'

(pass.) kaṭaḥ kriyate devadattena sa devadattaḥ '그는 D.이다.'

abhijñānaśakuntalaṁ nāma nāṭakam 'A.라고 불리는 희곡.'

V.는 호출로 사용되며, 때때로 그 앞에 감탄사를 동반한다.

e.g. he devadatta '오오, D.여.'

Ⅱ. 목적격(Ac.)

1. 목적어(object)

a. 타동사의 목적어로 사용된다.

e.g. kaṭaṁ karoti devadattaḥ(v. supra Ⅰ)

—'이름하다, 고르다, 생각하다, 알다, 임명하다, ~하다' 등을 의미하는 동사의 보어(object compliment):

e.g. brāhmaṇaṁ māṁ viddhi '나를 바라문이라 알게.'

na tvā śṛgālaṁ manye '나는 당신을 한 마리의 승냥이로도 생각하지 않는다.'(모멸)

무생물의 경우에는 D.도 사용된다.

e.g. na tvā tṛṇaṁ/tṛṇāya manye '나는 당신을 한 포기의 풀로도 생각하지 않는다.'

—Ac.의 사용 범위는 매우 넓어서, 보통 타동사로 여기지 않는 것 혹은 다소 의미가 타동사화된 것으로도 사용된다.

e.g. adhvānam(panthānam, mārgam) gacchati '나는 길을 간다.'*
has- '웃다' > '비웃다', śuc-, śocati '슬퍼하다' > '불쌍히 여기다'+Ac.

b. 자동사는 때때로 Prev.의 첨가에 의해 타동사화하여 Ac.의 형태를 취한다.

e.g. grāmam adhiśete '나는 마을에 산다.'(: śī- '길게 눕다')
parvatam adhitiṣṭhati '그는 산 위에 선다.'(: sthā- '서다')
grāmam adhyāste '(군대가) 마을을 점령한다.'(: ās- '앉다')
grāmam upavasati senā '군대가 마을에 야영한다.'(: vas- '살다')**

2. 준동사(Pt., Inf., Absol.)

동사의 인칭형에 준하여 Ac.의 형태를 취하지만, 일부 접미사(-aka, -i, -in, -u, -uka, -tṛ)에 의해 만들어진 nom. ag.도 동일한 구문을 가질 수 있다.

cf. §106. Ⅰ. 각설 2, 6, 7, 8, 10

3. 방향(direction)

운동의 동사(*type* gam-, yā-)와 함께 사용되며, 목적지·목표를 나타낸다. 실제 운동 이외에 비유적 표현의 경우에도 사용된다.

e.g. grāmaṁ gacchati '그는 마을을 향해 간다.'
sa kīrtiṁ yāti '그는 명성을 얻는다.'

《비고》

문법가는 1번(목적어)과 구별하지 않는다.

cf. pass. gamyate grāmo devadattena ; yāto grāmaḥ

—실제 운동을 나타낼 경우에는 D.도 사용된다.

e.g. grāmāya gacchati

---

* 옳지 않은 길·사도를 의미하는 경우에는 D.가 사용된다: pathe gacchati=utpathena panthānaṁ g°.

** upa-vas- '단식하다'는 L.와 함께 사용된다, e.g. grāma upavasati '그는 마을에서 단식한다.'

그러나 상상의 경우에는 Ac.만을 허용한다.

e.g. manasā pāṭaliputraṁ gacchati '그는 마음속에서 P.로 간다.'

—'옮기다, 이끌다, 파견하다' 등을 의미하는 동사와 함께, 목적어와 목표의 Ac.가 같은 문장 속에서 사용되는 경우가 있다.

e.g. ajāṁ grāmaṁ nayati '그는 산양을 마을로 이끌고 간다.'

pass. ajā grāmaṁ nīyate

—Cf. infra Ⅳ.5.c, Ⅶ.2

4. Double Ac.

prach- '묻다', bhikṣ- '요구하다/바라다', yāc- '구하다'는 2개의 목적어를 동반한다.

e.g. māṇavakaṁ panthānaṁ pṛcchati '그는 소년에게 길을 묻다.'

pauravaṁ gāṁ bhikṣate/yācate '그는 P.에게 소를 요구한다.'

pass. yācyate pauravo gām 또는 yācyate pauravād(Ab.)/pauravasya(G.) gauḥ

—그 외의 경우는, 보통 2개의 Ac. 중 1개를 다른 격형으로 바꾸는 것이 허용된다.

e.g. duh-: gāṁ dogdhi payaḥ '그는 소에서 우유를 짠다.'=gor(Ab.) dogdhi payaḥ, pass. duhyate gauḥ payaḥ 또는 duhyate goḥ(Ab. -G.) payaḥ

마찬가지로 ci- '~를 ~에서 모으다' ; ji- '~를 ~로부터 얻다/쟁취하다'

—rudh- '가두다': anvavaruṇaddhi gāṁ vrajam/vraje(L.) '그는 소를 우사에 가두다.'

—brū- '이야기하다' 및 동의어

e.g. putraṁ/putrāya(D.) brūte dharmam '그는 아들에게 법을 말한다.'

—śās- '가르치다'

e.g. putram/putrāya(D.) anuśāsti dharmam

'그는 아들에게 법을 가르친다.'

—daṇḍay-(den.) '벌하다'

e.g. tān sahasraṁ daṇḍayet '그들을 1,000(paṇa)의 벌금에 처해야 한다.'

5. 동어원목적어(Cognate object)

관용의 표현 이외에는 특별한 발달을 나타내지 않는다.

type kāṁ tvaṁ kārim akārṣīḥ: sarvaṁ kārim akārṣam '그대는 어떤 일을 했나': '나는 모든 일을 했다'

vāgmayaṁ madhuvarṣam avarṣat '그는 감미로운 표현의 비를 내리게 했다'

Cf. pass. tapyate tapaḥ '고행이 닦여진다' ; tapas taptam '고행이 닦여졌다'

6. 사역동사의 동작자(agent)

자동사, 운동의 동사, '알다, 먹다, 배우다, 암송하다'를 의미하는 동사와 함께.

e.g. āsayati devadattaṁ yajñadattaḥ

'Y.는 D.로 하여금 앉게 하다.'(: ās- intr.)

vedayati māṇavakaṁ dharmam

'그는 소년으로 하여금 법을 알게 한다.' (: vid- '알다')

pass. adhyāpyate māṇavako dharmam(: adhi-i- '배우다')

pāṭhyate putraḥ sūtram(: paṭh- '독송하다')

—그 외의 경우에는 I.이 사용된다.

e.g. pācayaty odanaṁ devadattena(I.) yajñadattaḥ

'Y.는 D.로 하여금 죽을 쑤게 한다.'

—kṛ- '하다'와 hṛ- '옮기다'는 임의로 Ac. 또는 I.의 형태를 취한다.

e.g. kārayati kaṭaṁ devadattam/°dattena yajñadattaḥ

《비고》

이상은 문법가에 의한 규칙이지만, 고전기의 실제 예시는 반드시 이것들에 따르지는 않는다.

—사역의 의미가 옅어진 경우에는 D. 또는 G.(간투목적)가 사용된다.

e.g. vedaya- '통지하다'

śrāvaya- '알리다/고하다'

darśaya- '나타내다'

e.g. adarśayat pitre(D.) sakhīm '그녀는 아버지에게 여자친구를 소개했다.'

7. 시간 혹은 공간의 끊임없는 이어짐(Ac. of duration)

E.g. māsam adhīte '그는 한 달 동안 배운다.'

pass. āsyate māsaḥ 또는 āsyate(impers.) māsam(: māsam āste)

yojanaṁ dhāvati '그는 1 y.의 거리를 달린다.'

—형용사와 함께

e.g. krośaṁ kuṭilā nadī '강은 1 k. 동안 굽어져 있다.'

◖비고◗

목적의 달성을 의미할 경우에는 I.이 사용된다.

e.g. māsenānuvāko 'dhītaḥ '그 장은 한 달 걸려서 수료되었다.'

8. Ac.의 부사화

방향(supra 3), 시간의 이어짐 및 거리(supra 7)를 나타내는 것 이외에, Ac.는 부사화하여 시기·시점을 나타내는 경우가 있다.

e.g. rātrim, naktam '밤에'

tad ahaḥ '그날에'

kālyam '새벽에'

sāyam '저녁에'

cf. §50.5

—형용사의 Ac.형의 부사화에 대해서는: §50.4

9. 전치사를 비롯한 전치사적 부사와 함께 사용되는 Ac.에 대해서는: §53. I 그리고 전치사화한 Absol.에 대해서는: §52 및 p.482~483

10. 감탄사 dhik(e.g. dhik tvām(astu) '오오, 너라는 녀석은'), hā(e.g. hā devadattam '오오, D.')와 함께 사용되는 Ac.에 대해서는: §56.1 및 비고

Ⅲ. 조격(I.)

기본적인 용법은 용구(instrument)·행위자(agent)를 비롯한 수반(concomitance)을 나타내는 것에 있다.

1. 용구·수단

본래의 의미만이 아니라 비유적으로도 사용된다.

e.g. paraśunā chinatti '도끼를 사용해 그가 자른다.'
rajjvā baddhaṁ kāṣṭham '밧줄로 묶인 나뭇조각'

—(통로) katamena mārgeṇa '어느 길을 통해'
—(신체 부분) skandhena vahati '그가 어깨에 짊어지다'
—(div-와 함께) akṣair dīvyati '그는 주사위로 도박을 한다', concurr. Ac.: akṣān
—(고용) śatena parikrītaḥ '100 paṇa로 고용되었다', concurr. D.: śatāya
—(대가·교환) śatena krītaḥ/vikrītaḥ '100 p.로 샀거나 또는 팔았다'
—(서약) ātmanā śape '나는 자신을 걸고 맹세한다' ; tena satyena '그 진실을 걸고'
—(공물) paśunā rudraṁ yajati '동물을 희생하여 R.을 모신다'
—(분량) apūrṇam ekena '한 개만 부족하다'
—(충만) pūrayati, pūrṇa-(pṝ- '채우다')와 함께

e.g. tena saktubhiḥ kalaśaḥ saṁpūritaḥ '그에 의해 병이 가루로 채워졌다.'

2. 행위자

모든 수동적 표현: 동사의 인칭형, P. pt.(-ta, -na), Ger., concurr. G., Adj. *type* sukara-(§109. Ⅶ. 2), concurr. G.와 함께

e.g. devadattena kriyate kaṭaḥ ; devadattenoktam 'D.에 의해 말해졌다.'

—(비인칭) āsyate devadattena 'D.는 앉아있다' ;

tvayāvahitena bhavitavyam '당신은 주의 깊게 있어야 한다'

—sukaraḥ/īṣatkaraḥ kaṭo bhavatā '자리는 당신에 의해 손쉽게 만들어졌다', opp. duṣkaraḥ

—kim atra mayā śakyam '여기서 내가 무엇을 할 수 있는가'

—행위명사(nom. act.)와 함께

e.g. nindā pareṇa '타인에 의한 비난.'

(objective G.와 함께) āścaryo gavām(G.) doho 'gopālakena

'목부(牧夫)가 아닌 사람에 의한 착유는 이상하다.'

adbhutaḥ samudrasya bandho vānaraiḥ

'원숭이들에 의한 큰 바다의 구속은 희유하다.'

—사역수동의 행위자에 대해서는: supra Ⅱ.6

3. 동반·부수(Sociative Ⅰ.)

수반의 의미가 전후의 관계에서 이해되지 않는 경우에는, 대체로 결합을 나타내는 전치사적 부사 saha, samam, sākam, sārdham 혹은 과거분사 sahita-, saṁgata- 등과 함께 사용된다.

e.g. putreṇa saha/sārdham '아들과 함께.'

rāmaḥ sītayā saha/sahitaḥ 'S.와 함께한 R.'

taiḥ sahālāpaṁ na karoti '그는 그들과 말을 하지 않는다.'

—sam-을 앞부분으로 하는 복합어와 함께

e.g. ratnaṁ ratnena saṁgacchate '보배구슬은 보배구슬과 모인다.'

mitreṇa saṁlāpaḥ '친구와의 대화.'

dhanena saṁpanna- '부를 갖추다.'

—그 외의 결합을 의미하는 표현과 함께

e.g. yuj-: oghena yujyate(pass.) nadī '강은 큰 물과 합쳐진다.'

mūrkhena saṅgaḥ(sañj-) '어리석은 자와의 교제.'

4. 결합과는 반대로 분리 · 상실을 나타내는 표현과 함께 사용된다: 때때로 vi-(opp. sam-)를 앞부분으로 하는 결합어와 함께

e.g. tvayā viyukta- '당신과 헤어졌다.'(opp. t° yukta-)

—rahita-, hīna- '~을 빠뜨렸다', mukta-, śūnya- '~없이'와 함께

e.g. dhanena vihīna- '재산을 잃다.'(opp. dh° saṁpanna-),

concurr. Ab.(infra Ⅴ.2)

5. vṛt-, sthā-, bhū-, car-와 함께 사용되며 주요한 상태를 나타낸다.

e.g. mahatā sukhena vartate '그는 매우 행복한 상태로 있다.'

—이 용법에 의해 바뀌어 I.은 술어적 또는 묘사적 가치를 지닌다.

e.g. paramārthena gṛhyate '그것은 진리로 이해된다.'

tanuprakāśena śaśineva śarvarī '달그림자가 희미한 밤과 같이.'

◖비고◗

I.은 때로 절대구에 가까운 경우가 있다.

e.g. gacchatā kālena '시간이 가는 대로.'

그러나 I. absol.는 L. 혹은 G.에서와 같이 정착되지 않았다.

6. I.은 특징을 나타낸다.

e.g. api bhavān kamaṇḍalunā chāttram adrākṣīt

'그대는 물병을 지닌 학생을 보지 못했는가.'

śikhayā parivrājakaḥ '상투를 올린 유행자.'

7. 원인·이유

동사와의 관계에서만이 아니라 명사와도 함께 사용된다.

e.g. vidyayā yaśaḥ '지식에 의한 명성.'

kanyayā śokaḥ '소녀이기에 갖는 슬픔.'

—성질(quality)을 나타내는 남성 또는 중성명사의 경우, I.과 Ab.의 구별 없이 사용된다.

e.g. pāṇḍityena/pāṇḍityāt '학식 때문에'

그러나 prajñayā(f.), buddhyā(f.)

e.g. vyāghra-buddhyā '호랑이라고 생각했기 때문에'

cf. bhayāt '~을 두려워하여'(Ab., bhaya- '공포'는 성질이 아니다.)

—*Type* kena hetunā '무슨 이유로', tena nimittena '그런 이유로', etc.에 대해서는: §50.5

8. I.이 여러 동사와 함께 사용될 때는, 앞서 다루었던 용례에서 알 수 있지만, '즐겁다, 만족하다, 웃다, 놀라다, 창피하다, 싫어하다' 등의 정신작용에 관한 동사에 수반되는 경우가 있다.

e.g. svalpena tuṣyati '그는 하찮은 것에 만족한다.'

jahāsa tena sa nṛpaḥ '왕은 그것을 비웃었다.'

—saṁ-jñā- '화합하다, 이해하다'

e.g. mātrā saṁjānīte '그는 어머니와 타협한다.', concurr. Ac.: mātaram

9. I.은 여러 관계(relation)를 나타낸다.

e.g. (우열) etābhyāṁ(Ab. du.) śauryeṇa hīnaḥ

'용기에 관해 그들 두 사람보다 떨어진다.'

—비유는 일반적으로 Ab.에 의해 나타나지만, 때로는 I.도 사용된다.

e.g. prāṇair garīyas- '생명보다 중요한.'

—(판단의 기준) jaṭābhis tāpasaḥ '상투로 판단할 때 고행자다'

duṣṭaḥ śabdaḥ svareṇa varṇena vā '악센트 또는 음에 관해 오해한 표현', concurr, svarataḥ/varṇataḥ(infra V., 비고)

—(불구) akṣṇā kāṇaḥ '한쪽 눈의' ; pādena khañjaḥ '한쪽 다리로 절뚝이며 끌고 간다', pāṇinā kuṇiḥ '손의 힘이 빠지다'

—prasita-, utsuka-와 함께

e.g. keśaiḥ prasita- '머리카락을 신경 쓰다.', concurr. L.: keśeṣu

10. 기간

일정 기간 후 혹은 행위가 완료된 것을 나타낸다.

e.g. māsenānuvāko 'dhītaḥ '그 장은 한 달 걸려서 수료되었다.',

cf. supra Ⅱ.7, 비고

dvādaśabhir varṣair vyākaraṇaṁ śrūyate

'문법은 12년 걸려서 학습되었다.'

—마찬가지로 거리를 나타내는 표현에 의해

e.g. yojanenānuvāko 'dhītaḥ '그 장은 1 y.를 다 가봤을 때 수료되었다.'

yojanadvayamātreṇa '딱 2 y. 갔을 때에.'

—특정 기간이 없이

e.g. dīrgheṇa kālena '장기간에 걸쳐'

마찬가지로 cireṇa '오래 걸려서'

divaiḥ, divasaiḥ '며칠 동안에' ; divā adv. '낮 사이에'

—(별자리 이름) puṣyeṇa pāyasam aśnīyāt '달이 별자리 P.에 머무를 때, 사람은 파야사(우유로 끓인 죽)를 먹어야 한다.', concurr. L.: puṣye

11. 동등·유사를 나타내는 형용사(sama-, samana-, sadṛśa-, tulya-)**와 함께**

e.g. samo/tulyo devadattena 'D.와 동등하다.', concurr. G.: devadattasya

《 비고 》

tulā-, upamā-와는 G.만이 사용된다.

e.g. tulā devadattasya nāsti 'D.와 동등한 사람은 없다.'

upamā kṛṣṇasya na vidyate 'K.에 필적하는 사람은 존재하지 않는다.'

12. 불필요·금지

arthaḥ, prayojanam, kim 등과 함께 불필요를 나타낸다.

e.g. ko me jīvitenārthaḥ '생명은 나에게 어떤 쓸모가 있다.'

kiṁ na etena '그것은 우리들에게 어떤 쓸모가 있다.'

—kṛtam, astu, alam과 함께 금지를 나타낸다.

e.g. kṛtam abhyutthānena '일어서지 마라.'

alam ākranditena '소리 지르지 마라.', concurr. Absol.

e.g. alam upālabhya '비난하는 것을 하지 마라.' ; Inf.

e.g. alaṁ prabodhayitum '깨어나지 마라.'

13. I.의 부사화

의미가 광범위하게 걸쳐지지만, 다음과 같이 일부만을 열거하겠다:

ātmanā '스스로' ; prakṛtyā '자연스레, 태생적으로' ;

sukhena '쉽게', opp. duḥkhena ; sahasā '돌연' ; añjasā '곧바로, 곧장' ;

kṣaṇena '순식간에' ; prāyeṇa '대체로' =prāyaḥ ; sāmnā '친절하게' ;

gotreṇa '가풍에 따라' ; samena '평지에', opp. viṣameṇa(e.g. dhāvati)

—Dūrāntika-words

e.g. dūreṇa, antikena *cum* G./Ab.에 대해서는: §50.4 및 비고

—Dikśabda

e.g. dakṣiṇena, uttareṇa *cum* Ac./G.에 대해서는: Note 37

—stokena, alpena, kṛcchreṇa, katipayena '약간, 겨우',

concurr. Ab.: stokāt, etc.

e.g. stokena ruṣṭa- '조금 화가 났다.'

s° mukta- '간신히 도망쳤다.'

그러나 실제의 물질을 나타낼 때는 I.만이 사용된다.

e.g. stokena viṣeṇa hataḥ '소량의 독으로 죽었다.'

—*Type* uccaiḥ '높이, 소리 높이' ; śanaiḥ '서서히'

14. 전치사적 부사와 함께 사용되는 I.에 대해서는: §53.II

15. 감탄사 sādhu와 함께

e.g. s° tena '그건 참 잘했다.', cf. §56.2

IV. 여격(D.)

주요한 용도는 타동사의 간투목적어가 되는 것과 넓은 의미에서의 목적을 나타내는 것에 있다. 시대의 흐름에 따라 G. 및 L.를 대신하는 경우가 많아지고, 그 사용 영역은 좁아지게 되었다.

1. 간투목적어(Indirect object) '주다(e.g. dā-), 이야기하다(brū-), 약속하다(prati-/ā-śru-, prati-jñā-), 나타내다(darśaya-), 파견하다(vi-sṛj-), 내던지다(kṣip-)' 등을 의미하는 다수의 동사와 함께

e.g. upādhyāyāya gāṁ dadāti '그는 스승에게 소를 바친다.'

tat tasmai kathayati '그는 그것을 그 사람에게 말한다.'

devadattāya gāṁ pratiśṛṇoti '그는 D. 에게 소를 약속한다.'

dūto raghave visṛṣṭaḥ '사자(使者)가 Raghu에 파견되었다.'

《 비고 》

대부분 전면적으로 G. 또는 L.에 의해 대신될 수 있다.

—'이야기하다' 혹은 '가르치다'(śās-)는 2개의 Ac.를 취하기도 한다. (supra Ⅱ.4)

—*Type* darśaya- '나타내다'에 대해서는: supra Ⅱ.6, 비고

2. 이익·관여

무언가가 있는 어떤 사람을 위해서거나 혹은 어떤 사람과 관련하여 일어날 때, 이익자·관여자는 D.로 표현된다.

e.g. ācāryāya karma karoti '그는 스승을 위해 일을 한다.'

—(특례) devadattāya rādhyati/īkṣate

'그는 D.를 위해 운명을 점친다 또는 예언한다'

—(형용사와 함께) hita-, pathya- '(건강을 위해) 좋다'

e.g. hitam āmayāvine '환자에게 좋다.'

gobhyo hitam '소를 위해 좋다', concurr. G.

마찬가지로 priya- '마음에 들다', concurr. G., L.

3. 특정 동사와 함께

a. '마음에 들다, 만족을 주다'(ruc-, svad-, etc.)

e.g. devadattāya rocate modakaḥ

'사탕이 D.의 마음에 든다.'(='D.는 사탕을 좋아한다.')

yajñadattāya svadate 'pūpaḥ 'Y.는 과자를 좋아한다.'

b. 격정에 관한 동사

e.g. spṛh- '열망하다', puṣpebhyaḥ spṛhayati '그는 꽃을 열망한다.'

(애호의 의미에 중점이 놓여질 때는 Ac.도)

—krudh- '화내고 있다' ; druh- '해를 입히려 한다' ; īrṣyati '질투하다', asūyati '부러워하다'

e.g. devadattāya krudhyati '그는 D.에 대해 화내고 있다.'(krudh- 및 druh-가 Prev.를 동반할 때는 Ac.를 취한다, e.g. devadattam abhidruhyati)

c. dhṛ- '짊어지다'

e.g. devadattāya śataṁ dhārayati '그는 D.에게 100 paṇa의 부채가 있다.'

—ślāgh- '아첨하다'

e.g. devadattāya ślāghate ; hnu-(ni-hnavate, etc.) '거부하다, 감추다'

sthā-(tiṣṭhate) '~에 편들다'

śap-(śapate) '서약하다'

4. 경례 · 축복 · 인사

e.g. namo devebhyaḥ '신들에게 절하기를.'

svasti prajābhyaḥ '국민이 행복하기를.'

svāgataṁ devyai '여왕이 환영하시길.'

āyuṣyaṁ rājñe '왕이 장수하시길, 임금님 만세.', concurr. G.

마찬가지로 madram/bhadram '좋은 운', kuśalam '건강', sukham '행복', arthaḥ '번영'과 더불어 동의어와 함께.

5. 광의의 목적(Final D.)

a. 동사와 함께

e.g. puṣpebhyo vrajati '꽃을 따기 위해 간다.'

edhobhyo vrajati '장작을 구하기 위해 간다.'

《 비고 》

문법가는 이 종류의 구문을 Inf.의 생략으로 이해한다.

e.g. puṣpebhyaḥ=puṣpāṇy āhartum

vṛtrāya vajram udayacchat

'그는 V.를 죽이기 위해(vṛtraṁ hantum) v.를 치켜들었다.'

Nom. act.(특히 -a, -ā, -ana, -ti)의 D.는 Inf.의 기능을 지닌다.

e.g. pākāya vrajati '그는 이해하기 위해(paktum) 간다.'

yuddhāya saṁnahyate '그는 전투를 위해 무장한다.'

ārtatrāṇāya vaḥ śastraṁ, na prahartum anāgasi '당신들의 무기는 고뇌하는 사람을 구하기 위해 있는 것이지, 죄 없는 사람을 때리기 위한 것이 아니다.'

—이 구문은 여러 의미의 동사와 함께 사용된다: 능력(e.g. śak-), 개시(pra-vṛt-), 노력(yat-), 결의(vyava-so-), 명령(ā-diś-), 임명(ni-yojaya-)

e.g. ākarṣaṇāyāśakat '그는 (~를) 같은 편으로 끌어들이게 하였다.'

tena jīvotsargāya vyavasitam '그는 생명을 버리기로 결심했다.'

rāvaṇocchittaye devair niyojitaḥ

'R.을 절멸하기 위해 신들로부터 임명되었다.'

—(임금/보수) śatāya parikrītaḥ '100paṇa로 고용되었다.',

concurr. Ⅰ.(supra Ⅲ.1)

b. 용도

e.g. yūpāya dāru '제주(祭主)를 위한 목재.'

kuṇḍalāya hiraṇyam '귀고리를 위한 황금.'

c. 운동 동사와 함께 사용되는 방향 · 목표를 나타낸다.

e.g. grāmāya gacchati '그는 마을을 향해 간다.',

concurr. Ac.(supra Ⅱ.3, 비고), L.(infra Ⅶ.2)

6. 술어적 용법(Predicative D.)

'~에 알맞다, ~으로 이끌다, ~에 조력하다'를 의미하는 동사와 함께

e.g. kḷp-, viṣādāya kalpate '그것은 비난을 이끈다.'

tasya bhāryāyai kiṁ na kalpase

'무슨 이유로 그대는 그의 부인이 되기에 적합하지 않은 것인가.'

—saṁ-pad-

e.g. śikṣā guṇāya saṁpadyate '학습은 미덕을 조성한다.'

마찬가지로 jan-(jāyate), bhū-(bhavati), ās-(āste), as-(asti) 등과 함께이거나 혹은 동사를 수반하지 않고 사용되어 귀착하는 곳을 나타낸다.

e.g. upadravāya bhavati kopaḥ '화는 재앙을 부른다.'

upadeśo mūrkhānām prakopāya

'충고는 어리석은 자를 화내게 하는 결과가 된다.'

aśvaḥ kṛśo 'pi śobhāyai '말은 야위어 있어도 아름답다.'

—(예고) vātāya kapilā vidyud…pītā bhavati sasyāya '붉은빛을 둘러싼 전광은 바람을… 노란 것은 풍작을 예고한다.'

—manyate는 무생물의 D.와 함께 사용되어 경멸을 나타낸다.

e.g. na tvā tṛṇāya manye, concurr. Ac.: tṛṇam (supra Ⅱ.1.a)

7. 필적을 나타내는 표현과 함께

e.g. alaṁ/prabhur/prabhavati mallo mallāya

'한 장수는 (다른) 한 장수에 필적한다.'

8. 드물게 기한을 나타낸다.

e.g. vatsarāya nivartanīyaḥ '1년의 끝으로 다시 되돌아가야 한다.',

concurr. Ⅰ.(supra Ⅲ.10)

9. D.의 부사화

E.g. cirāya '오랫동안'

—arthāya+G. '~을 위해서'에 대해서는: §53. Ⅴ.2.e

—*Type* kasmai hetave '무슨 이유로', tasmai nimittāya '그 때문에',

etc.에 해서는: §50.5

Ⅴ. 탈격(Ab.)

기본적 기능은 출발점을 나타내는 것에 있으며, 이것에서 본원 · 분리 · 원인 · 비교 등의 주요한 용법이 생겨난다.

《비고》

접미사 tas에 의해 만들어진 부사(§22.(8), §51.1)는 근소한 열외를 제외하고, 본래의 Ab.와 동일하게 사용된다.

-tas가 사용되지 않는 경우: *cum* ruh-, hīyate

e.g. parvatād avarohati(cf. infra 1) ; svargād dhīyate(cf. infra 2)

—tas만이 허용되는 경우: '~에 관하여'

e.g. duṣṭaḥ śabdaḥ svarato varṇato vā, concurr. I.(supra Ⅲ.9)
devā arjunato 'bhavan '신들은 A.의 쪽에 있었다(=편이 되었다).', concurr. G.: arjunasya
pravāhikātaḥ kuru/pratikuru '설사에 대한 치료를 해주게.', concurr. G.: pravāhikāyāḥ

1. 본원

넓은 의미의 출처를 나타낸다.

e.g. grāmād āgacchati '그는 마을에서 온다.'
parvatād avarohati '그는 산에서 내려온다.'(cf. supra 비고)
aśvāt patita- '말에서 떨어졌다.'
prāsādāt prekṣate '그는 궁전에서 도망친다.'

—(문답) kuto bhavān '당신은 어디에서': pāṭaliputrāt 'P. 에서'

—(학습·지각) upādhyāyād adhīte '그는 스승에게 배운다'

svajanebhyaḥ śrutvā '친척으로부터 듣고'

—(발생) himavato gaṅgā prabhavati 'G. 강은 H. 산에서 나온다'

마찬가지로 jan-, jāyate '태어나다'+Ab. (e.g. 아버지의 이름 ; 다만 어머니는 L. 로 표기된다)

—(비유적으로) śṛṅgāc charo jāyate '활은 뿔에서 생겨난다(=뿔로 만든다)'

—(수령) e.g. grah-+Ab. '~에서 받다' ; tebhyo labdha- '그들로부터 얻었다'

—(요구) pass. yācyate pauravād gauḥ 'P. 에게 소가 요구된다'(cf. supra Ⅱ. 4: double Ac.)

2. 분리

특히 vi-를 앞부분으로 하는 복합어와 함께 사용된다,

concurr. Ⅰ. (supra Ⅲ. 4)

e.g. (격리) yavebhyo gāṁ vārayati/nivartayati

'그는 소를 보리로부터 떼어놓는다 또는 떨어지게 한다.'

—(해방) tāṁ bandhanād vimucya '그녀를 포승줄에서 해방시켜'

—(상실) svargād dhīyate(<hīyate) '그는 천계를 잃다'(cf. supra 비고) ;

sārthād gacchato hīna- '나아가는 상인 무리로부터 남겨졌다'

—(사기) vañcayituṁ brāhmaṇaṁ chāgalāt '바라문에게 산양을 빼앗기 위해'

—(정지) dharmād viramati/nivartate '그는 바른 행위를 그만둔다'

—(태만) dharmāt pramādyati/muhyati '그는 의무를 게을리한다'

—(보호) caurebhyo rakṣati/trāyate '그는 도적으로부터 보호한다'

—(은닉) upādhyāyād antardhatte/nilīyate '그는 스승으로부터 숨는다'

3. 공포·혐오를 의미하는 표현과 함께

e.g. bhī- '두려워하다' 및 그 파생어(bhaya-, bhīṣā- '공포', etc.) 혹은 유사한

동사(śaṅk-, 다만 '의심하다'를 의미하는 경우는 Ac.를 취한다 ; ud-vij-, concurr. G.)

e.g. caurebhyo/vṛkebhyo bibheti '그는 도적 또는 늑대를 무서워한다.'

—(혐오) adharmāj jugupsate '그는 불법을 싫어한다'(gr. ; 고전기의 실제 예시는 Ac.를 나타낸다)

—(피로 · 권태) adhyayanād parājayate '그는 학습에 지친다'(다만 cf. śatrūn(Ac.) parājayate '그는 적을 무찌른다')

4. 원인 · 이유, concurr. Ⅰ.

e.g. jāḍyād/jāḍyena baddha- '우둔하여 구속됐다.(=투옥됐다)'

pāṇḍityād/pāṇḍityena mukta- '현명하기에 석방되었다.'(cf. supra Ⅲ.7)

—원인이 빚인 경우에는 Ab.만이 허용된다.

e.g. śatād baddha- '100paṇa 때문에 구속됐다.' ; 그러나 śatena(Ⅰ.) bandhita-(p. pt. caus., 이 경우 śata-는 agent로 이해된다, gr.)

—Ab.와 I.이 한 문장에 같이 사용되는 경우, Ab.는 때때로 I.보다 더욱 직접 · 밀접한 원인 · 이유를 나타낸다.

—*Type* kasmād dhetoḥ '무슨 이유로', tasmān nimittāt '그 때문에', etc.에 대해서는: §50.5

5. 비교

Type A는 B보다(Ab.) 크다(형용사의 비교급).

e.g. māthurā pāṭaliputrakebhyaḥ sukumāratarāḥ/°kebhya āḍhyatarāḥ 'Mathurā의 주인은 P.의 주인보다도 온화 또는 유복하다.'

matir eva balād garīyasī '사려는 완력보다 중요하다.'

—비교의 의미를 포함한 표현과 함께

e.g. para- '보다 좋다' ; adhika- '보다 많다' ; hīna- '보다 적다' ;

akīrtir maraṇād atiricyate '불명예가 죽음보다 낫다.(=보다 나쁘다)'

—'다른'을 의미하는 표현(e.g. anya-, adv. anyatra, itara-, apara-, bhinna-)과 함께

e.g. anyo devadattāt 'D. 보다 다른, D. 와 다르다.'

śuklād itara- '흰색과는 다르다. (=검다)'

—형용사의 원급과 사용되는 경우도 있다.

e.g. tato nāstīha puṇyavān '그보다 행복한 사람은 이 세상에 없다.'

—(선택) dāridrān maraṇād vāmaraṇaṁ mama rocate

'빈곤과 죽음 사이, 나는 죽음이 낫다. (=선택하다)'

6. 시간·공간의 거리

e.g. kārttikyā āgrahāyaṇī māse 'Āgrahāyaṇa 달의 보름날은 Kārttika 달의 보름날로부터 한 달의 차이(거리)에 있다.'

gavīdhumataḥ sāṁkāśyaṁ catvāri yojanāni(N. ! gr.)

'S. 는 G. 로부터 4y. 의 거리에 있다.', concurr. L.: caturṣu yojaneṣu

—adya bhuktvā devadatto dvyahād/dvyahe(L.) bhoktā

'D. 는 오늘 먹은 후, 이틀 뒤에 먹을 것이다.', cf. saptāhāt '7일 후에'

ihastho 'yam iṣvāsaḥ krośāl/krośe lakṣyaṁ vidhyati

'이 사수는 여기에서, 1k. 의 거리에 있는 적을 쐈다.'

7. 전체의 한 부분에 대한 표현에서(Partitive Ab.), concurr. G.

e.g. sarvadravyāc ca yad varam '전 재산 중에 가장 좋은 것.'

agneḥ śeṣam ṛṇāc cheṣaṁ śatroḥ śeṣaṁ na śeṣayet

'불의 잔재, 빚의 잔재, 적의 잔재를 남겨서는 안 된다.'

8. 방위·전후를 나타내는 표현(Dikśabda)과 함께

e.g. pūrva- grāmāt '마을 동쪽의, 마을 앞의'

prāg grāmāt '마을 동쪽에'

dakṣiṇā/dakṣiṇāhi. 또는 uttarā/uttarāhi grāmāt '마을 남쪽에 또는 북쪽에'

cf. Note 37

—시간에 관해서

e.g. pūrvo grīṣmād vasantaḥ '봄은 여름에 앞선다.'

abhigamanāt pūrvam '접근하기 전에'

9. 원근을 나타내는 표현(Dūrāntika-words)**과 함께**, concurr. G.

e.g. dūraṁ grāmāt/grāmasya '마을에서 멀리'

마찬가지로 antikaṁ g° '마을에서 멀리'

cf. §50.4 및 비고

10. Ab.의 부사화

E.g. cirāt '오랜 뒤에', acirāt '머지않아'

kṣaṇāt '순식간에'

balāt '강제로'

akasmāt '불의로'

samantāt '곳곳마다'

sākṣāt '눈앞에서'

paścāt '배후에서, 뒤에'(본래 Ab.)

ārād devadattāt 'D.로부터 멀리'(Adv. in āt+G.의 열외)

—kasmād dhetoḥ, etc.에 대해서는: supra 4

type dūrāt에 대해서는: supra 9

stokāt, etc.에 대해서는: supra Ⅲ.13

11. 전치사를 비롯한 전치사적 부사와 함께 사용되는 Ab.에 대해서는: §53.Ⅲ

VII. 처소격(L.)*

기본적 기능은 동작의 수행에 따르는 장소·정황에 참여하는 것에 있다. 이것에서 파생되는 용도는 다방면에 걸쳐 있으며, 광범위하게 D.의 영역과 중복되어, 고전기에는 많은 점에서 D.의 사용을 제한하고 있다.

1. 장소·시점

a. 구체적으로 혹은 비유적으로 넓은 의미의 장소·위치: '중에, 위에, 있어서, 가깝게, 곁에, (다수의) 사이에' 등을 나타낸다.

e.g. kaṭa āste '그는 자리의 위에 앉는다.'
sthālyāṁ pacaty odanam '그는 냄비 속에서 죽을 끓인다.'
Vidarbheṣu 'Vidarbha에서' ; Kāśyām 'Kāśī(=Benares)에서'
(인물) dṛṣṭadoṣā mṛgayā svāmini
'군주에게 있어 사냥은 악덕으로 보여진다.'
(nom. act.) ārtānām upadeśe na doṣaḥ
'고민하는 사람에 대한 충고는 죄가 아니다.'
tava dvāri '당신의 문 근처에서'
gurau vasati '그는 스승의 곁에 산다.'
paurajānapadeṣu '도시에 사는 사람과 시골에 사는 사람의 사이에'
amareṣu '신들 속에'

b. **형용사의 최상급** 및 유사한 의미의 표현과 함께, concurr. G.(infra VI.3)

e.g. manuṣyeṣu kṣatriyaḥ śūratamaḥ '인간 중에서 k.가 가장 용감하다.'
goṣu kṛṣṇā saṁpannakṣīratamā
'소 중에서 검은 소가 가장 많은 우유가 나온다.'
adhvageṣu dhāvantaḥ śīghratamāḥ

* 설명의 편의상 VI.G.의 앞에 둔다.

'길을 가는 사람 중에서 달리는 사람이 가장 빠르다.'

c. **시점·시기**

e.g. tasmin kāle '그때에'

varṣāsu '우기에'

niśāyām '밤중에'

dine-dine '매일'

—(별자리의 이름) puṣye ; tiṣye, concurr. I.(supra Ⅲ.10)

d. **정황**

e.g. āpadi '재난 때에'

bhāgyeṣu '행운 때에'

2. 이동을 나타내는 동사

'가다, 출발하다(pra-sthā-), 이끌다, 가져오다(ā-nī-), 보내다(pra-iṣ-) ; 들어가다(pra-viś-), 기어들다(ni-majj-), 오르다(ā-ruh-)' 등과 함께 사용되며, 목표·도착점을 나타낸다, concurr. Ac.(supra Ⅱ.3), D.(supra Ⅳ.5.c)

e.g. aṭavyāṁ gataḥ '그는 숲으로 갔다.'

samīpavartini nagare prasthitaḥ '그는 가까이에 있는 마을로 출발했다.'

matsyo nadyāṁ praviveśa '물고기는 강으로 들어갔다.'

❰ 비고 ❱

실제로, '~을 향해 가다'의 의미에는 Ac.가 많이 사용되며, '파견하다, 보내다'의 의미에는 L.가 많이 사용된다. 또한 L.는 종종 준동사와 함께 사용된다.

e.g. praviṣṭa-(p. pt.)+L.: praviśati(3. sg. pres.)+Ac.

'떨어지다(pat-), 던지다(kṣip-), 두다(ni-dhā)'를 의미하는 동사와 함께로는, 오직 L.가 사용된다.

e.g. bhūmau papāta '그는 땅에 떨어졌다.'

pituḥ pādayoḥ patati '그는 아버지의 발밑에 엎드린다.'
arau bāṇān kṣipati '그는 적에게 화살을 쏜다.'
dhūr jagataḥ saciveṣu nicikṣipe
'치세의 중요한 소임은 대신에게 맡겨졌다.'
hastam urasi kṛtvā '손을 가슴에 놓고'
—'(목표를) 치다', tasmin khaḍgena prāharan munau
'그는 칼을 쥐고 그 성자를 쳤다'
taṁ śirasy atāḍayat '그는 그의 머리를 쳤다.'

3. D.적 용법

a. 간투목적어(cf. supra Ⅳ.1)

'주다, 이야기하다, 약속하다, 판매하다' 등을 의미하는 동사와 함께

e.g. śarīraṁ vikrīya dhanavati '그는 자신을 부자에게 팔고'

b. 목적(cf. supra Ⅳ. 5.)

(1) 노력 · 능력 · 소망 · 결의를 의미하는 표현과 함께

e.g. mahattvārohaṇe yatnaḥ '고위에 올라가기 위한 노력'
asamartho 'yam udarapūraṇe 'smākam
'그는 우리들의 배를 채우기에는 부족하다.'
sarvasvaharaṇe yuktaḥ śatruḥ '전 재산의 약탈을 의도하는 적'

(2) 임명 · 명령 · 허가 · 선택을 의미하는 표현과 함께

e.g. imāṁ balkadhāraṇe niyuṅkte
'그는 그녀에게 나무껍질로 된 옷을 입으라고 명령한다.'
anujñā tvatpārśvagamane '당신의 곁에 가는 허가'

c. 술어적 용법(Predicative L. ; cf. supra Ⅳ.6)

e.g. patitve varayāmāsa tam '그녀는 그를 남편으로서 선택했다.'
nayatyāgaśauryasaṁpanne puruṣe rājyam
'왕권은 치세 · 관용 · 용기를 구비한 사람을 위해 존재한다.'

4. 원인·이유(cf. supra Ⅲ.7, Ⅴ.4)

e.g. kṣetre vivadante '그들은 밭 때문에 논쟁한다.'

carmaṇi dvīpinaṁ hanti '그는 모피 때문에 표범을 죽인다.'

—*Type* kasmin hetau '무슨 이유로', tasmin nimitte '그 때문에', etc.에 대해서는: §50.5

5. 관계

e.g. samudra iva gāmbhīrye, sthairye ca himavān iva

'심오한(=에 관해서는) 바다와 같이, 견고한 H.산과 같이'

prabhur agniḥ pratapane,…prabhuḥ sūryaḥ prakāśitve '왕은 작열하는 것에 관해서는 불이다. …왕은 빛나는 것에 대해서는 태양이다.'

6. 시간·공간의 거리, concurr. Ab. (supra Ⅴ.6)

7. 동사·준동사와 함께

앞서 많은 용례(특히 supra 2, 3)를 보았기에, 다음은 일부만을 추가하겠다:

—(음식) lokaḥ pibati surāṁ narakapāle 'pi

'세상 사람들은 스라 술을 인간의 두개골에서부터도 마신다.'

—(출생) śūdrāyāṁ brāhmaṇāj jātaḥ

'b.를 아버지로, ś.를 어머니로서 태어났다', cf. supra Ⅴ.1

—(폐색) anvavaruṇaddhi gāṁ vraje, concurr. Ac.: vrajam(supra Ⅱ.4)

—(복종) vṛt-, car-, sthā-, as-, bhū-와 함께

e.g. mātur mate vartasva '어머니의 의견에 따라라.'

na me śāsane tiṣṭhasi '그대는 나의 운명에 따르지 마라.'

—(적당) prabhutvaṁ tasmin yujyate '주권은 그에게 알맞다'

—(결합) naur nāvi baddhā '배에 묶여진 배.';

tasyām asau prāsajat '그는 그녀에게 애착했다'

—(신용) viśvasiti śatruṣu '그는 적을 신용한다',

cf. mayi viśvāsaḥ '나에 대한 신용'

—(신체의 부분) pāṇāv ākṛṣya '손을 잡아당겨서' ;

keśeṣu gṛhītvā '머리카락을 붙잡고서'

—(학습) vidyāsu śikṣate '그는 모든 지식을 배운다' ;

dhanuṣi śikṣate '그는 궁술을 배운다'

—특례: p. pt.+suff. in

e.g. adhītin-, adhītī vyākaraṇe

'그는 문법을 학습했다, 문법을 환히 알고 있다.'

āmnātin- '~를 암송했다'

8. 명사 · 형용사와 함께

(많은 경우 concurr. G.): salilaṁ kūpe '우물 안의 물' ; tileṣu tailam '깨 속의 기름' ; vṛddhau kṣaye kāraṇam '성쇠의 원인'

—심정에 관한 표현: 우정(sauhṛda-), 헌신(bhakti-, bhakta-), 애호(abhilāṣa-, priya-, rata-) 및 그 반의어

e.g. nāryaḥ kevalaṁ svasukhe ratāḥ '부녀는 자기들의 행복만을 바란다.'

—권리 · 지배 · 보증에 관한 표현: 소유자 · 주인(svāmin-), 지배자(īśvara-, adhipati-), 상속자(dāyāda-), 증인(sākṣin-), 보증인(prati-bhū-)

e.g. goṣu svāmī '소의 소유자'

pṛthivyāṁ sarvavihāreṣv adhipatir ayaṁ kriyatām

'이 사람은 지상의 모든 승원의 장에 임명되어야 한다.'

—āyukta- '종사하고 있다', yukta- '숙련하고 있다', kuśala- '능수능란한' 및 그 반의어

e.g. āyuktaḥ kaṭakaraṇe '그는 방석 만들기에 종사하고 있다.'

nāṭye dakṣā vayam '우리들은 연극에 능합니다.'

—prasita-, utsuka- '~을 신경 쓰다', concurr. I.(supra Ⅲ.9 *inf.*)

—sādhu-, nipuṇa- '친절한'

e.g. sādhur devadatto mātari 'D.는 어머니에게 친절하다.'(=anu, pari, prati+Ac. ;

다만 sādhur bhṛtyo rājñaḥ(G.) '하인은 왕에 대해 정직하다')

—특례: L.는 단어의 의미를 나타내는 것에 사용된다.

e.g. kalāpo bhūṣaṇe barhe, etc. 'k°는 장식, 공작새의 날개…을 의미한다.'

9. 절대구 혹은 유리절(L. absolute)

이 구문의 가장 일반적인 형식은, 명사(명사화한 형용사, 대명사)+분사(sati, sthite, jāte를 copula로서 사용하는 것도 있다)로서, 둘 사이에 주어와 술어의 관계가 성립되어, 정황·원인·조건·양보·반의 등을 나타내는 부문의 가치를 갖고, 주문을 한정한다.

e.g. goṣu duhyamānāsu gataḥ '소의 우유가 짜지고 있을 때, 그는 갔다.'

tasmin gate kiṁ vṛttam '그가 떠난 뒤에, 무언가가 일어났는가.'

ṛddheṣu bhuñjāneṣu daridrā āsate

'부자가 먹고 있고 있음에도 불구하고, 가난한 자는 [곁에] 앉아 있다.'

—2개의 명사에서 만들어지는 경우

e.g. tvayi rakṣatari '당신이 보호자라면'

—주어의 상당어가 빠진 경우

e.g. varṣati '우천일 때에'

evam ukte '이렇게 말해졌을 때에'

evaṁ sati '이 사정을 토대로'

tathānuṣṭhite '그대로 실행되었을 때에'

10. L.의 부사화

시간·장소를 나타내는 L.는 때때로 부사로 사용된다.

e.g. ādau '최초로' ; agre '선두에'

—그 외: rahasi '비밀로' ; sthāne '적당히'

—arthe/arthāya+G. '~를 위해서', cf. supra Ⅳ.9

—*Type* dūre+G. 또는 Ab.에 대해서는: §50.4 및 비고

—*Type* kasmin hetau, etc.에 대해서는: supra 4

11. 전치사와 함께 사용되는 L.에 대해서는: §53.Ⅳ

Ⅵ. 소유격(G.)*

기본적으로는 사람 또는 물건 상호의 관련(adnominal G.) 특히 소속·소유의 관계(svasvāmisaṁbandha)를 나타내며, 다른 격이 나타내지 않는 영역을 포함한다. 그러나 G.의 용법이 복잡하게 되며, 특정 동사·형용사와 결합되고, Ab.와 공통된 용도를 갖게 되어, Ac., I. 혹은 L.와 경쟁하는 경우도 적지 않고, 한편 크게는 D.의 사용 범위에까지 진출한다.

1. 소속·종속·소유

e.g. rājñaḥ puruṣaḥ '왕의 하인'

pituḥ putraḥ '아버지의 아들'

śatror balam '적의 힘'

—svāmin- '소유자·주인' 등과 함께

e.g. gavāṁ svāmī '소의 소유자', concurr. L. (supra Ⅶ.8)

—(재료) asya sūtrasya śāṭakaṁ vaya '이 실의 천을 짜게'

—(술어로서 as-, bhū-, vidyate와 함께) vidyate mama dhanam '그는 재산을 가지고 있다' ; (copula 없이) kati bhavataḥ putrāḥ '그대는 몇 명의 아들을

* 설명의 편의상 Ⅶ.L.의 뒤에 두었다.

가지고 있는가' ; nirdoṣasyāpi śaṅkā '죄 없는 자에게도 공포는 있다'

2. 행위자 혹은 목적어를 나타낸다(Subjective or objective G.)

e.g. (agent:) bhavata āgamanam '그대의 도착'

(object:) apāṁ sraṣṭā '물의 창조자'

다만 vaditā janāpavādān(Ac.) '사람들을 비방하는 습관이 있는 사람' (cf. §106. Ⅰ. 각설 10)

—두 가지가 병행되는 경우, 일반적으로 행위자는 I.에 의해 표현된다.

e.g. gavāṁ doho gopena '목동에 의한 소의 착유'

다만 -ā, -ikā로 끝나는 여성명사와 함께는 2개의 G.가 사용된다.

e.g. cikīrṣā viṣṇumitrasya kaṭasya 'V.의 자리를 만들려는 욕망'

bhādikā candrasya tamasām '달에 의한 암흑의 구제'

《비고》

명사화가 진행된 nom. ag.는 Ac. 또는 G.를 취한다.

e.g. cauraṁ/caurasya dviṣan(pres. pt.=amitra-) '도적의 적'

—수동의 의미를 지닌 표현의 행위자는 일반적으로 I.에 의해 표현되지만, Ger.와 함께는 G.도 사용된다.

e.g. bhavatā/bhavataḥ kaṭaḥ kartavyaḥ

마찬가지로 sukara-, etc.와 함께 G.도 사용된다, cf. supra Ⅲ. 2.

—*Type* rājñāṁ pūjitaḥ에 대해서는: infra 5. b

—특례: 장소를 나타내는 비인칭적 구문에 사용되는 G.

e.g. idam eṣām āsitam '그들은 여기에 앉았다.'

idam eṣāṁ yātam '그들은 여기로 갔다.'

idam eṣāṁ bhuktam '그들은 여기서 먹었다.'

3. 전체의 일부분에 관한 표현에서(Partitive G., cf. supra Ⅴ.7)

e.g. kiyad avaśiṣṭaṁ rajanyāḥ '밤이 얼마 정도 남아 있는가.'

ardhaṁ nagarasya '마을의 절반'

vaiyākaraṇānām eke '문법가 중의 일부'

—**형용사의 최상급** 및 비슷한 의미의 표현과 함께, concurr. L.(supra Ⅶ.1.b)

e.g. adhvagānāṁ dhāvantaḥ śīghratamāḥ ; dhūryo dhanavatām '부자 중의 지도자'

—동사와 함께

e.g. amṛtasya dadāti '그는 감로(의 일부)를 준다.'

yāvadamatraṁ brāhmaṇānām āmantrayasva

'발우가 있는 한 바라문을 초대하라.'

— 예전에는 널리 동사와 함께 사용되었으나, 고전기에는 실사용성을 잃는다.

cf. infra 4.c. day- '배분하다', 4.i. nāth- '절망하다'

—특례: api=mātrā, binduḥ, stokam '근소'

e.g. sarpiṣo 'pi syāt 'ghee의 소량이 있는 것을'

4. 동사와 함께

때때로 다른 격, 특히 Ac.와 양립한다. 그러나 문법가에 의해 인정된 G.도 고전기에 실용성을 잃게 된 것이 적지 않다.

a. 기억 · 상기

e.g. mātur adhyeti '그는 어머니를 떠올린다.'

mātuḥ smarati '동상(同上)', concurr. Ac., Prev.를 동반하는 경우는 Ac.만을 ; vismṛ- '잊다'도 보통 Ac.를 취한다.

b. 지배

e.g. pṛthivyā īṣṭe '그는 대지를 지배한다.'

sarpiṣa īṣṭe '그는 ghee를 소유한다.'

ātmanaḥ prabhaviṣyāmi '나는 스스로를 제어할 것이다.'

c. 분배

e.g. sarpiṣo dayate '그는 ghee를 분배한다.', cf. supra 3

—동정

e.g. ete tava dayantām '이 사람들로 하여금 그대를 동정하게 하라.'

d. 모방

e.g. bhīmasyānukariṣyāmi '나는 Bh.를 흉내 낼 것이다.'

anuvadate kaṭhaḥ kalāpasya

'Kaṭha파의 학도는 Kal.파의 학도를 따라서 암송한다.'

pitur anuharati '그는 아버지를 따라한다.'

e. 충만 · 만족(pūrayati, pūrṇa-, tṛp-, tus-)

e.g. nāgnis tṛpyati kāṣṭhānām '불은 나뭇조각에 만족하지 않는다.'

tuṣṭas tavāham '나는 그대에게 만족하고 있다.', concurr. I.(supra Ⅲ.8)

f. 호의(pra-sad-) · 원조(upa-kṛ-) 및 그 반대(apa-kṛ-, apa-rādh-)

e.g. mitrāṇām upakurvāṇaḥ '친구를 돕다.'

kiṁ mayā tasyā apakṛtam '나는 그녀에게 어떤 무례한 일은 했는가.'

—신세(upa-skṛ-)

e.g. edhodakasyopaskurute '그는 장작과 물을 돌본다.'

alaṁkārasyopaskurute kāmukaḥ '애인은 장신구에 신경을 기울인다.'

g. 신용 · 허용

e.g. sa na kasyacid viśvasiti '그는 누구도 신용하지 않는다.',

concurr. L.(supra Ⅶ.7)

sarvaṁ tasya kṣamāmahe '우리들은 모든 것을 그에게 허락한다.'

kṣamasva me tat '그것을 나에게 허락하라.'

h. 손상(jas- '때리다', naṭ- '상처 입히다', krath- '동상(同上)', ni-pra-han- '동상', piṣ- '분쇄하다')

e.g. caurasya jāsayati '그는 도적을 때린다.'

마찬가지로 caurasya pinaṣṭi ; dhairyasyotkrāthayati śokaḥ

'비난은 견고한 마음을 해친다.'

—병환

e.g. caurasya rujati rogaḥ '병 기운이 도적을 괴롭힌다.'

—**i.** 절망

e.g. sarpiṣo nāthate '그는 ghee를 절망한다', cf. supra 3

—**j.** 관설

e.g. mamādoṣasyāpy evaṁ vadati '그는 죄도 없이 그에 대해서 이렇게 말한다.'

—상상

e.g. sarvam asya mūrkhasya saṁbhāvyate '모든 것은 이 어리석은 자에게 상상된다(무엇을 할지 모른다).'

—**k.** 도박

e.g. śatasya dīvyati '그는 100paṇa를 도박한다.'

그러나 Prev.를 동반할 경우는: śatasya/śatam(Ac.) pratidīvyati

—거래

e.g. śatasya paṇate/vyavaharati vanik '상인이 100paṇa의 거래를 한다.'

《 비고 1 》 Ab.적 G.

의미상 Ab.를 정규의 격으로 취하는 일부의 동사가 G.와 결합하는 경우가 있다.

e.g. '요구하다(yāc-)' ; '받다(pratigrah-)' ; '듣고 알다(śru-)' ; '해방하다(muc-)' ; '보증하다(rakṣ-)' ; '두려워하다(bhī-, tras-, śaṅk-, ud-vij-)' ; cf. supra V. 1~3

《 비고 2 》 D.적 G.

고전기에 G.의 진출은 눈에 띄게 상기의 IV. 1~3에 거론한 용도의 대부분의 영역에 걸치며, G.의 사용이 허용된다.

5. 형용사와 함께

때때로 L.와 양립한다. cf. supra Ⅶ.8

a. Nom. ag.

e.g. jarā vināśiny asya rūpasya '노령은 그의 용모를 해하려고 한다.'

b. 형용사화한 P. pt. (-ta)

e.g. rājñāṁ mataḥ '그는 왕들에게 칭찬받고 있다.'

rājñāṁ iṣṭaḥ '그는 왕들이 친애한다.'

rājñāṁ pūjitaḥ '그는 왕들에게 존경받고 있다.'

mama viditam '그것은 내가 알고 있는 것이다.'

—중성명사화한 P. pt.

e.g. chāttrasya hasitam '학생의 웃음'

mayūrasya nṛttam '공작새의 춤'

kokilasya vyāhṛtam '코키라 새의 울음소리'

c. 형용사의 최상급, cf. supra 3

d. 지식 · 숙련 · 경험 및 그 반의어

e.g. abhijña- '정통했다'(opp. anabhijña-)

kuśala- '숙달했다'

kovid- '숙지하고 있다'

ucita- '익숙하다':

abhijño lolavyavahārāṇām '그는 세상의 일에 정통해 있다.'

saṁgrāmāṇām akovidaḥ '그는 싸움에 숙련되어 있지 않다.'

ucito janaḥ kleśānām '사람들은 고난에 익숙해져 있다.'

e. 동등 · 유사

e.g. tulyo/sadṛśo devadattasya, concurr. I.(supra Ⅲ.11 및 비고)

f. 충만

e.g. pūrṇa-, cf. supra 4.e

g. 적합 · 부적합

e.g. arha- '적절했다'(opp. anarha-), ucita-, sadṛśa-, yukta-, yogya-: arheyam ardhāsanasya '그녀는 [나의] 자리의 절반에 적합하다.'

na yuktaṁ bhavataḥ '그것은 너에게 적절하지 않다.'

ayogyam idaṁ nyāsasya gṛham '이 집은 공탁(供託)에 적절하지 않다.'

h. 마음에 들다 · 불쾌하다

e.g. priya- '사랑스럽다/가엾다'(opp. vipriya-), anurūpa-, anukūla-(opp. pratikūla-): asya priyam '그것은 그에게 바람직하다.'

ko nāma rajñāṁ priyaḥ '누가 과연 왕들이 친애하는 것인가.'

ātmanaḥ pratikūlāni pareṣāṁ na samācaret

'자신에게 불쾌한 것을 다른 사람에게 주지 마라.'

i. 의존 · 집착

e.g. āyatta- '의존한다'

sakta- '집착한다'

āyukta- '몰두하고 있다'

tavāyattaḥ sa pratīkāraḥ '그 대책은 당신에게 의존하고 있다.'

āyukto vihārakaraṇasya '그는 오락에 몰두하고 있다.'

j. 진실

e.g. sādhur bhṛtyo rājñaḥ '하인은 왕에 대해 정직하다.(=거짓말을 하지 않는다)', cf. supra Ⅶ.8 *in fine*

6. 관계

명사문(Nominal sentences)에서 G.는 때때로 '~에게 있어, ~에 관하여'의 의미로 사용된다.

e.g. ko 'tibhāraḥ samarthānām

'유능한 자에게 있어 어떤 짐이든 무게에 상관없도다.'

kiṁ dūraṁ vyavasāyināṁ, ko videśaḥ savidyānām '결의를 다진 이에게

무엇이 멀겠는가, 지식이 있는 이에게 어디가 외국이겠는가.'

—ekeṣām(G. pl.) '일부 사람에 의하면'

7. 시간에 관해서

어떤 시간의 뒤 또는 어떤 시간 이후의 의미를 나타낸다.

e.g. dīrghasya kālasya '긴 시간의 뒤'

adya daśamo māsas tātasyoparatasya

'아버지의 죽음 이후 오늘로 열 달이 된다.'

kā velā tatrabhavatyāḥ prāptāyāḥ

'귀부인의 도착 이후 얼마 정도의 시간이 흘렀는가.'

—횟수를 나타내는 표현과 함께

e.g. triḥ saṁvatsarasya '일 년에 3회'

pañcakṛtvo 'hno bhuṅkte '그는 하루에 5번 먹는다.'

8. 축복 · 인사, concurr. D.(supra Ⅳ.4)

e.g. āyuṣyaṁ devadattasya bhūyāt 'D.가 장수하기를'

마찬가지로 madram, bhadram ; kuśalam ; sukham ; hitam '안녕' 등과 함께

9. 절대구 혹은 유리절(G. absolute), cf. supra Ⅶ.9: L. absolute

가장 보통의 형식은 사람을 나타내는 명사 또는 대명사+계속의 의미를 가지는 Pres. pt.(e.g. paśyat-, śṛṇvat-, cintayat-)로, 사용되는 의미의 범위도 한정되어 있다.

(1) '~하고 있음에도 불구하고'

e.g. paśyatas tasya

'그가 보고 있음에도 불구하고'(의미가 약하다면 (2)와 같은 의미)

paśyato 'pi me śiśur apahṛtaḥ

'그가 보고 있었음에도 불구하고, 아이가 끌려 갔다.'

—주어 상당어가 빠진 경우

e.g. krośataḥ/rudataḥ prāvrājīt

'사람이 울부짖고 있음에도 불구하고, 그는 나갔다.'

(2) '~하고 있는 사이에'

e.g. paśyatas tasya(cf. supra (1))

evaṁ vadatas tasya '그가 그 이야기를 하고 있는 사이에'

iti cintayatas tasya '그가 그것을 가르치고 있는 사이에'

10. G.의 부사화

Type kasya hetoḥ '무슨 이유로', tasya nimittasya '그런 이유로', etc.에 대해서는: §50.5.

—hetoḥ+G.

e.g. annasya hetor vasati '그는 음식 때문에 산다.'

adhyayanasya hetor vasati '그는 학습 때문에 산다.'

—특수 용례: 선택을 의미하는 경우

e.g. bījasya caiva yonyāś ca bījam utkṛṣṭam

'종자와 모태 중, 종자가 우선이다.' cf. supra V.5 *in fine*

11. 전치사 및 전치사적 부사와 함께 사용되는 G.에 대해서는: §53. V

12. 감탄사 dhik와 함께

e.g. strīsvabhavasya dhik khalu '정말 부녀(婦女)의 본성이라는 것은'

cf. supra II.10

부록 B

동사의 용법

A. 제1차 활용의 시간 · 법*

Ⅰ. 현재(Pres.)

1. 현재의 동작 · 상태 혹은 일반적 사실 · 진리를 나타낸다.

e.g. ihādhīte devadattaḥ '여기서 D.는 공부하고 있다.'

himavato gaṅgāprabhavati 'G.강은 H.산에서 나온다.'

2. a. 가까운 과거를 나타낸다.

e.g. kadāgato 'si '당신은 언제 왔는가'에 대답으로:

ayam āgacchāmi '나는 지금 막 왔다.'(=āgamam aor.)

b. nanu와 함께

e.g. akārṣīḥ(aor.) kaṭaṁ devadatta '당신은 방석을 만들었는가, D.여.'에 대답으로: nanu karomi bhoḥ '네, 나는 방석을 만들었다.'

—na 혹은 nu와 함께 Aor.도 사용된다.

e.g. na karomi, concurr. nākārṣam

aham nu karomi, concurr. a° nv akārṣam

c. Pres.+sma(Historical pres.)는 과거를 나타낸다(주로 이야기에서).

e.g. kasmiṁś cid vane vasati sma siṁhaḥ '어느 숲에 사자가 살고 있다.'

—sma가 반드시 필요한 것은 아니다.

e.g. yuvarājo bhavāmy aham '[그때] 나는 황태자였다.'

—계속의 의미를 제외한 경우도 있다.

* Cf. KSG. §§582~593: p.267~271 ; RGS. §§291~294: p.409~414(pres. syst.) ; §315: p.437~439(aor.) ; p.451: §331(prec.) ; §337: p.458~460(pf.) ; §339: p.461~462(fut.) ; p.463: §340(cond.) ; SSS. §§321~356: p.241~276.

e.g. iti vakti sma pārvatī '그 P.는 있었다.'

d. Pres.+purā '이전에'

e.g. vasantīha purā chāttrāḥ '이전 여기에 학생들이 살고 있었다.',
concurr. Aor.: avātsuḥ(impf. avasan, pf. ūṣuḥ)

다만 sma를 더하면 Pres.만이 허용된다.

e.g. purā vasanti sma

3. a. (가까운) 미래를 나타낸다.

e.g. kadā gamiṣyasi '당신은 언제 오는가'에 대답으로: eṣa gacchāmi '나는 이제 가려 하고 있다.'(=gamiṣyāmi fut.)

b. kadā, karhi '언제'와 함께

e.g. kadā bhuṅkte '언제 나는 먹게 되는 건가.'(=bhokṣyati)

c. kim 등의 의문어와 함께

e.g. kataro bhikṣāṁ dadāti '두 사람 중 누가 보시물을 주려는 건가.'(=dāsyati)
이 경우 질문자는 보시물의 획득을 바라고 있다.

—의문사 없이

e.g. yo 'nnaṁ dadāti(=dāsyati), sa svargaṁ gacchati(=gamiṣyati) '음식을 주는 사람은 천계로 가게 된다.'(받는 사람을 만족시킨 사람의 과보)

d. yāvat '확실히/틀림없이 ; ~하기까지', purā '확실히, 곧 ; ~하기 전에'

e.g. yāvad bhuṅkte '그는 분명 먹을 것이다.' 또는 '그가 먹을 때까지'
kṣiṇoti ca purā bhavantam '그는 곧 너를 죽일 것이다.'
purā vidyotate vidyut '번개가 번쩍이기 전에'

4. Pres.는 Ind.적 의미 외에, 권장 · 명령 · (na와 함께) 금지 등 여러 뉘앙스(modal meanings)를 나타낸다.

e.g. gacchāmaḥ 'let us go'(=gacchāma ipv.)
kiṁ karomi '나는 무엇을 해야 하는가.'

kva gacchāmi '나는 어디로 가야 하는가.'
(극 중의 정형구) jayati '승리가 있기를, 만세.'(=jayatu ipv.)
tasmāt tasmai na dīyate '그것 때문에 그대에게 주어서는 안 된다.'

Ⅱ. 과거(Past tenses)

과거를 나타내는 3종의 시제, 즉 Impf. Aor. 및 Pf.에 대해, 문법가는 그 각각의 사용 범위를 규정하고 있다. Aor.는 특별한 제한 없이 과거를 나타내지만, Impf. 및 Pf.와 대비될 경우에는, '그날 중'에 생긴 일에 관해 사용된다. 이에 비해 Impf.는 화자를 목격자로 하는 '그날 이전'에 생긴 일을, Pf.는 화자를 목격자로 하지 않는 '그날 이전'의 상황을 서술하는 데 사용된다. 따라서 이론적으로는, Aor.는 가까운 과거(recent past)를, Impf.와 Pf.는 먼 과거(remote past)를 나타내는 것이 된다. 그러나 이 구별은 특히 문법의 지식을 과시하던 고전기의 작가를 제외하면, 일반적으로 Skt.에서는 잘 지켜지지 않았다. 또한, Skt.는 영어의 Progressive forms에 해당하는 특별한 동사형을 발달시키지 않고, 이른바 대과거(Plusquampf.)의 형태도 지니지 않고, 시간적 관계는 문맥(context)에서 살펴보는 것에 지나지 않는다.

◖비고 1◗

대시인 Kālidāsa(400 A. D. 중간)도 상기의 구별에 따르지 않는다. 문법가의 규정을 가장 충실히 따른 이는 Bhāravi(6세기 중엽)라고 여겨진다. 그와 경쟁하던 Māgha(7세기 후반)는 이 점에 관해서는 Bh.를 따르지 않았다. 그러나 Aor.를 회화에 사용하는 전통은 kāvya 시인에 의해서도 지켜졌으며, Māgha는 Aor.의 사용을 회화에 한정하고 있다. 미문체산문(美文體散文)의 3대가 중, Bāṇa(7세기)와 Daṇḍin(8세기 전반)은, 화자의 경험에 대한 서술에는 Pf.를 피하고 있으나, Subandhu(600 A. D. 중간)는 이 점에 유의하지 않았다.

《 비고 2 》

문법가에 의한 3종의 과거시제의 한계는 당시부터 명확함을 갖지 않았고, 여러 예외 규정을 다루지 않아, 뒤에 혼동을 불러오게 한다. 예를 들어 aruṇad(impf.) yavanaḥ sāketam '그리스인은 S.를 포위했다'에서, 화자의 목격 외의 사건에 Impf.가 허용되는 것은, 그것이 이미 알고 있는 사실이어야 하며, 동시에 화자가 마음만 먹으면 목격할 수 있었던 범위의 과거에 속하는 것이기 때문이라고 한다.

—ha '정말', 또는 śaśvat '아마, 정말'을 동반하는 경우에는, 화자의 목격 외의 상황에 관해 Pf.만이 아니라 Impf.도 사용된다.

e.g. iti hākarot/ha cakāra(pf.) '그처럼 정말 그는 했다.'

—마찬가지로 의문문에서는 화자의 목격 이외이더라도, 그것이 가까운 시기(예를 들어 5년 이내)의 상황이라면 앞에 설명한 두 시제가 허용된다.

e.g. pṛcchāmi tvām: agacchat/jagāma
'나는 그대에게 묻는다: 그는 갔는가'

—절대적 부정에는 Pf.가 사용된다.

e.g. no kaliṅgāñ jagāma '나는 결코 K.로 가지 않았다.'

—이론상 1. sg. pf.는 꿈 또는 만취 상태의 상황을 말하는 경우로 한정된다.

e.g. supto/matto 'haṁ kila vilalāpa
'나는 꿈에서 또는 취해서 울부짖었다.'

1. 직설법 과거(Impf.)*

앞서 말한 바와 같이 3종의 과거시제는, 일반적으로 특별한 구별 없이 어떤 과거의 상황에서도 사용되며, 같은 이야기 중에 abravīt(impf.)와 avādīt(aor.) '그

* 미완료과거 등의 역어(譯語)는 Skt. 시제의 명칭으로는 적당하지 않다.

는 말했다' ; apṛcchat(impf.)와 papraccha(pf.) '그는 물었다'가 전후로 나타난다.

Augm. 없이 Impf.형(Injunctive)은 mā sma(또는 mā)를 동반하여 금지를 나타낸다.

e.g. mā sma gacchaḥ '가지 마'

mā sma karot '그로 하여금 하게 하지 마라.' Cf. infra 2

2. 아오리스트(Aor.)

일반적으로 과거시제의 한 종류로 사용되지만, Aor. 본래의 특성이 때때로 문학작품 속에 보존되며, 특히 회화에서 가까운 과거의 경험을 단언하는 것에 사용되어, 이야기의 서술을 담당하는 Impf. 및 Pf.로 대립한다. 또한 이것들 두 시제에 비해 Aor.는 어느 정도까지 동작의 완료(비계속)를 나타내는 경향을 지니고 있다.

Augm. 없는 Aor.형(Injunctive)은 mā(드물게 mā sma)를 동반하여 금지를 나타낸다.

e.g. mā gamaḥ '가지 마.'

mā (sma) kārṣīt '그로 하여금 하게 하지 마라.'

Cf. supra 1

—tapovanavāsinām uparodho mā bhūt

'고행 숲의 주인들에게 장애가 있게 하지 마라.'

—의미가 완화된 경우는 =Opt.+na '~하지 않는 것을'

—학술서(śāstra)에서 mā bhūt는 '~는 별개로 하여, ~는 적용되지 않는다'를 의미한다.

3. 완료(Pf.)

본래의 의미—과거 동작의 결과로 남겨진 현재의 상태—는 매우 드물게 보이는 것에 불과하다, cf. veda '그는 알고 있다' ; āha '그는 말한다'(다만 '말했다'의 의미도 있다). 이에 대해 미문체의 서사시(kāvya)에서의 특수용법으로 주목되는 것은 Pf. A.가 비인칭 수동의 의미로 사용되는 것이다.

e.g. maharṣiṇā tena tirobabhūve '그 대선인은 보이지 않게 되었다.'

phaṇinā prasasre '뱀이 들어왔다.'

Ⅲ. 미래(Fut., Periph. fut.)

단순미래는 일반적으로 넓은 미래의 상황을 나타내는데, '그날 이후' 즉 먼 미래에 관한 복합미래와 구별한다면, '그날 중'에 일어난 일 즉 가까운 미래에 대해서 사용된다.

e.g. kariṣyāmi '나는 할 것이다.'

grāmam adya pravekṣyāmi '나는 지금 마을에 들어갈 것이다.'

—śvaḥ/praśvaḥ kartā(periph. fut.) '내일 또는 모레 그는 할 것이다';

adya bhuktvā devadatto dvyahe/dvyahād bhoktā

'D.는 오늘 먹은 후, 2일 뒤에 먹을 것이다'

그러나 문법가에 의한 이 구별은 실제로는 엄수되지 않았지만, Periph. fut.가 시일·기간이 명시된 확실하게 일어난 일이 예상되는 상황에 대해서는 자주 사용된 점이 명확하다.

e.g. nanu pañcabhir ahobhir vayam eva tatra gantāsmaḥ '오늘부터 5일 중에 우리들 자신이 거기에 갈 것이다(확실히 간다).'(계약)

Fut.는 단순히 장래의 상황을 설명하는 것만이 아니라, 때때로 의도·목적·희망·가능성·의혹 등 다양한 뉘앙스(modal meanings)를 나타내는 경우도 적지 않다.

e.g. naṭaṁ drakṣyāmīti vrajati '연극을 보기 위해서라도 그는 갈 겁니다.'(목적)

alaṁ hastinaṁ haniṣyati

'그는 코끼리를 죽이기에 충분한 힘을 가지고 있다.'(가능성)

《비고》

Fut. 및 Periph. fut.의 용법에 관해 문법가는 세밀한 규칙을 만들었지만, 여기서는 일부를 소개하는 것에 그치겠다: 계속해서 이어지는 동작은 Fut. 및 Aor.로 표현된다.

e.g. yāvajjīvam annaṁ dāsyati/adāt

'그는 한평생 음식을 제공할 것이다(또는 주었다).'

—마찬가지로 기한의 접근을 나타낸다.

e.g. anantarāyāṁ paurṇamāsyāṁ gurur dharmaṁ vakṣyati/avocat

'최근의 보름달의 날에 스승은 법을 말할 것이다(또는 말했다).'

—Fut.는 기억을 의미하는 동사와 함께 과거를 나타낸다.

e.g. smarasi puṇḍaryāṁ vatsyāmaḥ '당신은 우리들이 P.에 살았던 것을 기억하는가'

그러나 yad(conj. 'that')를 동반하는 경우는, 예상되듯이 Impf.만이 허락된다. 또는 의미를 보충하기 위해 별도의 문구가 첨가되는 경우는 Fut. 또는 Impf.가 사용된다.

e.g. smarasi yatra…gamiṣyāmaḥ/agacchāma, tatra bhokṣyāmahe/abhuñjmahi '우리들이 …에 갔을 때, 그곳에서 우리들이 식사한 것을 그대는 기억하는가.'

—더불어 Opt.와의 양립에 대해서는: infra IV

IV. 원망법(Opt.)

Opt.는 그것이 본래 의미하는 원망 이외에, 권장(특히 1. pers. 'let me, let us'), 사안(특히 의문문에서), 가능·개연성(potential), 명령·규제(부정사 na, 드물게 mā와 함께 금지), 가정 등 그것이 나타내는 영역은 매우 광범위하다.

E.g. kāmaye tvaṁ bhuñjīthāḥ '나는 그대가 먹기를 희망한다.' (원망)

(api에 의한 강화) api prāṇān ahaṁ jahyāṁ na tvām '나는 그대를 버리기보다 오히려 자신의 생명을 버리기를 바란다.'

—ekaṁ hanyān na vā hanyād iṣur mukto dhanuṣmatā '사수에 의해 쏘아진 화살은 한 명을 죽일지도 모르거나, 혹은 죽이지 못할지도 모른다' ; api parvataṁ śirasā bhindyāt '그는 산조차도 머리로 부술 수 있을 것이다' ; śraddadhe yad bhuñjīta '그는 먹을 수 있다고 나는 믿는다'(가능) ; (yad 없이) saṁbhāvayāmi sa bhuñjīta '그는 먹을 수 있다고 나는 상상한다', concurr. Fut.: bhokṣyate ; 마찬가지로 부정문 na śraddadhe, na kṣame와 함께, na kṣame durjanaḥ pratiṣṭhāṁ labheta '악인이 지배권을 얻는 것을 나는 못 견디겠다', concurr. Fut.: lapsyate

—kaṭaṁ kuryāt '그로 하여금 자리를 만들게 하라' ; māṇavakaṁ bhavān upanayet '너는 소년을 입문시켜야 한다' ; eko na gacched adhvānam '그는 혼자서 길을 걸어서는 안 된다'(명령, 금지)

—bhavān khalu kanyāṁ vahet '너는 실제로 젊은 여인은 부인으로 맞이하기에 적당하다' ; kālo yad bhuñjīta bhavān '너가 먹기에 적당한 때이다'(=kālo bhuṅktum inf.)(적당·적시)

—dakṣiṇena ced yāyān, na śakaṭaṁ paryābhavet '만약 그대가 오른쪽으로 간다면, 차는 전복되지 않을 것이다'(가정), concurr. Fut.: paryābhaviṣyati

—비현실의 가정에 사용되는 Opt.에 대해서는: infra VII

《 비고 》

이상의 모든 예시에서도 알 수 있듯이, Opt.는 때때로 다른 시간·법과 교섭한다.

e.g. sa kathaṁ śūdraṁ yājayet

'그대가 ś.로 하여금 제사시킨다는 것이 어떻게 가능한 것인가.'

비난을 받는 경우 Pres.: yājayati도 허용되며, 의문대명사를 동반하는 경우 Fut.도 사용된다.

e.g. ko nāma śūdraṁ yājayet/yājayiṣyati

'누가 도대체 ś.에게 제사를 시킨 것인가.'

—이 이외에 문법가는 Opt.의 용법에 관해 세밀한 규칙을 들고 있다. 그러나 문학작품 이외에 실제로 다양하게 사용되는 것은 명령·규제·금지의 Opt.이다. 또한 단정의 느낌을 유연하게 하여 Ind. pres.를 대신해 Opt.를 사용하는 경우도 드물지 않다.

Ⅴ. 기원법(Prec.)

기원·축복·희망을 나타낸다.

e.g. vīraprasavā bhūyāḥ '용사를 낳기를.'

—의미가 약해진 경우에는, 규제를 나타내는 Opt.와 구별이 없이, 부정사 na 드물게 mā와 함께 금지를 나타낸다.

e.g. idaṁ vaco brūyāsta '그 말을 하시오.'

Ⅵ. 명령법(Ipv.)

Skt.의 Ipv.는 2. pers. 및 3. pers.뿐만이 아니라, 고대 시대의 접속법(Subjunctive)의 자취이다. 1. pers.까지도 구비한 체계를 갖추고 있다. 이 1. pers.은 의지 혹은 권장을 나타내는 경우가 많다.

e.g. ahaṁ karavāṇi '나는 하려고 한다.'

dīvyāma '우리들은 도박을 하자. (let us play)'

vyākaraṇam adhyayai '나는 문법을 배우고 싶다.' (=adhyīyīya opt.)

kim adhunā karavāṇi '나는 지금 무엇을 해야 하는가.'(사안)

본래의 Ipv.는 명령 · 규제 · 허가(부정사 mā와 함께 금지, 다만 이 구문은 비교적 드물다)를 나타내는 것 이외에, 원만 · 가능 · 개연성 등, Opt.의 용법과 공통하는 경우도 적지 않다.

E.g. uttiṣṭha snāhi bhuṅkṣva tataḥ param

'일어나라, 목욕해라, 그 후에 식사를 해라.'

karotu kaṭaṁ bhavān '너는 자리를 만들게.'

grāmaṁ bhavān āgacchatu '너는 마을로 오게.'(=āgacchet opt.)

—mā tvaṁ vairāgyaṁ gaccha '이욕 생활에 들어가게.' ;

mā smeha tiṣṭhata '그대들은 여기서 멈추지 말게.'

—3. pers.은 때때로 정중한 표현으로 사용된다.

e.g. deva śrūyatām '왕이시여, 이야기를 들어주십시오.'

kathyatām '말하십시오.'

tad adya māṁ bhakṣayitvā prāṇān dhārayatu svāmī

'그런 까닭에 주인은 오늘 나를 먹어, 목숨을 유지해 주십시오.'

—śivās te panthānaḥ santu '긴 길 평안하시길' ;

ciraṁ jīva '그대가 오래 살기를'(축복)

—축복을 나타낼 때는 Prec.와 공통하지만, 그 외의 Pres. 어간에 -tāt를 더한 형태도 사용된다.

e.g. ciraṁ jīvatāt(=jīvatu ipv., jīvyād prec.) bhavān '너가 오래 살지 못하기를'

—viṣaṁ bhavatu mā vāstu, phaṭāṭopo bhayaṁkaraḥ

'독이 있든 혹은 없든, 뱀의 머리가 커지는 것은 무섭다'(가능성) ;

pratyetu kas tad bhuvi '지상에서 누군가 그것을 믿을까'(의혹)

—특례:

lunīhi lunīhīty evāyaṁ lunāti/alāvīt/laviṣyati

'그는 끊임없이 자른다 (또는 잘랐다 또는 자를 것이다)' ;

adhīṣvādhīṣvety evāyam adhīte '그는 끊임없이 공부한다'

—odanaṁ bhuṅkṣva, saktūn piba, dhānāḥ khādety evāyam abhyavaharati
‘(너도 죽을 먹어라, …라고 말해지듯이) 그는 끊임없이 먹는다’

Ⅶ. 조건법(Cond.)

형태를 나타내는 것과 같이 본래는 과거에서의 미래(fut. in the past)를 나타내며, 고대 시대에는 사용 범위도 달랐으나, Skt.에서는 한결같이 실현성이 없는 가정을 포함한 조건문의 전제(protasis) 및 귀결(apodosis) 중에 사용된다(modus irrealis).

e.g. yadi varṣasahasram ajīviṣyam, tadā putraśatam ajanayiṣyam
‘만약 내가 1000년을 산다면, 100명의 아들을 낳을 것이거늘.’

—(과거에 관해) yadi śilāḥ komalā abhaviṣyaṁs, tadā kroṣṭubhir evābhakṣayiṣyanta ‘만약 돌이 부드러웠다면, 늑대들에 의해 먹혔을 텐데’

Opt.는 어느 경우에도 사용할 수 있지만, 현재·미래에 관한 가정에서는, protasis에 Opt.를, apodosis에 Cond.을 사용하는 경우가 발생한다.

e.g. yadi na praṇayed rājā daṇḍaṁ daṇḍyeṣv atandritaḥ, śūle matsyān ivāpakṣyan durbalān balavattarāḥ ‘만약 왕이 벌을 받아야 할 사람을 게을리하지 않으면서 벌을 주지 않는다면, 작살에 찔린 물고기와 같이, 강자는 약자를 요리하는 것이다.’

—조건문 이외에는 modus irrealis로서 사용된 경우

e.g. kathaṁ nāma tatrabhavān vṛṣalaṁ ayājayiṣyat
‘너가 천민을 위해 제사를 지내려는 것이 어떻게 가능한 것인가.’(비난)

부기(附記)

제2차 활용동사의 용법에 대해서는, 관계 부분에서 설명하였기에 여기서는 많은 것을 다루지 않겠다.

1. **Pass. 구문**을 즐겨 사용하는 것이 Skt. 문체의 큰 특징이라는 점은 앞서 지적했다, cf. §113. 2. 여기서는 Pass.형의 자동 · 재귀용법(intr. refl. use)을 제시하는 것에 그친다.

e.g. pacyate odanaṁ svayam eva '죽이 저절로 끓다.'

bhidyate kāṣṭham '나뭇조각이 부러지다.'

mucyate '그는 자신을 해방한다.'

akāri kaṭaḥ svayam eva '자리가 저절로 생겼다.'

—Pass.의 의미가 옅어진 결과, 후기의 문헌 혹은 문법적으로 엄격하지 않은 작품에서는 Pass.형이 능동 · 타동사적으로 사용되거나, P. 어미가 Pass.어간에 붙여지는 예가 생겼다.

2. **Caus. 구문**에서의 agent의 표현법에 대해서는: 부록 A. II. 6

—Caus. 구문의 pass.화에는 여러 가능성이 인정되지만, 일반적으로 다음의 형식이 사용된다.

e.g. sa devadattaṁ kaṭaṁ kārayati > tena devadatto kaṭaṁ kāryate ; bodhayati mānavakaṁ dharmam > bodhyate mānavako dharmam

3. **Des.**는 특히 정중한 명령에 사용된다.

e.g. śuśrūṣasva '들어주십시오'

—가까운 장래에 관해

e.g. pipatsati kūlam '벼랑은 마치 떨어질 듯하다.'

4. **Int.**는 경멸의 의미(pejorative)를 나타내는 경우가 있다.

e.g. lolupyate '그는 서툴게 자른다.'

vāvrajyate '그는 삐뚤삐뚤 걷는다.'

B. 준동사의 용법*

Ⅰ. 분사(시제조직직속의 것)

1. 현재분사(Pres. pt.)

계속의 의미를 지니고, 문장 중의 주동사와 함께 일어나는 상황을 나타내며, 수식어로서의 기능 이외에 여러 종류의 부문의 대용으로 사용된다.

e.g. śayānā bhuñjate yavanāḥ '그리스인은 옆으로 누운 채 먹는다.'(정황)

adhīyāno vasati '그는 배우면서(=배우기 위해서) 산다.'(목적)

—독립적 술어로서 사용되는 것에는 이르지 못했으나(다만 mā jīvan '그가 살아있지 못한 것을'), as-, bhū-, vṛt-, sthā-, ās-를 동반하여 술어부를 형성한다.

e.g. cintayann āste/abhūt/āsīt '그는 계속 생각한다(또는 했다).'

sā rudaty eva tiṣṭhati/sthāsyati '그녀는 계속 울고 있다(또는 있을 것이다).'

mā mṛtaṁ rudatī bhava '죽은 이를 계속 울며 슬퍼하지 마라.'

—명사화한 Pres. pt.

e.g. dviṣat- m. '적(敵)'

yajamāna- '제주(祭主)'

udāsīna- '국외자(局外者)'

vartamāna- n. '현재'

cf. arhat- m. '아라한'(불교)

2. 미래분사(Fut. pt.)

Pres. pt.의 용법에 준하여, 이것과 동일하게 독립적인 술어로서는 사용되지 않는다.

---

* Cf. KSG. §§594~604: p.271~274 ; RGS. §§152~154: p.197~201(p. pt.); §§160~161: p.205~206(ger.) ; §§107~108: p.133~135(inf.) ; §§103, 105: p.128~132(absol.) ; SSS. §§358~393: p.278~309.

3. 완료분사(Pf. pt. ; *type* P. cakṛvas-, A. cakrāṇa-)

Pf. pt.은 P. pt. act. -tavat 및 능동의 의미를 가진 P. pt. -ta와 동일한 기능을 지니며, 적어도 일부의 P.형은 술어로서 사용된다.

e.g. upasedivān kautsaḥ pāṇinim 'K.는 Pāṇ에게 사사(師事)했다.'

moham āpedivān '그는 미망(迷妄)에 빠졌다.'

—A.형은 고전기에 실용성을 잃는다.

e.g. agniṁ cikyānaḥ '그는 불의 제단(火壇)을 만들었다.'(=cikye pf.)

《비고》

Pf. pt.은 고전기의 초기 이후 그 활력을 잃게 된 듯하며, 고대 문법가에 의하면 매우 적은 어근·어형에 한정되어 있었던 것으로 보인다. 그러나 이후 다시금 사용되게 되었으나, 실제 예시로 알려진 것들 중에는 이전부터 인정되어진 어형이 거의 대부분 담겨져 있다.

e.g. śuśruvas-(śru-)

upeyivas- '접근했다'

sameyivas- '모였다'(sam-ā-i-)

an-āśvas- '먹지 않았다'

anūcāna- A. '배웠다'(anu-vac-)

ūcivas- '말했다'

tasthivas-

jagmivas-

°vidvas- '~을 알고 있다'

Ⅱ. 과거분사(P. pt.)

1. -ta(-na)

매우 넓게 사용되며, 수식어로서의 기능 이외에 여러 부문적 뉘앙스(정황 · 시간 · 원인 · 이유 · 조건 · 양보 등)를 갖는다.

e.g. tyaktaṁ gūḍhapuruṣāḥ…hanyuḥ

'만약 버려진다면, 스파이들은 [그를] 죽일 것이다.'(조건)

na ruṣyanti mayākṣiptāḥ

'설령 나로 인해 모욕을 당해도 그들은 화내지 않는다.'(양보)

때때로 술어의 역할을 하며, 가까운 과거 · 먼 과거의 어느 것이든지 나타낸다. 일반적으로 수동의 의미를 가지며, 행위자로서는 I.이 사용된다, *type* kṛtaḥ kaṭo devadattena.

—자동사에서 만들어진 P. pt.은 능동의 의미를 가진다.

e.g. gata- '갔다'

mṛta- '죽었다'

āsito bhavān '너는 앉았다'

이 경우 n. sg.는 비인칭적으로 사용된다.

e.g. āsitaṁ bhavatā.

그 결과 3종의 구문이 가능해진다: (1) gato devadatto grāmam,

(2) devadattena grāmo gataḥ, (3) gataṁ devadattena

《 비고 》

문법가는 같은 구문을, 운동의 동사, 자동사 이외에 Prev.의 첨가에 의해 타동사화한 일부의 어근으로 허용하고 있다.

e.g. upaśliṣ- '포옹하다', upa-śī- '동침하다', upa-sthā- '접근하다', upa-ās- '~의 곁에 앉는다', anu-vas- '~의 근처에 산다', anu-jan- '~의 뒤에 태어나다', anu-jṝ- '~의 이후로 나이를 먹는다', ā-ruh- '오른

다': ārūḍho vṛkṣaṁ bhavān '너는 나무를 오른다', ārūḍho vṛkṣo bhavatā, ārūdhaṁ bhavatā

이에 비해 타동사에서 만들어진 P. pt. -ta가 능동의 의미를 갖는 경우가 있다.

e.g. vidita- '알고 있다'
prāpta- '도착했다'
praviṣṭa- '들어갔다'
vismṛta- '잊었다'

—P. pt.은 '~하기 시작했다'의 의미를 나타내는 경우가 있다.

e.g. prabhukta odanaṁ vipraḥ '제관은 죽을 먹기 시작했다.'(=prabhukta odano vipreṇa), prabhuktaṁ vipreṇa '제관은 먹기 시작했다.'

—자동사, 운동 · 식사의 동사의 P. pt.이 동작을 일으킨 경우를 나타내는 것에 대해서는: 부록 A. VI. 2, 비고, *type* idam eṣāṁ bhuktam '여기는 그들이 식사한 곳이다'

—P. pt.에 as-, bhū-가 조동사적으로 첨가되어, 인칭 · 시간 · 법의 구별을 명확히 하는 경우가 있다.

e.g. kva gato 'si/'sti '당신 또는 그는 어디로 갔는가.'
śrutaṁ(p. pt. śru- '듣다') hi tena tad abhūt(aor.)/bhavet(opt.)/bhaviṣyati(fut.)
kiṁ mayāpakṛtaṁ rājño bhavet
'나는 왕에 대해 어떠한 과실을 범한 것인가.'

—요망·지식·존경 등을 의미하는 동사의 P. pt.은 현재의 의미를 지닌다.

e.g. rājñāṁ mataḥ/iṣṭaḥ '그는 왕에게 사랑받고 있다.'
satāṁ viditaḥ '그는 좋은 사람들에게 알려져 있다.
rājñāṁ pūjitaḥ '그는 왕들에게 존경받고 있다.'*

* Cf. 부록 A. VI. 5. b.

마찬가지로 rakṣita- '보호받고 있다'

tuṣṭa- '만족하고 있다'

이 경우 agent는 G.에 의해 표현되어 있지만, I.도 완전히 제외되어 있는 것은 아니다.

e.g. tvayā jñātaḥ '그는 당신에게 알려져 있다.'

이러한 P. pt.은 동작의 결과로서의 현상을 나타내는 것에 편리한 어형이기에 빈번하게 사용되었고, 때때로 강도에 따라 형용화되며,

e.g. pari-pūrṇa- '가득 차 있다(full)'

rata- '만족하고 있다(content)'

더 나아가 완전한 형용사화되기도 한다.

e.g. dṛḍha- '단단하다'

bhinna- '다르다, 다른'(<bhinna- '부서졌다': bhedita- '부서지게 되었다')

śakta- '유능한'(śakyate의 P. pt.로서는 śakita-가 사용된다. e.g. na śakitaṁ chettum '그것은 끊을 수 없었다' ; na śakitaṁ tena '그는 할 수 없었다')

—마찬가지로 명사화도 일어난다.

e.g. anna- n. '식물', etc., cf. §100, 비고: p.315

n. sg.는 추상명사로 사용된다.

e.g. hasitaṁ bhikṣoḥ (G.) '탁발승의 웃음'

smitam '웃음'

ruditam '우는 것'

mṛtam '죽는 것'

jīvitam '사는 것'

(구체화한 예) aparāddham '과실'

pṛṣṭam '질문'(=praśnaḥ)

2. P. pt. act. -tavat(드물게 -navat)

P. pt.과 동일하게 술어로서도 사용되며, 조동사로서 as-가 붙게 되는 경우도 있다.

e.g. dṛṣṭavān asmi '나는 보았다.'(=adarśam, aor.)

śrutavān asmi yat karma kṛtavān asi '당신이 한 행동을 나는 들었다.'

—자동사의 P. pt.은 그 자체로 능동의 의미를 지니지만, 거기에 -vat가 붙여지는 경우도 있다.

e.g. gatavat-=gata-

jātavat-=jāta-

praviṣṭavat-=praviṣṭa-

Ⅲ. 동사적 형용사(Ger.)

극히 보통의 수식어 혹은 술어로서 사용되며, 기본적 의미인 '~되어야 하는'에서 파생된 용도는 다방면에 걸친다: 의무·명령·허가 ; 필연·당연 ; 적시·적당 ; 가능·능력 ; 추측·짐작·미래 등

e.g. bhavatā kaṭaḥ kartavyaḥ/karaṇīyaḥ/kāryaḥ '너에 의해 자리를 만들지 않으면 안 된다.'='너는 자리를 만들어야 한다.'(명령), '너는 자리를 만들어도 된다.'(허가), '너는 자리를 만들어야 할 때이다.'(적시)

tena vāhyo bhāraḥ '[그] 짐은 그에 의해 옮겨질 수 있다'(가능)

bhavatā khalu kanyā voḍhavyā

'너는 실로 [그] 처녀와 결혼하기에 적합하다'(적당)

bhavitavya-, bhāvya- '장래에 일어나야 하는'

—부정사 na와 함께 사용되어 금지를 나타낸다.

e.g. āśramamṛgo 'yaṁ no hantavyaḥ

'선인의 집에 있는 이 사슴을 죽여서는 안 된다.'

—위의 예시에서 알 수 있듯이, agent는 I.에 의해 표현되지만, G.도 또한 허용된다.

e.g. bhavataḥ(G.) kaṭaḥ kartavyaḥ

다만 방향의 Ac.를 동반할 경우는 I.만이 사용된다.

e.g. kraṣṭavyā grāmaṁ śākhā devadattena

'[그] 가지는 D.에 의해 마을로 끌려가지 않으면 안 된다.'

—자동사에서 만들어지는 Ger.는 비인칭 구문에 사용된다.

e.g. āsitavyaṁ bhavatā '너는 앉아야 한다.'='앉으십시오.'

tvayāvahitena bhavitavyam '당신은 주의깊게 있어야 한다.'

—Ger.는 복합어의 뒷부분으로 사용되며, *type* varṣabhogya- '일 년간 참아야 하는', 접두사 su- 또는 dus-와 결합하여, '~되기 쉽다' 또는 '~되기 어렵다'를 의미한다, cf. §109.Ⅶ.2 *in fine*.

—Ger.의 명사·형용사화

e.g. ramaṇīya- '아름답다'

bhavya- '아름답다, 좋다, 미래의'

kārya- n. '의무'

geya- n. '노래'

śayanīya- n. '공상'

bhṛtya- m. '사용자'

bhāryā- f. '부인/처'

dānīya- m. '선물을 받을 자격이 있는 사람'

yājya- m. '제주(祭主)'

Ⅳ. 부정사(Inf.)

Inf.는 운동·의도·가능·적당 등을 의미하는 동사·명사·형용사·부사, 그 외의 여러 문구를 보충하여 목적 등을 나타낸다. 운동의 동사 이외에, Inf.와 함께 사용되는 동사의 의미 범위가 넓지만, 다음과 같이 대표적 경우 일부를 소개하겠다:

'할 수 있다'(śak-) ; '무리하다'(dhṛṣ-) ; '알다'(jñā-) ; '싫어하다'(glai-) ; '노력하다'(ghaṭ-) ; '시작하다'(ā-rabh-, prakram-) ; '얻다'(labh-) ; '견디다'(sah-) ; '값을 치르다, 의무가 있다'(arh-) ; '있다'(as-)

E.g. odanaṁ bhoktuṁ vrajati '그는 죽을 먹기 위해 간다.'

śaknoti bhoktum '그는 먹을 수 있다.'

sā tapaś carituṁ pracakrame '그녀는 고행을 수행하기 시작했다.'

bhoktuṁ labhate '그는 먹을 것을 얻는다.'

asti/bhavati/vidyate bhoktum '먹을 것이 있다.'

vaktum arhasi '당신은 말하지 않으면 안 된다.'

arh-+Inf.는 때때로 정중한 명령을 나타낸다:

śrotum arhasi '들어주십시오.'

—'원한다'를 의미하는 동사와 함께(다만 주동사와 Inf.의 agent는 동일 인물)

e.g. icchati/kāmayate bhoktum '그는 먹을 것을 원한다.'

—alam 및 그 동의어와 함께 사용되어 능력·적당을 나타낸다.

e.g. alaṁ bhoktum '먹을 수 있다, 먹기에 적당했다.'

prāpayitum(caus., pra-āp-) īśvaraḥ '그는 가져올 수 있다.'

voḍhuṁ(vah-) pārayati(caus., pṝ-) '그는 옮길 수 있다.'

그러나 alam(때로는 kim)+Inf.는 금지로도 사용된다.

e.g. alaṁ suptajanaṁ prabodhayitum '자고 있는 사람을 깨우지 말라.'

kim…khedam utpādayitum '피곤함을 일으켜 무슨 이익이 있는가, 피곤함을 일으키지 마라.', cf. alam+Absol., infra V.1

—시간·시점을 의미하는 단어(kāla-, samaya-, velā-, etc.)와 함께 사용되어 적시를 나타낸다.

e.g. kālo bhoktum '먹어야 할 때이다.'

—의도·욕망을 나타내는 단어를 뒷부분으로 하는 Bv.를 만든다(*type* °manas-, °kāma-)

e.g. kiṁ vaktumanā bhavān '너는 무엇을 말하려는 건가.'

dagdhukāma- '태우려고 한다.'

—Inf.는 본래 능동·수동의 구별에 관계하지 않지만, 때로는 수동의 의미로 이해되는 것이 편리하다.

e.g. pratikūlitum(den.) icchāmi na hi vākyam idaṁ tvayā

'나는 이 말이 당신에 의해 반대되는 것을 원하지 않는다.'

이것은 특히 śakyate(pass.), śakya-+Inf.에서 명료하다.

e.g. na śakyante niyantum '그것들은 억제하기 힘들다,'(cf. na śaknoti tāni niyantum)

이 경우 agent로서는 I.이 사용된다.

e.g. tena kaṭaḥ kartuṁ śakyate

—sa/sā śakyo/śakyā draṣṭum '그 또는 그녀를 볼 수 있다'

—같은 의미는 śakya-의 n. sg.를 비인칭적으로 사용해 나타내며, agent로서는 I.이 사용된다.

e.g. śakyaṁ taṁ/tāṁ mayā draṣṭum '그 또는 그녀는 나로 인해 볼 수 있다.'

cf. yudhiṣṭhiraṁ śakyate jetum 'Y.는 질 수 있다, Y.를 쓰러트리는 것은 가능하다.'

—게다가 두 형식을 절충하여, sa/sā śakyaṁ draṣṭum이라는 형식이 생겨난다.

《비고》

śakya-, śakyam의 구문은, 적합·부적합 혹은 우열을 의미하는 표현

e.g. yukta-, nyāyya- '적당한', asāṁprata- '부적당한', varam '보다 뛰어나다'에서도 보여진다.

e.g. na yuktaṁ bhavatāham anṛtenopacaritum

'내가 너로 인해 거짓으로 섬겨지는 것은 적당하지 않다.'

seyam…nyāyyā mayā mocayituṁ bhavattaḥ

'그녀가 나로 인해 너로부터 해방되는 것은 올바르다.'

viṣavṛkṣo 'pi saṁvardhya(absol., caus.) svayaṁ chettum asāṁpratam

'설령 독이 있는 나무라도, 키워준 사람에 의해 잘려지는 것은 부적당하다.'

varam ātmā(N.) gopāyitum(den.) '자신을 방어하는 편이 좋다.'

V. 절대분사(Absol.)

1. -tvā, -ya

보통은 동일한 agent에 의해 행해지는 두 개의 동작 중, 선행하는 것을 나타낸다.

e.g. bhuktvā vrajati '그는 먹은 뒤에 간다.'

그러나 주동사와 동시의 동작을 나타내는 경우도 적지 않다.

e.g. māyāṁ mayodbhāvya(ud-bhū-, caus.) parīkṣito 'si '환영을 만들어내며 나는 당신을 시험했다.'

또는 āste, tiṣṭhati, vartate 등의 동사와 함께 사용되어 계속하는 상태를 나타낸다.

e.g. sarvapaurān atītya vartate '그는 모든 시민을 능가하고 있다.'

—Āmr.-*type*

e.g. bhuktvābhuktvā '계속해서 먹고'

utplutyotplutya maṇḍūkā gacchanti '개구리가 펄쩍펄쩍 뛰며 간다.'

—Absol.는 일반적으로 agent(능동문에서는 N., 수동문에서는 I.)에 관계한다.

e.g. bhuktvā payo 'pīyata tena '먹은 뒤에 그는 우유를 마셨다.'

때로는 agent가 명시되지 않는다.

e.g. svayam upetya vaideho draṣṭavyaḥ

'[당신은] 친히 Videha 왕에게 가서 알현해야 한다.'

—N. 또는 I. 이외의 격(특히 Ac., G.)에 관계하는 경우가 있다.

e.g. ātmānaṁ ca hataṁ viddhi hṛtvā sītām

'S.를 속인다면 너 자신도 죽을 줄 알라.'

tasya dṛṣṭvaiva vavṛdhe kāmas tām cāruhāsinīm

'상냥하게 웃는 그녀를 본 순간, 그의 애정은 매우 커졌다.'

—이러한 예시들에서 알 수 있듯이, Absol.는 여러 부문에 대용되지기도 하지만, 다시 매우 막연하게 사용되기도 한다.

e.g. paktvaudano bhujyate '죽은 끓인 뒤에 먹을 수 있다.'

이 경우 Absol.는 수동의 의미를 지닌 것처럼 여겨진다.

—동인도의 문법사에 의하면, alam 또는 khalu(실제 예시는 매우 드물다)+Absol.는 금지를 나타낸다.

e.g. alaṁ/khalu kṛtvā '하지 말라.'(=mā kārṣīḥ)

마찬가지로 kiṁ tava gopāyitvā(den.) '숨겨서 당신에게 어떤 이익이 있는가, 숨기지 마라.'

cf. alam, kim+Inf.(supra Ⅳ)

《 비고 》

북인도의 문법가에 의하면, me- '교환하다'의 Absol.는 '교환'을 의미한다.

e.g. apamitya yācate '그는 교환을 요구한다.'=yācitvāpamayate

2. 부사화 혹은 전치사화한 Absol.

Adv.로 사용된 예시: prasahya '많이, 매우' ; pretya '사후 그 세상에서'(opp. iha) ; iti kṛtvā '이러한 이유로'

—Prep.화하여 특정의 격(Ac.)과 함께 사용되는 것:

(동반) ādāya, gṛhītvā, nītvā

e.g. kuśān ādāya 'kuśa 풀을 가지고'

vittam ādāya '재산을 가지고'

—(제외) muktvā, tyaktvā, parityajya, varjayitvā

e.g. dharmaṁ muktvā nānyā gatir asti '정의를 제외하고 다른 길은 없다.'

; cf. °varjam

—(~임에도 불구하고, ~보다 더), vihāya, atītya

e.g. ratnarāśim api vihāya '보석의 산보다 더'

anādṛtya '고려하지 않고, 무시하여'

—(수단) āsthāya, dvārīkṛtya

e.g. kumārasya senāpatiṁ dvārīkṛtya '왕자의 장군에 의해'

—(원인) nimittīkṛtya, āsādya '~의 이유로, ~때문에'

āsādya는 다른 의미를 가지기도 한다.

e.g. jāhnavīṁ samāsādya 'Gaṅgā 강을 따라서'

—(관계) uddiśya, adhikṛtya, puraskṛtya, madhyekṛtya

e.g. rājānam uddiśya '왕에 관해서'

śakuntalām adhikṛtya 'Ś.에 관해서'

mitratāṁ ca puraskṛtya '우정에 관해서'

uddiśya는 다른 의미를 가지기도 한다.

e.g. svagṛham u° prapalāyitaḥ '그는 자신의 집을 향해 도망갔다.' (방향)

brāhmaṇam u° pākaḥ 'b.를 위한 요리'(목적)

—그 외

e.g. aprāpya nadīṁ parvataḥ sthitaḥ ; atikramya tu parvataṁ nadī sthitā

'강의 바로 앞에 산이 있다. 그리고 산 너머에 강이 있다.'

—이상의 예는 모두 Ac.와 함께 사용되지만, ārabhya '~에서 시작하여'는 Ab.를 취한다.

e.g. śiśukālād ārabhya '유년 시절부터'

3. -am

고전기에는 사용이 한정되어, 정형구적으로 합성어의 뒷부분으로 사용되는 것에 불과했다. 주동사에 비해 선행하는 동작을 나타내는 경우는 오히려 드물다.

e.g. bhojaṁ pibati '그는 먹으면서 마신다.'

evaṁkāraṁ bhuṅkte '그는 그렇게 하며 먹는다.'

그러나 agre, prathamam, pūrvam 등과도 함께 사용된다.

e.g. agre bhojam(=bhuktvā) vrajati '그는 우선 먹은 뒤에 간다.'

—문법가가 가르치는 특수용법 중에서 다음과 같은 일부를 소개한다.:

(반복, Āmr. *-type*)

e.g. śrāvam-śrāvam '끊임없이 계속 듣는다.'

smāram-smāram '끊임없이 계속 상기시킨다.'

pāyam-pāyam '끊임없이 계속 마신다.'

cf. utplutyotplutya(supra 1)

—복합어의 뒷부분으로

e.g. daṇḍopaghātam '몽둥이로 계속 때린다.'(=daṇḍenopaghātam)

keśagrāhaṁ yudhyante '그들은 머리채를 잡으며 싸운다.'

brāhmaṇadarśaṁ praṇamati '그는 b.를 볼 때마다 인사를 한다.'

brāhmaṇavedaṁ bhojayati '그는 알고 있는 한 많은 b.에게 먹게 한다.'

이 경우 때때로 동의어의 동사를 동반한다.

e.g. pāṇi-ghātaṁ han- '손으로 때린다'

samūlaghātaṁ han- '근절하다'

jīvanāśaṁ naś- '생명을 잃다'

tūladāhaṁ dah- '솜과 같이 불탄다'

jīvagrāhaṁ grah- '생포를 하다'

—*type* °kāram

e.g. tiryakkāram=tiryakkṛtya, tityak kṛtvā '끝맺음으로'

mukhataḥ-kāram=m° -kṛtya, m° kṛtvā '마주 보고'

—°varjam '~을 제외하고', cf. varjayitvā+Ac. (supra 2)

주석

1 Cf. KSG. §§1-12: p.1-5 ; RGS. p.XI-XVIII.

2 예전에는 무성후음(k, kh) 및 무성진음(p, ph)의 앞에 있는 Visarga를 대신해, 각각 Jihvamūlīya(독어 Nacht의 ch 참조) 및 Upadhmānīya(양진마찰음의 한 종류)가 허용되어, 각각의 독자적 기호를 가지고 있었다. 이후에도 이것들의 기호는 비문 및 사본에 사용되었으나, 일반적으로는 대부분의 위치에서도 ḥ만이 사용된다.

3 오래된 악센트의 한 종류로 알려진 Pluti는, 3morae에 해당하는 장모음(e.g. ā3)을 나타내며, 소리의 상승을 동반하는 경우(예를 들어 특별한 의문문, 호출)에, 단어의 끝이나 중간에 사용되었으나, 고전기에는 매우 드물며, 사람을 부를 경우 즉 Vocative sg.의 마지막 음으로만 사용된다.

4 Cf. KSG. §10: p.5 ; RGS. §§56-73: p.60-81.

5 Guṇa 및 Vṛddhi는 인도 문법가의 술어를 차용한 것으로, 본래 전자는 a, e, o를, 후자는 ā, ai, au를 가리킨다.

6 인도 문법가의 술어를 차용한 것으로, 본래는 반모음의 모음화(e.g. y>i)를 가리킨다.

7 Cf. KSG. §§13-59: p.6-14 ; RGS. §§28-43: p.28-48, §§6-25: p.5-25.

8 이 이외에 연성음의 적용 범위로서는: 특별한 격어미(pada-endings, §22.(7))의 앞 및 일부의 제2차 접미사(taddhita-suffixes), e.g. -tara/-tama의 앞(§31.3, 비고) ; cf. §104 ; §106. Ⅱ.각설 11(-maya).

9 열외: a 또는 ā로 끝나는 동사 접두사(preverb)+ṛ로 시작하는 동사형(verbal form)>-ār-, e.g. pra-ṛcchati>prārcchati.

10 열외: a 또는 ā로 끝나는 동사 접두사+e 또는 o로 시작하는 동사형(다만 어근 i- '가다'에서 유래하는 두음 e 및 어근 edh- '번창하다'를 제외)>-e-, -o-, e.g. pra-ejati>prejati ; pra-okhati>pro-khati. 그러나 apa-eti(3. sg. pres., i-)>apaiti.

11 -ai+모음>-āy+모음 ; -au+모음>-ā+모음도 허용된다(gr.).

12 이른바 Grassmann의 음칙. 같은 것이 연성음에서도 dhv로 시작하는 인칭어미의 앞에서 일어나는 경우가 있다, cf. §18.5.b.

13 열외: nṛt- '춤추다', nand- '기뻐하다', nard- '짖다' 및 일부 어근의 두음 n은 ṇ이 되지 않는다, e.g. pranṛtyati, parinartana-. naś- '멸망하다'의 n은, ś가 ṣ가 될 때, 반설음화하지 않는다, e.g. praṇaśyati, 그러나 pranaṣṭa-. —또한 특수한 명사 복합어에서도 반설음화를 보는 경우가 있다, e.g. asṛk-pāṇam '피를 마시는 사람들의 나라' ; kṣīra-pāṇāḥ(N. pl. m.)='Uśīnara국'.

14 tisṛṣu(§45.3)에서 ṛ의 앞의 s는 ṣ가 되지 않는다. r, ṛ은 일반적으로 s>ṣ를 방

지하는 힘이 있다, e.g. usraḥ, tisraḥ. —또한 특수한 명사 복합어에서도 반설음화를 보는 경우가 있다, e.g. agni-ṣṭomam., tri-ṣṭubh- f.

15 수량과 성별에 대해서는: KSG. §645: p.285 ; RGS. §§206-215: p.273-286. —격에 대해서는: KSG. §§605-644: p.274-285 ; RGS. §§216-227: p.286-317 ; SSS. §§35-150: p.24-113.

16 일부 불변화사를 제외한다: 감탄사화한 명사, e.g. svasti '행복하길' ; svaḥ (<svar) '천/하늘', 이것을 모방해 만들어진 신밀적 주사(vyāhṛtayaḥ: bhūr '지/땅', bhuvar '공/허공', mahar, janar, tapar) ; 비문 등에서 기년(紀年)을 의미하는 saṁvat(<saṁvatsara-).

17 Cf. KSG. §§71-91: p.16-28 ; RGS. §§232-239: p.321-334..

18 특례: pad- m. '다리'(복합어의 뒷부분으로)는 강어간 pād-를 사용한다, e.g. supad-, °pād- adj. '아름다운 다리를 가지다', N. V. sg. m. supāt, Ac. supādam, I. supadā, N. V. pl. °pādaḥ, Ac. °padaḥ, I. °padbhiḥ ; dvipad- adj. '두 다리의'(f. °padī-), m. '사람', n. '인류' ; catuṣpad- adj. '네 개 다리의', m. '네 다리 짐승', n. '짐승'. —pāda- m. '다리', hṛdaya- n. '마음'은, N. sg., du., pl., Ac. sg., du.을 제외하고, 다른 격을 pad-, hṛd-에서 보충해도 된다: N. sg. pādaḥ, Ac. pādam, I. pādena/danā, N. Ac. du. pādau, N. pl. pādāḥ, Ac. pādān/padaḥ, I. pādaiḥ/padbhiḥ.

19 특례: °prāch-=°prāś-, e.g. śabda-prāch- adj. '말에 대해서 묻다', N. V. sg. m., f. °prāṭ, Ac. °prācham/prāśam, N. V. Ac. pl. °prāchaḥ/prāśaḥ, I. °prāḍbhiḥ, L. °prāṭsu ; N. V. Ac. sg. n. °prāṭ, du. °prāchī/prāśī, pl.

°prāñchi/prāṁśi.

20 특례: āśiṣ- f. '축복'과 sajuṣ- m. '반려': N. V. sg. āśīḥ, sajūḥ ; Ac. āśiṣam, sajuṣam ; N. V. Ac. pl. āśiṣaḥ, sajuṣaḥ ; I. āśīrbhiḥ, sajūrbhiḥ ; L. āśīṣṣu/°śīḥṣu, sajūṣṣu/°jūḥṣu. Cf. r-stems.

21 인도의 문법가는 l- 어간의 예로서 kamal- adj.'Lakṣmī 여신의 이름을 부른다'(gr.)를 들지만, 실제로 문제 삼기에는 부족하다: N. V. sg. m., f. kamal, Ac. kamalam, N. V. Ac. pl. kamalaḥ, I. kamalbhiḥ, L. kamalṣu ; N. V. Ac. sg. n. kamal, du. kamalī, pl. kamali.

22 이러한 파생명사들 이외에, 비음 어간(Nasal stems)으로서 들 수 있는 일부의 어근 명사(gr.)는, 실제로 문제 삼기에는 부족하다:

	sugaṇ- adj. '잘 계산하다'		pradām- adj. '억제하다'	
	m., f.	n.	m., f.	n.
N. V. sg.	sugaṇ	sugan (N. V. Ac. sg.)	pradān(!)	pradām (N. V. Ac. sg.)
Ac.	sugaṇam		pradāmam	
N. V. Ac. pl.	sugaṇaḥ	sugaṇi	pradāmaḥ	pradāmi
I.	sugaṇbhiḥ		pradānbhiḥ	
L.	sugaṇsu		pradānsu	
			마찬가지로 pratām- '지칠 대로 지치다', praśām- '진정했다'	

23 특례: uśanas- m. 'Asura들의 스승': N. sg. uśanā, V. uśanaḥ/uśanan/uśana. —jaras- f. '노령'은, N. V. sg. 및 pada- 어미의 앞에서 jarā- f.(ā- 어간으로서 완전한 변화를 지닌다)에 의해 보충된다: N. sg. jarā, V. jare, Ac. jarasam/jarām, etc., I. pl. jarābhiḥ, etc. Bahuv.-comp.에서도 °jara-와

°jaras-의 교체가 허용된다(gr.).

24 Cf. KSG. §§92-130: p. 28-42 ; RGS. §§240-245: p. 334-348.

25 Bahuv.-comp., e.g. bahurājan- '많은 왕을 지니다'의 f.- 어간은 =m. 혹은 °rājā-/°rājñī-. —su-rājan- '좋은 왕'에 대해서는: §109. Ⅶ. 2: p. 385.

26 Cf. KSG. §§131-153: p. 42-51, cf. §§156-158, 164-166 ; RGS. §§246-249: p. 348-358, p. 324: §234.

27 ā로 끝나는 어근을 뒷부분으로 하는 Tatpur.-comp.의 변화, e.g. viśva-pā- m., f. '일체(우주)를 지킨다':

	sg.	du.	pl.
N. V.	viśvapāḥ	°pau	°pāḥ
Ac.	viśvapām		°paḥ
I.	viśvapā		°pābhiḥ
D.	viśvape	°pābhyām	
Ab.	viśvapaḥ		°pābhyaḥ
G.		°poḥ	°pām
L.	viśvapi		°pāsu

28 ī 또는 ū로 끝나는 어근을 뒷부분으로 하는 Tatpur.-comp.의 변화, e.g. śuddha-dhī- m., f. '청정한 것을 생각하다', khala-pū- m., f. '청소부':

N. V. sg.	śuddhadhīḥ	khalapūḥ
Ac.	śuddhadhyam	khalapvam
I.	śuddhadhyā	khalapvā
D.	śuddhadhye	khalapve

이하 기본적 격어미를 취한다.

-ī, -ū가 2개의 자음에 앞서는 경우는, 모음 어미의 앞에서 각각 iy, uv를 취한다(§17.1), e.g. yava-krī- m., f. '보리를 판다': N. V. sg. yavakrīḥ, Ac. yavakriyam, I. yavakriyā, etc. —마찬가지로 svayaṁ-bhū- m. '스스로 생겨난 자(自生者), 범천의 이름': N. V. sg. svayaṁbhūḥ, Ac. °bhuvam, I. °bhuvā, etc. —punar-bhū- f. '재혼한 미망인'은 vadhū-(§28.2.b)에 준하지만, Ac. sg.는 °bhvam, Ac. pl.은 °bhvaḥ로 만든다. —어근 nī- '이끌다'를 뒷부분으로 하는 복합어, e.g. grāmaṇī- m. '촌장, 장'은 śuddha-dhī-(supra)에 준하지만, L. sg.는 °ṇyām으로 만든다.

29 Cf. KSG. §§169-176: p.56-59 ; RGS. §§190-191: p.237-240.

30 Cf. KSG. §§177-200: p.60-68 ; RGS. §§251-263: p.364-380 ; SSS. §§256-292: p.193-221.

31 특별한 복합어: atyaham '나를 능가하다', atitvam '당신을 능가하다'(gr.). ka(혹은 ak)의 삽입에 의한 diminutive-expletive형: ahakam=aham, mayakā=mayā, mayaki=mayi, asmakābhiḥ=asmābhiḥ ; cf. sarvaka-: sarva-, ubhakau: ubhau.

32 -ka가 반드시 소유의 의미를 동반하지는 않는다. *type* tvatka-=tvakat-(cf. N. 31), e.g. tvatka-pitṛka-=tvakat-p°=tvat-pitṛ- '당신을 아버지로 여긴다'

33 여성 혹은 중성명사에 관계하는 경우는, -ām의 형도 사용된다, e.g. itaretarāṁ (=°taraṁ) strībhyām(du. f.)/strībhir(pl.) spardhyate '두 사람(또는 여러 사람)의 부인이 서로 싸운다' itaretarām ime brāhmaṇakule(du. n.)

bhojayataḥ '이들 바라문의 두 가족은 서로 대접한다'

34 Cf. KSG. §§201-213: p.69-75 ; RGS. §§264-272: p.381-390 ; SSS. §§293-302: p.221-227.

35 Cf. RGS. §§118-125: p.153-163, cf. p.518-519: §383 ; SSS. §§240-243: p.185-187.

36 api: muhūrtam api '단 한순간', (수사를 강하게), dvāv api 'both of them', trayo 'pi 'all three of them', sarve 'pi. —eva(직전의 단어를 강하게), aham eva kariṣyāmi '나는 스스로 할 것이다', dṛṣṭvaiva '보자마자' —kila, khalu '실로'(kila는 '사람은 말한다'(전문)의 의미로도 사용된다). —nu(의문어와 함께), kiṁ nu '도대체 무슨 이유로'—ha(비난의 의미를 담아), svayaṁ ha rathena yāti ; upādhyāyaṁ padātiṁ gamayati '그는 자신의 차로 간다 ; [그리고] 스승을 도보로 가게 했다' ; 마찬가지로 aha, 또는 aha는 서로 다른 사람에 대한 명령에 사용된다, e.g. tvam aha grāmaṁ gaccha. tvam ahāraṇyaṁ gaccha '당신은 마을로 가게, 당신은 숲으로 가게' —그 외에 비교적으로 보통의 것: aṅga '어떤지', a° kuru '아무쪼록 해주게', kim a° '하물며' ; adya '오늘' ; adhunā '지금' ; evam '이와 같이(thus)' ; jātu '아마/필시(perhaps), ; '예전부터(once)', na...j° '결코…않다' ; tūṣṇīm '가만히/조용히' ; nanu '확실히/분명히' ; nūnam '틀림없이, 분명히' ; punaḥ '재차/다시', p° -p° '반복해서' ; '그에 비해, 그러나' ; puraḥ '이전에' ; prāyaḥ '대체로, 일반적으로', cf. prāyaśaḥ, prāyeṇa ; bāḍham '확실히, 실로 ; 그렇다=yes' ; mithaḥ '서로' ; muhuḥ '끊임없이, 반복해서(muhur-m°)', m°...m° '어느 때에는…다른 때에는' ; śvaḥ '내일' ; hyaḥ '어제' ; sadyaḥ '즉시'

37 Dikśadba의 형식과 그 요구하는 격의 대요를 나타내면 다음과 같다: *type*

pūrva- adj., prāc- adj., prāk adv.; dakṣiṇā, dakṣiṇāhi+Ab. —*type* °tāt, e.g. purastāt, cf. upariṣṭāt, avarastāt ; °taḥ, e.g. dakṣṇataḥ ; °āt, e.g. uttarāt+G. —*type* °ena, e.g. uttareṇa+G./Ac. —upari '위', puraḥ '앞', adhaḥ '아래'+G.

38 Cf. RGS. §§129-133: p.168-174 ; SSS. §§152-203: p.113-145.

39 Cf. RGS. §§381-384: p.514-521 ; SSS. §§421-448: p.329-346.

40 Cf. RGS. §§385-392: p.521-532 ; SSS. §§449-500: p.347-388.

41 Cf. RGS. §380: p.514 ; SSS. §§416-419: p.326-329.

42 특례: ehi manye(1. sg. pres.)가 빈정거림의 의미를 나타내는 경우, e.g. ehi manye payaḥ pāsyasi '자 그대는 우유를 마실 생각이지' [그건 불가능하다. 왜냐하면 손님이 마셔버렸기 때문에(pītaṁ tad atithibhiḥ)]. 마찬가지로 ehi manya(=manyase 2. sg. pres.) odanaṁ bhokṣyase(=bhokṣye 1. sg. fut.). na hi bhokṣyase ; bhuktaḥ so 'tithibhiḥ(gr.).

43 인도의 문법가가 어근으로 인정하는 것 중에는, 어학적으로 볼 때 부정확한 경우가 적지 않다, e.g. cakās- '빛나다', cf. kāśate, daridrā- '가난하다/빈약하다'(int., drā-). 어근의 형태는 전통적으로 전해졌기에, 이론적으로 통일되어 있지 않다. 예를 들어 gam- '가다', han- '죽이다'에 대해서는, bhṛ- '옮기다', kḷp- '알맞다'보다 오히려 bhar-, kalp-가 적당하다, cf. §9.1.a: §7.Ⅳ, Ⅴ. śo-, śyati '날카롭게 하다', so-, syati '잇다/묶다'는 오히려 śā-(śiśāti, śiśīte, cf. §9.2.b), sā-로 해야 한다. 어근의 종류별에 관해서도, 전통적인 분류가 반드시 어학

적 견해와 일치하지는 않는다. 예를 들어 ūrṇu-, ūrṇoti '덮다'는 2. cl.의 동사로 여겨지지만, 본래는 5. cl.에 속한다, cf. vṛ-, vṛṇoti. 그러나 본서에서는 원칙적으로 전통적인 관습에 따랐다. —동일한 어근이 몇 종류에 속하는 경우도 드물지 않다, e.g. kram- 1. cl. '걷다': krāmati(P.), kramate(A.)/4. cl.: krāmyati ; 5. cl.와 9. cl.에 속하는 예, *type* dhū- '흔들다/휘두르다': dhunoti/dhunāti ; stṝ- '덮다': stṛṇoti/stṛṇāti. 가장 자주 보여지는 것은 어떤 종류와 1. cl.의 병존이다(대부분이 thematisation), e.g. rud- 2. cl. '울다': roditi/1. cl.: rodati ; bhṛ- 3. cl. '옮기다': bibharti/1. cl.: bharati ; hā- 3. cl. '버리다': jahāti/1. cl. jahati, cf. sthā- 1. cl. '서다': tiṣṭhati ; hiṁs- 7. cl. '해하다': hinasti, 3. pl. hiṁsanti/1. cl. hiṁsati(3. sg.), cf. *type* muc- 6. cl. '풀다': muñcati ; manth- 9. cl. '휘젓다': mathnāti/1. cl. manthati. —일부 어근은 시제의 어간(tense-stems)을 만드는 것에 있어서, 다른 어근에 의해 갖춰진다(suppletive), e.g. as- '있다': bhū-, pres. asti: pf. babhūva, aor. abhūt ; pf. āsa는 문법가의 규정에도 불구하고 고전 작가에 의해서도 사용된다. brū- '말하다': vac-, pres. bravīti: pf. uvāca(cf. āha), aor. avocat ; dṛś- '보다': paś-, pres. paśyati: pf. dadarśa, aor. adrākṣīt ; han- '죽이다': vadh-, pres. hanti, pf. jaghāna: aor. avadhīt, aor. pass. aghāni(gr.)/avadhi(cl.) ; i- '가다': gā-, pres. eti, pf. iyāya: aor. agāt ; adhi-i- '배우다': °gā-, pres. adhīte: pf. adhijage, aor. adhyaiṣṭa/adhyagīṣṭa. —활용을 할 때 모음의 교환을 일으키지 않는 어근에 대해서는: §9, 비고.

44 Cf. RGS. §§274-6: p.392-5 ; SSS. §§314-318: p.235-239.

45 Cf. KSG. §229: p.79-80 ; RGS. §283: p.402-403.

46 Cf. KSG. §§230-232: p.80-82 ; RGS. §284: p.403-404.

47 Cf. KSG. §227: p. 79 ; RGS. §§281-282: p. 400-402.

48 Cf. KSG. §298: p. 110-111 ; RGS. §§285-286: p. 404-406.

49 이하 비교적 보통의 것들을 열거한다: ad- '먹다', āp- '얻다', kṛṣ- '당기다, 일구다', krudh- '화내다', kṣip- '던지다', khid- '지치다', gam- '가다', chid- '자르다', tap- '뜨겁게 하다', tud- '치다', tyaj- '버리다', daṁś- '깨물다', dah- '굽다', diś- '지시하다', dih- '칠해 색을 입히다(더럽히다)', duh- '우유를 짜다', dṛś- '보다', dviṣ- '미워하다', nam- '구부리다', nah- '묶다', pac- '조리하다', pad- '가다', puṣ- '빛나다/두드러지다', prach-(pṛś-) '묻다', bandh- '묶다', budh- '깨닫다', bhaj- '분배하다', bhid- '부수다', bhuj- '향락을 즐기다', majj- '가라앉다', man- '생각하다', muc- '풀다', yaj- '제사 지내다, 빌다', yam- '억제하다', yuj- '잇다', yudh- '다투다', rañj- '물들다', rabh- '잡다', ram- '만족하다', rudh- '저지하다', ruh- '성장하다', labh- '얻다', lip- '칠해 색을 입히다(더럽히다)', lih- '핥다', vac- '말하다', vap- '뿌리다', vas- '살다', vah- '옮기다', vid- '발견하다', viś- '들어가다', vyadh- '꿰뚫다', śak- '할 수 있다', śap- '저주하다', śiṣ- '남기다', śudh- '깨끗이 하다', sañj- '부착하다', sad- '앉다', sādh- '성공하다', sic- '따르다/붓다', sidh- '성공하다', sṛj- '방출하다', sṛp- '기어가다', spṛś- '접촉하다', svañj- '포옹하다/껴안다', svap- '잠들다', han- '치다, 죽이다'.

50 Cf. KSG. §§238-250: p. 85-89, §§404-409: p. 168-169 ; RGS. §§309-313: p. 431-436.

51 Cf. KSG. §§251-296: p. 90-109 ; RGS. §§297-308: p. 416-431.

52 **1. ad-** '먹다' P.: Pres. sg. 1. admi, 2. atsi, 3. atti, pl. 1. admaḥ, 2. attha, 3. adanti ; Impf. sg. 1. ādam, 2. ādaḥ, 3. ādat, pl. 3. ādan ; Opt. sg. 1. adyām, etc. ; Ipv. sg. 1. adāni, 2. addhi, 3. attu, pl. 3. adantu.

2. ās- '앉다' A.: Pres. sg. 1. āse, 2. āsse, 3. āste, pl. 1. āsmahe, 2. ādhve, 3. āsate ; Impf. sg. 1. āsi, etc. ; Opt. sg. 1. āsīya, etc. ; Ipv. sg. 2. āssva, pl. 2. ādhvam.

3. īr- '가다' A.: Pres. sg. 1. īre, 2. īrṣe, 3. īrte, pl. 1. īrmahe, 2. īrdhve, 3. īrate ; Impf. sg. 1. airi, etc. ; Opt. sg. 1. īrīya, etc. ; Ipv. sg. 2. īrṣva, pl. 2. īrdhvam.

4. ūrṇu-(본래 (5)의 어간형) '덮다', 강 ūrṇo-(자음 어미의 앞에서는 임의로 ūrṇau-), 약 ūrṇu-: P. Pres. sg. 1. ūrṇomi/ūrṇaumi, 2. ūrṇoṣi/ūrṇauṣi, 3. ūrṇoti/ūrṇauti, pl. 1. ūrṇumaḥ, 2. ūrṇutha, 3. ūrṇuvanti ; Impf. sg. 1. aurṇavam, 2. aurṇoḥ, 3. aurṇot, pl. 3. aurṇuvan ; Opt. sg. 1. ūrṇuyām, etc. ; Ipv. sg. 1. ūrṇavāni, 2. ūrṇuhi, 3. ūrṇotu/ūrṇautu, pl. 3. ūrṇuvantu.(A. 생략)

5. caks- '보다' A.: Pres. sg. 1. cakṣe, 2. cakṣe, 3. caṣṭe, pl. 1. cakṣmahe, 2. caḍḍhve(§64.6), 3. cakṣate ; Impf. sg. 1. acakṣi, 2. acakṣṭhāḥ, 3. acaṣṭa, pl. 1. acakṣmahi, 2. acaḍḍhvam, 3. acakṣata ; Opt. sg. 1. cakṣīya, etc. ; Ipv. sg. 1. cakṣai, 2. cakṣva, 3. caṣṭām, pl. 3. cakṣatām.

6. mṛj- '닦다/훔치다' P., 강 mārj-, 약 mṛj-: Pres. sg. 1. mārjmi, 2. mārkṣi, 3. mārṣṭi, pl. 1. mṛjmaḥ, 2. mṛṣṭha, 3. mṛjanti/mārjanti ; Impf. sg. 1. amārjam, 2. amārṭ, 3. amārṭ, pl. 3. amṛjan/amārjan ; Opt. sg. 1. mṛjyām, etc. ; Ipv. sg. 1. mārjāni, 2. mṛḍḍhi(§64.6), 3. mārṣṭu, pl. 3. mṛjantu/mārjantu.

7. vac- '말하다' P.(3. pl.의 형식을 제외): Pres. sg. 1. vacmi, 2. vakṣi, 3. vakti, pl. 1. vacmaḥ, 2. vaktha ; Impf. sg. 1. avacam, 2. avak, 3. avak ;

Opt. sg. 1. vacyām, etc. ; Ipv. sg. 1. vacāni, 2. vagdhi, 3. vaktu.

8. vaś- '원한다' P., 강 vaś-, 약 uś-: Pres. sg. 1. vaśmi, 2. vakṣi, 3. vaṣṭi, pl. 1. uśmaḥ, 2. uṣṭha, 3. uśanti ; Impf. sg. 1. avaśam, 2. avaṭ, 3. avaṭ, pl. 1. auśma, 2. auṣṭa, 3. auśan ; Opt. sg. 1. uśyām, etc. ; Ipv. sg. 1. vaśāni, 2. uḍḍhi(§64.6), 3. vaṣṭu, pl. 3. uśantu.

9. vid- '알다' P., 강 ved-, 약 vid-: Pres. sg. 1. vedmi, 2. vetsi, 3. vetti, pl. 1. vidmaḥ, 2. vittha, 3. vidanti ; Impf. sg. 1. avedam, 2. avet/aveḥ (§64.3), 3. avet, pl. 3. aviduḥ(§66, 비고) ; Opt. sg. 1. vidyām, etc. ; Ipv. sg. 1. vedāni, 2. viddhi, 3. vettu, pl. 3. vidantu.

10. śās- '명령하다' P., 강 śās-, 약 śiṣ-(자음 어미의 앞에서 사용된다, 다만 2. sg. ipv.를 제외): Pres. sg. 1. śāsmi, 2. śāssi, 3. śāsti, pl. 1. śiṣmaḥ, 2. śiṣṭha, 3. śāsati(§66, 비고) ; Impf. sg. 1. aśāsam, 2. aśāḥ/aśāt(§64.3), 3. aśāt, pl. 3. aśāsuḥ(§66, 비고) ; Opt. sg. 1. śiṣyām, etc. ; Ipv. sg. 1. śāsāni, śādhi, 3. śāstu, pl. 3. śāsatu.

11. śī- '(가로로) 눕다' A., 어간 śe-, 3. pl. pres., impf., ipv.에서 어미의 앞에 r을 넣는다: Pres. sg. 1. śaye, 2. śeṣe, 3. śete, pl. 1. śemahe, 2. śedhve, 3. śerate ; Impf. sg. 1. aśayi, 2. aśethāḥ, 3. aśeta, pl. 3. aśerate ; Opt. sg. 1. śayīya, etc. ; Ipv. sg. 1. śayai, 2. śeṣva, 3. śetām, pl. 3. śeratām.

12. sū- '낳다' A.: Pres. sg. 1. suve, 2. sūṣe, 3. sūte, pl. 1. sūmahe, 2. sūdhve, 3. suvate ; Impf. sg. 1. asuvi, 2. asūthāḥ, 3. asūta, pl. 3. asuvata ; Opt. sg. 1. suvīya, etc. ; Ipv. sg. 1. suvai, 2. sūṣva, 3. sūtām, pl. 3. suvatām.

13. han- '죽이다' P.(드물게 A.), 강 han-, 약 ha-(다만 m, v, y의 앞에서는 han-), ghn-(모음 어미의 앞): Pres. sg. 1. hanmi, 2. haṁsi, 3. hanti, pl. 1. hanmaḥ, 2. hatha, 3. ghnanti ; Impf. sg. 1. ahanam, 2. ahan, 3. ahan, pl. 1. ahanma, 2. ahata, 3. aghnan ; Opt. sg. 1. hanyām, etc., pl. 3. hanyuḥ

; Ipv. sg. 1. hanāni, 2. jahi, 3. hantu, pl. 1. hanāma, 2. hata, 3. ghnantu. (A. 생략)

53 **1. ṛ-** '가다' P., 강 iyar-, 약 iyṛ-*.: Pres. sg. 1. iyarmi, 2. iyarṣi, 3. iyarti, pl. 1. iyṛmaḥ, 2. iyṛtha, 3. iyrati ; Impf. sg. 1. aiyaram, 2. aiyaḥ, 3. aiyaḥ, pl. 3. aiyaruḥ ; Opt. sg. 1. iyṛyām, etc. ; Ipv. sg. 1. iyarāṇi, 2. iyṛhi, 3. iyartu, pl. 3. iyratu.

2. pṝ- '채우다' P., 강 pipar-, 약 pipūr-(자음 앞), pipur-(모음 앞)**: Pres. sg. 1. piparmi, 2. piparṣi, 3. piparti, pl. 1. pipūrmaḥ, 2. pipūrtha, 3. pipurati ; Impf. sg. 1. apiparam, 2. apipaḥ, 3. apipaḥ, pl. 3. apiparuḥ ; Opt. sg. 1. pipūryām, etc. ; Ipv. sg. 1. piparāṇi, 2. pipūrhi, 3. pipartu, pl. 3. pipuratu.

3. mā- '재다' A., 어간 mimī-, mim-(모음 앞): Pres. sg. 1. mime, 2. mimīṣe, 3. mimīte, pl. 1. mimīmahe, 2. mimīdhve, 3. mimate ; Impf. sg. 1. amimi, 2. amimīthāḥ, 3. amimīta, pl. 3. amimata ; Opt. sg. 1. mimīya, etc. ; Ipv. sg. 1. mimai, 2. mimīṣva, 3. mimītām, pl. 3. mimatām.

4. hā- '나가다' A., 어간 jihī-, jih-(모음 앞)는 mā-(supra 3)와 완전히 동일하게 활용된다. Cf. hā-, jahāti '버리다'

54 Cf. KSG. §§498-500: p. 216-218 ; RGS. §240: p. 334-337.

55 Cf. KSG. §§331-366: p. 126-137 ; RGS. §§314-329: p. 436-449.

* (1)에 따라 ṛcchati(P.)로도 활용된다.

** pṛ- '채우다'(P.)는 전부 bhṛ-(3) '옮기다'와 동일하게 활용된다, e.g. Pres. sg. 1. piparmi, 3. piparti, pl. 1. pipṛmaḥ, 3. piprati.

56 이상의 것들 중에서 일부는 다른 형식에 따르는 것도 있다: e.g. ghrā-, cho-, śo-, so-는 VI. (siṣ-aor.)의 형식, e.g. aghrāsīt, acchāsīt ; dhe-는 III. (adadhat) 또는 VI. (adhāsīt)의 형식을 취할 수 있다.

57 이상의 것들 중에서 일부는 다른 형식을 따르는 것도 있다, e.g. tṛp-: atārpsīt/atrāpsīt(IV.) 또는 atarpīt(V.) ; dṛś-: adrākṣīt(IV.) ; ṛ-: ārṣīt(IV.) ; sṛ-: asārṣīt(IV.) ; śvi-: aśvayīt(V.) 또는 aśiśviyat(III.).

58 stu-(veṭ) '칭찬하다'는 P.에서 V.에 따르고, A.에서 IV.에 따른다: astāvīt(P.), astoṣṭa(A.) ; 마찬가지로 su-(veṭ) '쥐어짜다'. —añj-(veṭ) '색칠하다' P.는 V.에만 의한다: āñjīt. —dhū-(veṭ) '흔들다/휘두르다'는 P.에서는 V.에만 의한다: adhāvīt(P.), adhoṣṭa(A. IV.)/adhaviṣṭa(V.). —복자음+ṛ의 구조를 지닌 어근은 A.에서 임의로 IV. 혹은 V.의 형식을 취한다, e.g. smṛ-(aniṭ) '기억하다': asmārṣit(P. IV.), asmṛta(A. IV.)/asmariṣṭa(V.). —vṛ-(seṭ) '고르다' A. 및 ṝ로 끝나는 seṭ 어근은 A.에서 임의로 IV. 혹은 V.의 형식을 취한다: avṛta(IV.)/avarī̆ṣṭa(V., cf. §77) ; e.g. kṝ-(seṭ) '흩뿌리다, 퍼트리다': akārīt(P. V.), akīrṣṭa(A. IV.)/akarī̆ṣṭa(V.) ; 마찬가지로 stṝ-(seṭ) '덮다'

59 Cf. KSG. §§380-385: p.144-148 ; RGS. §330: p.449-451 ; SSS. §346: p.269.

60 문법가는 두 종류의 완료의 적용 범위에 관한 세칙을 세웠으나, 실용적으로는 중요한 의미를 갖지 않는다. 예를 들어 자음으로 시작하는 단음절 어근 중 kās- '기침을 하다' A.와 day- '가엾게 여기다' A.는 Periph. pf.를 취한다: kāsāṁ cakre, dayāṁ cakre. 마찬가지로 이미 중자를 동반한 어근, e.g. cakās- '빛나다' P.: cakāsāṁ cakāra. a 또는 ā로 시작하는 어근은 일반적으로 보통의 Pf.를 취하지만(e.g. aś- '먹다': āśa, as- '던지다': āsa, āp- '얻다': āpa),

ay- '가다' A.와 ās- '앉다' A.는 열외이다: ayāṁ cakre, āsāṁ cakre. 이 형식은 일반적으로 a, ā 이외의 모음으로 시작되어 음률적으로 긴 어근에 적용된다, e.g. īkṣ- '보다' A.: īkṣāṁ cakre ; und- '적시다': undāṁ cakāra/cakre ; edh- '번창하다' A.: edhāṁ cakre. —일부의 어근은 임의적으로 어느 하나의 형식을 따른다, e.g. uṣ- '태우다/굽다': uvoṣa/uṣāṁ cakāra ; vid- '알다': viveda/vidāṁ cakāra ; jāgṛ- '눈뜨다': jajāgāra/jāgarāṁ cakāra ; bhṛ- '옮기다': babhāra/bibharāṁ cakāra(cf. pres. bibharti) ; bhī- '두려워하다': bibhāya/bibhayāṁ cakāra ; hu- '공양물을 올리다': juhāva/juhavāṁ cakāra ; hrī- '부끄러워하다': jihrayāṁ cakāra.

61 Cf. KSG. §§299-327: p. 111-124 ; RGS. §332-337: p. 451-460.

62 Cf. KSG. §§502-504: p. 219-221 ; RGS. §336. A., B. : p. 456-457.

63 Cf. KSG. §§328-330: p. 124-126 ; RGS. §362: p. 490-491.

64 Cf. KSG. §§367-372: p. 137-141 ; RGS. §§338-339: p. 460-462.

65 Cf. KSG. §§373-377: p. 141-143 ; RGS. §§363-364: p. 491-493.

66 Cf. KSG. §§378-379: p. 143-144 ; RGS. §340. d: p. 462-463.

67 Cf. KSG. §§386-401: p. 148-152 ; RGS. §§341-343: p. 463-466.

68 Cf. KSG. §§404-438: p. 168-186 ; RGS. §§344-348: p. 466-474.

69 현재조직 이외의 Caus. pass. 활용을 비롯한 (**10**)의 Pass. 활용.

1. Pf.는 Periph. pf.의 형식을 사용한다, e.g. corayāṁ cakre(āse, babhūve) ; bodhayāṁ cakre(āse, babhūve). **2.** Fut. corayiṣyate/coriṣyate(cf. §91. II. 2: Fut. pass. 특별형) ; bodhayiṣyate/bodhiṣyate. —Peripf. fut. corayitā/coritā ; bodhayitā/bodhitā. —Cond. acorayiṣyata/acoriṣyata ; abodhayiṣyata/abodhiṣyata. —Prec. corayiṣīṣṭa/coriṣīṣṭa ; bodhayiṣīṣṭa/bodhiṣīṣṭa. **3.** Aor.는 3. sg.를 제외하고, -aya로 끝나는 어근을 기초로 하여 V.(iṣ-aor.)형식의 A. 혹은 Aor. pass. 특별형(§91. II.1)을 사용한다: 1. sg. acorayiṣi/acoriṣi ; abodhayiṣi/abodhiṣi. —3. sg.는 §91. I. 1의 규정에 준해 만들어진다. e.g. acori(cur-) ; abodhi(budh-). 마찬가지로 ajani(jan- '태어나다') ; abhedi(bhid- '부수다') ; amāni(man- '생각하다') ; adāpi(dā- '주다', caus. dāpaya-).

70 Cf. KSG. §§439-456: p. 186-197 ; RGS. §§348-351: p. 474-478.

71 Cf. KSG. §§457-474: p. 197-205 ; RGS. §§352-357: p. 478-484.

72 Cf. KSG. §§475-485: p. 206-211 ; RGS. §§358-361: p. 484-490.

73 Dhātupāṭha는 본래 Den.로 인정되는 다수의 동사를 (**10**)의 속에 포함시키고 있다(cf. §63. IV, 비고 2), e.g. arth- '요구하다'(A.) ; kath- '이야기하다' ; kīrt- '칭찬하다' ; gaṇ- '헤아리다/계산하다' ; mantr- '상담하다' ; mārg- '찾다, 요구하다' ; mṛg- '사냥하다, 요구하다' ; lakṣ- '목표로 하다'. —vi- '새'에서 유래하는 vayati '새와 같이 춤추다'에서 역으로 어근 vi-를 빼서 vivāya(pf.), avāyīt(aor.), vīyāt(prec.)와 같이 활용하는 예도 있다.

74 Cf. KSG. §§506-512: p. 221-228 ; RGS. §§148-154: p. 193-201.

75 현재 (1)에 속하는 중간에 u를 지닌 어근에서 만들어진 P. pt.이, '~하기 시작하다'(inchoative)를 의미하거나, 혹은 비인칭적으로 사용될 때는, 어근의 모음은 접사 ita의 앞에서 guṇa화 할 수 있다, e.g. dyut- '빛나다': dyotita-/dyutita- '빛나기 시작했다', dyotitam/dyutitam anena(impers.), 다만 보통의 의미에서는 dyutita-만 ; mud- '기뻐하고 있다': modita(m)/mudita(m) ; 마찬가지로 svid- '땀이 나다': svedita(m)/svinna(m).

76 Cf. KSG. §§528-538: p. 236-242 ; RGS. §§155-161: p. 201-206.

77 Cf. KSG. §527: p. 236 ; RGS. §§106-108: p. 132-135.

78 Cf. KSG. §§513-526: p. 228-236 ; RGS. §§98-105: p. 123-132.

79 문법에 관해 엄격하지 않은 문헌에서는, 때때로 -tvā와 -ya의 사용 범위가 혼동된다. 동사 복합어에 -tvā(특히 *type* °ayitvā)가 사용되고, 역으로 단순동사에 -ya(특히 prev.를 동반하는 많은 어근에서)가 사용되고 있다, e.g. gṛhya, uṣya(vas- '살다'), dṛśya, sthāpya(caus.).

80 Cf. KSG. §§491-497: p. 214-216, §§539-540: p. 242-247 ; RGS. §§138-147: p. 179-193, §§162-205: p. 207-265.

81 Kṛt와 taddhita는 여러 공통점을 지녀서, 둘을 엄격하게 구별하는 것이 곤란한 경우도 있다. 둘의 Suff.가 음형을 동일하게 하는 경우가 있다. 예를 들어 -a는 °kăra-(kṛ-)에서는 kṛt지만, manas-에서 만들어진 mānasa- '정신적인'

에서는 taddh.이다. 반대로 동일한 어형이 의미에 따라 제1차 혹은 제2차 파생어로 여겨진다. 예를 들어 deśya-가 '장소(deśa-)에 속하다'를 의미하는 경우는 제2차 파생어이지만, '지적해야 한다, 표준적인'을 의미할 경우는, diś-에서 직접 만들어진 제1차 파생어로 인정된다. a- 어간의 명사에 taddh. -a가 첨가될 경우 어두의 vṛddhi만이 파생어의 특징을 갖는다, e.g. deva- '신': daiva- '신성한' ; putra- '아들': pautra- '손자'. 어근부와 접미사의 경계가 불명확한 것도 있다. 예를 들어 -trima(e.g. kṛtrima- '인위적인')는 단일 접미사로도 혹은 -tr(<-tra)+ima(또는 -tri+ma, gr.)로도 이해된다. 여러 개의 접미사가 연속해서 단일화한 예는 다른 것에도 있다, e.g. -ura(cf. vidhura- '고독한')<-u+ra(cf. pāṇḍura- '흰색을 두르다': pāṇḍu- ; madhura- '달다': madhu- '꿀'). 또는 제1차 파생어의 어원을 설명하기 위해 설정된 어근도 있다, e.g. kuṭ-, kuṭati '구부러지다': kuṭila- '구부러졌다' ; sthū-: sthūla- '크다'. cl. kam- '사랑하다'도 본래는 kāma-에서 안출(案出)된 어근으로 여겨진다.

82 Adv., Indec. 특히 Pcl. (e.g. adhi-ka-)을 포함한다. 동사의 인칭형을 기초로 하는 경우도 있다, e.g. āstika-(: asti)('신의 존재를 믿다'), '경건한', 또한 인칭어미의 마지막 음 i의 앞에서 ak(diminutive-pejorative)를 넣는 것도 허용된다, *type* pacat-ak-i(: pacati) '그는 어설프게 조리한다'.

83 부정의 a-를 동반한 복합어에서 vṛddhi화는 임의로 일어난다, e.g. āśauca-/aśauca- '부정(不淨)'(: aśuci-). —그러나 고전기의 실제 예시는 오히려 a-의 *type*에 치우쳐 있다. —일반적으로 자음+y/v의 v.화는 자음+aiy/auv를 취한다, e.g. vaiyākaraṇa- '문법가': vyākaraṇa- '문법' ; śauvastika- '내일까지만 계속한다(ephemeral)': śvas '내일'. —2지분에서 만들어진 복합어에서, 파생이 전체에 관계할 경우는 앞부분만 v.화한다, e.g. pārameśvara- 'Parameśvara에 관하다'. 서로 다른 파생어의 연결로 보여질 경우는 서

로의 지분이 v.화한다, e.g. daivamānuṣaka- '신(deva-)을 비롯한 인간(manus-)에 관하다' =mānuṣadaivika-(double vṛddhi). 그러나 서로의 지분이 신의 이름인 경우(cf. devatādvaṁdva, §109. I. 1. a), 그 취급은 일정하지 않다, e.g. āgnivāruṇa- 'Agni와 Varuṇa에 속하다' ; āgnāvaiṣṇava- 'Agni와 Viṣṇu에 속하다' ; 다만 āgnendra- 'Agni와 Indra에 속하다' ; maitrāvaruṇa- 'Mitra와 Varuṇa에 속하다'.

84 Patronymics(matronymics)에 대해, 부계어에는 여러 접미사가 이용되며, 문법가는 논리정연한 조직을 말하고 있다. 예를 들어 Garga-(성자 이름)의 손자는 Gārgya-라고 칭하고('gotra 名' gr.), 증손자는 직계존속 중에서 Gārgyāyaṇa-라고 불리며('yuvan 名' gr.), 만약 직계존속이 아니라면, 다시 Gārgya-로 불린다. 또한 그 자식은 Gārgyāyaṇi-라고 칭해진다. 그리고 Garga-의 자식은 Gārgi-로, Garga-의 자손은 총칭으로 Gargāḥ(pl.)로도 불린다. Gārgya- 및 Gārgyāyaṇa-의 부인은 Gārgī-(동인도에서는 Gārgyāyaṇī-)로, 그 자식의 모계어로는 Gārgeya-(=Gārgīputra-) 등이 사용된다. 다만 실제로는 여러 예외가 있으며, 규칙에 맞지 않는 경우도 적지 않다. —나라 이름에서 그 지배자 혹은 주민의 이름('tadrāja' gr.)을 만드는 방법도, 부계어의 경우와 비슷하다, e.g. Pāñcāla-: Pañcāla- ; Āvantya-: Avanti- ; Sauvīrya-: Sauvīra-.

85 Cf. KSG. §§541-576: p. 247-265 ; RGS. §§74-96: p. 82-122, §§127-128: p. 165-168.

86 문법가의 분류가 이론적으로 꼭 철저하지는 않으며, 문법가 사이의 의견이 일치하지 않는 경우도 있다. 예를 들어 본질적으로는 Dv.로 보아야 하는 *type* śītoṣṇa- '미적지근하다'는 Tp.에 속한다고 한다. upadaśa- adj. '대략 10

개의' 혹은 *type* dakṣiṇa-pūrvā- f. '남동'은 Bv.로 여겨진다. dvitrāḥ pl.은 혹은 Bv.(Pāṇini) 혹은 Dv.(Kāśikā)로 여겨지고 있다. *Type* pūrva-kāya- '상반신'은 Kdh.에 속하지만, 문법가는 pūrvaṁ kāyasya로 이해하여 Tp.로 여긴다.

87 모음의 연장과 단축. A 끝의 모음은 nah- 등 일부의 어근 명사의 앞에서 연장된다, e.g. upā-nah- f.(N. sg. °nat) '샌들' ; mṛgā-vidh- m.(N. sg. °vit) '사냥꾼' ; 마찬가지로 śvā-pada- m., n. '야수' ; parī̆vāda- m. '비방'. —A는 리듬의 영향에 의해 어근 끝의 ā, ī, ū를 단축시키는 경우가 있다, e.g. māla-bhārin- '화환(mālā-)을 둘렀다' ; bhrū̆-kuṭī̆- f. '눈살을 찌푸리는 것'. —특별한 단어의 앞에서 ī는 반드시 혹은 임의로 단축된다, e.g. kumāri-mata- 'Kumārī에게 존경받았다' ; brāhmaṇi-rūpa- '바라문 여인의 모습을 했다' ; 그러나 strī̆-rūpa- '부인(strī̆-, 단음절어)의 모습을 했다, 여자 모습의'.

88 **ati:** ati-bhara- '법외의 중량' ; ati-lakṣmī-(N. °īḥ) '매우 번영하다' ; aty-amara- '신을 능가하다' ; ati-mānuṣa- '초인적인, 신의' ; 마찬가지로 능가의 의미로 atyaham, atitvam(Note 31), atisarva-, atidvi-, atitri-, etc. ; ati-khaṭva-(: khaṭvā-) '침대를 초월했다, 그것 없이 할 수 있다' **—ud:** uc-caṇḍa- '매우 격하다' ; ut-svana- '높은 음' ; un-mārga- '부정한 길' ; ud-yāna- '원림' ; un-nasa- '높은 코를 가지다' ; un-nidra- '눈떴다' ; ut-pāra- '끝없는' **—nis:** niḥ-śūnya- '완전히 공허한' ; niṣ-prabha-(: prabhā-) '광명이 없는' ; niṣ-kauśāmbi- 'K.에서 나왔다' ; nis-triṁśa- '30 이상의' **—pra:** pra-caṇḍa- '매우 격하다' ; pra-bāhu- '팔뚝' ; pra-pada- '발끝' ; pra-pitāmaha- '증조부' ; pra-pautra- '증손' ; pra-śiṣya- '제자의 제자' ; prācārya- '뛰어난 스승' **—prati:** prati-bimba- '영상' ; prati-vīra- '적수' ; prati-kāminī- f. '연적(戀敵)/라이벌' ; praty-eka- '한 개씩' ; prati-patham adv. ; '길을 따라' **—vi:**

vi-dūra- '매우 떨어지다' ; vi-vartman- '나쁜 길' ; vi-diś- '중간/가운데 방향' ; vi-lakṣaṇa- '다른 특징을 지니다' ; vi-vidha- '여러 가지의' —**sam:** 명사에 더해져 '완전·동일'의 의미를 나타내며, 때때로 Bv.를 만든다, sam-aṅga- '완전한 신체를 지니다' ; sam-antam adv. '모든 방면에서, 완전히' ; cf. sa-(infra Ⅶ.3) —그 외: adhy-akṣa- '증인' —anu-bimba- '영상' ; anu-kāma- '원망에 응했다' —apa-payas- '물이 없다' ; apa-naya- '나쁜 행위' —abhi-mukha- '호의적인' ; adhi-rūpa- '유쾌하다, 현명한' ; abhi-pāṇḍu- '매우 창백하다' ; abhi-kopam adv. '화나서' —ava-rūpa- '보기 흉하다' ; ava-tamasa- '약간의 어둠' —upa-dvīpa- '부속된 섬' ; upendra- 'I.의 형제' ; upa-kaniṣṭhikā- '새끼손가락 다음의 손가락' ; upa-vasatha- '축제 전야' ; upa-daśa- '대략 10의' —ni-daṇḍa- '지팡이를 내려놓았다' ; ni-vāta- '바람을 피했다' —pari-kṣāma- '매우 말랐다' ; pary-aśru- '눈물을 가득 머금다' ; pari-nābhi adv. '배꼽 주위에' ; pary-adhyayana- '공부에 질렸다' ; pari-vīrudh- '식물에 둘러싸였다'

89 특례: (Āmr. 적으로, A는 ā로, B는 i로 끝난다) e.g. keśā-keśi '머리카락을 맞잡은 채로, 얼굴을 맞대고' ; daṇḍā-daṇḍi '몽둥이로 서로 때리며' ; śastrā-śastri '칼과 칼을 서로 부딪쳐' ; bāhū-bāhavi '두 팔로 던져서' —dvi-daṇḍi '두 자루의 몽둥이로 (싸우다)' ; ubhā-/ubhayā-pāṇi '두 손을 갖고'

90 Cf. KSG. §§486-490: p. 211-214 ; RGS. §§109-117: p. 135-153.

91 Cf. RSG. §§369-370: p. 500-502 ; SSS. §§19-34: p. 13-23.

92 작품의 표제가 문학의 genre를 나타내는 단어의 성(性)과 일치하는 경우, e.g. abhijñānaśakuntalaṁ nāma nāṭakam(n.) ; mālatīmādhavaṁ nāma

prakaraṇam(n.). 마찬가지로 śakuntalāpratyākhyāno nāma pañcamo 'ṅkaḥ(m.) ; vasiṣṭhāśramāgamano nāma prathamaḥ sargaḥ(m.). 그러나 -ī(f.)로 끝나는 작품명은 동화하지 않는다, e.g. vikramorvaśī nāma troṭkam.

93 Cf. RSG. §§398-399: p.539-542 ; SSS. §§15-18: p.9-13.

94 Cf. RSG. §§375-376: p.507-509 ; SSS. p.7: §14.

95 Cf. RSG. §§367: p.497-499 ; SSS. §§7-8: p.3-4.

96 Cf. RSG. §§378-380: p.510-514 ; SSS. §§400-419: p.315-329, §§447-448: p.345-346.

97 Cf. RSG. §§385-392: p.521-532 ; SSS. §§449-500: p.347-388.

색인

이 색인은 일반적으로 통용되는 영어의 술어를 기초로 하여, 학습자가 요구하는 문법의 규정을 찾거나, 혹은 기억을 확인하는 것에 편의를 제공하기 위한 것이다. 각 항목의 아래에는 단락 또는 페이지의 참조 이외에, 본문 중에 범례로 사용된 어근·어간 혹은 그것에 준하는 주요한 사례, 일정 타입을 대표하는 단어, 때로는 열외적 특례 등을 기입해 두었다. 또한 필요에 따라 책 마지막의 주석도 참조하였다.

A

ABLATIVE Use p.438-442

ABSOLUTIVE §103: -tvā p.324-328 ; -ya p.328-331 ; -am p.331-332
—Use p.481-484

ACCUSATIVE Use p.422-427

ADVERB §§50-51: Sources p.142-145
—Suffixes: -taḥ, -tra, type tarhi, -thā, -dā, -dhā, -vat, -śaḥ p.145-147 ; cf. N.36
—Compound adverbs p.386

ĀMREḌITA → Compound(Nominal): Iterative comp.

AORIST §§72-79: Ⅰ. Root-aor. p.217-218 ; Ⅱ. a-aor. p.218-220 ; Ⅲ. Reduplicated aor. p.220-222, p.274-277 ; Ⅳ. s-aor. p.222-224 ; Ⅴ. iṣ-aor. p.224-226 ; Ⅵ. siṣ-aor. p.226-228 ; Ⅶ. sa-aor. p.228-229
—3. sg. aor. pass. p.265-267

—Special aor. pass. p.267-268

—Use p.464 ; cf. Past tenses

ĀTMANEPADA → Voice

AUGMENT p.175-176

AVYAYĪBHĀVA → Compound(Nominal): Indeclinable comp.

B

BAHUVRĪHI → Compound(Nominal): Possessive comp.

C

CASE Generality §21.3

—Case-endings §22

—Feminine endings p.91, 비고 1

—Pronominal endings p.120

—Use: Appendix A=p.421-457 ; *v. sub* each case

CAUSATIVE *incl.* (10)verbs §§92-94: aya-caus. p.270-272 ; p-caus. p.272-273 ; yaya-caus. p.273-274

—Caus. pass. p.277-278 ; cf. N.69

—Des. caus. p.289-290

—Use p.471

COMPARISON OF ADJECTIVES §§31-33 : -tara, -tama p.106-108 ; -īyas, -iṣṭha p.108-110 ; Use p.111

COMPOUND(Nominal) §§108-109: Generality p.356-359 ; cf. N.36

—Copulative comp.(Dvandva) p.359-362

—Determinative comp.(Tatpuruṣa in a broad sense): Generality p.362-365 ; Appositional (Karmadhāraya)

p.365-367 ; Case-determined (Tatpuruṣa in a narrow sense) p.368-371 ; Numeral determined(Dvigu) p.371-372
—Possessive comp.(Bahuvrīhi) p.372-378
—Indeclinable comp.(Avyayībhāva) p.378-381
—Iterative comp.(Āmreḍita) p.381-382 ; cf. N.89
—Comp. with Preverbs p.382-383 ; cf. N.88
—Comp. with a(n)-privat., su-, dus-, sa- p.383-385
—Comp. adverbs p.386
COMPOUND(Verbal) §§110-111 : Generality p.387-389
—With Preverbs proper p.389-394 ; With Adv. and the like p.394-395 ; *type* bhasmī-kṛ-(cvi gr.) p.395-396 ; *type* bhasmasāt-kṛ- p.396
CONCORD p.398-401 ; cf. N.92
CONDITIONAL §89
—Use p.470
CONJUGATION Generality §§57-61
—Use: Appendix B=p.459-484 ; *v. sub* each tense and mood
CONJUNCTION §§54-55: Coordinate conj.: ca p.158-159 ; api p.159-160 ; atha ib. ; tathā p.160-161 ; vā, iva(yathā) p.161 ; tu p.162 ; hi p.163 ; tat, tena, tasmāt, tataḥ, etc. ib
—Subordinate conj.: yad, yathā, yadā, yāvat, yatra, yadi, iti p.164-165
CONNECTIVE VOWEL(iṭ) §61: aniṭ-, veṭ-, seṭ-roots ; cf. N.49
—s-aor.: iṣ-aor. p.224-226 ; cf. N.58
—Pf. p.238-239
—Pf. pt. p.247-248

—Fut. p.252-253 ; Periph. fut. p.256
—Des. p.281-283
—P. pt.(-ta) p.309-310
—Absol. (-tvā) p.324-325
CONSONANT STEMS §§23-25: Dental stems, e.g. marut- m., suyudh- adj. p.69-70 ; cf. N.18
—Guttural stems, e.g. sarvaśak- adj. p.70
—Labial stems, e.g. dharmagup- adj., kakubh- f. p.70-71
—Palatal stems, e.g. vāc- f., bhiṣaj- m., samrāj- m., viśvasṛj- adj. p.71-72
—Sibilant stems, e.g. diś- f., sudṛś- adj., viś- f., prāvṛṣ f., brahmadviṣ- adj., dadhṛṣ- adj. p.72-73 ; cf. N.19, N.20
—h-stems, e.g. madhulih- adj., goduh- adj., p.73
—r-stems, e.g. dvār-f., vār- n., gir- f., pur- f. p.74 ; cf. N.21: kamal-
—in-, min-, vin-stems, e.g. balin- adj., svāmin- m., sragvin- adj. p.74-75, cf. N.22
—as-, is-, us-stems, e.g. manas- n., sumanas- adj., jyotis- n., bṛhajjyotis- adj., āyus- n., dīrghāyus- adj. p.75-76 ; cf. N.23
—at-stems, e.g. tudat- pres. pt., dadat- do., bṛhat- adj., mahat- adj. p.78-80
—mat-, vat-stems, e,g, agnimat- adj., jñānavat- adj. p.80-81
—yas-stems, e.g. garīyas- compar. p.81-82
—an-, man-, van-stems, e.g. rājan- m., sīman- f., nāman- n., grāvan- m., pīvan- adj., ātman- m., parvan- n.,

pūṣan- m., aryaman- m., brahmahan- adj., maghavan- adj., yuvan- adj., ahan-(ahas-) n. p.82-86 ; cf. N.25
—vas-stems, e.g. vidvas- pf. pt. p.86
—ac-atems, e.g. prāc- adj., pratyac- do., anvac- do., tiryac- do. p.87-88
—irregular stems, e.g. dos- n., pathin- m., āpaḥ f. pl., puṁs- m., anaḍuh- m. p.89-90

D

DATIVE Use p.433-438
DECLENSION Generality §§21-22: numbers, genders, cases
→ Consonant stems, Vowel stems, Pronoun, Numeral
DEMONSTRATIVE PRONOUN §38: tad- p.121-122 ; etad- p.122 ; idam- ib. ; adas- p.123 ; enad- ib.
DENOMINATIVE §99: With no suffix p.302
—With suffix ya(P.), *type* -īyati, -syati, -asyati p.303-304
—With suffix ya(A.) p.304-305
—With suffix aya p.305-306
DERIVATION(Nominal) → Kṛt-suffix, Taddhita-suffix
DESIDERATIVE §§95-96
—Des. pass., Des. caus. p.289-290
—Use p.471
DIKŚABDA p.143 *init.* ; cf. N.37 ; p.151-152(Ac.) ; p.152-153(Ab.) ; p.154-155(G.) ; p.441-442(Ab.)
DŪRĀNTIKA-WORD p.143-144, cf. p.152-153(Ab.) ; p.154-155(G.) ; p.442(Ab.)
DVANDVA → Compound(Nominal): Copulative comp.

DVIGU →Compound(Nominal): Determinative comp.(Numeral determined)

F

FUTURE §§85-88: Simple fut. p.252-255 ; Fut. pt. p.256
—Periph. fut. p.256-258
—Special fut. pass. p.268
—Use p.465-466

G

GENDER p.64
GENITIVE Use p.449-457
GERUNDIVE(Kṛtya) §101: -tavya p.316-317 ; -anīya p.317-318 ; -ya p.318-321
—Use p.477-478
GUṆA p.32-33

I

IMPERATIVE Use p.468-470
IMPERFECT Use p.463-464 ; cf. Past tenses
INDEFINITE PRONOUN §41: Inter. pron.+cid, cana, api p.126 ; other types p.126-127
INFINITIVE §102
—Use p.478-481
INFIXING N.31: *type* ahakam=aham ; cf. N.82 → Present system: (7) verbs(§69)
INJUNCTIVE(*i. e.* augmentless Impf. or Aor.) p.175 *in f.* ; p.186(impf.) ;

p.217 *init.*(aor.) ; p.409(mā)
INSTRUMENTAL Use p.427-433
INTENSIVE(or Frequentative) §§97-98: A. p.292-297 ; P. p.297-300
—Use p.471
INTERJECTION §56
INTERROGATIVE PRONOUN §40: kim-, katara-, katama-, kaccit p.125-126
INTERROGATIVE SENTENCE p.404-407

K

KARMADHĀRAYA → Compound(Nomoinal): Determinative comp. (Appositional)
KṚT-SUFFIX §106. I : -a p.337-339 ; -aka p.339 ; -ana p.339-340 ; -as, -is, -us p.340 ; -ā p.340-341 ; -i p.341 ; -in p.341 ; -u ib. ; -ti ib. ; -tṛ p.342-343 ; -tra p.343 ; -man ib. ; -snu, iṣṇu ib.

L

LETTERS(ALPHABET) and WRITING §§1-3
LOCATIVE Use p.443-449

N

NEGATIVE SENTENCE p.408-409
NOMINAL SENTENCE p.403
NOMINATIVE Use p.422
NUMBER p.64(nouns) ; p.172(verbs)
NUMERAL §§44-49: Cardinals p.132-134 ; Declension p.134-136 ; Use p.136

—Ordinals p.137-138
—Numeral adverbs and other derivatives p.138-139

O

OPTATIVE Use p.466-468

P

PADA-ENDINGS p.54, p.67 *init.*, etc.
PARASMAIPADA →Voice
PARTICIPLE Pres. pt. §71
—Pf. pt. §83 ; Periph. pf. pt. p.249
—Fut. pt. p.256 *inf.*
—P. pt. §100
—Use p.472-477
PASSIVE §§90-91
—3. sg. aor. pass p.265-267
—Special aor. pass. p.267-268
—Special fut. pass. p.268
—Caus. pass. p.277-278
—Des. pass. p.289-290
—Pass. sentence p.403
—Use p.471
PAST TENSES(Impf., Aor., Pf.) Use p.462-465
PATRONYMIC and MATRONYMIC N.84
PERFECT §§81-84: Simple pf. p.236-246
—Pf. pt. p.247-248

—Periph. pf. p.248-429 ; pt. p.249 ; cf. N.60
—Use p.464-465 ; cf. Past tenses

PERSONAL ENDINGS §60
—Opt. p.187
—Aor. p.216, p.222, p.224
—Prec. p.230-232
—Pf. p.238

PERSONAL PRONOUN §34: 1. pers. mad-, asmad- p.114 ; 2. pers. tvad-, yuṣmad- p.115 ; enclitics p.115 ; 2. pers.(polite form) bhavat- p.115

POSSESSIVE PRONOUN §35: *type* madīya- ; *type* māmaka- ; *type* māmakīna- ; *type* māmakīya- p.117

PRECATIVE §80
—Use p.468

PREPOSITION §§52-53: *cum* Ac. anu, abhi, upa, prati p.151 ; (prep. adv.) antarā/antareṇa, etc. p.151
—*cum* I. (prep. adv.) saha, etc. p.152
—*cum* Ab. apa, pari, ā, prati p.152 ; (prep. adv.) *type* prāk, *type* dakṣiṇā/dakṣiṇāhi, etc. p.153
—*cum* L. adhi, upa, antaḥ p.153-154
—*cum* G. antaḥ p.154 ; (prep. adv.) *type* purastāt, *type* dakṣiṇataḥ, etc. p.154

PRESENT Use p.460-462

PRESENT SYSTEM(Ind. pres. and impf., Opt., Ipv., Pres. pt.) §§62-71: (1)p.188-190 ; (6)p.190-192 ; (4)p.192-193 ; (10)p.193, cf. Causative ; (2)p.197-202 ; cf. N.52 ; (3)p.202-205, cf. N.53

; (5)p.205-207 ; (8)p.207-208 ; (7)p.208-210 ; (9)p.210-212 ; pres. pt. p.212-214

PREVERB Nominal comp. with prev. p.382-383 ; N.88

—Verbal comp., generality §110

—Individual prev.: acchā, ati, adhi, anu, antar, apa, api, abhi, ava, ā, ud, upa, ni, nis, parā, pari, pra, prati, vi, sam p.390-394

PRONOUN §§34-43: Personal pron. §34 ; Possessive pron. §35 ; Reflexive pron. §36 ; Reciprocal pron. §37 ; Demonstrative pron. §38 ; Relative pron. §39 ; Interrogative pron. §40 ; Indefinite pron. §41 ; Pronominal adj. §42 : *type* anya- p.127-128 ; *type* sarva- p.128 ; *type* pūrva- p.128-129 ; *type* prathama- p.129 ; *type* dvitīya- p.129 ; *type* nema- ib. ; Adj. and adv. derived from pronominal bases §43(table)

PRONUNCIATION §§4-6

R

RECIPROCAL PRONOUN §37: anyo'nya-, paraspara-, itaretara- p.119-120

REDUPLICATION p.176-177

—Reduplicated aor. p.274-277

—Pf. p.236-237

—Des. p.280-281

—Int. p.292-294(A.) ; p.297-298(P.)

REFLEXIVE PRONOUN §36: ātman- p.118 ; sva- p.118-119 ; svayam ib. ; nija- ib.

RELATIVE PRONOUN §39: yad-, yatara-, yatama- p.124-125

ROOT p.172 ; cf. N.43

S

SAMĀSĀNTA(expletive suffix) p.344 ; p.349-350(-ka) ; p.378(-ka) ; p.379(-a) ; cf. p.100, 비고

SAṀPRASĀRAṆA §8

SANDHI(euphonic combination) §§10-20: generality §10
—External sandhi: Vowels §§11-12 ; Consonants in pausa §13-14 ; Consonants §§15-16
—Internal sandhi: Vowels §17 ; Consonants §§18-20
—Before personal endings p.194-197
—Fut. p.253-254
—Periph. fut. p.257
—Des. p.286
—P. pt.(-ta) p.310
—Abs.(-tvā) p.326
—Nominal derivation p.334
—Nominal comp. p.358-359
—Verbal comp. p.388-389

SENTENCE §§112-116: Concord p.398-401 ; cf. N.92
—Word order p.401-402
—Nominal sentence p.403
—Passive sentence p.403
—Kinds of sentences §114: Interrogative p.404-407 ; Negative p.408-409 ; Exclamative, cf. Interjection ; Subordinate §§115-116

SUBORDINATE SENTENCE §§115-116: Relative pron. p.412-413 ; Relative adj. p.413 ; Case-forms of yad- p.413-414 ; yathā , yadā , yāvat, yatra, yadi, cet p.415-418 ; iti p.419-420
SUFFIX(Nominal) §§104-107 ; cf. N.81 → Kṛt-suffix ; Taddhita-suffix
SUPPLETIVE N.43: p.492-493

T

TADDHITA-SUFFIX §106. II : -a p.346 ; -ika ib. ; -in, -min, -vin ib. ; -iman p.347 ; -īna p.347-348 ; -īya ib. ; -eya p.349 ; -ka p.349-350 ; -tā, -tva ib. ; -mat, -vat p.350-351 ; -maya p.351 ; -ya ib.
—Feminine suff. ā and ī p.352-354
TATPURUṢA → Compound(Nominal): Determinative comp. (Case-determined)
THEMATIC VOWEL p.180, p.186, cf. Nominal stem p.90
THEMATISATION e.g. p.90 *in f.*: a-stem ; p.188 *in f.*: (1)verbs ; cf. N.43: p.492-493 *in f.*

V

VERBAL → Participle, Gerundive, Infinitive, Absolutive
VOICE p.172-175: Parasmaipada, Ātmanepada
—p.287, 비고 2(Des.) → Passive
VOWEL GRADATION §§7-9 → Guṇa, Vṛddhi
VOWEL STEMS §§26-30: a-stems, e.g. aśva- m., dāna- n., kānta- adj. p.90-91
—ā-stems, e.g. kanyā- f. p.91 ; cf. *type* viśvapā- adj. N.27
—i-stems, e.g. kavi- m., mati- f., vāri- n. p.93-94, śuci- adj. p.95 ; pati- m. p.96 ; sakhi- m. p.96 ; akṣi- n. p.97

—u-stems, e.g. paśu- m., dhenu- f., madhu- n. p.95, guru- adj. p.95 ; dyu-, div- f.(irregular) p.97
—ī-stems, e.g. dhī- f., strī- f., sudhī- adj. p.98-99 ; nadī- f. p.100 ; cf. *type* śuddhadhī- adj. N.28
—ū-stems, e.g. bhū- f., subhrū- adj. p.98-99, vadhū- f. p.100 ; cf. *type* khalapū- m. N.28
—tṛ-stems, e.g. dātṛ- m., (n.), kroṣṭṛ- m. p.101-102 ; (t)ṛ-stems, e.g. pitṛ- m., bhrātṛ- m., mātṛ- f., duhitṛ- f., svasṛ- f., naptṛ- m. p.102-103 ; cf. nṛ- m. p.103
—Diphthong stems, e.g. rai- m., go- m., f., nau- f. p.103-104

VṚDDHI p.32-33
—Vṛddhi-formation p.344 ; cf. N.83, N.84(Patronymics)

W

WORD ORDER p.401-402

산스크리트어 문법

초판 1쇄 발행 2025년 3월 31일

◉

지은이 츠지 나오시로
옮긴이 법장

펴낸이 오세룡
편집 정연주 여수령 손미숙 박성화 윤예지
기획 곽은영 최윤정
디자인 고혜정 김효선 최지혜
홍보·마케팅 정성진

◉

펴낸곳 담앤북스
주소 서울특별시 종로구 새문안로3길 23 경희궁의 아침 4단지 805호
대표전화 02-765-1250(편집부) 02-765-1251(영업부)
전송 02-764-1251
전자우편 dhamenbooks@naver.com

◉

출판등록 제300-2011-115호

◉

ISBN 979-11-6201-531-5 (03790)
정가 29,800원

◉